I0876214

Kohlhammer

Birgitta Annette Weinhardt
Joachim Weinhardt (Hrsg.)

Naturwissenschaften und Theologie II

Wirklichkeit: Phänomene, Konstruktionen, Transzendenzen

Mit Beiträgen von
Ulf Dettmann, Dirk Evers, Julia Hoffmann, Thomas Junker,
Walter Kosack, Rainer Mogk, Andreas Müller, Bernd Pörksen,
Klaus Peter Rippe, Annette Scheible, Jochen Scheid,
Birgitta Annette Weinhardt, Joachim Weinhardt

Verlag W. Kohlhammer

Alle Rechte vorbehalten
© 2014 W. Kohlhammer GmbH Stuttgart
Reproduktionsvorlage: Andrea Siebert, Neuendettelsau
Umschlag: Gestaltungskonzept Peter Horlacher
Gesamtherstellung:
W. Kohlhammer Druckerei GmbH + Co. KG, Stuttgart
Printed in Germany

ISBN 978-3-17-023392-8

Inhalt

Vorwort

Das vorliegende Buch geht auf das zweite interdisziplinäre, Natur- und Geisteswissenschaften zusammenführende Symposion zurück, das im November 2011 am *Institut für Philosophie und Theologie* der Pädagogischen Hochschule Karlsruhe stattfand. Alle Referenten und Referentinnen haben ihre Vorträge für die Veröffentlichung überarbeitet. Die Tagungsatmosphäre ist an manchen Stellen noch ein wenig zu spüren, an denen die Autoren aufeinander Bezug nehmen.

Nachdem beim ersten Symposion zunächst eine Bestandsaufnahme zum naturwissenschaftlich-geisteswissenschaftlichen Dialog durchgeführt worden war[1], haben wir die hier vorliegenden Studien aus Biologie, Physik, Philosophie und Theologie um das Thema Konstruktivismus gruppiert. In der Einleitung des Bandes haben wir die Gründe für diese Fokussierung ausgeführt.

Der Dank der Herausgeber gilt der *Vereinigung der Freunde und Förderer* der Pädagogischen Hochschule Karlsruhe und dem Rektorat für die finanzielle Unterstützung des Symposions und der Drucklegung; außerdem Herrn Jürgen Schneider und seinem Team für die freundliche und kompetente Betreuung in verlegerischer Hinsicht.

Karlsruhe, September 2013

Birgitta Annette Weinhardt
Joachim Weinhardt

---

1 Naturwissenschaften und Theologie. Methodische Ansätze und Grundwissen zum interdisziplinären Dialog, hg. v. Joachim Weinhardt, Stuttgart (Kohlhammer) 2010.

Zur Einführung

Birgitta Annette Weinhardt / Joachim Weinhardt

Der Konstruktivismus hat seit zwei Jahrzehnten Hochkonjunktur, gleichzeitig bezeichnet dieser Begriff aber keinen wohlumrissenen Standpunkt, sondern eine recht diffuse Denkströmung. Gemeinsam ist den Spielarten des Konstruktivismus die Betonung der Subjektivität von Erkenntnis und Handeln. Dabei wird aber meist nicht klar, worin eigentlich das Neue der Konstruktivismen besteht etwa im Verhältnis zur Erkenntnistheorie Kants, zum kritischen Rationalismus, zur Hermeneutik, zu den psychodynamischen Anschauungen des frühen 20. Jahrhunderts und zu anderen Theorien.

Im vorliegenden Band stellen Natur- und Geisteswissenschaftler Phänomene und Theorien (also Konstrukte) aus ihrem jeweiligen Gegenstandsbereich vor und beschreiben die Wirklichkeiten, derer sie mit ihren Methoden ansichtig werden. Die ersten drei Beiträge kreisen um die erkenntnistheoretische Kernthese des sog. radikalen Konstruktivismus. Nach dieser These sind Organismen – auch Menschen – informationell geschlossene Systeme, nehmen also keine Information aus ihrer und über ihre Umwelt auf. Das neuronale System erkennt deswegen nicht die Welt, sondern nur sich selbst und seine eigenen Zustände. BERNHARD PÖRKSEN (*Der Blick des Kritikers. Einwände gegen den Konstruktivismus*) skizziert die Geschichte des radikalen Konstruktivismus und arbeitet als Ergebnis heraus, dass die erkenntnistheoretischen Spitzenthesen Maturanas, von Glasersfelds und von Foersters genau dann eine zeitweilige Berechtigung haben, solange es „dogmatisch gewordene Objektivitätsansprüche“ und „ideologische Fixierungen“gibt, die aufgebrochen werden sollen. Damit ist aber auch ein Hauptanliegen des kritischen Rationalismus ausgedrückt. Dieser impliziert durchaus keinen naiven Realismus. Denn das Prinzip der Annäherung eines Wirklichkeitsmodells an die Wirklichkeit setzt nicht voraus, dass man zur Feststellung der Annäherung das Modell mit der Wirklichkeit selbst vergleichen müsse, die man doch nur im Modell abgebildet hat. Die Annäherung des Modells an die Wirklichkeit kann auch retrospektiv im Vergleich der Vorläufer-Modelle untereinander festgestellt werden. So ist das heutige Bild des Universums näher am „wirklichen“ Universum als das altbabylonische, obwohl das Modell sich auch zukünftig niemals in ein Double der Wirklichkeit verwandeln wird. ULF DETTMANN (*Über einige Widersprüche konstruktivistischen Denkens*) weist auf dieser Linie die Erkenntnistheorie des radikalen Konstruktivismus durch eine logische und erkenntnistheoretische Analyse des Informationsbegriffs zurück. Er stellt fest, dass radikalkonstruktivistische Autoren sich an einer objektivistischen Erkenntnistheorie abarbeiten, die in der Gegenwart von niemandem mehr ernsthaft vertreten wird. Der kritische Realismus bzw. Rationalismus habe alle antiobjektivistischen Argumente schon vorweggenommen.

Vielleicht ist es an dieser Stelle sinnvoll, noch einmal so holzschnittartig wie nötig auf die Linie hinzuweisen, die von Kant aus auf den kritischen Rationalismus zuläuft. Kant hat die Wirklichkeit *an sich*, die uns prinzipiell nicht erkennbar ist, von der Wirklichkeit unterschieden, wie sie *uns erscheint*. Im Hintergrund steht dabei die Vorstellung, dass die erscheinende Wirklichkeit sich vollständig an unsere Formen der Anschauung und unsere Verstandesbegriffe anpassen müsse. Die *uns erscheinende* Wirklichkeit ist ein Abbild, eine Repräsentation, ein Modell der Wirklichkeit *an sich*. Eine vollständige Analyse der uns erscheinenden Wirklichkeit führte dann zu einem vollständigen Modell oder einem vollständigen *Bild* der Wirklichkeit *an sich*. Ein Bild bzw. ein Modell ist niemals eine Kopie, ein Klon der Wirklichkeit *an sich*. Es ist ja auch ein Bild von einem Menschen (etwa eine Fotografie) nicht identisch mit dem abgebildeten Menschen. Von keinem Bild einer Person wird erwartet, dass es aus organischen Molekülen besteht, die identisch sind mit den organischen Molekülen der abgebildeten Person (und was daraus emergiert). Von solchen Intuitionen geht aber der radikale Konstruktivismus aus, wenn er sich einen naiven Realismus konstruiert, der heute von niemandem vertreten wird. Alle realistischen Theorien nehmen vielmehr an, dass es eine Wirklichkeit außerhalb der menschlichen Subjektivität gebe und dass es möglich sei, diese Wirklichkeit in Bildern, Modellen oder Repräsentationen darzustellen. Aus dieser Voraussetzung folgt dann auch die Möglichkeit einer *indirekten* Annäherung des Modells oder des Bildes an die Wirklichkeit *an sich*. Das Modell z. B. des Universums kann verbessert werden, wenn die Komplexität dieses Modells zunimmt und wenn durch die Komplexitätszunahme die daraus abgeleiteten Prognosen über das zukünftige Verhalten des Universums oder seiner Teile immer stimmiger werden. Ein ideales Modell oder Bild des Universums bestünde darin, dass alle seine an-sich-seienden Elemente (Entitäten und Strukturen) durch je ein repräsentierendes Element im Modell bzw. im Bild vertreten wäre. Selbst in diesem Falle wären das Bild und das von ihm repräsentierte Universum nicht identisch miteinander, sondern kategorial voneinander unterschieden. Aber ein Modell A, das doppelt so viele Elemente des Universums *an sich* repräsentiert wie Modell B, wäre auch indirekt näher am Universum *an sich* als B. Modell A entspricht in der Quantität der repräsentierten Elemente mehr dem Universum *an sich* als B, was man als einen numerischen, wenn auch nicht geometrischen Annäherungsprozess bezeichnen kann. Als *Modell* bleibt aber auch A kategorial unterschieden vom modellierten Universum *an sich*, was durch das Attribut der Indirektheit dieser Annäherung ausgedrückt wird.

Es ist durchaus möglich, dass es verschiedene, aber gleich ideale Bilder vom Universum gibt. Schließlich kann auch niemand je feststellen, dass ein bestimmtes Bild des Universums eines der idealen Bilder sei. Denn es könnte Strukturen des Universums geben, die prinzipiell niemals für uns in Erscheinung treten und für die wir deswegen auch kein repräsentatives Element im Bild des Universums entwerfen und auf seine Stimmigkeit hin überprüfen können. Dies alles aber hält sich im Rahmen des kritischen Rationalismus, und der radikale Konstruktivismus müsste entweder zeigen, worin seine spezifische Differenz zu jenem liegt, oder sich selbst als besondere Erkenntnistheorie verabschieden.

Eine Hypothese zur Erklärung der Diskrepanz zwischen der antiobjektivistischen

Polemik der Radikalkonstruktivisten und dem Nichtvorhandensein real existierender Objektivisten kann aus dem Beitrag von ANNETTE SCHEIBLE (*Piaget und der radikale Konstruktivismus*) erschlossen werden. Sie geht in ihrer Untersuchung der Piaget-Interpretation durch von Glasersfeld der Frage nach, ob bei Piaget eine kantianische Erkenntnistheorie vorliege (also eine Art intersubjektiver Konstruktivismus), auf die sich auch von Glasersfeld zubewegte, oder ob beide Gelehrte eine individuell-subjektive Welterzeugung und Weltsicht vertraten. Was Scheible über die Biografien der Begründer des radikalen Konstruktivismus berichtet, erweckt den Anschein, als hätten sie sich von Wittgensteins frühem Positivismus loskämpfen wollen, ohne eine gründliche philosophische Schulung durchlaufen zu haben oder eine solche nachzuholen. So hätte ein blinder Fleck entstehen können, der sie an der Wahrnehmung etablierter nicht-positivistischer Wissenschaftstheorien hinderte.

DIRK EVERS (*Wirklichkeit – „Was der Fall ist" oder „Wie es Euch gefällt"?*) entwickelt einen Zugang zur Wirklichkeit, indem er drei gleichursprüngliche Perspektiven unterscheidet, in welchen sie uns gegeben ist und in deren Zusammenschau sie zumindest in Ansätzen rekonstruierbar ist. In der einen Perspektive erscheint uns die Wirklichkeit als das Objekt unserer theoretischen Beschreibung. In dieser Perspektive der dritten Person („*es* verhält sich so und so") können wir an der Wirklichkeit scheitern, wenn unser Handeln, das wir aus der Theorie ableiten, misslingt. Hier ist nicht nur, aber an prominenter Stelle auch die Naturwissenschaft am Werk mit ihrer Hypothesenbildung, ihren Falsifikationsmechanismen und ihrer technischen Handlungspotenz. In einer anderen Perspektive erfahren wir die Wirklichkeit als die Dynamik, die uns selbst hervorgebracht hat. Diese Perspektive ist die der ersten Person. Wir haben von Innen her einen Blick auf die Wirklichkeit, die uns in der Dritten-Person-Perspektive äußerlich ist. Beide Perspektiven hängen zusammen, weder ist die Erste-Person-Perspektive ein bloßes Epiphänomen noch die Dritte-Person-Perspektive ein bloßes Konstrukt. Die dritte Perspektive auf die Wirklichkeit schließlich nimmt dieselbe als eine Dynamik von kontingenten Verwirklichungsprozessen des Möglichen vor. Nicht nur für den religiösen Menschen eröffnet dieser Blick auf die Wirklichkeit einen Bereich des Transzendenten, welches für uns noch nicht wirklich ist, uns aber neue Wirklichkeiten eröffnet. Zumindest für den religiösen Menschen ist dieser Blick auf die Wirklichkeit eine Perspektive der zweiten Person, insofern er sich in einen Dialog mit der transzendenten Wirklichkeit begeben kann.

Es zeigt sich in den bisher genannten Beiträgen, dass die Naturwissenschaften es sind, die über besonders tragfähige Wahrheitskriterien verfügen. Weltanschauliche Orientierungssysteme (z. B. Philosophien und Theologien) auf der Basis des kritischen Rationalismus sollten also daran interessiert sein, die naturwissenschaftliche Theoriebildung in einen Zusammenhang mit ihren eigenen Aussagen zu bringen oder, falls dies nicht möglich ist, die Diskrepanzen zu bearbeiten. Dem entsprechend plädiert JOACHIM WEINHARDT (*Zwischen Subjektivitätstheorie und naturwissenschaftlichem Weltbild*) dafür, bei der systematisch-theologischen Arbeit, die als Weltdeutung oder als Weltkonstruktion auf der Grundlage der christlichen Offenbarung beschrieben werden kann, die Naturwissenschaften stärker als Gesprächspartner zu berücksichtigen. Dies solle aber nicht im Modus einer Befehlshierarchie geschehen, sondern in einem offenen Dialog, in welchem Widersprüche nicht verdeckt werden, sondern zu weiterem Erkenntnisgewinn, möglicherweise auch zur Falsifikation unhaltbarer Theorien führen. Ein solcher Dialog wird *in concreto* eröffnet, wenn einerseits JULIA HOFFMANN darstellt, in wie vielfältiger Weise die zeitgenössische christliche Theologie die Evolutionstheorie als transbiologisches Konstruktionsprinzip der Dogmatik veranschlagt (*Evolution als Paradigma der Theologie*) und andererseits THOMAS JUNKER dieselbe Theorie benutzt, um eine nichtreligiöse Theorie der Religion zu skizzieren (*Zur Biologie der Religion*). Eine antireligiöse Theorie ist damit noch nicht gegeben, doch stellt sich hier die spannende Frage, ob die Evolutionstheorie dauerhaft in verschiedenen, in sich kohärenten, sich jedoch gegenseitig widersprechenden Weltanschauungen (Weltkonstruktionen) eingebettet bleiben kann, oder ob sie einmal als Falsifikationsprinzip zwischen z. B. dem christlichen Glauben und anderen Weltanschauungen dienen kann.

KLAUS PETER RIPPE geht der *Konstruktion des Selbst* im Sinne des allgemeinen und des individuellen Subjektes nach. Hier spielen die allgemeine Zeitlichkeit menschlicher Existenz sowie empirisch-medizinische Einzeldiagnosen eine Rolle. Es bleibt vorerst bei der Spannung zwischen der Einheit des menschlichen Organismus und der Diskontinuität der individuellen Selbstbilder im Laufe eines Menschenlebens.

Die nächsten drei Beiträge haben einen physikalischen Bezugsrahmen, gehen aber in verschiedener Hinsicht weit darüber hinaus. WALTER KOSACK beschreibt das *Physikalische Wirklichkeitsverständnis* nach der klassisch-newtonschen Auffassung und nach dem Weltbild der Physik des 20./21. Jahrhunderts. Kosacks Interesse liegt darin, dass physikalische Objekte nicht durch falsche Grenzüberschreitungen zu ideologischen Elementen in heterogenen weltanschaulichen Theorien verkommen. Er schärft den am Dialog mit den Naturwissenschaften interessierten Geisteswissenschaftlern ein, dass etwa Quanten keine Objekte seien wie diejenigen der klassischen Physik (Materieteilchen und Kräfte). Während zwischen dem materiellen Körper der klassischen Physik und dem konkreten Alltagsding, dessen Abstraktion er ist, vielfältige Äquivalenzen vorlägen (ungefähre Form, Masse, Impuls usw.), bestehe zwischen den Quantenobjekten und der dinglichen Wirklichkeit nur noch eine punktuelle Verbindung, nämlich das Eintreffen einer Prognose über das Verhalten von Dingen, die bestimmte Eigenschaften haben, die nicht mehr mit einem klassischen Begriff zusammengefasst werden können, sondern nur noch mit eben dem des Quantums. Ob es auch makroskopische Strukturen gebe, die Quanteneigenschaften zeigen, hält Kosack für eine spekulative Frage. Sie könne wohl Hypothesen hervorrufen, diese müssten aber immer wieder kritisch geprüft werden. Ähnlich, wenn auch in einem anderen Objektbereich argumentieren ANDEREAS MÜLLER und JOCHEN SCHEID. Sie gehen der Vorstellung von dem *Verborgenen in der Natur* nach und zeigen, dass sich im Lauf der Wissenschaftsgeschichte unter dieser Formel drei ganz unterschiedliche Figuren verbergen, nämlich einerseits durchaus *Wissenschaft*, aber auch ihre dunklen Geschwister *Pseudowissenschaft* und *Obskurantismus*. Müller/Scheid postulieren ein gemeinsames Interesse von Naturwissenschaft und Theologie, nämlich Wahrhaftigkeit auf dem jeweiligen Gegenstandsgebiet, und analoge

Gegner, nämlich Aberglaube und esoterische Vereinnahmung physikalischer Begriffe. RAINER MOGK (*Die Auferstehung Jesu Christi von den Toten – neuere physikalisch geprägte Erklärungsversuche aus theologischer Sicht*) geht auf einen ernsthaften (Anders Tune) und einen nicht ganz so ernsthaften (Frank Tipler) Versuch ein, quantenphysikalische (und, im zweiten Fall, auch relativistische) Strukturen als Denkschemata für die Auferweckung Jesu von den Toten heranzuziehen. Mogk sieht bei beiden Autoren eine unzulässige Grenzüberschreitung (auch im Sinne Kosacks) vorliegen, kritisiert aber auch (im Sinne Weinhardts) einen theologischen Habitus, der völlig darauf verzichtet, die Relevanz christlicher Auferstehungshoffnung auch für die leibliche und damit physische Welt auszusagen.

BIRGITTA ANNETTE WEINHARDT rekonstruiert unter Bezugnahme auf neurobiologische und physikalische Theorieelemente die paulinisch-reformatorische Lehre von der Unfreiheit des Willens. Sie entwickelt dabei eine philosophische Position, die quer steht zu den bisherigen Lagerbildungen und die auch für außertheologische Wissenschaften (Philosophische Anthropologie, Ethik, Erziehungs- und Rechtswissenschaft) zu einer neuen Diskussionsgrundlage werden könnte (*Jenseits von Determinismus und epistemischem Indeterminismus. Quantenindeterminismus als ontologischer Rahmen für die theologische Lehre vom unfreien Willen*). Dabei bezieht sie sich auf eine Quanteneigenschaft von mikroskopischen Strukturen, nämlich deren echte Zufälligkeit innerhalb eines durch Wahrscheinlichkeiten begrenzten Rahmens. Sie geht davon aus, dass diese in der Mikrowelt vorhandenen Zufälligkeiten nicht nur unter experimentellen, sondern auch unter natürlichen Bedingungen Auswirkungen in der Makrowelt des menschlichen Alltagslebens nach sich ziehen. Dadurch entsteht eine ontische Offenheit menschlicher Biografien. Auch wenn diese ontische Offenheit nicht zu Willensfreiheit führt, kann durch sie das Fatalismusproblem überzeugend gelöst werden. Weinhardt überlegt zudem, wie Verantwortung auch ohne Willensfreiheit weiterhin gedacht werden könne, und welche theologischen Konsequenzen aus der Kombination von indeterministischer Ontologie und Willensunfreiheit resultieren.

I. Zur Reichweite des Konstruktivismus

Der Blick des Kritikers

Die Debatte über den Konstruktivismus in der deutschsprachigen Kommunikationswissenschaft – ein Beispiel für die Auseinandersetzung zwischen realistischen und relativistischen Wissenschaftlern

Bernhard Pörksen

*Die Rezeption des Konstruktivismus in der deutschsprachigen Kommunikationswissenschaft hat den Charakter eines Lehrstücks: Sie macht deutlich, wie ein Fach auf spezifische Theorie-Importe reagiert, reagieren kann. Deutlich wird an diesem Beispiel überdies ein ohnehin virulenter Grundkonflikt zwischen realistischen und relativistischen Erkenntnistheorien und ein Katalog der Vorwürfe, die man konstruktivistisch argumentierenden Fachvertretern – teils zu Recht, teils zu Unrecht – gemacht hat. Dieser Beitrag zielt darauf ab, die Debatte möglichst präzise zu rekonstruieren, um diese dann auf Fundamentalprobleme der konstruktivistischen Theoriekonzeption zurückzuführen.**

1. Der Konstruktivismus: Grundfragen und Prämissen einer Erkenntnistheorie

Wenn man sich fragt, wie alles angefangen hat, wie und mit welchen Ideen und Veröffentlichungen konstruktivistische Autoren zunächst Aufmerksamkeit erzeugt haben, dann entdeckt man eine Art Gründungsdokument – wenn man so will: ein Manifest, ein Programm, das viele Motive des konstruktivistischen Denkens bereits in kompakter Form enthält. Der Titel dieses Gründungsdokuments lautet: *Biology of Cognition*. Sein Autor ist der chilenische Neurobiologe Humberto Maturana. Maturana schlägt in diesem Aufsatz in einer eindringlichen Sprache vor, den Prozess des Erkennens aus einer biologischen Perspektive zu betrachten, also den Philosophen gewissermaßen die Erkenntnisfrage abzunehmen, sie auf dem Terrain der Neuro-

* Dieser Beitrag basiert auf den konstruktivistischen Veröffentlichungen des Autors, vgl. v.a. Pörksen 2006; Pörksen 2011.

biologie wieder zu stellen, um sie dann auch dort zu beantworten. Ziel ist es, den Erkennenden, den Beobachter, selbst ins Zentrum des Forschens hineinzurücken, ihn als Quelle allen Wissens sichtbar zu machen. Wer sich, so Humberto Maturana, aus der Sicht eines Biologen mit der Wahrheit des Wahrgenommenen befasst, dem wird unvermeidlich klar, dass er selbst zu den Objekten gehört, die er beschreiben will. Er ist ein lebendes System, das lebende Systeme verstehen möchte. Das Subjekt studiert ein Objekt, das es selbst sein könnte. Die Situation rutscht ins Zirkuläre, geht es doch stets darum, als Wahrnehmender die Prozesse der Wahrnehmung zu verstehen. Man fühlt sich an die mythologische Figur des Ouroboros erinnert: Die Schlange beißt sich in den Schwanz; ein Gehirn erklärt das Gehirn; ein Erkennender erkennt das Erkennen. Das Subjekt ist sich sein eigenes Objekt.

Der Essay Humberto Maturanas mündet bereits nach wenigen Seiten in eine Schlussfolgerung und in einen zentralen Satz, der zur Leitformel und zum Schlüsselaphorismus des konstruktivistischen Diskurses geworden ist. Dieser Satz wirkt auf den ersten Blick wie eine Trivialität, enthält aber bei genauerer Betrachtung eine andere Weltsicht. Er lautet schlicht: „Alles, was gesagt wird, wird von einem Beobachter gesagt.“[1] Entscheidend ist, dass die Existenz einer Außenwelt hier nicht verneint wird; es ist nicht die Äußerung eines Solipsisten, der alles zur Schimäre und dem Produkt des eigenen Geistes erklärt, die hier vorliegt. Ebenso wenig steht sein Autor im Verdacht, ein naiver Realist zu sein. Er glaubt nicht an eine beobachterunabhängige Existenz der Objekte, die sich – ontologisch korrekt – im Bewusstsein eines Erkennenden spiegeln. Die Position Humberto Maturanas und des Konstruktivismus insgesamt steht für einen mittleren Weg, der sich zwischen den Spielformen des Realismus und den Übertreibungen des Solipsismus befindet: Die Existenz einer Außenwelt wird von ihm und den anderen Begründern dieser Denkschule nicht geleugnet, wohl aber verneinen sie stets die voraussetzungsfreie Erkennbarkeit dieser äußeren Welt und erklären die Frage nach ihrer *beobachterunabhängigen* Existenz letztlich zu einer metaphysischen Spekulation. Jeder Akt des Erkennens beruht, so nimmt man an, notwendig auf den Konstruktionen eines Beobachters – und nicht auf der punktgenauen Übereinstimmung der eigenen Wahrnehmungen mit einer externen Wirklichkeit. „Alles, was gesagt wird, wird von einem Beobachter gesagt.“

Diese stete Rückbindung des Erkennens an den Erkennenden manövriert diesen unvermeidlich ins Zentrum und macht ihn zum zentralen Thema. Die ontologische Perspektive, die zu der Suche nach unwandelbaren Seinsbeständen verführt, verwandelt sich in eine fundamentale epistemologische Frage: Man kann und muss sich jetzt fragen, wie ein Beobachter beobachtet, was er beobachtet. Und so lassen sich allmählich die Disziplinen und Fakultäten durchstreifen – und man stößt überall auf die Jahrhundertfrage nach dem Beobachter. Man begegnet ihr in der Philosophie und in der Psychologie, findet sie in den Werken der Kybernetiker und der Biologen bzw. Kognitionswissenschaftler vor und entdeckt sie bei den Wissenssoziologen. 1970 ist dieses Gründungsdokument des Konstruktivismus ein erstes Mal gedruckt worden und zunächst als Report des Biologischen Computer Laboratoriums an der

[1] Maturana, Biologie, 25.

Universität von Illinois erschienen. Dieses Labor war, damals noch, eine kleine Gelehrtenrepublik von anerkannten Außenseitern, von Kybernetikern, Logikern, Biologen, Physikern. Ein paar Jahrzehnte nach der Veröffentlichung von *Biology of Cognition* und der allmählichen Ausdifferenzierung des konstruktivistischen Diskurses findet man die zentralen Überlegungen und den Begriff des Konstruktivismus selbstverständlich in den Lexika und Einführungsbänden sehr unterschiedlicher Disziplinen – ganz gleich, ob es um die Kommunikations- oder Literaturwissenschaft, die Soziologie oder Politikwissenschaft, die Psychologie oder die Pädagogik geht. Es sind zentrale Grundlagenwerke erschienen, die entscheidend zur Konturierung des Konstruktivismus beigetragen haben. Man entdeckt eigene Zeitschriften und Buchreihen, die sich über Jahre hinweg dem Konstruktivismus gewidmet haben.[2] Und es existiert eine längst unüberschaubar gewordene Zahl von Veröffentlichungen, die einzelne Praxis- und Anwendungsfelder (Organisationsberatung, Psychotherapie, Didaktik etc.) aus einer konstruktivistischen Perspektive betrachten. Ein paar Jahrzehnte nach Humberto Maturanas Startschuss schreibt die Tageszeitung *Die Welt* ironisch über die Popularisierung dieser Erkenntnistheorie: „Die Philosophie des Radikalen Konstruktivismus hat den Fußball erreicht. Die Medien konstruieren ein Ereignis, das ohne die Medien gar keines wäre. Erst die Beobachter schaffen die Welt."[3]

2. *Zur Einführung: Eckdaten der Debatte*

Seit dem Beginn der 1990er Jahre sorgt der Konstruktivismus auch in der Journalistik und Kommunikationswissenschaft für Aufsehen; die mitunter äußerst kontrovers und robust geführte Debatte über konstruktivistische Überlegungen hat, so kann man vermuten, einen im Fach ohnehin virulenten Grundkonflikt zwischen Realisten und Relativisten noch einmal aktualisiert: Auf der einen Seite finden sich Positionen, die im Kern besagen, dass eine beobachterunabhängige Realität existiert und dass sich diese zumindest prinzipiell in ihrer unverfälschten, objektiv gegebenen Gestalt erkennen lässt. Wenn dieses Ideal der Objektivität verletzt wird, lassen sich die Wahrnehmungsprodukte – eine Täuschungsabsicht vorausgesetzt – als „Verfälschung" und „Verzerrung von Wahrheit" und als „Manipulation" einer (absoluten) Realität klassifizieren. Auf der anderen Seite begegnet man Autoren, die – in unterschiedlicher Radikalität und Konsequenz – konstruktivistische Thesen vertreten. Sie lehnen Abbildtheorien und realistische Konzepte von Wahrnehmung entschieden ab, halten objektive Erkenntnis für prinzipiell unerreichbar und besetzen eine mitt-

2 An dieser Stelle nur einige ausgewählte Beispiele: So erschien die (inzwischen eingestellte) Zeitschrift *Delfin*, die sich vornehmlich der Auseinandersetzung mit dem Konstruktivismus widmete, viele Jahre im renommierten Suhrkamp Verlag. Im Vieweg Verlag publizierte Siegfried J. Schmidt in einer eigenen Buchreihe zahlreiche Originalarbeiten von konstruktivistischen Autoren (Ernst von Glasersfeld, Heinz von Foerster, Humberto Maturana) in übersetzter Form. Die Gruppe der Heidelberger „Systemiker" organisierte diverse weithin bekannt gewordene Kongresse. Zahlreiche maßgebliche Bücher zu konstruktivistischen Themen erschienen und erscheinen nach wie vor im Heidelberger Carl-Auer Verlag.

3 Zitiert nach Schmidt, Faszination, 14.

lere Position zwischen den erkenntnistheoretischen Extremen des Solipsismus und des naiven Realismus.

Der Beginn der Diskussionen zwischen diesen unterschiedlich orientierten Fachvertretern ist datierbar. Entzündet hat sich die Auseinandersetzung an dem Funkkolleg „Medien und Kommunikation" (1991/1992); sie war wesentlicher Gegenstand einer Jahrestagung der Deutschen Gesellschaft für Publizistik- und Kommunikationswissenschaft,[4] bestimmte die Rezeption des Bandes „Die Wirklichkeit der Medien"[5] und hat vor allem in den Fachzeitschriften „Medien und Kommunikationswissenschaft" (ehemals „Rundfunk und Fernsehen") und „Communicatio Socialis" ihren Niederschlag gefunden. Die Auseinandersetzung krankt, wie im Fortgang der Analyse deutlich werden wird, an einer Reihe von folgenschweren Missverständnissen, berechtigten und unberechtigten Einwänden, die angesprochen und im Idealfall ausgeräumt werden müssen, um eventuelle Fallstricke der Argumentation nach Möglichkeit zu vermeiden und um konstruktivistische Überlegungen im Diskurs weiter zu verbessern.

3. *Kritik des Konstruktivismus: kleine Typologie der Vorwürfe*

Aus den verschiedensten Veröffentlichungen lässt sich ein Katalog der Vorwürfe herausdestillieren, die nach folgendem Muster traktiert werden: Zuerst nenne ich den jeweiligen Vorwurf, dann liefere ich eine Einschätzung seiner Berechtigung, um schließlich Lösungsmöglichkeiten anzudeuten. Zum Ende der Ausführungen zeige ich, dass man die zahlreichen Vorhaltungen und Einwände, die man konstruktivistisch argumentierenden Kommunikationswissenschaftlern – teils zu Recht, teils zu Unrecht – gemacht hat, auf drei fundamentale Probleme konstruktivistischer Theoriebildung zurückführen kann: Das *Problem des Selbstwiderspruchs*, das *Problem der Praxisrelevanz* und das *Problem der Selbstdogmatisierung* sind es, die auch unter Konstruktivisten eine besondere Aufmerksamkeit verdienen.

3.1 Vorwurf I: Der Konstruktivismus enthält keine neuen Einsichten

Der Vorwurf, der Konstruktivismus sei nichts Neues und bloß eine intellektuelle Mode, taucht verschiedentlich auf. Der Erkenntniszweifel diffundiere bekanntlich, so heißt es, durch die gesamte Philosophiegeschichte, deshalb sei der Anspruch, mit dem man auftrete und einen Paradigmenwechsel verkünde, überzogen. Ganz im Duktus dieser Überlegungen merkt Hermann Boventer an, dass das „Unbehagen gegenüber dem unreflektierten Objektivitäts- und Erkenntnisanspruch die ganze Philosophiegeschichte seit den Vorsokratikern durchzieht."[6] Sein Aufsatz trägt den Titel: „Der Journalist in Platons Höhle." Lutz Hachmeister vertritt die These, dass

[4] Vgl. Bentele/Rühl.
[5] Vgl. Merten/Schmidt/Weischenberg.
[6] Boventer, 157.

„die Axiome des Konstruktivismus“ zu den „wenig umstrittenen Wissensbeständen der Geistes- und Sozialwissenschaften“ gehörten. Weiter heißt es:

> „Dass das kognitive System des Menschen Sinneseindrücke, ‚Wirklichkeit‘ und damit kommunikative Umwelt strukturiert und kategorisiert, ist spätestens seit Kant und Schopenhauer unstrittig. Das Problem, ob es eine von individuellen Sinneswahrnehmungen und intersubjektiven Konventionen unabhängige Wirklichkeit gibt, zählt zu den philosophischen Streitpunkten, seitdem Erkenntnistheorie überhaupt systematisch betrieben wird.“[7]

Roland Burkart kommt in seinem Aufsatz (Titel: „Alter Wein in neuen Schläuchen?“) zu dem Schluss: „im Grunde ist das alles nicht neu.“[8] Und Hans Mathias Kepplinger schreibt:

> „Der Konstruktivismus ist eine dieser wissenschaftlichen Moden, und wie alle derartigen Moden, enthält er neben intellektuellem Tand auch richtige Einsichten. Die Faszination, die von ihnen ausgeht, verdanken sie weniger der Neuigkeit der Erkenntnisse als der Tatsache, dass sie in den vorangegangenen Moden vernachlässigt wurden.“[9]

Eine solche Form der Kritik übersieht, dass auch „alte“ Thesen, sobald sie in neuer Form und in einer anderen, womöglich zeitgemäßen Sprache angeboten werden, wissenschaftliche Erkenntnis produktiv zu beeinflussen vermögen: Sie lassen Phänomene in neuem Licht erscheinen und liefern Denkanlässe zur Klärung von Kern-Konzepten eines Faches. Und der Vorwurf, man liefere eigentlich überhaupt nichts Neues übersieht auch, dass die Protagonisten des Diskurses (man denke nur an Ernst von Glasersfeld)[10] die Gemeinsamkeiten zwischen Skeptikern, Kantianern und Neurobiologen nicht etwa verschwiegen haben. Vielmehr wurden Ähnlichkeiten – gelegentlich auch ohne die relevanten Differenzen sichtbar zu machen – immer wieder betont und geradezu als Argument für den Konstruktivismus präsentiert. Allerdings erscheinen mir (dies sei sowohl in die Richtung der philosophiegeschichtlich argumentierenden Kontruktivismus-Befürworter wie auch der Konstruktivismus-Kritiker vermerkt) vergleichbar wirkende Schlussfolgerungen und ein gleichzeitig doch ganz anders gelagerter, epochenspezifisch gearteter Begründungsmodus keineswegs als Indiz einer tiefergehenden Übereinstimmung.

Natürlich kann man behaupten, der Konstruktivismus sei mit der Erkenntnistheorie Immanuel Kants eng verwandt. Dann muss man aber, wenn man etwas genauer vergleicht und nicht nur auf die schmeichelhafte Ähnlichkeit mit einer Galionsfigur europäischen Denkens fixiert ist, feststellen, dass Immanuel Kant sich auf das *transzendentale Subjekt* konzentriert, wenn er von der Geprägtheit jeder Wahrnehmung spricht und die Unerkennbarkeit des Absoluten (das Ding an sich) zum Thema macht. Demgegenüber konzentrieren sich die Konstruktivisten der ersten Generation in ihren Forschungsarbeiten auf das *empirische Subjekt*; sie beschreiben die

---

7 Hachmeister, 12.
8 Burkart, 62.
9 Kepplinger, 118.
10 Vgl. Glasersfeld.

Beobachterabhängigkeit allen Erkennens und behaupten gerade, dass die Rede von einem „Ding an sich" (und damit von einer, wenn auch als unerkennbar erkannten beobachterunabhängigen Realität) sinnlos ist. Seine Existenz lässt sich in keiner Weise verifizieren, weil man doch eben nur in Abhängigkeit von der eigenen Person und der eigenen Wahrnehmung von ihm zu sprechen vermag.[11]

Das bedeutet im Sinne einer verallgemeinernden Bilanz, dass die Frage, ob der Konstruktivismus „neu" ist oder „alt", nur in Abhängigkeit von der jeweiligen Beobachterperspektive entschieden werden kann: Wenn man Ähnlichkeiten konstatieren will, muss man Differenzen vernachlässigen. Wenn man Gleichheit behauptet, muss man – scheinbar historisch argumentierend – doch letztlich ahistorisch argumentieren, weil weder die Vorsokratiker, noch Immanuel Kant oder Arthur Schopenhauer mit den Befunden der Neurobiologie vertraut gewesen sein können und sich auch chilenische Neurobiologen nicht notwendig mit der europäischen Tradition der Vernunftkritik auskennen. Wenn man Unterschiede diagnostiziert, muss man feststellen, worin diese bestehen: Sie bestehen, wie exemplarisch versucht wurde anzudeuten, in der Radikalität, mit der die Beobachterrelativität allen Erkennens zu Ende gedacht wird; und sie manifestieren sich in der grundlegenden Differenz zwischen einer naturwissenschaftlich bzw. empirisch orientierten Disziplin und dem Bereich einer primär reflexionsbasierten Philosophie.

3.2 Vorwurf II: Konstruktivisten überzeichnen die gegnerische Position

Immer wieder wird auch die These geäußert, dass in der Journalistik und Kommunikationswissenschaft niemand mehr ernsthaft einen naiven Realismus vertrete; niemand würde mehr von einer Wirklichkeitsabbildung durch die Medien sprechen oder für seine Forschungsergebnisse die Dignität absoluter Wahrheit reklamieren. Das heißt, man argumentiere publikumswirksam gegen eine Position an, die mit der Behauptung operiert: Nachrichten bilden die Wirklichkeit ab. Allerdings ließen sich, so der Einwand der Kritiker, Formulierungen „in dieser Schlichtheit wohl kaum mehr auffinden."[12] Man profiliere sich also, indem man Strohmänner aufbaue, verzerrte Bilder von gegnerischen Positionen benutze, „die sich leicht kritisieren lassen, aber in der Kommunikationswissenschaft kaum ernsthaft vertreten werden."[13] Der naive Realismus sei ein solcher Strohmann – leicht zu diskreditieren, aber letztlich für die Fachdiskussion irrelevant.

Diesem Vorwurf der Überzeichnung und Übertreibung ist zu entgegnen, dass etwa das journalistische Berufsverständnis nach wie vor von naiven Realismen durchzogen ist und dass auch im Fach verbreitete gemäßigtere Formen des Realismus, die auf die Evolutionäre Erkenntnistheorie (Konrad Lorenz) oder den Kriti-

---

[11] „Woher will man wissen", so Maturana (Maturana/Pörksen, 25) mit Bezug auf Kant, „dass diese absolute Wirklichkeit besteht, von deren Unerkennbarkeit man doch gleichzeitig ausgeht? Das ist ein sinnloses Gedankenspiel, weil man über die als unabhängig bezeichnete Realität eben doch nur in Abhängigkeit von der eigenen Person zu sprechen vermag."

[12] Bentele, 156.

[13] Neuberger, 238.

schen Rationalismus (Karl Popper) zurückgehen, doch wieder auf einen naiven Realismus zurückzuführen sind, wenn sie konsistent bleiben wollen: Sie arbeiten jeweils mit der Idee der allmählichen Wahrheitsannäherung. Schon aus Gründen logischer Konsistenz muss nämlich die allmähliche Wahrheitsannäherung mit naiv-realistischen Vorstellungen einhergehen, wenn sie nicht bloße spekulative Setzung bleiben will. Denn um zu klären, ob eine Teilerkenntnis des Absoluten und eine Annäherung an die Wahrheit geglückt sind, muss man doch diese Teilerkenntnis mit der Wahrheit selbst vergleichen. Dieser Realitätsvergleich setzt aber gerade die Möglichkeit absoluter Wahrheitserkenntnis voraus – wie wird die These von der Annäherung sonst entscheidbar? Man kann also letzte Wahrheit als ein womöglich noch in weiter Ferne liegendes Erkenntnisziel m. E. nur dann aufrechterhalten, wenn man gleichzeitig einen im Kern realistischen Standpunkt vertritt.

3.3 Vorwurf III: Die konstruktivistischen Schlüsselbegriffe sind missverständlich

Günther Bentele hält „die zentrale Metapher“[14] der Konstruktion von Wirklichkeit für ein missverständliches und extrem vereinfachendes Konzept und schreibt:

> „Weder werden Erdbeben und Hungerkatastrophen, noch Zugunglücke, Einbrüche, Chemieunfälle oder Gipfeltreffen von Medien konstruiert. Was ‚konstruiert‘ wird, ist die Berichterstattung über diese Ereignisse, die zu einer eigenen Wirklichkeitsform, der Medienwirklichkeit, führt.“[15]

Christoph Neuberger wendet ein, dass der Konstruktionsbegriff „vielfältig gebraucht“ werde und eine „Quelle für Missverständnisse“[16] darstelle. Hermann Boventer artikuliert sein Unbehagen an der populärwissenschaftlich-flotten Rede von einer „erfundenen Wirklichkeit“ und dem Begriff der „Erfindung“ von Realität.[17]

Das Befremden, das hier artikuliert wird, erscheint berechtigt: Lange Zeit blieb das Schlüsselkonzept der Konstruktion ungeklärt, schien man doch nahe zu legen, man könne sich Weltbilder planvoll und gezielt zusammenbauen und Wirklichkeiten nach eigenem Gusto erfinden. Insbesondere der populäre Buchtitel „Die erfundene Wirklichkeit“[18] und andere Kernsätze[19] haben hier für vermeidbare Verwirrung gesorgt. Insofern ist auch Siegfried J. Schmidt zuzustimmen: Es gilt, die Arbeit mit einer populären Aufregungs- und Irritationsmetaphorik einzustellen, die sich als unproduktiv erwiesen hat.[20] Auf den bestenfalls missverständlichen Begriff der Erfindung, der Wirklichkeitskonstruktion als willkürlich und intentional bzw. als Schöpfung eines autonomen Geistes erscheinen lässt, kann man ohne jeden Er-

---

14 Bentele, 160.b.
15 Bentele, 161. (Hervorhebung im Original).
16 Neuberger, 192.
17 Boventer, 161.
18 Watzlawick.
19 Man denke nur an das Diktum Foersters (40): „Die Umwelt, so wie wir sie wahrnehmen, ist unsere Erfindung.“
20 Schmidt im Gespräch bei Pörksen, Wir beginnen 178f.

kenntnisverlust verzichten.[21] Und es gilt, sich zu vergegenwärtigen: Im Akt des Beobachtens reproduzieren wir entweder alte Ordnungen oder Unterscheidungssysteme oder entwickeln neue vor dem Hintergrund der alten. Dies schränkt die Freiheit und Willkür der Konstruktion massiv ein; die Welt – verstanden als die Summe der auf den Einzelnen einwirkenden Beschränkungen – gestattet keine permanente Neuerfindung des eigenen Selbst.

3.4 Vorwurf IV: Konstruktivisten rechtfertigen ethisch-moralische Beliebigkeit

Der Beliebigkeitsvorwurf basiert auf der Gleichsetzung von erkenntnistheoretischem und ethisch-moralischem Relativismus: Die Subjekt- bzw. Beobachterabhängigkeit von Wahrnehmung wird als Beschreibung und Rechtfertigung von Willkür gedeutet. Weil alles Erkennen in das individuelle Belieben des Einzelnen gestellt werde, weil Welterkenntnis sich weitgehend willkürlich vollziehe, so die (Fehl-)Interpretation des Konstruktivismus, gebe es auch keine gesicherten Maßstäbe mehr, um über die Qualität von Medienangeboten zu richten; die Basis journalistischer Arbeit werde gewissermaßen erkenntnistheoretisch zerstört. Der Konstruktivismus verzichte „auf einen Wirklichkeitsbegriff", der

> „das Fundament journalistischer Arbeit darstellt, einen Wirklichkeitsbegriff, der davon ausgeht, dass Realität weitgehend unabhängig vom Journalisten existiert und es journalistische Aufgabe ist, diese Realität adäquat zu erfassen und sie sodann wahrheitsgemäß, möglichst vollständig und verständlich darzustellen."[22]

Gegen solche Vorhaltungen ist zweierlei einzuwenden: Zum einen vertreten konstruktivistische Autoren die These, dass die Beobachterabhängigkeit allen Erkennens als Begründung einer auf das Individuum bezogenen Verantwortungsethik dienen kann. Das heißt, sie kehren den Vorwurf geradezu um – und behaupten: Realistische Erkenntniskonzepte erlauben die Abwehr und Delegation von Verantwortung, gestatten es, die eigene Wahrnehmung zu depersonalisieren und sich damit aus der Affäre zu stehlen; man versteht sich selbst als unbeteiligten Beobachter. Erst eine konstruktivistische Position, die den Anteil an den eigenen Erkenntnisprodukten anerkennt, führe dazu, sich verantwortlich zu bekennen. Zum anderen wird prinzipiell bezweifelt, dass man emphatische Wahrheitsideale braucht, um nicht in Willkür und Beliebigkeit abzudriften.

> „Schon aus pragmatischen und psychologischen Gründen", so etwa Siegfried J. Schmidt, „muss es Evidenzen geben, mit deren Hilfe Rückfragen und Zweifel glaubwürdig und daher erfolgreich unterbrochen beziehungsweise für eine Weile stillgestellt werden können.

---

[21] Foerster geht es, wenn er von „Erfindung" spricht, eigentlich um eine ethische Dimension, nämlich um die Verantwortung desjenigen, der für eine bestimmte Realitätssicht votiert. Erfindung meint hier eigentlich: Eingeständnis von Verantwortung. Gleichwohl erscheint mir der Begriff in diesem Zusammenhang nicht glücklich gewählt, weil er nahe legt, dass hier von einem erkenntnistheoretischen Standpunkt aus (und nicht auf der Grundlage einer ethischen Haltung) argumentiert wird. Zu dieser Diskussion siehe Foerster/Pörksen, 50.

[22] Bentele, 159.

> Dazu reichen unwidersprochene Gewissheiten durchaus hin; dazu braucht man keine objektiven Wahrheiten, die ihrerseits ja nur den Status solcher unwidersprochenen Gewissheiten haben (können)."[23]

3.5 Vorwurf V: Konstruktivistische Überlegungen legitimieren eine unseriöse und manipulative journalistische Praxis

Der Beliebigkeitsvorwurf korrespondiert häufig mit der Befürchtung, gerade die Arbeit von Journalisten sei durch konstruktivistische Überlegungen gefährdet: Man argwöhnt eine besondere Bedrohung der journalistischen Praxis. Hermann Boventer betrachtet eine „systematische Entmoralisierung der Medien und ihrer Handlungsträger" als Konsequenz epistemologischer Indoktrination und diagnostiziert „verheerende Folgen"[24] für die journalistische Tätigkeit, wenn sich diese dem Programm des Konstruktivismus verpflichtete.

> „Soweit der Radikale Konstruktivismus das Postulat journalistischer Objektivität verwirft", so schreibt Ulrich Saxer mit ähnlicher Stoßrichtung, „beeinträchtigt er ein unentbehrliches Element demokratischer Kommunikationskultur und die Ausbildung journalistischer Kompetenz in einer sehr wichtigen Hinsicht. Er öffnet damit journalistischem Schlendrian im Umgang mit Fakten und journalistischer Rechthaberei Tür und Tore, deckt argumentativ – da es ja angeblich anders gar nicht möglich ist – die Selbstzentriertheit journalistischer Milieus auf Kosten ihrer Zuwendung zum Publikum, anerkennt journalistische Manipulation als Normalität und rechtfertigt theoretisch auch noch den durch Medien mitverursachten kollektiven Wirklichkeitsverlust in komplexen Gesellschaften."[25]

Man befürchtet, dass der Begriff der Objektivität in einer erkenntnistheoretischen Diskussion aufgelöst werde – und dass diese Auflösung dann als Einladung zu Fälschung, Manipulation und Lüge verstanden werden könnte.[26]

Die allen Befürchtungen gemeinsame Denkfigur lässt sich folgendermaßen umschreiben: Weil Erkennende, wie Konstruktivisten behaupten, über eine beobachterunabhängige Wirklichkeit nichts auszusagen vermögen und weil sich diese Behauptung womöglich unter Journalisten und anderen professionellen Kommunikatoren durchsetzt, erscheint willkürliche Erkenntnisproduktion als Normalität, und in diesem Klima werden dann auch Fälschungen, Verdrehungen und Manipulationen zu gewöhnlichen Äußerungsstrategien, die nicht mehr aus berufsethischen Gründen disqualifiziert werden können.[27] Die erste Prämisse solcher Befürchtungen ist, dass Erkenntnistheorien – gleich welcher Spielart – überhaupt in einem sehr

---

[23] Schmidt, Faszination, 61.

[24] Boventer, 164.

[25] Saxer, Thesen, 182.

[26] Vgl. Zschunke, 103.

[27] Entsprechend gilt dann auch der Interview-Fälscher Tom Kummer manchen Konstruktivismus-Kritikern (vgl. Ernst, 65 und Hömberg, 296) als praktizierender Konstruktivist – ein Missverständnis und ein wohlfeiles Angebot der Exkulpation, an dem Kummer durchaus Gefallen findet. Die erkenntnistheoretische Rechtfertigung von Betrug (Kummer wusste, was er tat) ist allerdings Ausdruck eines ungenauen Denkens, weil hier die Ebene der epistemologischen Diskussion unzulässig mit der Ebene alltäglicher Konvention vermischt wird.

direkten und unmittelbaren Sinne alltägliches Handeln regulieren. Die zweite Prämisse besagt, dass Konstruktivisten überhaupt ausreichend Einfluss und Macht besitzen, die Praxis gezielt zu indoktrinieren und die beruflichen Standards zu korrumpieren. Die dritte Prämisse enthält, wie bereits angedeutet, die These, dass der Verzicht auf absolute Wahrheit notwendig Willkür legitimiert. Und auch diese Annahme wird von Konstruktivisten nicht geteilt. Vielmehr haben sie sich darum bemüht, eine konstruktivistische Neuinterpretation des Objektivitätsideals zu liefern, das Erkenntnisziel *der Wahrheit* praktisch-pragmatisch kleinzuarbeiten und entsprechende Ersatzbegriffe anzubieten – eine Diskussion, die inzwischen weit fortgeschritten ist und mehrere Entwürfe hervorgebracht hat.

3.6 Vorwurf VI: Konstruktivisten sind einseitig am Individuum orientiert

In der fachinternen Kritik wird auch der Vorwurf der perspektivischen Verkürzung auf den Einzelnen erhoben. Mit einem Diktum Ulrich Saxers: „Dem Zustand zunehmender Unsicherheit über das Makrogeschehen entzieht sich ja der Konstruktivismus durch seinen strikten Rückzug auf das Individuum und dessen Kognition."[28] Schon aufgrund dieses Reduktionismus seien Konstruktivisten nicht in der Lage, ein „soziales Totalphänomen" wie die öffentliche Kommunikation, das makro-, meso- und mikrosoziologisch definiert ist, auch nur zu erfassen. Es fehle dem Theorie-Konstrukt somit – gewählt wird eine korrespondenztheoretische Metaphorik – an „Strukturähnlichkeit" und „Isomorphie"[29] zu seinem Gegenstand. Für alles, was über den eng gesteckten Horizont einer mikrosoziologisch definierten Perspektive hinausginge, bleibe man unvermeidlich blind: Man könne die Berufsrealität der meisten Medienarbeiter kaum in den Blick bekommen. Ein solcher Einwand trifft vor allem für die Ur- und Frühgeschichte konstruktivistischen Denkens zu, die aufgrund einer primär biologisch-naturwissenschaftlichen Orientierung am Individuum bzw. am einzelnen Gehirn ansetzte, übersieht aber insbesondere die produktive Weiterentwicklung in der Journalistik und Kommunikationswissenschaft: Hier geht der Trend spätestens seit dem Beginn der 90er Jahre klar in die Richtung eines integrativen Ansatzes, der kognitive Autonomie und soziale Orientierung nicht (mehr) als unvereinbar konzipiert.

Der Entwurf eines „soziokulturellen Konstruktivismus"[30] und die Synthese systemtheoretischer und konstruktivistischer Überlegungen[31] stellen nur zwei Beispiele für weithin rezipierte Arbeiten dar, die genau an der Schnittstelle von Individuum und System ansetzen. Sie gleichen manche perspektivische Vereinseitigung der Frühphase aus. Und auch wenn man das Blickfeld erweitert, so zeigt sich, dass die gegenwärtige Theoriearbeit klar unter dem Vorzeichen einer Integration von Ansätzen steht; man tritt mit dem Ziel an, Widersprüche zu beseitigen und sich allmählich

28 Saxer, Fortschritt, 65f. (Hervorhebung im Original).
29 Saxer, Mythos, 89.
30 Vgl. Schmidt, Kognitive Autonomie.
31 Scholl/Weischenberg.

von primär biologisch-naturwissenschaftlichen Entwürfen zu lösen.[32] Zu beobachten ist ein Trend, der sich – ironisch – als *Schwächung des Seins*[33] bezeichnen ließe: Man radikalisiert die Entontologisierung in die Richtung einer Denkweise, die ohne Fundament auskommt, die ihre paradox angelegte Begründung in der Unbegründbarkeit und ihren Halt in der Haltlosigkeit sucht.

3.7 Vorwurf VII: Der Konstruktivismus raubt der Medienkritik jede Basis

Man hat Konstruktivisten den Vorwurf des Solipsismus gemacht: Die Welt gelte ihnen „nur als Schöpfung selbstreferentieller Systeme" und nur als „von Beobachtern konzipiert"[34], allein „als Wille und Vorstellung"[35]. Kritikpunkt ist die „solipsistische Vernachlässigung einer beobachterunabhängigen Realität"[36]. Entsprechend erscheine dann, wenn sich dieses Denken im Journalismus breit mache, nicht nur Fälschung und Manipulation als legitim, sondern auch die Medienkritik, die eben auf dem Vergleich von (absoluter) Realität und Medienrealität basiere, verliere jede Basis – auch dies eine Preisgabe beruflicher Standards mit fatalen Folgen:

> „Auf der praktisch-journalistischen Diskussionsebene führt", so heißt es, „der konstruktivistische Ansatz dazu, dass nicht mehr eindeutig zwischen der Realitätshaltigkeit (und damit Qualität), zwischen Boulevard-Journalismus und seriösem Journalismus von Qualitätszeitungen unterschieden werden kann. Wenn beides nur Realitätskonstruktionen sind, wenn gleichzeitig Begriffe wie Wahrheit und Objektivität aufgegeben sind, wenn beides nur noch Kommunikationsangebote sind, die nach Kriterien wie Glaubwürdigkeit (nicht aber danach, ob sie tatsächlich richtig oder falsch berichten) beurteilt werden können, dann entfällt jede Kritikmöglichkeit gerade unsauberer journalistischer Arbeit."[37]

Dem ist zu entgegnen, dass nicht *der* Wirklichkeitsvergleich, der Basis medienkritischer Bemühungen ist, hinfällig wird, sondern allein ein implizit oder explizit realistisch fundiertes Falsifikationsstreben, das absolute Realität und die verzerrte Medienrealität in eine Vergleichsbeziehung zu bringen meint. Damit ist gesagt, dass man beispielsweise nicht die Daten und Wirklichkeiten einzelner Sozialsysteme (z. B. Wissenschaft, Justiz, Gesundheit) benützen kann, um eine spezifische Medienwirklichkeit in einem absoluten Sinne zu falsifizieren oder auch gegebenenfalls zu verifizieren, denn es handelt sich in jedem Fall um Konstrukte, nicht aber um beobachterunabhängig gegebene Manifestationen einer unbedingt gültigen Realität. Was man natürlich tun kann, ist, verschiedene Wirklichkeiten – durchaus mit kritischer Zielsetzung – zu kontrastieren.[38] Es wird daher auch nicht *die* Medienkritik überflüssig oder sinnlos, sondern allein eine ihrer spezifischen Spielarten, nämlich

---

32 Vgl. exemplarisch auch Weber, Integrative Theorie, 455–457.
33 Diese, in anderem Zusammenhang verwendete Formulierung entnehme ich: Varela/Thompson/Rosch, 311.
34 Saxer, Fortschritt, 70.
35 Saxer, Mythos, 89.
36 Saxer, Thesen, 179.
37 Bentele, 163 (Hervorhebung im Original).
38 Siehe Weber, Wer steuert, 80.

eine Form der realistischen Medienkritik, die bestimmte Beobachterperspektiven privilegiert, diese ontologisiert und als letzte Wahrheiten ausgibt.

3.8 Vorwurf VIII: Konstruktivistische Aussagen sind selbstaufhebend

Der Vorwurf selbstwidersprüchlicher Aussagen, der in der fachinternen und der fachexternen Diskussion konstruktivistischer Überlegungen gleichermaßen auftaucht, lautet beispielsweise folgendermaßen:

> „Freilich hebt sich, wissenschaftstheoretisch gesehen, diese Theorie selber auf, denn wenn Menschen die Wirklichkeit nicht als solche erkennen können, dann lässt sich auch der Radikale Konstruktivismus nicht empirisch bestätigen“[39].

Ein derartiger Einwand gehört, wie noch genauer gezeigt werden wird, zu den Fundamentalproblemen konstruktivistischer Theoriebildung; man kann ihm nur entgehen, wenn man das Konzept der Letztbegründung zurückweist, den Status des empirischen Wissens aus konstruktivistischer Perspektive klärt und stets deutlich macht: Es kann für die konstruktivistischen Thesen keinen letzten Beweis und keine beobachterunabhängige Begründung geben. Auch die Biologie und die Hirnforschung sind keineswegs jene Paradedisziplinen, die die konstruktivistischen Annahmen wahr machen; sie plausibilisieren sie, sie illustrieren sie, sie haben den Status von Hinweisen, nicht von Beweisen in einem wahrheitsemphatischen Sinn. Auch der Konstruktivismus ist nur eine Konstruktion (unter vielen möglichen); er ist nicht auf seine Wahrheit zu prüfen, sondern auf seine Nützlichkeit, seine Viabilität. Es geht darum, wirkungsvolle Vorgehensweisen und Annahmen zu entwickeln, die den jeweiligen Zwecken eines Beobachters gerecht werden. Man muss sehen, ob man weiterkommt, ob sich die eigenen Thesen und Theorien als produktiv erweisen. „Eine Skepsis“, so Hans Rudi Fischer prägnant über die adäquate Theorie-Architektur des Konstruktivismus, „die konsistent ist, muss freischwebend sein, unbegründet begründet oder begründet unbegründet, andernfalls verliert sie ihren Charme und wird dogmatisch.“[40]

4. *Grundsätzliche Probleme konstruktivistischer Theoriebildung: Fallstricke der Argumentation*

Die geschilderten Vorbehalte und Vorwürfe lassen sich im Kern auf drei Fundamentalprobleme der konstruktivistischen Theoriebildung zurückführen, die sich allesamt um Fragen und Schwierigkeiten der Selbstanwendung und der praktischen Umsetzung konstruktivistischen Denkens gruppieren lassen. Doch bevor diese nun genauer beschrieben werden, sei erneut eine Bemerkung zum Vorgehen erlaubt: Das Schema der abschließenden Darstellung folgt erneut einem einfachen Muster: Zuerst

---

[39] Saxer, Thesen, 179.
[40] Fischer, 96.

erläutere ich das jeweilige Fundamentalproblem (1. das *Problem des Selbstwiderspruchs*, 2. das *Problem der Praxis-Relevanz*, 3. das *Problem der Selbstdogmatisierung*), dann werden Lösungsmöglichkeiten vorgeschlagen, die den Zuschnitt der hier vertretenen Position weiter konturieren und schließlich in das Plädoyer münden, den Konstruktivismus primär als eine Irritationsstrategie und als Neubegründung des Skeptizismus aufzufassen.

4.1 Das Problem des Selbstwiderspruchs: explizit und implizit erhobene Geltungsansprüche

Das Problem des Selbstwiderspruchs handelt von einem Widerspruch zwischen den eigenen Prämissen und den jeweils erhobenen Geltungsansprüchen, die explizit (in Form direkter Aussagen und Wahrheitsbeteuerungen) oder implizit (z. B. in Form eines bestimmten Sprachgebrauchs) angemeldet werden. Die Grundkonstellation, die dieses Problem erzeugt, lässt sich folgendermaßen umschreiben: Wenn ein konstruktivistisch argumentierender Autor seine Annahme von der Unmöglichkeit absoluter Wahrheitserkenntnis mit absolutem Wahrheitsanspruch vertritt, dann wird er zu einem Metadogmatiker und verwickelt sich in eine Paradoxie, die sich auf die Formel bringen lässt: Wenn er Recht hat, hat er Unrecht (und umgekehrt). Denn „wenn es die unbedingt gültigen Belege für die eigenen Thesen gäbe, dann wären dies genau die absoluten Wahrheiten, nach denen der Realist gesucht hat.“[41]

Schon eine Sprache, die von unpersönlichen (das heißt: scheinbar beobachterunspezifischen) Redewendungen geprägt ist, wird im Grunde genommen ein Problem. Wer als ein konventionell formulierender Wissenschaftler auf Geschichten und Parabeln, kreative Metaphern und die Schilderung eigener Denkerlebnisse verzichtet und wer vor allem das eigene Ich spürbar aus seinen Texten verbannt, der schreibt eine Sprache, die Objektivitätsansprüche zumindest nahe legt.[42] Sie bedingt, wenn sie von Konstruktivisten und anderen Skeptikern gebraucht wird, eine Paradoxie, die man einen *rhetorischen Selbstwiderspruch* nennen könnte: Im Falle des logischen Selbstwiderspruchs sind Aussagen logisch unvereinbar. („Wahr ist, dass es keine letzte Wahrheit gibt.“) Mit dem Begriff des rhetorischen Selbstwiderspruchs meine ich dagegen, dass die Art und Weise, die Diktion, die gewählt wird, nicht zu der Aussage, die man trifft, passt. Man legt eine Autorität und einen Anspruch auf Endgültigkeit und letzte Gewissheit nahe, den man eben, bleibt man den selbstformulierten Prämissen treu, gar nicht erheben kann. Man suggeriert die Möglichkeit der Letztbegründung und der objektiven Aussage schon durch die verwendeten

---

41 Schmidt im Gespräch bei Pörksen, Wir beginnen 179.

42 Kretzenbacher sieht die wissenschaftliche Sprache durch drei Tabus (Ich-Tabu, Metapherntabu, Erzähltabu) charakterisiert, die allesamt den Beobachter unsichtbar machen: „Das Ich-Tabu suggeriert, dass Wissen unabhängig von einem menschlichen Subjekt existiere und dass eine wissenschaftliche Äußerung unabhängig von den spezifischen Kommunikationspartnern übermittelt werden könne. Das Metapherntabu suggeriert, dass ein wissenschaftliches Faktum nur in einer ganz bestimmten Weise dargestellt werden könne, weil es nur in ein und derselben Art wahrgenommen werden könne. Und das Erzähltabu suggeriert, dass in wissenschaftlichen Texten die Fakten selbst sprächen, ohne ein menschliches Subjekt als Übermittlungsinstanz“ (Kretzenbacher, 34).

Stilmittel – und bestreitet diese jedoch gleichzeitig auf der Inhaltsebene, verwendet eine Diktion, einen Jargon der Unumstößlichkeit, der nicht mit den eigenen Grundannahmen im Einklang steht. Diese müssten einen eigentlich zu anderen, offeneren und vor allem beobachtergebundenen Darstellungs- und Redeweisen inspirieren.

Allerdings zeigt diese besondere Aufmerksamkeit für Darstellungstechniken und die jeweils gewählte Sprachform noch etwas anderes, nämlich dass sich die Behauptung eines Selbstwiderspruches häufig aus terminologischen Ungenauigkeiten ergibt, die Gegner und Befürworter des Konstruktivismus miteinander teilen: Es erschwert das Verständnis und die innerwissenschaftliche Verständigung enorm, dass Vokabeln wie „Wahrheit", „Realität", „Wirklichkeit" usw. äußerst uneinheitlich gebraucht werden. Drastischer: Terminologische Unbestimmheit hat eine Form des Missverständnisses erzeugt, das hier als *Problem der referentiellen Konfusion* bezeichnet werden soll. Man verwechselt vielfach, wenn man Selbstwidersprüche diagnostiziert, Aussagen, die sich auf eine (imaginäre und allein beobachterabhängig thematisierbare) absolute Wirklichkeit/Wahrheit/Realität usw. beziehen, mit Aussagen, die eingestandenermaßen innerhalb gegebener Erkenntnisgrenzen getroffen werden, also für die Sphäre der Lebenswelt und der Erfahrungswirklichkeit gemeint sind. Wenn konsistent argumentierende Konstruktivisten behaupten, Wahrheit und Realität seien unerkennbar, da beobachterunabhängige Erkenntnis unmöglich sei, dann heißt dies: Hier bezieht man sich *innerhalb des Diskurses* auf eine (absolute) Realität/Wirklichkeit/Wahrheit, konstruiert also kommunikativ ein *Diskursjenseits* im *Diskursdiesseits.*[43] Es bedeutet nicht, dass man – obwohl dies die fehlende begriffliche Präzision mancher Konstruktivisten immer wieder suggeriert – innerhalb der Lebenswelt und der eigenen Erfahrungswirklichkeit mit einem Mal irgendwie über diese Lebenswelt hinausreicht, um dann mit vermeintlich letzter Sicherheit sagen zu können: Wahrheitserkenntnis ist unmöglich, muss unmöglich sein. Dies wäre, wie sich nun sagen lässt, selbstwidersprüchliche Spekulation, reine Metaphysik; der Realitätstest aller Aussagen bleibt immer und unvermeidlich ein interner Test, situiert in dem, was uns allein zugänglich ist: die eigene Lebenswirklichkeit.[44]

4.2 Das Problem der Praxis-Relevanz: das Verhältnis von Epistemologie und Alltag

Der Konstruktivismus, so zeigt sich, ist auf dem Weg zur normal science: Die philosophische Grundlagendiskussion verwandelt sich zunehmend in den Versuch einer konkreten, disziplinspezifischen Umarbeitung und -anwendung. Bislang haben insbesondere die Pädagogik und Didaktik, die Psychologie bzw. Psychotherapie, die Managementwissenschaft, die Journalistik und Kommunikationswissenschaft von den konstruktivistischen Überlegungen profitiert bzw. diese überhaupt aufgegriffen und fachspezifisch konkretisiert.[45] Es sind allesamt Disziplinen und Anwendungs-

---

43 Dass Dualismen wie *Realität* und *Erfahrungswirklichkeit* verborgene Realismen des konstruktivistischen Diskurses darstellen, hat Mitterer klar gezeigt.

44 Vgl. Luhmann, 10.

45 Scholl, Einleitung, 12.

bereiche, die sich in irgendeiner Weise mit der „Menschenveränderung" befassen, also sich der Frage stellen, wie sich Versuche der Fremdsteuerung intern in tatsächlich auch genutzte Angebote der Selbststeuerung umwandeln lassen.[46]

Weitgehend undiskutiert geblieben ist jedoch in allen genannten Disziplinen das Problem der Praxis-Relevanz – das heißt, man hat sich nicht und schon gar nicht grundsätzlich mit der Frage befasst, wie denn das Verhältnis zwischen Epistemologie und Alltag, zwischen Theorie und Praxis, zwischen einer (transdisziplinären) Denkschule und ihrer fachspezifischen Konkretisierung bzw. pragmatisch tauglichen Umsetzung zu fassen ist. Dieses Problem müsste aber vor der eigentlichen Konkretisierungs- und Umsetzungsarbeit zumindest prinzipiell geklärt werden, weil seine Klärung wesentlich darüber entscheidet, welches Veränderungspotenzial man überhaupt den konstruktivistischen Einlassungen zuschreiben mag und ihnen letztlich zutraut. Denkbar ist, wenn es um die Beziehung zwischen Epistemologie und Alltag geht, eine idealtypisch konstruierte Typologie der Verhältnisse, die sich mit Hilfe des Begriffspaares Deskription/Präskription präzisieren lässt: Deskriptive Aussagen beschreiben, präskriptive Aussagen schreiben vor, verlangen etwas, was noch nicht oder nur unvollständig realisiert zu sein scheint.[47] Zu unterscheiden sind, so meine These, das Ableitungsverhältnis, das „Nicht-Verhältnis" und das Anregungsverhältnis. Es sind diese Möglichkeiten, die Beziehung zwischen Epistemologie und Alltag zu erfassen, die ich im Folgenden genauer charakterisieren möchte:

- Wenn man explizit oder implizit für ein *Ableitungsverhältnis* votiert, dann geht man von folgender Annahme aus: Die epistemologischen Einsichten (des Konstruktivismus) führen zu unmittelbaren Konsequenzen, was das alltägliche Handeln betrifft. Erkenntnistheorie reguliert auch eine wie immer geartete Praxis – und man kann dann, wie dies in manchen populärwissenschaftlichen Darstellungen des Konstruktivismus geschieht, feststellen: Es gibt keine letzte Wahrheit (erkenntnistheoretische All-Aussage), also ist nichts sicher (lebenspraktische Konsequenz); wir erfinden die Wirklichkeit (erkenntnistheoretische All-Aussage), also ist alles möglich (lebenspraktische Konsequenz); absolute Werte existieren nicht (erkenntnistheoretische All-Aussage), also müssen wir uns mit einer völligen Beliebigkeit abfinden (lebenspraktische Konsequenz).[48] Und so weiter.
- Wer das Verhältnis von Epistemologie und Alltag im Sinne eines strikt linear-kausal organisierten Ableitungsverhältnisses verstanden wissen und das Problem

46 Einen Überblick über wesentliche Impulse in diesen Gebieten liefern Foerster/Pörksen, 65–67.

47 Ähnlich systematisch entfaltet Weber (Journalistische Wirklichkeiten, 59–61) seine Auseinandersetzung mit den Varianten der Erkenntnistheorie in der Medien- und Kommunikationswissenschaft. Dieser Systematik verdanke ich entscheidende Anregungen.

48 Beispielhaft für eine Formulierung, die implizit dem *Ableitungsverhältnis* verpflichtet ist, sei dann doch noch ein Kommunikationswissenschaftler zitiert. „Aus der Erkenntnis der Geschlossenheit des kognitiven Apparats", so bekommt man bei Merten (Kommentar, 53) zu lesen, „ist bindend abzuleiten, dass Objektivität nur eine operative Fiktion ist." Und weiter: „Weil Wirklichkeiten immer konstruiert werden", so heißt es (a. a. O., 54), „ist deren Authentizität unerheblich: Wirklichkeitskonstruktionen sind daher nicht auf Wahrheit, sondern nur auf Effizienz zu hinterfragen." Aussagen dieser Art, die epistemologische Einsicht und lebenspraktische Konsequenz so direkt und unmittelbar koppeln, lassen dann den Beliebigkeitsvorwurf der Konstruktivismus-Kritiker doch berechtigt erscheinen; zumindest sind solche Formulierungen äußerst missverständlich.

der Praxis-Relevanz auf diese extreme Weise lösen will, kann dies – systematisch gesprochen – in deskriptiver oder präskriptiver Absicht tun, ebenso ist eine Kombination von Deskription und Präskription denkbar: Man kann sagen, dass die Relativität allen Erkennens unvermeidlich zu neuen Einsichten und Handlungsweisen im Alltag *führt* (Typ 1, Deskription). Man kann verlangen, dass die erkenntnistheoretische Einsicht in die Relativität allen Erkennens zu neuen Einsichten und Handlungsweisen *führen sollte* (Typ 2, Präskription). Und schließlich lässt sich beklagen, dass die Einsicht in die Relativität allen Erkennens das Denken und Handeln im Alltag *noch nicht ausreichend reguliert* und dass dies *nun verstärkt geschehen sollte* (Typ 3, Kombination von Deskription und Präskription).

- Die hier etwas umständlich, in Ermangelung eines eingängigeren Neologismus als „*Nicht-Verhältnis*" benannte Möglichkeit, die Beziehung zwischen Epistemologie und Alltag zu denken, markiert (ebenso wie das Ableitungsverhältnis) eine Extremposition: Man geht hier von einer strikten Trennung von Erkenntnistheorie und alltäglichem Handeln aus. Anhänger dieser Auffassung vertreten die These, dass beide Ebenen strikt getrennt sind und auch strikt getrennt werden müssen: Der Konstruktivismus gilt hier ausschließlich als Beobachtertheorie zweiter Ordnung, die eine Rekonstruktion von Wirklichkeitskonstruktionen erlaubt, aber keine Relevanz für eine wie immer geartete Lebenspraxis in der Sphäre der Beobachtung erster Ordnung besitzt.[49] In diesem Fall trägt die Unterscheidung von Deskription/Präskription kaum etwas zur Klärung bei: In deskriptiver wie in präskriptiver Hinsicht wird konstatiert, dass die epistemologische Reflexion für die alltägliche Handlung ohne Bedeutung ist bzw. auch für die Welt der Praxis keine Bedeutung erlangen sollte.
- Zwischen diesen beiden Extremen befindet sich eine mittlere Position. Gemäß dieser Auffassung gelten erkenntnistheoretische Einsichten, Modelle, Konzepte und Begriffe als Inspiration und Irritation einer wie auch immer definierten Praxis; sie sind nicht folgenlos, aber auch nicht in jedem Fall spezifizierbar und bis ins Detail ausbuchstabierbar. Die Prämissen und Postulate fokussieren die Aufmerksamkeit, sie liefern relevante Unterscheidungen, sie regen an, aber erlauben es nicht, direkt auf eine gegebene oder gewünschte Praxis zu schließen bzw. diese logisch aus ihnen abzuleiten. Das bedeutet, dass ein unbedingtes, streng definiertes Kausalverhältnis nicht vorausgesetzt wird; die Zusammenhänge sind hier sehr viel lockerer, fragiler, undeutlicher, keineswegs zwingend; die epistemologischen Begriffe und Konzepte, die man für die Praxis und das alltägliche Handeln fruchtbar machen möchte, haben einen heuristischen Wert. Die Aussagen, die ein Vertreter des *Ableitungsverhältnisses* trifft, verlieren aus dieser Perspektive etwas von ihrer (unnötigen) Schärfe, weil Erkenntnistheorie und Lebenspraxis nicht in der Unmittelbarkeit gekoppelt werden; man befreit sich auch selbst von dem wohl kaum zu führenden Nachweis direkter, mit Gewissheit bestehender Korrelationen zwischen Theorie und Praxis, Epistemologie und Alltag, Be-

[49] Bolz nimmt im Gespräch mit dem Autor eine solche Position ein. Vgl. Pörksen, In einer Welt, 439–441.

obachtungen erster und zweiter Ordnung. Es sind Wahrnehmungs- und Suchaufträge, Beobachtungsimpulse,[50] die der Sphäre epistemologischer Reflexion entstammen und für die Orientierung in der Welt praktischer Anwendung anregend sind.[51] Keineswegs vertritt man die These, dass intellektuelle Einsicht ein konventionell gültiges Handlungsmuster gleichsam zielgerichtet und notwendig auszuhebeln vermag.

- Auch in diesem Fall sind drei verschiedene Argumentations- und Denkmuster vorstellbar: Man kann feststellen, dass die Relativität allen Erkennens zu neuen Einsichten und Handlungsweisen im Alltag *inspiriert* (Typ 1, Deskription) oder doch *inspirieren sollte* (Typ 2, Präskription). Und es lässt sich kritisch vermerken und beklagen, dass die Einsicht in die Relativität allen Erkennens das Denken und Handeln im Alltag *noch nicht ausreichend inspiriert* und dass dies nun *in stärkerem Ausmaß geschehen sollte* (Typ 3, Kombination von Deskription und Präskription).

4.3 Das Problem der Selbstdogmatisierung: Folgen der Dominanz

Das Problem der Selbstdogmatisierung entsteht, wenn der Konstruktivismus (oder irgendeine andere Denkschule) immer beherrschender wird und womöglich zum dominierenden Paradigma in einem fachinternen Diskurs aufsteigt; es entsteht, wenn sich eine Außenseiterphilosophie in eine Mode verwandelt und in manchen Veröffentlichungen gar die Züge einer Weltanschauung oder Heilslehre zugesprochen bekommt.[52] Diese Popularität ist für eine Denkschule, die auch gegen die Verfestigungen des Denkens selbst angehen möchte, durchaus problematisch, weil sich natürlich auch relativistische Erkenntnistheorien zu neuen Normen, modischen Glaubensbekenntnissen und wirkmächtigen Dogmen verhärten können.[53] Diese Transformation der konstruktivistischen Überlegungen ist, wenn sie denn geschieht, nicht zu ändern, weil nicht kontrolliert werden kann, wie und in welcher Weise bestimmte Gedanken rezipiert und benutzt werden. Es lässt sich nicht steuern und beeinflussen, aber man kann sich doch darum bemühen, dem eigenen Theorie-Gerüst einen Zuschnitt zu geben und es entsprechend zu etikettieren, um das Problem der Selbstdogmatisierung zumindest zu Bewusstsein zu bringen – und eventuell zurückzudrängen.[54]

---

[50] Vgl., in anderem Zusammenhang und bezogen auf eine konstruktivistische Ethik, Schmidt, Faszination, 65.

[51] Diese Wahrnehmungs- und Suchaufträge werden hier axiomatisch verwendet; es sind – nicht notwendig – beweisfähige Sätze, um die es geht, sondern, wenn man so will, Spielregeln mit Konsequenzen, wobei eben diese Konsequenzen interessieren. Zu diesem Verständnis des Axioms siehe Foerster/Bröcker, 66.

[52] Da eine persönliche Polemik nicht intendiert ist, verzichte ich an dieser Stelle auf die gute akademische Sitte des Quellennachweises.

[53] Aus diesem Grund kritisiert etwa Krippendorff (19) schon den Begriff des Konstrukti*vismus;* der Terminus selbst konnotiere – wie jeder „Ismus" – bereits eine statische und letztgültige Form der Weltbetrachtung.

[54] Entsprechend sehe ich den „Abschied vom Konstruktivismus", den Schmidt (Geschichten & Diskurse) veröffentlicht hat, auch als einen Versuch, auf das Problem des Selbstwiderspruchs und der Selbstdogmatisierung zu reagieren. Schmidt legt hier einen umfassenden Entwurf einer vollständig

5. *Schlussbemerkung: der Konstruktivismus als Irritationsstrategie*

Um sein irritierendes Potenzial voll zu erhalten und den drohenden Abgrund des Selbstwiderspruchs und der Selbstdogmatisierung zu überbrücken, wird hier abschließend eine Variante des Konstruktivismus vorgestellt, die ich als *diskursiven Konstruktivismus* bezeichnen möchte. Dieser Begriffsvorschlag ist der nicht ganz ernst gemeinte Versuch, auf die Rede von einem *neuen Konstruktivismus* (und die vielen anderen Etikettierungen der unterschiedlichen Konstruktivismen) mit einem weiteren Label zu reagieren und gleichzeitig – durchaus ernsthaft – auf die möglichen kognitiven Folgekosten der Schulenbildung und der allzu intensiven Paradigmenbetreuung hinzuweisen. Im Kern geht es, wie an anderer Stelle ausführlich zu begründen sein wird,[55] darum, den Konstruktivismus zu einem Instrument der Dekonditionierung und zu einer Kommunikationsstrategie umzuarbeiten, die eingesetzt werden kann, um Dogmen und Realitätsgewissheiten zu rekonstruieren und zu dekonstruieren; dies stets mit dem Anliegen, zu einer Debatte anzuregen, den Dialog zu inspirieren, große und kleine Ideologien zu demontieren. Diskursiver Konstruktivismus ist eine zur Kommunikationsform gewordene prinzipielle Skepsis, die auch auf die möglichst intensive Selbstreflexion eigener Voreingenommenheiten zielt. Er kann nicht präzise inhaltlich bestimmt werden, besitzt aber eine Reihe von Kern-Charakteristika, die sich genauer benennen lassen:

- Diskursiver Konstruktivismus wehrt sich gegen jede Form der Dogmatisierung, auch gegen die Dogmatisierung des Konstruktivismus durch den Rekurs auf bestimmte Disziplinen (z. B. die Neurobiologie). Diskursiv orientierte Konstruktivisten benützen unterschiedliche Perspektiven als möglicherweise viable Anregungen. Über ihren Wert entscheidet nicht der Grad der Realitätsannäherung, sondern die individuelle, die situationsspezifische Viabilität.
- Diskursiver Konstruktivismus ist eine Spielform des Konstruktivismus, die in der Auflösung gedanklicher Verhärtungen und Vorurteile (und damit in der Kreation neuer Denkmöglichkeiten) ein bzw. das entscheidende Ziel sieht. Dieser Versuch der Begründung der eigenen Position soll hier als *Argument der antipodischen Legitimität* bezeichnet werden. Damit ist gemeint, dass der diskursiv ausgerichtete Konstruktivismus primär als praxisrelevante Erkenntnistheorie verstanden werden sollte, die in einer bestimmten Konstellation ihre eigentliche Funktion bekommt: Sie richtet sich gegen Gewissheiten, gegen dogmatisch gewordene Objektivitätsansprüche, gegen ideologische Fixierungen. Sie dient als Korrektiv. Man orientiert sich – durchaus reaktiv – systematisch an beobachtbaren Einseitigkeiten; die eigene Einseitigkeit wird dann legitim, wenn sie auf eine andere Einseitigkeit gewissermaßen antipodisch reagiert und so im Sinne diskursiver Dialektik intellektuelle Bewegung ermöglicht. Der diskursive Konstruktivismus zielt nicht auf letzte Wahrheit oder einen unbedingten Konsens, sondern

---

prozessorientierten Philosophie vor, die jeden Rest-Realismus des Konstruktivismus (z. B. in Form von explizit oder implizit ontologisierten Dualismen) tilgt. Sein Abschied vom Konstruktivismus könnte man eigentlich als eine besonders konsequente Form seiner (Selbst-)Anwendung betrachten.

[55] Vgl. Pörksen, Beobachtung.

er dient dem Diskurs selbst, der Fortführung von Disput und Analyse, der Nuancierung von Unterscheidungsfähigkeit, der Anregung von Denkprozessen. Wenn schließlich die Verflüssigung einer statischen Realität erreicht ist, dann haben auch die Strategien des diskursiven Konstruktivismus ihre Aufgabe erfüllt.[56]

- Der diskursive Konstruktivismus ist Ordnungshypothese (ohne den kognitiv mentalen Aggregatzustand des Hypothetischen jemals zu verlassen), ist Manifestation einer Suchbewegung und hat immer etwas Parasitäres: Er lebt, wenn man so will, von den Unterscheidungen, die ihm sein jeweiliges Gegenüber liefert. Er ist existentiell auf ein Gegenüber angewiesen, dessen intellektuelle Verhärtung er mit seinen Strategien korrigieren kann, um neue Wahrnehmungsmöglichkeiten sichtbar zu machen. Es geht darum, etwas zu beobachten, was ein anderer nicht beobachtet, um ihn auf diese Weise für blinde Flecken zu sensibilisieren.
- Aus einer solchen Haltung ergibt sich eine besondere Wertschätzung der Irritation und einer im genauen Sinn des Wortes *essayistischen* Reflexion. Es gilt, Irritationen als Reizmittel anzuerkennen, die eine Erstarrung von Wahrnehmungsformen verhindern, weil sie zum Umdenken und Andersdenken anregen.[57]

Damit wird der Konstruktivismus letztlich als ein epochenspezifisch begründeter, idealer Weise anregender und doch zu nichts zwingend verpflichtender Skeptizismus aufgefasst, nicht als ein neues Paradigma,[58] nicht als Denkschule mit präziser Zertifizierung der erreichten Erkenntnisstufe, nicht als ein Meta-Dogmatismus, der andere dogmatisch über die eigenen epistemologischen Irrtümer belehrt. Das heißt: Es werden keine letztgültigen Wahrheiten präsentiert, sondern Beobachtungsvarianten vorgeführt, die unvermeidlich eines sind und bleiben: endgültig vorläufig.[59]

Literatur

Bardmann, Theodor M.: Vorwort, in: Theodor M. Bardmann / Heinz J. Kersting / H.-Christoph Vogel / Bernd Woltmann (Hg.): Irritation als Plan. Konstruktivistische Einredungen, Aachen 1991, 7–9.

Bentele, Günther: Wie wirklich ist die Medienwirklichkeit? Einige Anmerkungen zum Konstruktivismus und Realismus in der Kommunikationswissenschaft, in: Günther Bentele / Manfred Rühl (Hg.): Theorien öffentlicher Kommunikation. Problemfelder, Positionen, Perspektiven, München 1993, 152–171.

Bentele, Günther / Manfred Rühl (Hg.): Theorien öffentlicher Kommunikation. Problemfelder, Positionen, Perspektiven, München 1993.

Boventer, Hermann: Der Journalist in Platons Höhle. Zur Kritik des Konstruktivismus, in: Communicatio Socialis Jg. 25 (1992), Heft 2, 157–167.

56 Vgl. in diesem Zusammenhang auch den anregenden Essay Stähelis über „poststrukturalistische Soziologien", der sich von der Frage leiten lässt, wie die Soziologie theoretisch mit dem umgehen kann, was „ihre begrifflichen Schemata durcheinander zu bringen droht" (Stäheli, 9).

57 Vgl. Bardmann, 7.

58 Dies verbietet sich gerade auch deshalb, weil kritische Beobachter des Wissenschaftssystems schon lange spotten, der Paradigmenwechsel und die Ankündigung immer neuer Paradigmen (vulgo: Moden) sei bereits zum Normalzustand von Wissenschaft geworden. Vgl. Steinfeld, 87.

59 Schmidt, Geschichten & Diskurse 26 spricht mit vergleichbarer Zielrichtung von der Endgültigkeit der Vorläufigkeit.

Burkart, Roland: Alter Wein in neuen Schläuchen? Anmerkungen zur Konstruktivismus-Debatte in der Publizistik- und Kommunikationswissenschaft, in: Gebhard Rusch / Siegfried J. Schmidt (Hg.): Konstruktivismus in der Medien- und Kommunikationswissenschaft (Delfin 1997), Frankfurt/M. 1999, 55–72.

Ernst, Heiko: Die Ausweitung der Spielzone. Borderline-Journalismus: Zwischen Wahrheit und Dichtung, in: Message Jg. 2 (2000), Heft 3, 64–67.

Fischer, Hans Rudi: Information, Kommunikation und Sprache. Fragen eines Beobachters, in: Hans Rudi Fischer (Hg.): Autopoiesis. Eine Theorie im Brennpunkt der Kritik, Heidelberg 1993[2], 67–97.

Foerster, Heinz von: Das Konstruieren einer Wirklichkeit, in: Paul Watzlawick (Hg.): Die erfundene Wirklichkeit. Wie wissen wir, was wir zu wissen glauben? Beiträge zum Konstruktivismus, München/Zürich 1994[8], 39–60.

Foerster, Heinz von / Bernhard Pörksen: Wahrheit ist die Erfindung eines Lügners. Gespräche für Skeptiker, Heidelberg 1998.

Foerster, Heinz von / Monika Bröcker: Teil der Welt. Fraktale einer Ethik. Ein Drama in drei Akten, Heidelberg 2002.

Glasersfeld, Ernst von: Radikaler Konstruktivismus. Ideen, Ergebnisse, Probleme, Frankfurt/M. 1996.

Hachmeister, Lutz: Das Gespenst des Radikalen Konstruktivismus. Zur Analyse des Funkollegs „Medien und Kommunikation", in: Rundfunk und Fernsehen Jg. 40 (1992), Heft 1, 5–21.

Hömberg, Walter: Nachrichten-Dichter. Journalismus zwischen Fakten und Fälschung, in: Ute Nawratil / Philomen Schönhagen / Heinz Starkulla jr. (Hg.): Medien und Mittler sozialer Kommunikation. Beiträge zu Theorie, Geschichte und Kritik von Journalismus und Publizistik. Festschrift für Hans Wagner, Leipzig 2002, 289–306.

Kepplinger, Hans Mathias: Erkenntnistheorie und Forschungspraxis des Konstruktivismus, in: Günther Bentele/Manfred Rühl (Hg.): Theorien öffentlicher Kommunikation. Problemfelder, Positionen, Perspektiven, München 1993, 118–125.

Kretzenbacher, Heinz L.: Wie durchsichtig ist die Sprache der Wissenschaften?, in: Heinz L. Kretzenbacher / Harald Weinrich (Hg.): Linguistik der Wissenschaftssprache, Berlin / New York 1995, 15–39.

Krippendorff, Klaus: Schritte zu einer konstruktivistischen Erkenntnistheorie der Massenkommunikation, in: Günther Bentele / Manfred Rühl (Hg.): Theorien öffentlicher Kommunikation. Problemfelder, Positionen, Perspektiven, München 1993, 19–51.

Luhmann, Niklas: Der „Radikale Konstruktivismus" als Theorie der Massenmedien? Bemerkungen zu einer irreführenden Debatte, in: Comunicatio Socialis Jg. 27 (1994), Heft 1, 7–12.

Maturana, Humberto R.: Biologie der Realität, Frankfurt/M. 1998.

Maturana, Humberto R. / Bernhard Pörksen: Vom Sein zum Tun. Die Ursprünge der Biologie des Erkennens, Heidelberg 2002.

Merten, Klaus: Kommentar zu Klaus Krippendorff, in: Günther Bentele / Manfred Rühl (Hg.): Theorien öffentlicher Kommunikation. Problemfelder, Positionen, Perspektiven, München 1993, 52–55.

Merten, Klaus / Siegfried J. Schmidt / Siegfried Weischenberg (Hg.): Die Wirklichkeit der Medien. Eine Einführung in die Kommunikationswissenschaft, Opladen 1994.

Mitterer, Josef: Der Radikale Konstruktivismus. „What difference does it make?", in: Hans Rudi Fischer / Siegfried J. Schmidt (Hg.): Wirklichkeit und Welterzeugung. In memoriam Nelson Goodman, Heidelberg 2000, 60–64.

Neuberger, Christoph: Journalismus als Problembearbeitung. Objektivität und Relevanz in der öffentlichen Kommunikation, Konstanz 1996.

Pörksen, Bernhard: Die Beobachtung des Beobachters. Eine Erkenntnistheorie der Journalistik, Konstanz 2006.

Pörksen, Bernhard: „In einer Welt der Simulation wird das Reale zur Obsession." Im Gespräch mit Norbert Bolz, in: Communicatio Socialis Jg. 35 (2002), Heft 4, 439–458.

Pörksen, Bernhard: „Wir beginnen nie am Anfang." Siegfried J. Schmidt über das Individuum und die Gesellschaft, die Wirklichkeit der Medien und eine konstruktivistische Sicht der

Empirie, in: Bernhard Pörksen: Die Gewissheit der Ungewissheit. Gespräche zum Konstruktivismus, Heidelberg 2002, 166–188.

Pörksen, Bernhard (Hg.): Schlüsselwerke des Konstruktivismus, Wiesbaden 2011.

Saxer, Ulrich: Fortschritt als Rückschritt? Konstruktivismus als Epistemologie einer Medientheorie. Kommentar zu Klaus Krippendorff, in: Günther Bentele / Manfred Rühl (Hg.): Theorien öffentlicher Kommunikation. Problemfelder, Positionen, Perspektiven, München 1993, 65–73.

Saxer, Ulrich: Mythos Postmoderne. Kommunikationswissenschaftliche Bedenken, in: Medien & Kommunikationswissenschaft 48 (2000), Heft 1, 85–92.

Saxer, Ulrich: Thesen zur Kritik des Konstruktivismus, in: Communicatio Socialis Jg. 25 (1992), Heft 2, 178–183.

Schmidt, Siegfried J.: Geschichten & Diskurse. Abschied vom Konstruktivismus. Mit einem Vorwort von Mike Sandbothe, Reinbek 2003.

Schmidt, Siegfried J.: Kalte Faszination. Medien – Kultur – Wissenschaft in der Mediengesellschaft, Weilerswist 2000.

Schmidt, Siegfried J.: Kognitive Autonomie und soziale Orientierung. Konstruktivistische Bemerkungen zum Zusammenhang von Kognition, Kommunikation, Medien und Kultur, Frankfurt/M. 1994.

Scholl, Armin/Siegfried Weischenberg: Journalismus in der Gesellschaft. Theorie, Methodologie und Empirie, Opladen/Wiesbaden 1998.

Scholl, Armin: Einleitung, in: Armin Scholl (Hg.): Systemtheorie und Konstruktivismus in der Kommunikationswissenschaft, Konstanz 2002, 7–18.

Stäheli, Urs: Poststrukturalistische Soziologien, Bielefeld 2000.

Steinfeld, Thomas: Der grobe Ton. Kleine Logik des gelehrten Anstands, Frankfurt/M. 1991.

Varela, Francisco J./Evan Thompson/Eleanor Rosch: Der mittlere Weg der Erkenntnis. Der Brückenschlag zwischen wissenschaftlicher Theorie und menschlicher Erfahrung, München 1995.

Watzlawick, Paul (Hg.): Die erfundene Wirklichkeit. Wie wissen wir, was wir zu wissen glauben? Beiträge zum Konstruktivismus, München/Zürich ^{8}1994.

Weber, Stefan: Ist eine integrative Theorie möglich? Distinktionstheorie und nicht-dualisierender Ansatz als Herausforderungen für die Journalismustheorie, in: Martin Löffelholz (Hg.): Theorien des Journalismus. Ein diskursives Handbuch, Wiesbaden 2000, 455–466.

Weber, Stefan: Was steuert Journalismus? Ein System zwischen Selbstreferenz und Fremdsteuerung, Konstanz 2000.

Weber, Stefan: Wie journalistische Wirklichkeiten entstehen (Schriftenreihe Journalistik. Hefte des Kuratoriums für Journalistenausbildung, Band 15), Salzburg 1999.

Zschunke, Peter (2000): Agenturjournalismus. Nachrichtenschreiben im Sekundentakt, Konstanz 2000^{2}.

Die Rezeption der Erkenntnistheorie Jean Piagets im Radikalen Konstruktivismus nach Ernst von Glasersfeld

Annette Scheible

Das Denken Ernst von Glasersfelds, eines Mitbegründers des Radikalen Konstruktivismus, wurde maßgeblich durch den Schweizer Entwicklungspsychologen und Epistemologen Jean Piaget beeinflusst. Bei seinem Rekurs auf Piagets Theorien stellte von Glasersfeld die These auf, man könne diese nur konsistent aus einem radikal-konstruktivistischen Blickwinkel verstehen.

Um mich der Frage anzunähern, inwiefern die von Glasersfeld'sche Interpretation der genetischen Erkenntnistheorie Jean Piagets berechtigt ist, soll zunächst der Radikale Konstruktivismus in seinen Kernaussagen und in seiner Entstehung betrachtet werden. Im Anschluss daran werden Piagets Theorien erläutert und in einen Zusammenhang mit der Theorie des Radikalen Konstruktivismus gebracht werden. Am Ende soll die These begründet werden, dass die Interpretation Piagets schlüssig wirkt, wenn man dabei einen radikal-konstruktivistischen Interpretationsrahmen zugrunde legt.

1. Was ist Radikaler Konstruktivismus?

Abb. 1: Zeichnung in Privatbesitz der Autorin

Es ist das zentrale Anliegen des Radikalen Konstruktivismus, das Malheur zu erklären, das dem Künstler in der obigen Karikatur widerfahren ist: Der Betrachter der

Realität nimmt diese gemäß seines eigenen Wahrnehmungssystems wahr. Unser Wissen von der Welt ist immer subjektiv-individuell.

Ernst von Glasersfeld beschreibt diesen Standpunkt so:

> „Der Radikale Konstruktivismus beruht auf der Annahme, daß alles Wissen, wie immer es auch definiert werden mag, nur in den Köpfen von Menschen existiert und daß das denkende Subjekt sein Wissen nur auf der Grundlage eigener Erfahrung konstruieren kann. Was wir aus unserer Erfahrung machen, das allein bildet die Welt, in der wir bewußt leben. Das Wissen wird vom denkenden Subjekt nicht passiv aufgenommen, sondern aktiv aufgebaut. Die Funktion der Kognition ist adaptiv und dient der Organisation der Erfahrungswelt und nicht der Entdeckung einer ontologischen Realität.
> Der Begriff Wahrheit als einer wahren Abbildung einer von uns unabhängigen Realität wird durch den Begriff der Viabilität, der Gangbarkeit ersetzt und dieser beansprucht, nicht mehr zu sein als ein mögliches Denkmodell für die einzige Welt, die wir „erkennen" können, die Welt nämlich, die wir als lebende Individuen konstruieren."[1]

Das Erkennen von Begebenheiten und somit auch das Wissen über sie ist nach Ansicht der Radikalen Konstruktivisten also immer beobachterabhängig.[2] Die Wahrnehmung des Beobachters, seine Erfahrungen und der Kontext seiner Wahrnehmung bestimmen die Erkenntnis. Des Weiteren seien wir Menschen aufgrund unserer biologischen Ausstattung aus vielerlei Gründen nicht fähig, alle aus der Umwelt auf uns eintreffende Daten zu verwerten.[3] Aus diesem Grund unterscheidet von Glasersfeld zwischen der menschenunmöglichen objektiven Erkenntnis der Realität und der menschlichen, subjektiv erfahrbaren, viablen[4] Wirklichkeit, die unserem Erkennen zugänglich sei. So kommt er zu der Gegenüberstellung von *Wirklichkeit* und *Realität*.[5] Nach von Glasersfeld bezeichnet die *Wirklichkeit* das, was wir aufgrund unserer Erfahrungen abstrahieren, aufbauen und anpassen, um mit anderen kommunizieren zu können. *Realität* hingegen meint das, woran man beim Agieren Grenzen aufgezeigt bekommt und/oder das Scheitern der eigenen Wirklichkeitskonstruktionen erfährt. Diesem Scheitern entgeht man dann durch weitere Anpassung im Sinne einer adäquaten Verhaltensänderung.[6] Also konstruiert jeder Mensch seine Wirklichkeit subjektiv. Es ist dabei nicht möglich, Wirklichkeit und Realität gegeneinander abzugleichen, weil ein solcher Vergleich schon voraussetzen würde, dass die Wirklichkeit in ihrer Differenz zur Realität bekannt ist. Wir sind daher in der epistemischen Auseinandersetzung mit der Realität niemals in der Lage, den Grad

---

1 Glasersfeld, Unverbindliche Erinnerungen, 236f. – Das in diesem Vortrag behandelte Thema wird in meiner Dissertation, die voraussichtlich 2014/15 erscheinen wird, in einen weiteren Kontext gestellt.

2 Maturana, Biologie, 25f.

3 Beispiele dafür sind der *blinde Fleck*, die undifferenzierte Codierung von Sinnesdaten im neuronalen System, die nicht vorhandene Ausstattung des Menschen mit Sonar und Radar usw. Vgl. Foerster, Wissen und Gewissen, 25–30.

4 Den für den Radikalen Konstruktivismus essenziellen Begriff der *Viabilität* formuliert von Glasersfeld zum ersten Mal im Zusammenhang mit der Überlebensfähigkeit bestimmter Organismen im evolutorischen Prozess. In der Folge erweiterte er ihn im Sinne von Gangbarkeit und Passen von Kommunikationsprozessen und Wirklichkeitsvorstellungen eines Individuums. Vgl. Glaserfeld, Wissen, 81–83; ders., Concept, 2–4.

5 Vgl. Glasersfeld, Nicht bekehrt, 2.

6 Vgl. Glasersfeld, Zwischen den Sprachen, Kap. 6 (Lit.B).

der Übereinstimmung zwischen unserer Wirklichkeitskonstruktion mit der Realität jenseits unserer Konstruktion zu bestimmen.

Weil die Realität also unerkennbar ist, will von Glasersfeld nur noch den Aufbau der subjektiven Wirklichkeit analysieren. Den Radikalen Konstruktivismus nennt er eine Wissenstheorie im Unterschied zu einer Seinstheorie (Ontologie).

2. *Die Begründer des Radikalen Konstruktivismus: Von Glasersfeld, von Foerster, Maturana*

Ernst von Glasersfeld wurde 1917 geboren und wuchs mit drei Muttersprachen in Meran auf.[7] Nach einem unvollendeten Mathematikstudium in Wien bereiste er die Welt und verdiente seinen Lebensunterhalt als Skilehrer in Australien, später als Farmarbeiter in Irland, bis er schließlich in den 1960er Jahren am *Zentrum für Kybernetik* in Mailand als Übersetzer eine Anstellung fand und einen ersten Einblick in die Arbeit der Sprachwissenschaften erhielt. In den 1970er Jahren vertiefte er diese Einsichten, als er in die USA emigrierte, um dort an der Universität von Georgia als Sprachwissenschaftler zu lehren. Seit seiner Emeritierung im Jahr 1987 arbeitete er verstärkt am Ausbau des Radikalen Konstruktivismus und versuchte diesen auf eine breitere Basis zu stellen. Im Herbst 2010 verstarb er in *Amherst.*[8]

Die Geschichte des Radikalen Konstruktivismus ist eng mit der Lebensgeschichte Ernst von Glasersfelds verwoben. Er selbst nennt rückblickend diese prägenden Stationen seines Lebensweges[9]:

Erstens, den Ausgangspunkt habe sein Aufwachsen mit mehreren *Muttersprachen* gebildet. Eine Sprache wirklich zu kennen, bedeutet von Glasersfeld zufolge, in ihr zu handeln und alle ihre Konnotationen zu erlernen. In einer Fremdsprache könne man nicht entsprechend agieren, da sie vom Subjekt stets in die eigene Muttersprache zurückübersetzt werden müsse. Übersetzen aber bedeute, etwas neu zu erfinden, denn die Vorstellungen hinter den Sprachen und der Sprachgebrauch seien nur angeglichen, nie gleich.

Zweitens, in kontroverser Auseinandersetzung mit Wittgensteins *Tractatus* und in Übereinstimmung mit Freuds *Traumdeutung* sei er zu der Überzeugung gekommen, dass Wahrnehmungen nur vom Wahrnehmenden selbst interpretiert werden können, und dass auch daher keine Erkenntnis der objektiven Realität möglich sei.

Drittens, die Lektüre von Joyces *Finnigans Wake* habe ihn zu Vico geführt, welcher der erste explizite Konstruktivist gewesen sei, und zu Berkeley, der sich ebenfalls philosophisch mit der Erkenntnistheorie auseinandergesetzt habe.

Viertens, die Zusammenarbeit mit Silvio Ceccato, dem Gründer des *Zentrums für Kybernetik* in Mailand, hätten seine sprachtheoretischen Kenntnisse fundiert und ihn in die Kybernetik eingeführt.

---

7 Zur Biografie Ernst von Glasersfelds vgl. Glasersfeld, Unverbindliche Erinnerungen.
8 Vgl. Die Presse (Lit. B).
9 Vgl. Glasersfeld, Unverbindliche Erinnerungen, 222 f.

Fünftens, von Glasersfelds Auseinandersetzung mit den Schriften Piagets, seiner Schematheorie und der Theorie des Äquilibrationsprozesses habe ihm das Vokabular für seine Theorie geliefert.

Insgesamt habe er sich wie ein „Lumpensammler"[10] aus den genannten Begriffen und Positionen ausgewählt und zusammengefügt, was ihm für die Begründung des Radikalen Konstruktivismus passend erschienen sei.

1970 lernte von Glasersfeld die beiden anderen wichtigen Gründerfiguren des Radikalen Konstruktivismus kennen: Zum einen den Kybernetiker Heinz von Foerster, der sich mit Kognitionsvorgängen beschäftigte; zum anderen Humberto R. Maturana, welcher sich von biologischer Seite aus mit dem menschlichen Wahrnehmungsapparat befasste.

1974 markiert das Jahr, in dem der Radikale Konstruktivismus von den drei Wissenschaftlern als Denkmodell initiiert wurde. Gemeinsam wollten sie die Subjektivität aller menschlichen Erkenntnis herausarbeiten und absolute Wahrheitsansprüche zurückweisen.

3. *Die Genese des Radikalen Konstruktivismus*

Vergleicht man die sich überkreuzenden Denkwege von Glasersfelds, von Foersters und Maturanas, so kann man acht Theorieelemente identifizieren, aus denen sich der Radikale Konstruktivismus entwickelte. Sie werden nachstehend in chronologischer Folge dargestellt.

3.1. Theorieelemente des Radikalen Konstruktivismus

a) Kritik an der Abbildtheorie der Sprache (Ludwig Wittgenstein)
Ludwig Wittgenstein wurde von allen drei Begründern des Radikalen Konstruktivismus rezipiert. Während sein Frühwerk *Tractatus logico-philosophicus* und die darin vertretene Abbildtheorie der Sprache[11] von allen dreien abgelehnt wurde, fand sein posthum erschienenes Werk *Philosophische Untersuchungen* ihre Zustimmung. In diesem Buch widerrief Wittgenstein seine früheren Gedanken und stellte nunmehr die These auf, die Sprache könne niemals ein objektives Abbild der Welt darbieten. Vielmehr seien Worte mehrdeutig, und ihre Bedeutung hänge davon ab, welche Lebensform man führe. Verständigung entstehe, wenn die Teilnehmer von verschiedenen Sprachspielen (der Wissenschaft, der Kunst, der Wirtschaft usw.) sich im Sprachspiel der Alltagssprache so weit wie möglich auf einander zu bewegen.[12] Der späte Wittgenstein stellte also im Gegensatz zur Abbildtheorie und dem Postulat

---

10 Vgl. Glasersfeld, Zwischen den Sprachen, Kap. 3f. (Lit.B).

11 Wittgenstein vertrat die Meinung, dass sich die Realität in „Dinge" unterteilen lasse und dass jedes dieser „Dinge" einen „Namen" in der Sprache habe. Sprache sei damit objektiv. Vgl. Flor, Der junge Wittgenstein, 139–145.

12 Vgl. Blumenthal (Lit. B). Zum Verhältnis eines spezifischen Sprachspiels zu dem der Alltagswelt: Eine Rose bedeutet für einen Botaniker etwas anderes als für einen Verliebten.

der objektiven Realitätserkenntnis seines Jugendwerkes fest, dass es keinen Sinn machen könne, unabhängig von einem bestimmten Sprachspiel zu fragen, woraus die Wirklichkeit bestehe.[13] Dieser Auffassung stimmten die Radikalen Konstruktivisten zu.

b) Das Subjekt als Interpret seines eigenen Unbewussten (Sigmund Freud)

Von Glasersfeld beschäftigte sich intensiv mit Freuds Traumdeutung. Der Psychoanalytiker wollte belegen, dass Träume einer Deutung fähig seien. Obwohl sie oft wirr und unzusammenhängend wirkten, zeigten sie unbewusste seelische Vorgänge, die dem Verstand auf Grund seiner starken anerzogenen Selbstzensierung nach Maßgabe sozialer Regeln und Normen nicht zugänglich seien. Träume beinhalten nach Freud in der Regel Elemente aus dem Tagesgeschehen („Tagreste"), vor allem aber auch Hinweise auf Sehnsüchte, unerfüllte Wünsche oder sonstige Regungen aus dem Unbewussten des Träumers. Die Bilder und Symbole des Traumes bieten in der Traumanalyse unter der Moderation eines Analytikers Anknüpfungspunkte für freie Assoziationen, die der Träumer zur Deutung des Traumes einbringen kann.[14]

Diesen Aspekt spitzte von Glasersfeld dahingehend zu, dass ein Traum nur vom Träumer selbst gedeutet werden könne. Dies sei ein Spezialfall davon, dass das Individuum selbst seine Welt und die Realität interpretiere. Damit war für ihn ein weiterer Grundstein für den Radikalen Konstruktivismus gelegt.[15]

c) Das Verum-Factum-Prinzip (Giambattista Vico)

Angeregt von den Werken James Joyces stieß Ernst von Glasersfeld auf den italienischen Geschichts- und Rechtsphilosophen Giambattista Vico. Dieser vertrat die Meinung, Menschen könnten nur das von Grunde auf wissen, was sie selbst gemacht haben. Nur Gott selbst erkenne also die Welt im Ganzen, weil er sie selbst geschaffen habe. Im Gegensatz zu Gott, dem Schöpfer der Welt, sei der Mensch nur ein Gott der Artefakte und verfüge auch nur bezüglich dieser über vollkommenes Wissen. In der Auseinandersetzung mit Decartes' Auffassung, dass es eine universale, in der Vernunft verankerte Methode der Wahrheitserkenntnis gebe, bei der die historischen, sozialen und sprachlichen Voraussetzungen ausgeblendet werden dürften, behauptet Vico, dass eine Methode, die von einem isolierten Subjekt ausgehe, zur Gewinnung von Wahrheitserkenntnis untauglich sei.[16] Vico stellt sich diesbezüglich auf die Seite der Skeptiker und vertritt die relativistische Position, dass alle Erkenntnis zeit- und ortsgebunden sei.[17]

---

13 Vgl. Flor, Der späte Wittgenstein, 217.

14 Vgl. Leonhard (Lit.B).

15 Vgl. von Glasersfeld, Unverbindliche Erinnerungen, 44: „Im Rückblick hat mich vor allem eine Behauptung beeinflußt, die von späteren Psychoanalytikern schnell vergessen wurde. Freud erklärte, daß die gültige Analyse eines Traums nicht von anderen, sondern nur vom Träumer oder von der Träumerin selbst gemacht werden könne; die Assoziationen, die latente Bedeutungen mit der manifesten Oberfläche des Traumes verbinden, seien das verdrängte Geheimnis der träumenden Person und können nur von ihr ausgegraben werden. Für mich war das die erste Andeutung mentaler Konstruktion, der ich begegnete. Und es war ein Gedanke, den ich nie mehr habe fallen lassen."

16 Vgl. König, 37.

17 Vgl. Burke, 43 f.

Von Glasersfeld bezeichnete Vico als den ersten Konstruktivisten und konstatierte:

> „Das heißt allgemein, die Welt, die wir erleben, ist so und muß so sein, wie sie ist, weil wir sie so gemacht haben. – Die Art und Weise dieser Konstruktion ist für Kant durch das Apriorische bestimmt. Bei Vico hingegen sind es nicht unabänderliche in den Organismus eingebaute Anschauungen oder Denkweisen, die alles Konstruieren bestimmen, sondern es ist die Geschichte des Konstruierten selbst, weil das jeweils bereits Gemachte das einschränkt, was noch gemacht werden kann."[18]

d) Operationistische Sprachtheorie (Silvio Ceccato)

Silvio Ceccato war von Glasersfelds Freund, Mentor und Arbeitgeber. Durch ihn bekam er Zugang zur *Italienischen operationistischen Schule*, die eine neue Theorie des Wissens und der Sprache entwickeln wollte. Er übernahm für die Schulzeitschrift *Methodos* diverse Übersetzungsarbeiten vom Italienischen ins Deutsche oder Englische.[19]

Ceccato entwickelte eine operationale Technik, deren Grundsatz lautete:

> „Betrachte jeden mentalen Inhalt (Wahrnehmungen, Vorstellungen, Begriffe, Gedanken, Wörter, usw.) als Ergebnis von Operationen."[20]

Er war der Ansicht, dass sich Menschen die genannten mentalen Inhalte durch mentale Tätigkeiten selbst aufbauen. Diese Annahme führte Ceccato zur Frage der Erforschung des Denkens. Er nahm an, dass die mentalen Operationen eruiert werden müssen, um eine Situation auf eine bestimmte Weise aufzufassen. Wissen ist seiner Ansicht nach die Logik der individuellen Erfahrung.[21] In diesem Zusammenhang stellte Ceccato fest, dass bislang immer der Beobachter und der Akt des Beobachtens beim Erkenntnisgewinn vernachlässigt wurden.[22] Nehme man diesen Ernst, sei es um die vermeintliche Objektivität oder Erkennbarkeit der Realität geschehen. Für diese Ansicht berief er sich ebenfalls auf Vico.[23] Ceccatos Theorien beeinflussten Ernst von Glasersfeld maßgeblich in seinem Denken.

e) Die weltbildprägende Macht der Muttersprache (Sapir-Whorf-Hypothese)[24]

Da von Glasersfeld mit drei Muttersprachen aufwuchs, stellte er schon früh fest, dass es nicht möglich sei, Sachverhalte problemlos von einer Sprache in eine andere zu übersetzen. Später stieß er auf die Sapir-Whorf-Hypothese, mit deren Hilfe er seine früheren Erfahrungen deutete: Jede Sprache lebt eine bestimmte Welt.

> „Unwillkürlich und sicherlich ohne es zu formulieren, war ich an eine Denkweise geraten, die, wie ich zwanzig Jahre später entdeckte, den Kern der Sapir-Whorf-Hypothese aus-

---

18 Glasersfeld, Wissen, 207.
19 Vgl. Glasersfeld, Unverbindliche Erinnerungen, 126.
20 Bettoni. 8 (Lit. B).
21 Vgl. a. a. O., 10f.
22 Vgl. Ceccato, 470.
23 Vgl. a. a. O., 472.
24 Vgl. Whorf.

machte. Einfach formuliert, behauptet diese Hypothese, daß Menschen ihre Welt in einem hohen Maße so sehen und beschreiben müssen, wie es ihre Muttersprache festlegt."[25]

Diese Ansicht widersprach der damals allgemeingültigen Auffassung von Sprache, wie sie in Shannons *Kommunikationssystem* dargestellt wurde.[26] Nach Ansicht der Radikalen Konstruktivisten kommt der Sprache allenfalls eine zentrale Rolle beim intersubjektiven Aushandeln von Wirklichkeiten zu, keinesfalls bildet sie die Realität ab, wie der junge Wittgenstein dies dachte. Sprache erzeugt ihrer Ansicht nach die Welt und bildet sie nicht ab. In der zwischenmenschlichen Kommunikation entschlüssle der Hörer die Bedeutung eines Wortes oder Satzes gemäß seiner eigenen momentanen Befindlichkeit.[27] Eine Interpretation von Aussagen gilt dann als „richtig", wenn tatsächlich nachfolgende Erfahrungen sie bestätigen. Eine Aussage wird also vom Hörer interpretiert und wenn seine Handlung oder Antwort zur Intention des Sprechers passt, gilt sie als kompatibel. Ein Beispiel soll dies verdeutlichen: Wenn sich zwei Jäger auf einem Jägersitz unterhalten und einer sagt zum anderen „Schieß los", zeigt erst die folgende Handlung (ob er schießt oder redet), wie die Aussage zu verstehen ist.

Damit nun überhaupt ein kommunikativer Austausch zwischen zwei unterschiedlichen Erfahrungswelten stattfinden kann, lernen schon Kinder, ihre Interpretationen an die mit den Signalen oder Zeichen geknüpften Erwartungen anzupassen, was über *Feedback* bzw. *Rückkopplungen*, entlehnte Begriffe der nachfolgend dargestellten *Kybernetik*, geschieht.[28]

f) Homöostase und feedback loop (Lehnbegriffe aus der Kybernetik)

Die Wissenschaft der Kybernetik hatte ursprünglich zum Ziel, Rechenmaschinen für Kriegsbedürfnisse zu konzipieren. Mit Heinz von Foerster erhielt sie neben technischen Fragestellungen auch epistemologisch relevante Inhalte.[29]

Anhand des Funktionierens eines Thermostaten lassen sich die Grundgedanken und Grundbegriffe des kybernetischen Denkens erklären: Ein Thermostat ist ein kybernetisches System, das zirkulär arbeitet. Durch ständiges Abgleichen des Ist-Wertes eines Systems durch ein Thermometer mit dem Soll-Wert (Referenz-Wert) kann er eine bestimmte Temperatur konstant halten. Diese „selbstregulative Stabilisierungsfunktion" wird als *Homöostase* bezeichnet. Die einzelnen Elemente des Systems stehen in einem dynamischen, zirkulär geschlossenen Verhältnis zueinander und zwar so, dass das System einen bestimmten Temperaturwert als Ziel (als Sollwert) aufrecht zu erhalten versucht.[30] Das System kann zwar auf Störungen – also

---

25 Glasersfeld, Radikaler Konstruktivismus, 25.

26 Das Modell, das sich ursprünglich auf rein technische Vorrichtungen bezog, wurde von Claude C. Shannon auf die menschliche Sprache übertragen und von anderen Wissenschaftszweigen adaptiert. Sprachliche Signale und Informationen werden hier als objektiv messbare Größen betrachtet, die vom Empfänger ebenfalls eindeutig dekodiert werden können. Impliziert ist darin die Annahme, dass wir die Signale innerlich abbilden und damit die Welt, objektiv wie sie ist, erfassen könnten. Vgl. Anken, 80.

27 Vgl. Maturana/Varela, 265.

28 Vgl. Glasersfeld, Concept, 4f.

29 Vgl. Anken, 44.

30 Vgl. a. a. O., 48.

auf Abweichungen zwischen Ist- und Sollwert – reagieren, bleibt aber dabei stets innerhalb der systemimmanenten Regeln.[31]

Diese regelkreisförmige Funktion im Sinne einer *feedback loop* und den daraus resultierenden Gedanken der Selbstregulation auf ein Ziel und auf Stabilität hin übertrug von Foerster auf die Kognition des Menschen. Dabei war ihm die Annahme wichtig, dass Wahrnehmung subjektiv und das daraus resultierende Wissen keine Widerspiegelung der äußeren Realität oder von ontologisch gegebenen Wahrheiten sei. Von Foerster charakterisierte die Welt als eine *black box* und den Menschen als eine *nicht-triviale Maschine*. Das bedeutet, dass ein Außenstehender nicht sagen kann, welche Prozesse im Inneren der Realität von Welt und Mensch ablaufen und zu welchem Ergebnis diese führen werden. Die Kognition des Menschen und die Welt an sich sind somit nicht objektiv erfassbar.[32]

Diese kybernetischen Gedanken zu Objektivitätsansprüchen hinsichtlich der Realität bzw. des menschlichen Erkenntnisprozesses wirkten stark auf die Ausarbeitung der radikal-konstruktivistischen Theorie durch Ernst von Glaserfeld ein.

g) Das Prinzip der Autopoiesis (Humberto Maturana)

Für die Theorie der Autopoiesis beansprucht Humberto Maturana das Urheberrecht.[33] Es bündelt mit ihr die kybernetische Auffassung von lebenden kognitiven Systemen als homöostatischer und selbst-organisierter Wesen.

Bei der Interaktion zwischen Organismus und Umwelt wird der über eine Rezeptoroberfläche eingehende Umweltimpuls vom kognitiven Individuum intern so verarbeitet, dass es ihn mit einer Aktion beantwortet.[34] Diesem Regelkreis schreibt Maturana die Eigenschaft der *operationalen Geschlossenheit* zu. Es gebe Zellen, die für Perturbationen (von außen kommende Störungen) aus der Umwelt des Organismus und andere, die für Perturbationen aus dem Organismus selbst empfänglich seien. Diese seien in einem Kreislauf vernetzt.[35] Das Nervensystem funktioniere folglich als ein geschlossenes Netzwerk von Veränderungen:

> „Das Nervensystem „empfängt“ keine „Informationen“, wie man häufig sagt. Es bringt vielmehr eine Welt hervor, indem es bestimmt, welche Konfigurationen des Milieus Perturbationen darstellen und welche Veränderungen diese im Organismus auslösen.“[36]

Unter Erkennen ist demnach zu verstehen, dass der Organismus mit Hilfe seines Nervensystems diejenigen Strukturveränderungen identifiziert, die für ihn wichtig sind, und danach Strukturveränderungen am Organismus festlegt, die ihm weiteres Handeln ermöglichen.[37] Erkennen hat für Maturana folglich weniger mit externen, objektiven Gegebenheiten zu tun. Erkennen sei vielmehr effektives Handeln.[38] Im

31 Vgl. a. a. O., 49.
32 Vgl. Foerster, 156.
33 Vgl. Maturana/Pörksen, 173.
34 Vgl. Maturana/Varela, 178.
35 Vgl. a. a. O., 180.
36 A. a. O., 185.
37 Vgl. a. a. O., 186.
38 Vgl. a. a. O., 262.

subjektiven Erfahrungsbereich könne demnach nicht zwischen Perzeption und Illusion unterschieden werden.[39] Die Wirklichkeit, die der Beobachter aufgrund seiner internen Schlussfolgerung erlebt, ist nach der Theorie der Autopoiesis nicht objektiv, sondern subjektiv.[40] Maturana spricht deshalb von einer *Objektivität in Klammern.*[41]

h) Die genetische Erkenntnistheorie Jean Piagets

Wie ein Individuum sein Wissen von der Welt entwickelt, war schon vor Maturana das Thema Jean Piagets.[42] Der Schweizer Entwicklungspsychologe und Epistemologe beschäftigte sich vor allem mit der Entwicklung der Logik des Kindes. Seine Erkenntnis, dass diese Entwicklung eigenen Gesetzen folge, bedeutete eine bahnbrechende Einsicht für die Entwicklungspsychologie.

Piaget betrachtet den Menschen als ein offenes System, das auf Einflüsse seiner Umwelt reagiert, sich anpasst, aber auch die Umwelt selbst beeinflusst und somit seine Welt gliedert.[43] Vor allem die von Piaget beschriebene Begriffsbildung beim Kind beeindruckte von Glasersfeld.[44] Sowohl er als auch Heinz von Foerster kannten Piaget und befassten sich mit seinen Theorien. Piagets Vorstellung vom Aufbau der Weltsicht des Kindes implementierten sie in ihr eigenes Denken. Auf diese Weise erlangten Piagets Erkenntnistheorie und seine Theorie vom individuellen Wissensaufbau große Bedeutung für die Genese des Radikalen Konstruktivismus.[45]

3.2 Die abschließende Ausarbeitung des Radikalen Konstruktivismus durch Ernst von Glasersfeld

Mit seiner Emeritierung im Jahr 1987 begann Ernst von Glasersfeld mit der Ausarbeitung und theoretischen Fundierung des Radikalen Konstruktivismus. Er synthetisierte die beschriebenen Theorieelemente aus den Bereichen Sprachwissenschaft,

---

39 Die Theorie der Autopoiesis wird von einigen Kritikern angezweifelt. Vgl. hierzu Dettmanns Beitrag im vorliegenden Buch sowie Nüse, Kap. 1, 2, 5, 6, 7.

40 Vgl. Maturana, Biologie, 29.

41 Vgl. Ludewig/Maturana, 12.

42 Jean Piaget wurde am 9.8.1896 in Neuenburg geboren. Schon früh zeigte er naturwissenschaftliches Interesse und schrieb sich nach dem Abitur an der naturwissenschaftlichen Fakultät der Universität Neuenburg ein, wo er auch zum Doktor der Naturwissenschaften promovierte. Nach 1918 arbeitete er in Zürich in einem psychologischen Labor bzw. einer psychiatrischen Klinik. Zu einer Wende in seiner Laufbahn kam es, als er in Paris die Intelligenztests von Cyris Burt für französische Kinder standardisierte. Aus dieser Arbeit zog er die wichtige Erkenntnis, dass das Denken von Kindern und Erwachsenen sich qualitativ unterscheide und sich mit herkömmlichen Methoden nicht messen lasse. In seinen Untersuchungen versuchte er die Philosophie, die Biologie und die Psychologie miteinander zu verbinden und stieß dabei wiederholt auf das Erkenntnisproblem. Dies definierte er als ein Problem der Beziehungen zwischen dem handelnden und denkenden Subjekt auf der einen Seite und den Objekten seiner Erfahrung auf der anderen Seite. Diese Einsicht explorierte er auch auf psychologischer Ebene und entwickelte mittels kinderpsychologischer Experimente eine psychologische und biologische Epistemologie, welche er in fünf Büchern veröffentlichte und dafür weltweite positive Resonanz erfuhr. 1965 baute er das *Centre International d'Épistemologie* auf, um u. a. auf interdisziplinärem Weg das Verhältnis der geistigen Strukturen zu den Stadien der Nervenentwicklung zu eruieren. Am 16.9.1980 starb Piaget. Vgl. Kesselring: Jean Piaget.

43 Vgl. Piaget, Aufbau, 12.

44 Vgl. Glasersfeld, Zwischen den Sprachen, Kap. 3–4 (Lit.B).

45 Vgl. u. Kap. 4.5. *Die Bedeutung Piagets für den Radikalen Konstruktivismus.*

Kybernetik, Neurologie, Biologie und Philosophie, soweit er sie für sein Thema für relevant hielt. Seine im interdisziplinären Diskurs gewonnenen Erkenntnisse machte er für eine radikal-konstruktivistische Pädagogik, Didaktik und Ethik fruchtbar.

In linguistischer Hinsicht bildet auch für den späten von Glasersfeld die individuelle Bedeutung der Wörter und die Fragwürdigkeit ihrer ontologischen Korrelate den Ausgangspunkt. Den Gebrauch der Sprache hält er nach wie vor für eine zweckorientierte und individuell-subjektive Angelegenheit, weshalb Kommunikation kein „geradliniger Austausch fixierter Bedeutungen" sein könne.[46]

Im kybernetischen Zusammenhang geht es von Glasersfeld weiterhin vor allem um die Herleitung und die Konsequenzen seiner Ansicht, dass man auf die Realität nur im negativen Sinne stoßen könne. So wie die Realität die Wirklichkeit korrigiere, indem sie Konstruktionen zum Scheitern bringe, so würden auch Lebenspläne von Beschränkungen geleitet.[47]

Auch das Konzept der Autopoiesis fand nach 1987 Ernst von Glasersfelds Interesse und ging in die radikal-konstruktivistische Theoriebildung ein. Von Glasersfeld versteht den Menschen als ein autopoietisches System. Das Individuum sei zwar strukturdeterminiert, habe aber die Möglichkeit, seine Beobachterkompetenzen zu schulen und die Bewusstseinsstufe einer – wenn auch subjektiven – Erkenntnis zu erreichen.

Neue Anregungen fand von Glasersfeld auch nach 1987 noch in der Philosophie. In mehreren Aufsätzen begab er sich auf eine Reise durch die Philosophiegeschichte, suchte dort nach anschlussfähigen philosophischen Gedanken vor allem bei den Vorsokratikern, bei byzantinischen Theologen, bei John Locke, George Berkeley, David Hume, Immanuel Kant, Hermann von Helmholtz, William James, Georg Simmel und Hans Vaihinger.[48]

Wenn das Subjekt selbst maßgeblich für seinen Wissensaufbau zuständig ist, resultiert daraus eine hohe Verantwortung des Individuums. Für von Glasersfeld, Maturana und von Foerster war diese Einsicht zentral. Sie entfalteten daher die Theorie des Radikalen Konstruktivismus auf die individuelle Eigenverantwortung hin. Sie appellierten an das *Verantwortungsbewusstsein* der Einzelnen für die Mitmenschen und fordern bewusste und sozialverträgliche Wirklichkeitskonstruktionen. Als ethische Konsequenzen des Radikalen Konstruktivismus beschreiben sie die Übernahme der Eigenverantwortung und der Anerkennung des Mitmenschen als gleichwertigen Konstrukteur seiner Wirklichkeit.

Die Pädagogik erscheint den Begründern des Radikalen Konstruktivismus als Mittel, um eine humane Ethik zu erreichen. Alle drei entwickelten im Laufe ihrer Publikationstätigkeit ein zunehmendes Interesse für die Pädagogik.[49] Ihre pädagogi-

---

46 Glasersfeld, Radikaler Konstruktivismus, 212.

47 Vgl. hierzu Ernst von Glasersfelds *Gleichnis vom Blinden Wanderer* in: Glasersfeld, Konstruktion, 355.

48 Vgl. Glasersfeld, Radikaler Konstruktivismus, 56–93.

49 Von Glasersfeld nahm u. a. an einem Forschungsprojekt des Pädagogikprofessors *Paul Cobb* an der *University of Purdue* teil. In diesem Projekt wurde seit 1992 der Arithmetikunterricht mit einer Grundschulklasse systematisch nach konstruktivistischen Kriterien durchgeführt. Die Kinder durften in den ersten zwei Schuljahren mit einer Ansammlung von interessanten mathematischen Materia-

schen Umsetzungsvorschläge wurden seit den 1990er Jahren vor allem in Deutschland stark rezipiert.

4. *Jean Piaget und der Radikale Konstruktivismus*

> „Als ich […] Jean Piaget studierte, entdeckte ich, daß er seine Analysen der Entwicklung von kognitiven Vorgängen und Wissen in Kindern ‚Konstruktivismus' genannt hatte […] Meine Arbeit legt seine Wurzeln bloß […] Darum nannte ich meine Ausführungen ‚Radikaler Konstruktivismus'."[50]

Ob die Behauptung von Glasersfelds, er lege Piagets Wurzeln bloß, seine Berechtigung hat oder nicht, soll Gegenstand der folgenden Untersuchung werden. Zu diesem Zweck wird zunächst Piagets Konstruktivismus dargestellt.[51]

4.1 Piagets Theorie der Erkenntnisfunktionen

Die Begriffe *Struktur, Gleichgewicht* und *Selbstregulierung* bilden die Knotenpunkte der biologischen, entwicklungspsychologischen und philosophischen Dimensionen in Piagets Werk. *Strukturen* sind gegliederte Teile eines Organismus, seines Verhaltensrepertoires und des menschlichen Erkenntnisvermögens. Mit dem *Gleichgewichtskonzept* bezeichnet Piaget die Möglichkeit, auf Störungen des inneren Milieus zu reagieren. Das Gleichgewichtskonzept ist eng mit der Organisation und *Selbstregulierung* verbunden – Begriffe, die auch in der Kybernetik eine Rolle spielen. Es basiert auf den Aktionen der *Assimilation* und der *Akkomodation.* Assimilation ist dabei diejenige Handlung, bei der wir einen Gegenstand in ein bestehendes Handlungsschema einbinden und dabei das bekannte Handlungsschema erfolgreich an diesem Gegenstand ausführen können. Lässt sich der Gegenstand nicht mit einem bestehenden Handlungsschema bewältigen, ist die Person zur Akkomodation gezwungen. Nicht der Gegenstand wird dabei in das Schema eingepasst, sondern das Schema ändert sich und passt sich neuen, wechselnden Situationen an. Assimilation und Akkommodation stellen also zwei einander entgegenwirkende Funktionen dar: Die Assimilation wird durch den Organismus oder das erkennende Subjekt vorgenommen; die Akkomodation hingegen richtet sich nach den Erfordernissen der

---

lien machen, was sie wollten. Die Lehrkraft war nur da, um gewisse produktive Vorschläge zu machen, ohne aber die „richtige" Lösung zu zeigen oder Ergebnisse als „falsch" zu verwerfen. Am Anfang der ersten Klasse hatten diese Kinder vom üblichen Lernstoff wenig gelernt, aber sie waren motiviert und fragten häufig nach zusätzlichen Aufgaben. Nach den zwei Jahren jedoch konnten diese Kinder den Lernstoff der ersten beiden Grundschuljahre in einem Monat bewältigen und waren in manchen Bereichen sogar weiter. Vgl. Glasersfeld, Radikaler Konstruktivismus, 316f.

50 Glasersfeld, Unverbindliche Erinnerungen, 223.

51 Piaget war ein interdisziplinärer Grenzgänger. In den 1960er Jahren wandte er sich vor allem den Steuerungs- und Entwicklungsmechanismen des Erkennens zu. So traten kybernetische Erklärungsmodelle an die Stelle der logisch-algebraischen Formalisierungen, mit denen er noch in den 1940ern die Gruppen- und Gruppierungs-Strukturen der Intelligenz beschrieben hatte. Vgl. Kesselring, 37, 58, 60, 66.

Umwelt.[52] Diese können in ein Gleichgewichtsverhältnis treten, was dann als *Äquilibration* bezeichnet wird und sich in der *Intelligenz* eines Individuums zeigt.[53]

Die Beschäftigung mit dem Gleichgewicht war der Grund dafür, dass sich Piaget in seinem Spätwerk sehr für die Kybernetik interessierte. Piaget sah – in Anlehnung an den Begriff der Homöostase –, dass es in der Kognition um die Wahrung eines Verhältnisses zwischen veränderlichen Werten oder um gleichmäßige Veränderungen von Funktionen gehe. Lernen ist eine erweiternde Äquilibration, und instrumentale Störungen, die durch die Akkomodation ein neues Äquilibrium herstellen, verursachen kognitive Veränderungen im Individuum.[54]

Für den Radikalen Konstruktivismus wurde vor allem Jean Piagets Werk *Der Aufbau der Wirklichkeit beim Kinde* von großer Bedeutung. Hier erläutert Piaget, wie das menschliche Denken immer ein Element der Konstruktion und der Neuschöpfung enthält, das aus der Wechselwirkung zwischen Subjekt und Objekt hervorgeht.

Als angeborene Strukturen *a priori*[55] nimmt Piaget Assimilation und Akkomodation an. Am Anfang des sensomotorischen Entwicklungsprozesses finde hauptsächlich Assimilation statt. Nach und nach akkommodiere das Kind, nehme eine Abgrenzung zwischen Umwelt und Subjekt vor und ordne so den chaotischen Zustand der Undifferenziertheit von Selbst und Umwelt. Die Assimilation sei konservativ und tendiere dazu, die Umwelt dem Organismus unterzuordnen. Die Umwelt hingegen erzwinge Akkomodationen und verändere damit den Organismus nach der Maßgabe von äußeren Ansprüchen. Beide Strukturen bilden die Pole, zwischen denen der Organismus ein Gleichgewicht finden müsse, um zu existieren.[56]

> „Die Intelligenz beginnt so weder mit der Erkenntnis des Ich noch mit den Dingen als solche, sondern mit der Erkenntnis ihrer Interaktion und sie organisiert die Welt und sich selbst, indem sie sich gleichzeitig den beiden Polen dieser Interaktion zuwendet."[57]

Der Prozess, der zur zunehmenden Verinnerlichung und Wahrnehmung der realen Kategorien führe, werde von den vier Entwicklungsprozessen des Objekt-, Raum-, Kausalitäts- und Zeitbegriffes angetrieben und vollziehe sich in vier aufeinander aufbauenden Stadien.[58]

---

52 Vgl. Kesselring, 84–89.
53 Vgl. a. a. O., 89.
54 Vgl. Glasersfeld, Piagets Modell, 34–37.
55 Wie an diesem gewählten Kant'schen Begriff ersichtlich ist, befasste sich Piaget mit Kants Theorie und übernahm einiges von dessen Ansichten.
56 Vgl. Piaget, Aufbau, 338f.
57 A. a. O., 341.
58 Auf seinen Beobachtungen der Entwicklung seiner drei Kinder baute Piaget sein Modell der vier (in einigen Werken spricht er auch von fünf) Entwicklungsstufen auf, die jeder Mensch im Lauf seiner kognitiven Entwicklung durchlaufe: 1.Sensomotorische Phase, 2. Präoperationale Phase, 3. Konkrete Operationen, 4. Formale Operationen. Jede dieser Stufen/Phasen ist durch spezifische Merkmale charakterisiert. Wichtig ist, dass die Stufen grundsätzlich auf der Basis von Operationen aufeinander aufbauen und dass die Übergänge zwischen den einzelnen Stufen fließend sind. Vgl. Piaget, Aufbau.

4.2 Piagets genetische Erkenntnistheorie

Handlung und Erfahrungen erfolgen also im wechselseitigen Bezug und entwickeln Erkenntnis. Piaget bezeichnete seine Erklärung der Entstehung von Erkenntnis als *Konstruktivismus.*[59] Er war der Ansicht, dass menschliche Erkenntnisse keine absoluten oder von allen Bezugssystemen unabhängigen Wahrheiten seien:

> „Keine der Wirklichkeiten, die der (menschliche) Geist im Laufe der intellektuellen Entwicklung aufgebaut hat, ist absolut und entspricht endgültig der Wirklichkeit. Aus dieser Sicht ist die von der heutigen Wissenschaft aufgebaute Realität ebenso eine Etappe wie die von der griechischen Wissenschaft oder vom primitiven Denken oder vom Kind aufgebaute Realität usw."[60]

Piaget nannte diese Theorie *genetischen Relativismus.* Danach könne man nur von einem „relativ absoluten Charakter" der formalen Prinzipien sprechen, die aber den Erfordernissen der Wissenschaft genügten und zudem den Vorteil hätten, für weitere Entwicklungen offen zu sein.

Doch war Piaget kein Relativist in dem Sinne, dass er verschiedene stufenspezifische Weltbilder gleichberechtigt hätte nebeneinander stehen lassen; vielmehr nahm er an, dass ihre Abfolge durch „Entwicklungsgesetze" regiert würden, von denen er hoffte, dass sie in Zukunft immer besser ausgearbeitet werden könnten.[61] So formulierte er eine Zirkelstruktur der Erkenntnis, laut der sich die genetische Erkenntnistheorie in einer Art hermeneutischem Zirkel befinde, der sich weder vermeiden noch aufbrechen lasse. Es handle sich um einen Spezialfall des Zirkels von Subjekt und Objekt. Demnach könnten wir nichts über die Realität aussagen, ohne dabei auf früher gebildete Erkenntnisse zurückzugreifen; auf der anderen Seite hätten wir unsere Erkenntnisse in der Auseinandersetzung mit der Realität gewonnen.[62]

Mit seiner genetischen Erkenntnistheorie will Piaget eine Klärung des Überganges von niedrigeren Stufen der Erkenntnis zu höheren erreichen.[63] Diesen Erkenntnisprozess hält er für einen aktiven Vorgang, bei dem das, wovon abstrahiert wird, nicht das Objekt sei, sondern das wirkende Handeln und dessen Koordination.[64]

> „... ich glaube, daß menschliches Erkennen wesentlich aktiv ist. Erkennen heißt, Realität an Transformationssysteme zu assimilieren. Erkennen heißt, Realität zu transformieren, um zu verstehen, wie ein bestimmter Zustand zustande kommt."[65]

Dabei werde die Erkenntnis mit zunehmender Erfahrung und Lernzuwachs adä quater.[66] Dennoch sei es unmöglich, die Gültigkeit unserer Erkenntnis ohne ihre Entstehungsbedingungen zu verstehen und zu rechtfertigen.[67] Da sich Erkenntnis

---

59 Vgl. Kesselring, 82.
60 Ebd.
61 Vgl. ebd.
62 Vgl. a. a. O., 84.
63 Vgl. Piaget, Einführung, 20f.
64 Vgl. a. a. O., 24.
65 A. a. O., 22.
66 Vgl. a. a. O., 23.
67 Vgl. a. a. O., 31.

ständig weiterentwickle und in keinem Wissenschaftszweig als abgeschlossen gelten könne, sollte nach Piagets Ansicht die philosophische Erkenntnistheorie reformuliert werden und sich der zentralen Frage widmen, wie Erkenntnis zustande komme.[68]

4.3 Piagets Pädagogik

Aus den dargestellten theoretischen Thesen leitet Piaget einige pädagogische Grundsätze ab. Es geht ihm vor allem darum, aktive Methoden in den Schulunterricht zu implementieren und die inneren Strukturen der Kinder zu beachten. So plädiert er beispielsweise in seinem Buch *To understand is to invent* für eine konstruktivistische Pädagogik, die den Fokus auf die Aktivität der Kinder richtet:

> „In short, the basic principle of active methods will have to draw its inspiration from the history of science and may be expressed as follows: to understand is to discover, or reconstruct by rediscovery, and such conditions must be complied with if in the future individuals are to be formed who are capable of production and creativity and not simply repetition."[69]

Die Aufgabe der Lehrkraft ist dabei die einer Mentorin, die die SchülerInnen stimuliert und zum Erforschen von Sachverhalten anleitet.[70] Allerdings können Lehrkräfte die Unterrichtsinhalte nur anbieten; wie viele davon von den SchülerInnen aufgenommen werden, würden diese selbst festlegen und organisieren, was Piaget als psychische Selbstkonstruktion beschreibt.[71] Beachte man den Aspekt der Selbstkonstruktion, werde klar, dass die Zukunft des Unterrichtens mehr und mehr mit der Epistemologie der Lehrkräfte verknüpft sei.[72] Die Regeln des Positivismus und somit die einfache Reproduktion von Wissensgehalten im Unterricht sei abzulehnen; vielmehr solle der Versuch unternommen werden, die Lerninhalte zu durchdringen anstatt sie zu beschreiben und passiv übernehmen zu lassen:

> „Then it is no longer the phenomenon or datum that is the basic reality but rather the underlying structure – reconstructed by education – that accounts for the phenomena observed."[73]

Des Weiteren dürfe die Struktur des Gehirns bei den Lehrmethoden nicht vernachlässigt werden. Lehrkräfte hätten die Pflicht, sowohl in den Fachwissenschaften ihrer Fächer als auch in den entwicklungspsychologischen Zuständen ihrer SchülerInnen versiert zu sein.[74]

---

68 Vgl. a. a. O., 94.
69 Piaget, To Understand, 20.
70 Vgl. a. a. O., 16.
71 A. a. O., 97.
72 Vgl. a. a. O., 27.
73 A. a. O., 28.
74 Vgl. a. a. O., 29.

4.4 Ernst von Glasersfelds Piagetrezeption

1972 bezog sich von Glasersfeld zum ersten Mal auf Piaget und dessen ontogenetische Theorie des Wissens und setzte sich mit seiner Sicht auf die Begriffsbildung beim Kind auseinander. Wichtig war für ihn zunächst in erster Linie Piagets These, dass sich Begriffe aus den eigenen Erfahrungen aufbauen.[75] Der Ausgangspunkt beim Aufbau begrifflicher Strukturen sei in der sensomotorischen Phase zu finden. In dieser koordiniere das Kind seine motorischen Handlungsabfolgen mit visuellen und taktilen Datenmustern und gelange so zum Begriff von konstanten Objekten und der Beziehung zwischen Begriffen.[76] Nach und nach weite das Kind sein begriffliches Netzwerk zu einem begrifflichen Universum aus.[77] Diese Annahme Piagets zur Konstruktion des Wissens verknüpft von Glasersfeld mit seiner These der Viabilität. Wissen bzw. Erkennen baut sich seiner Ansicht nach durch zielstrebiges Handeln im Aktionsschema von Assimilation und Akkomodation auf. Ein Organismus sei beim Wissensaufbau erfolgreich, wenn sich seine Handlungen als viabel, also als lebensermöglichend erweisen. Scheitern hingegen die Handlungen, komme es zu einer Wechselwirkung mit der Umwelt.[78] Der konstruierende Organismus reagiere auf das Scheitern der bisherigen Begriffskonstruktion, indem er neue Möglichkeiten der Assimilation oder Akkomodation testet. Dies geschehe so lange, bis eine passende kognitive Struktur gefunden werde. Diesen Kreislauf identifiziert von Glasersfeld mit dem aus dem kybernetischen Sprachspiel stammenden *feedback loop*, in welchem der Organismus als geschlossenes, sich selbst regulierendes System operiert. Das Verhältnis zwischen *Wissen* und *Realität* sei somit ein reziprokes, da die Umwelt sich dem Organismus in scheiternden Zusammenstößen zu erkennen gebe. Darum könne der Organismus auch nicht mehr von der *Realität* erschließen, als dass die Strukturen, die auf keine Hindernisse stießen, eine viable Art des Handelns gestatten. Die *Realität* lasse sich somit vom erkennenden Subjekt ausschließlich in negativen Begriffen erfassen.[79]

Die subjektive Wirklichkeit baue sich das epistemische Subjekt selbst auf. Diesen Vorgang beschreibt von Glasersfeld in Anlehnung an Piaget durch diese Stufenfolge:

Erstens, aufgrund von Wiederholungen von Sinnessignalen und Erlebnisvarianten werde dem erkennenden Subjekt ein erster Eindruck der Wirklichkeit eines Gegenstandes vermittelt.

Zweitens, wenn der Gegenstand, der als bleibend (permanent) und wiederholt erlebbar erfasst wird, mit unterschiedlichen Sinnen wahrgenommen werden könne, gelange das Subjekt auf eine höhere Ebene seiner Wirklichkeitskonstruktion. Ein „Ding“, das sowohl gesehen als auch berührt werden könne, erscheine „wirklicher“ als eines, das nur visuell erfasst werde.

Drittens, in der Folge werde sich das handelnde Subjekt seiner eigenen Handlungen (Operationen) am wahrgenommenen Gegenstand bewusst. Aufgrund von Re-

---

75 Vgl. Glasersfeld, Wissen, 34.
76 Vgl. a. a. O., 17.
77 Vgl. a. a. O., 22f.
78 Vgl. a. a. O., 223.
79 Vgl. a. a. O., 226.

flexionen über die Operationen könne das Subjekt Handlungen erklären, auf andere Gegenstände übertragen oder/und Handlungen vorhersagen. Dieses Abstrahieren von gezielten Handlungen an einem Gegenstand und die Übertragung auf andere nennt Piaget die *Konstruktion von Schemata.*

Viertens, als letzte Stufe konstruiere sich das Subjekt als Individuum in einem sozialen Kontext. In der Kommunikation könne das Individuum nun seine kognitiven Strukturen und sein Wissen bewerten.[80]

In der Abfolge dieser vier Stufen verfahre das Subjekt immer mittels der Aktionsschemata von Assimilation und Akkomodation, und dies mit dem Ziel, persönliche Viabilität zu erreichen und sein Gleichgewicht zu bewahren. Das Subjekt gelange auf diesem Weg zu seiner verhältnismäßig stabilen Erfahrungswirklichkeit.[81]

Neben den Auswirkungen auf die Erkenntnistheorie im weiteren Sinne hatte von Glasersfelds Piagetrezeption auch großen Einfluss auf seine pädagogischen Vorstellungen.[82] Die Tätigkeit des Lehrens definiert er als einen Versuch, die Lernumgebung eines Schülers so aufzubereiten, dass dieser die Möglichkeit habe, die kognitiven Strukturen aufzubauen, die die Lehrkraft vermitteln möchte.[83] Der Wissensaufbau unterliege allerdings auch in diesem Fall dem Kriterium der subjektiven Viabilität.[84] Die Rolle der Lehrkraft müsse im Rahmen des operativen Wissenserwerbs neu definiert werden. Wenn Wissen und Können als Produkte einer begrifflichen Organisation der individuellen Erfahrungen angesehen werden, habe die Lehrkraft die Aufgabe, ein angemessenes Bild vom Leistungsstand und von den Zielen der Schülerinnen und Schüler zu erwerben. Mit *Ziel* sei keinesfalls eine Vorgabe von Wissen gemeint, sondern es gehe darum, die Lernenden dazu zu befähigen, etwas zu verstehen. Dieses Verstehen sei für die Schülerinnen und Schüler eine Belohnung, da ihnen klar werde, wie perfekt die von ihnen entwickelten begrifflichen Konstruktionen in ihre Erfahrungswelt passen.[85]

4.5 Die Bedeutung Piagets für den Radikalen Konstruktivismus

Piagets Ansichten beeinflussten die Genese des Radikalen Konstruktivismus direkt und in großem Ausmaß. Sowohl Ernst von Glasersfeld als auch Heinz von Foerster gingen mit Piagets Vorstellungen vom Aufbau des kindlichen Weltbildes auf der Basis von Äquilibrationsprozessen konform. So kann der Radikale Konstruktivismus unter Rekurs auf Piaget die Operationsweise von Organismen erklären, die nach eigenen Maßstäben mit der Umwelt interagieren:

---

80 Vgl. a. a. O., 229f. Der soziale Kontext bietet dem Individuum weitere Daten der Verwertung für seinen Wissensaufbau. Gesellschaft und Intersubjektivität bleiben dabei jedoch auf der Stufe der Perturbation und wird nicht direkt als Wissensgehalt implementiert. Vgl. hierzu Glasersfeld, Gesellschaft (Lit. B).

81 Vgl. Glasersfeld, 232.

82 Vgl. a. a. O., 136.

83 Vgl. a. a. O., 132f.

84 Vgl. Glasersfeld, Learning, 9.

85 Vgl. a. a. O., 15f.

> „Der Organismus agiert in einer Welt der black boxes, indem er induktiv vorgeht und erfolgreiche Operationen wiederholt; wenn Erwartetes nicht durch bisherige Strategien erreicht werden kann, tritt ein assimilationskorrektiver Prozeß in Gang. Die Erwartungsstörung erfordert einen Umbau der vorhandenen Struktur; diese wird relativ zu Handlungsziel und -erwartung verändert. Das Neue wirkt zunächst als eine Irritation der Erwartung, die zur Korrektur der Erkenntnisstruktur auffordert.“[86]

Folgende zentrale Punkte aus Piagets Theorie sind in den Radikalen Konstruktivismus eingegangen:
- Das Ziel aller Konstruktion ist Äquilibration.
- Die Anwendung des Wissens basiert zunächst auf Assimilation. Solange dieses Schema auf befriedigende Weise gemäß der *feedback loop* funktioniert, wird eine kohärente Wirklichkeit koordiniert.
- Wo die Assimilation fehlschlägt, findet Akkomodation statt, die zur Erweiterung des Wissens führt.
- Bedeutungen werden von einem interpretierenden Subjekt im Rahmen des eigenen Erlebens aufgebaut und sind somit nicht objektiv, sondern nur subjektiv viabel.[87]

Die Koordination und der Aufbau von Strukturen unserer Wirklichkeit sind demzufolge Ergebnisse unserer eigenen Tätigkeiten. Eine ontologische Äquivalenz zwischen erkannter Wirklichkeit (menschlichem Logos) und objektiver Realität (dem Ontischen) ist nach von Glasersfeld nicht überprüfbar, da Menschen die Realität nie anders als mit ihren Sinnen rezipieren und mit ihrem Denken verarbeiten können. Die Realität, deren Existenz von Glasersfeld nicht leugnet, lasse sich somit ausschließlich in negativen Begriffen fassen und werde an Hindernissen und Schranken, an welche unsere kognitive Struktur anstößt, evident.[88] An diese einschränkenden Bedingungen passe sich das Individuum gemäß des Kriteriums der Viabilität an.[89]

Hier stellt sich nun die Frage, auf welche Weise die Realität überhaupt in der viablen Konstruktion zu finden sei. Ernst von Glasersfeld bemerkt hierzu Folgendes:

> „Ich komme durch relativ einfache Überlegungen über Begriffsbildung zu dem radikalen Schluss, dass wir uns an die Schnittstellen zwischen unserem Erleben und einer ontologischen Realität zwar gewissermaßen von innen herantasten, sie aber nie überschreiten. Und dass es darum eine nicht ungefährliche Illusion ist, wenn wir uns anmaßen, unser Wissen als Erkenntnis einer von uns unabhängigen Welt hinzustellen.“[90]

Das Schlüsselwort ist hierbei m.E. „herantasten“, was eine andere Qualität hat als ein „gar nichts erkennen von der Realität“.[91] Inwiefern die viable Konstruktion – das Ertastete – tatsächlich Rückschlüsse auf die Realität als solche im Sinne von Glasersfelds zulässt und ob sich hier eventuell Anknüpfungspunkte für Piagets Vorstellung der „Anpassung“[92] finden, wird der Inhalt des folgenden Abschnitts sein.

---

86 Wallich, 241.
87 Vgl. Glaserfeld, Wege, 54.
88 Vgl. Glasersfeld, Wissen, 226.
89 Vgl. a. a. O., 229 f.
90 Glaserfeld, Grenzen (Klappentext).
91 Vgl. Watzlawick, 93.
92 Vgl. o. Kap. 4.2. Piagets genetische Erkenntnistheorie.

5. *Legt der Radikale Konstruktivismus Piagets Wurzeln frei?*

5.1 Überschneidungen zwischen dem Radikalen Konstruktivismus und Piaget

Von Glasersfeld behauptet, dass man Piaget nur radikal-konstruktivistisch interpretieren könne, um seine Theorie konsistent zu halten. Den Dreh- und Angelpunkt für diese Behauptung bildet die Frage nach der Erkenntnis der absoluten Realität.

Wenn Piaget sagt, das subjektive Denken und das Gedachte sei den Normen der intellektuellen und logischen Gegenseitigkeit unterworfen, und wenn er zudem meint, menschliches Erkennen strebe eher nach Befriedigung als nach Wahrheit und forme die Realität nach Maßgabe des eigenen affektiven Zustandes um[93], könnte man von Glasersfelds Interpretation Recht geben. Wir gebrauchen Hilfsmittel wie z. B. Sprache oder unsere Sinnesorgane, um die Realität wahrzunehmen und können sie nicht ungehindert und perspektivenfrei sehen. Zudem lässt sich kein Vergleich von subjektiver Wirklichkeit und objektiver Realität herstellen, wie sie etwa ein Richter braucht, der einen Sachverhalt aus allen verschiedenen Perspektiven kennt und anschließend beurteilt. Als wirklich könne nämlich immer nur das gelten, was sich im Rahmen der intellektuellen und affektiven Unterscheidungsfähigkeit identifizieren lasse, über die ein Subjekt verfüge.[94] Damit sind Minimalkriterien für den Wirklichkeitsbegriff angegeben. Allerdings lassen sich die dadurch festgestellten Elemente der Wirklichkeit nie mit der „realen" Welt „da draußen" vergleichen, nur mit einer neuen Erfahrung von Wirklichkeit.[95]

An einer anderen Stelle betont Piaget, beim Erkenntnisprozess gebe sich der zu erkennende Gegenstand für einen Interpretationsprozess her. In dieser Aussage sieht von Glasersfeld ein Pendant zu seinem Konzept der Viabilität: Ein Gegenstand lasse ein Operieren oder Handeln an ihm zwar zu, stelle dabei aber innewohnende Grenzen oder Gesetze für den Umgang mit ihm auf. Kognitive Konstruktionen, die aus diesem Handeln resultieren, werden folglich durch diese Grenzen des Gegenstandes eingeschränkt und sind nicht beliebig.[96]

Die Wirklichkeit wird vom Subjekt konstruiert – darin sind sich Ernst von Glasersfeld und Jean Piaget einig. In von Glasersfelds Theorie des Radikalen Konstruktivismus ist die namensgebende Konstruktion der Wirklichkeit durch das Individuum eine zentrale Kategorie. Die Begriffe „Konstruktion" und „konstruieren" sind aber auch bei Piaget allgegenwärtig und zwar ebenfalls im Sinne einer Konstruktion durch das erkennende Subjekt. Häufig wird er auch in der Bedeutung einer selbstregulativen Konstruktion durch die dem Subjekt zur Verfügung stehenden Strukturen selbst gebraucht.[97] So formuliert Piaget:

> „Die Intelligenz organisiert die Welt, indem sie sich selbst organisiert."[98]

---

[93] Piaget, Aufbau, 369.
[94] Vgl. Ros, 146.
[95] Vgl. Glasersfeld nach Portele, 112.
[96] Vgl. a. a. O., 110 f.
[97] Vgl. Seiler, 79.
[98] Piaget nach Portele, 109.

In diesem Zitat sieht von Glasersfeld eine Indiz dafür, dass Piaget im tiefsten Inneren ein Radikaler Konstruktivist sei, da Erkenntnis sich nicht mehr auf eine objektive, ontologische beschreibbare Realität beziehe, sondern ausschließlich Erfahrung in der Welt unseres Erlebens ordnen und organisieren wolle.[99] Von Glasersfeld Begriff der *Viabilität* und die Ablehnung der Erkenntnis der absoluten Realität kann sich also auf Piaget berufen.[100] Von Glasersfelds Vorstellung von der Viabilität des Wissens und vom Feedbackzirkel korrelieren meiner Ansicht nach mit Piagets Theorie der Instrumentalität und der Selbstorganisation des Wissens. Mittels der Assimilation und Akkomodation, also im Vollzug aktiver Wahrnehmungs- und Handlungsvorgänge, wird bei beiden ein Realitäts- bzw. Wirklichkeitsbegriff erzeugt, welcher sich als „perspektivischer Wirklichkeitsbegriff" bezeichnen lässt.[101]

Diese These wird von den beiden betroffenen Personen selbst unterstützt: Zum einen erklärte Piaget selbst, dass von Glasersfeld bei der Interpretation seines Werkes seine Meinung getroffen habe. In einem Brief im Jahr 1975 schrieb der Genfer Philosoph:

> „Ich habe immer geschätzt, was Sie geschrieben haben […]. Sie sind einer der wenigen Amerikaner, die mich verstehen."[102]

Von Glasersfeld wurde auch des Öfteren zur Mitarbeit an pädagogischen und didaktischen Projekten eingeladen, die an Piagets Theorien orientiert waren. Von Glasersfeld bezieht sich darauf mit der Äußerung:

> „Ich habe meine Auffassung mehrmals in Genf[103] vorgestellt […] und ich wurde nicht aus der Stadt gejagt."[104]

5.2 Widersprüche und Zweideutigkeiten in Piagets Werk

Doch diese Übereinstimmung zwischen Piaget und von Glasersfeld verschwimmt wieder, wenn man andere Stellen bei Piaget betrachtet, die sich auf die Unmöglichkeit eines Vergleichs der Daten von „Innen" und „Außen" beim Aufbau des Objektbegriffes beziehen. Auf der einen Seite orientiert sich Piaget an Kants *noumenon*. Dieser Ausdruck bezeichnet eine absolut existierende Entität, eine von uns unabhängige Realität, ein „Ding an sich", das wir zwar mit unseren Sinnesorganen nur näherungsweise wahrnähmen, das aber strukturell mit dem von uns sinnlich erfahrenen Phänomen übereinstimmen müsse. Piaget scheint demnach die Konstrukte unserer Erfahrung als Abbilder real existierender Objekte aufzufassen. Auf der anderen Seite äußert sich Piaget über die konstruktive Tätigkeit des Kindes so, dass es

---

99 Vgl. Glasersfeld nach Portele, 110.

100 Vgl. o. Kap. 4.2. *Piagets genetische Erkenntnistheorie.* Außerdem: Ros, 112, 145f.

101 Auch zwischen den anderen Gründungsvätern und Piaget gibt es Übereinstimmungen. Vgl. Portele, 117–121.

102 Piaget nach Glasersfeld, Radikaler Konstruktivismus, 17.

103 Es handelt sich hier um das *Centre d'Épistemologie*, an dem Piaget tätig war.

104 Glasersfeld, Piagets Modell, 18.

sich dabei ein Universum schaffe, das es später als außerhalb seiner selbst erfahren werde.[105]

Ob es sich somit bei Piaget um eine (inter-)subjektive Konstruktion im Sinne Kants handelt oder um eine individuell-subjektive Konstruktion im Sinne von Glasersfelds[106], lässt sich letztendlich also nicht eindeutig entscheiden.[107] Noch ein zweiter Punkt wird von Piaget widersprüchlich kommentiert. Es handelt sich um die weiter oben schon behandelte Frage nach der adaptiven Erkenntnisentwicklung. Zwei ausgewählte Zitate Piagets sollen seine unvereinbaren Aussagen aufzeigen:

> „Je mehr sich die Gruppen organisieren und je mehr das Subjekt sich in eine Welt von substanziellen Objekten hineinstellt, umso mehr konstituiert sich die Außenwelt wirklich."[108]

Dagegen heißt es andernorts:

> „Es gibt kein Wissen von der physischen Welt unabhängig von den begrifflichen Strukturen, an die Erfahrungen, die erkannt werden sollen, assimiliert werden, um Wissen zu werden."[109]

Dieses Problem von gegenläufigen Aussagen Piagets hinsichtlich der Erkennbarkeit der Realität kann bislang nicht aufgelöst werden.

6. *Schluss*

Von Glasersfeld interpretiert Piaget bei der Einführung seiner Theorie des Radikalen Konstruktivismus folgendermaßen:

> „Wir nennen diese Schule des Konstruktivismus ‚radikal', weil sie behauptet, daß die wahrnehmende (und begriffliche) Tätigkeit des erkennenden Subjekts nicht bloß in der Auswahl und Transformation kognitiver Strukturen durch Interaktionen mit ‚gegebenen' Strukturen besteht, sondern vielmehr eine konstitutive Aktivität ist, die allein verantwortlich ist für jeden Typ oder jede Art der Struktur, die ein Organismus ‚erkennt'."[110]

---

105 Vgl. Glasersfeld, Wissen, 105.

106 Diese individuell-subjektive Konstruktion im Sinne von Glasersfelds kann natürlich auch durch intersubjektive Reflexion hindurchgegangen sein, bleibt dann aber – gegen Kant – dennoch individuell. Vgl. Kant, Kritik der reinen Vernunft A 41f.; B 59f., 70–72.

107 Bedenkt man den Titel des bereits genannte Buches *To understand is to invent*, so scheint Piaget eher in von Glasersfeld Nähe zu rücken, da das Moment der Erfindung beim Konstruktionsprozess durchaus als individuelle und nicht nur als intersubjektive Kategorie zu verstehen ist. Gestützt wird dies von der Aussage Piagets im genannten Buch, dass es sich beim Lernen um eine „psychological construction itself" handle. (Piaget: To Understand 97.) Im französischen Original lautet der Titel allerdings *Où va l'éducation?*; inwiefern Piaget mit der englischen Übersetzung einverstanden war, ist nicht bekannt.

108 Piaget, Aufbau, 207. Auch die Betrachtung dieser Textpassage im Originaltext und in der englischen Übersetzung kann die Widersprüchlichkeit nicht auflösen. Im Original heißt es: „C'est pour autant que les groupes s'organisent, et que le sujet se situe au sein d'un univers d'objets substantiels, que l'extériorité se constitue réellement" (Piaget, Construction, 186). In der englischen Übersetzung liest man: „It is in so far as groups are organized and the subject places himself in the midst of a universe of substantial objects that the concept of externality is really formed" (Piaget, Construction, 214).

109 Piaget nach Glasersfeld, Theorie, 102.

110 Glasersfeld, Wissen, 104.

Piaget hält Wissen für eine Abstraktion des Handelnden, da es sich durch Assimilations- und Akkomodationsprozesse individuell konstruiert und jeweils auf den vorangegangenen Assimilations- und Akkomodationszyklen aufbaut. Von Glasersfeld zieht hieraus den Schluss, dass sich Piaget nur aus einer radikal-konstruktivistischen Perspektive kohärent interpretieren lasse. Dementsprechend sei die Vorstellung bzw. das Wissen, das ein Organismus von der Welt habe, in jedem Fall das Ergebnis seiner kognitiven und auf Viabilität abzielenden Tätigkeit. Dieses Wissen lasse sich weder mit einer ontischen Welt noch mit anderen Konstrukteuren zweifelsfrei abgleichen.[111]

Wie ist diese Interpretation von Glasersfelds einzuschätzen? Kann man ihn als legitimen Interpreten Piagets bezeichnen oder war er in seinem Werk lediglich als „Lumpensammler" unterwegs? Wie gezeigt wurde, lassen sich folgende Grundannahmen Piagets problemlos in den Radikalen Konstruktivismus implementieren:

- Erkenntnis ist als aktive Betätigung zu betrachten, die als Äquilibrationsprozess abläuft.
- Erkenntnis beinhaltet subjektbedingte, individuelle Erkenntnisanteile.
- Erkenntnis wird im Verlauf einer kognitiven Selbstorganisation erworben.

Was unklar bleibt, ist das Hauptinterpretationsproblem, das auf dem Gegensatz „Herantasten an die Realität" versus „Nichts von der Welt wissen" beruht. Das Positionsverhältnis von Piaget und von Glasersfeld lässt sich nicht genau bestimmen, da sich Piaget uneinheitlich ausdrückt und man auch durch Glättungen keine Eindeutigkeit herstellen kann. Aber auch Ernst von Glasersfeld hat seine Stellung zu dieser Frage nicht präzise bestimmt. Geht man von einem „Herantasten" an die Realität aus, könnte man eine größere Übereinstimmung mit Piaget vermuten, da dieser großen Wert auf die Akkomodation an die Umwelt legt. Betont man hingegen das „Nichts von der Welt wissen", dann ist es schwieriger, eine Übereinstimmung zwischen den Denkern feststellen zu können. Gemeinsam ist beiden jedoch die Betonung der Instrumentalität des Wissens im Gegensatz zur Suche und zum Finden einer absoluten Wahrheit.

Es gibt folglich zwischen Piaget und dem Radikalen Konstruktivismus einerseits genügend Verbindungslinien, um die beiden Positionen nicht als widersprüchlich beurteilen zu müssen. Erschwerend bei der Bemühung um eine konsistente Piagetinterpretation wirkt sich aus, dass seine Texte oft uneinheitlich und missverständlich übersetzt wurden.[112] Auch deshalb nimmt sich von Glasersfeld das Recht einer konstruktivistischen – und somit individuellen – Interpretation, um Piaget in seinem Sinne zu verstehen.[113] Es sollte auf jeden Fall zu denken geben, dass Piaget selbst von Glasersfeld eine „richtige Interpretation" bescheinigte, und dass von Glasersfeld in der Piagetgruppe arbeitete, ohne auf Ablehnung zu stoßen.

---

111 Vgl. a. a. O., 111f.

112 Zum Beispiel wird der Begriff „schéma" (als formalisierte Darstellung einer Sachlage) und „schème" (Handlungs-, Konstruktionsplan) oft vertauscht. Des Weiteren steht im Französischen nur das Wort „réalité" zur Verfügung, um Wirklichkeit und Realität auszudrücken; eigentlich müsste Piaget aber für die Wirklichkeit den Begriff der „actualité" verwenden, um konsistent zu bleiben. Vgl. Glasersfeld, Theorie, 93, 102.

113 Vgl. Glasersfeld, Wissen, 221.

Dennoch muss schlussendlich die differenzierte Aussage als Ergebnis dieser Untersuchung festgestellt werden: Piagets genetische Erkenntnistheorie könnte aufgrund von Uneindeutigkeiten des Genfers sowohl transzendental-idealistisch und realistisch (im Sinne Kants) gelesen und darum als subjektiv-uniforme Erkenntnistheorie verstanden werden[114]; aber auch von Glasersfelds Annahme des „Herantastens an die Realität" korreliert mit Piagets Vorstellung der „Anpassung an die Realität" im Sinne einer instrumentellen Begründung des Wissens mit dem Anspruch auf Viabilität ohne Anspruch auf Erkenntnis einer intersubjektiven oder gar absoluten Wahrheit. Somit ist von Glasersfeld als berechtigter Interpret Piagets (und nicht nur als „Lumpensammler") zu bezeichnen – jedoch ohne Anspruch auf die alleinige Interpretationshoheit –, ganz im Sinne des Radikalen Konstruktivismus.

Literatur:

In den Fußnoten wird angegeben, ob die zitierte Literatur aus Liste A oder B stammt. Bei einigen Artikeln handelt es sich um Online-Literatur auf Seiten der Universität Wien (www.univie.ac.at/constructivism/ErG/. Zitate aus dieser Literatur werden entsprechend der *univie*-Paginierung angegeben und mit „*(univie)*" gekennzeichnet.

Lit. A: Gedruckte Literatur

Anken, Lars: Konstruktivismus und Inklusion im Dialog. Radikal-konstruktivistische Epistemologie als mögliche Grundlage für inklusive Erziehung, 2010.

Burke, Peter: Vico. Philosoph, Historiker, Denker einer neuen Wissenschaft, 1990.

Ceccato, Silvio: Suggestions for Anthropology: The Machine which observes and describes, in: Hymes, Dell (ed.): The Use of Computers in Anthropology, 1965.

Flor, Jan Riis: Der junge Wittgenstein. Sprache und logische Form, in: Anton Hügli / Poul Lübcke (Hg.): Philosophie im 20. Jahrhundert. Band 2, Wissenschaftstheorie und Analytische Philosophie, ³2003, 131–156.

Flor, Jan Riis: Der späte Wittgenstein. Sprache und Lebensform in: Anton Hügli / Poul Lübcke (Hg.): Philosophie im 20. Jahrhundert. Band 2, Wissenschaftstheorie und Analytische Philosophie, ³2003, 212–235.

Foerster: Wissen und Gewissen. Versuch einer Brücke, ⁴1997.

Glasersfeld, Ernst von: Konstruktion der Wirklichkeit und des Begriffs der Objektivität, in: Gumin, Heinz / Meier, Heinrich (Hg.): Einführung in den Konstruktivismus, 1985, 9–14.

Glasersfeld, Ernst von: Learning as Constructive Activity, in: Bergeron, J.C. / Hersconvics, N. (Hg.): Proceedings of the 5th Annual Meeting of the North American Group of Psychology, in: Mathematics Education, Vol. 1, Montreal 1983, 41–101. *(univie)*.

Glasersfeld, Ernst von: Nicht bekehrt, aber geläutert, in: Soziologische Revue, 16/3, 1993, 288 – 290 *(univie)*.

Glasersfeld, Ernst von: On the Concept of Interpretation, in: Poetics, 12 (2/3), 1983, 207–218. *(univie)*.

Glasersfeld, Ernst von: Piagets konstruktivistisches Modell: Wissen und Lernen, in: Rusch, Gebhard / Schmidt, Siegfried J. (Hg.): Piaget und der Radikale Konstruktivismus, 1994, 16–43.

[114] Vgl. Kant B274f.

Glasersfeld, Ernst von: Probleme der maschinellen Übersetzung. Philosophische Vorurteile und kybernetische Schwierigkeiten, in: Beiträge zur Sprachkunde und Informationsverarbeitung, Band 3, 1963, 33–47.
Glasersfeld, Ernst von: Radikaler Konstruktivismus: Ideen, Ergebnisse, Probleme, 1996.
Glasersfeld, Ernst von: Theorie der kognitiven Entwicklung, in: Pörksen, Bernhard (Hg.): Schlüsselwerke des Konstruktivismus, 2011, 92–108.
Glasersfeld, Ernst von: Über Grenzen des Begreifens, 1996.
Glasersfeld, Ernst von: Unverbindliche Erinnerungen. Skizzen aus einem fernen Leben, 2008.
Glasersfeld, Ernst von: Wege des Wissens. Konstruktivistische Erkundungen durch unser Denken, [1]1997.
Glasersfeld, Ernst von: Wissen, Sprache und Wirklichkeit, 1987.
Kant, Immanuel: Kritik der reinen Vernunft, Kant-Studienausgabe, hg. v. Weischädel, Wilhelm, Bd. 2, [5]1983.
Kesselring, Thomas: Jean Piaget, 1988.
König, Peter: Giambattista Vico, 2005.
Ludewig, Kurt / Maturana, Humberto R.: Gespräche mit Humberto Maturana. Fragen zur Biologie, Psychotherapie und den „Baum der Erkenntnis" oder: Die Fragen, die ich ihm immer stellen wollte, 2006.
Maturana, Humberto R. / Pörksen, Bernhard: Vom Sein zum Tun. Die Ursprünge der Biologie des Erkennens, 2002.
Maturana, Humberto R. / Varela, Francisco J.: Der Baum der Erkenntnis. Die biologischen Wurzeln menschlichen Erkennens, 1987[12].
Maturana, Humberto R.: Biologie der Realität, 2000.
Nüse, Ralf: Über die Erfindungen des Radikalen Konstruktivismus. Kritische Gegenargumente aus psychologischer Sicht, [5]1995.
Piaget, Jean: Der Aufbau der Wirklichkeit beim Kinde, Gesammelte Werke, Studienausgabe, Band 2, 1975.
Piaget, Jean: Einführung in die genetische Erkenntnistheorie, [5]1992.
Piaget, Jean: La construction du réel chez l'enfant, Neuchâtel [5]1973.
Piaget, Jean: The Construction of Reality in the Child, New York 1954.
Piaget, Jean: To Understand Is To Invent. The Future of Education, 1973.
Piaget, Jean: Où va l'éducation?, 1972.
Portele, Gerhard: Die ontogenetische Entwicklung und die soziale Konstruktion der Wirklichkeit, in: Rusch, Gebhard/Schmidt, Siegfried J. (Hrsg.): Piaget und der Radikale Konstruktivismus, 1994, 103–139.
Ros, Arno: „Wirklichkeit" und „Konstruktion". Der Status der Wirklichkeit in der Genese kognitiver Strukturen bei Jean Piaget, in: Rusch, Gebhard/Schmidt, Siegfried J. (Hrsg.): Piaget und der Radikale Konstruktivismus, 1994, 139–176.
Seiler, Thomas Bernhard: Ist Jean Piagets strukturgenetische Erklärung des Denkens eine konstruktivistische Theorie? In: Rusch, Gebhard / Schmidt, Siegfried J. (Hg.): Piaget und der Radikale Konstruktivismus, 1994, 43–103.
Wallich, Matthias: Autopoiesis und Pistis. Zur theologischen Relevanz der Dialogtheorien des Radikalen Konstruktivismus, 1999.
Whorf, Benjamin Lee: Sprache, Denken, Wirklichkeit. Beiträge zur Metalinguistik und Sprachphilosophie, [25]2008.
Watzlawick, Paul: Wirklichkeitsanpassung oder angepasste „Wirklichkeit"? Konstruktivismus und Psycholtherapie, in: Gumin, Heinz / Meier, Heinrich (Hg.): Einführung in den Konstruktivismus, 1985, 89–107.

Lit. B: Sonstige Literatur

Bettoni, Marco: Mein Wie bestimmt das Was. Eine Auffassung von Wissen als Logik der Erfahrung, Verschriftlichung des Vortrages vom 12.11.2005 anlässlich des 2. Internationalen Heinz von Foerster-Congresses „Wahrheit ist die Erfindung eines Lügners", Universität Wien, 11.–13.11.2005 (univie.ac.at/hvf/05 vom 29.3.2010).

Blumenthal, P. J.: Die Welten der Philosophen. Ludwig Wittgenstein (http://www.pm-magazin.de/de/heftartikel/artikel_id416.htm vom 29.03.2010).

Die Presse – E-Paper: Philosoph Ernst von Glasersfeld gestorben (http://diepresse.com/home/kultur/literatur/609904/Philosoph-Ernst-von-Glasersfeld-gestorben, vom 13.03.2011).

Glasersfeld, Ernst von: Gesellschaft als subjektive Erfahrung, in: Festschrift für Siegfried Schmidt [2000] (http://www.sjschmidt.net, vom 19. 12. 2008).

Glasersfeld, Ernst von: Zwischen den Sprachen. Eine persönliche Geschichte des Radikalen Konstruktivismus, 2005, Audio CD.

Leonhard, Hans-Walter: Träume und das Unterbewußtsein (http://www.menschenkunde.net/buch-mk/traum1.htm vom 19.12.2008)

Über einige Widersprüche naturalistisch-konstruktivistischen Denkens

Ulf Dettmann

Der folgende Beitrag will einige Widersprüche konstruktivistischen Denkens erörtern. Dabei soll die naturalistische Erkenntnistheorie des Radikalen Konstruktivismus im Mittelpunkt der Analyse stehen[1]. Denn sie ist es, die nach Gebhard Rusch den eigentlichen Kern des Radikalen Konstruktivismus, die konstruktivistische Philosophie bildet[2]. Kulturalistische Spielarten des Konstruktivismus werde ich im Folgenden hingegen nicht behandeln, da sie meines Erachtens nicht ähnlich widersprüchlich formuliert sind, wie es die naturalisierte Erkenntnistheorie des Radikalen Konstruktivismus ist.[3] Was also besagt der Radikale Konstruktivismus?

Der Radikale Konstruktivismus ist eine erkenntnistheoretische Theorie, die die Relativität allen Erkennens mit den Mitteln moderner Naturwissenschaft zu begründen versucht. Ausgangspunkt seiner Argumentation ist die Funktionsweise des Nervensystems. Das Nervensystem wandelt physikalische und chemische Reize der Umwelt in Nervenerregungen um, die die Eigenschaft besitzen, sich in ihrer Intensität, nicht aber in ihrer Qualität voneinander zu unterscheiden. Deshalb muss der Übergang von der physikalischen und chemischen Umwelt zu den Wahrnehmungszuständen des Gehirns einen radikalen Bruch darstellen, da die Komplexität der Umwelt zugunsten der Einheitssprache des Nervensystems vernichtet wird. Dies hat zur Folge, dass im Gehirn nur unspezifische, bedeutungsfreie neuronale Impulse ankommen, die erst im Gehirn mit Bedeutung belegt werden. Da die qualitativen Eigenschaften der Umwelt nicht durch Nervenerregungen übermittelt werden, muss das Gehirn aus den einlaufenden Signalen eine Welt konstruieren, die von Subjekt zu Subjekt verschieden und schon deshalb nicht mit der realen Welt identisch sein kann. Insofern erhält ein lebendes System keine Informationen über die Außenwelt, sondern bestenfalls Informationen über sich selbst.[4] Das Gehirn und damit das lebende System, das Träger dieses Gehirns ist, ist deshalb ein informationell geschlossenes System[5]. Diese These der informationellen Geschlossenheit lebender Systeme ist die zentrale These des Radikalen Konstruktivismus. Sie bildet die Schnittstelle zwischen der biologischen Theorie der Autopoiese – auf die ich hier nicht weiter

---

1 Zu ihren Vertretern zähle ich unter anderem Gerhard Roth, Ernst von Glasersfeld, Heinz von Foerster, Siegfried Schmidt und Gebhard Rusch.

2 Vgl. Rusch, Verstehen, 49.

3 Zur Unterscheidung zwischen naturalistisch und kulturalistisch fundierten Epistemologien innerhalb des Konstruktivismus vgl. Pörksen, 13–28.

4 Vgl. etwa Roth, Selbstorganisation, 170; Ders., Gehirn, 19, 21, 102, 228.

5 Vgl. Roth, Konstitution, 360–362. Anstatt von „informationeller Geschlossenheit" spricht Roth gelegentlich auch von semantischer Geschlossenheit" (vgl. a. a. O., 360) oder „kognitiver Geschlossenheit" (vgl. Roth, Erkenntnis, 243).

eingehen kann – und der erkenntnistheoretischen Theorie des Radikalen Konstruktivismus.

Im Folgenden sollen nun eine Reihe von problematischen Implikationen erörtert werden, die diese These zur Folge hat. Zuerst werde ich einige biologische Fakten auflisten, die die hier angeführten Thesen des Radikalen Konstruktivismus schon aus empirischen Gründen in einem fragwürdigen Licht erscheinen lassen. Daran anschließend werde ich die Frage stellen, wieso der Radikale Konstruktivismus trotz gegenläufiger Befunde an der These der informationellen Geschlossenheit lebender Systeme festhält. Ich werde diese Frage durch Hinweis auf eine ungenügende Differenzierung zwischen verschiedenen Arten von Informationen zu beantworten suchen. Dazu bedarf es zuerst einer genaueren Analyse der für die Erkenntnistheorie zentralen Begriffe, die ich im zweiten Abschnitt vornehmen werde. Dies wird mich zu drei möglichen Deutungen der erkenntnistheoretischen Thesen des Radikalen Konstruktivismus führen, die ich in den darauf folgenden Abschnitten vorstellen und jeweils einer eingehenden Kritik unterziehen werde.

1. Die empirische Fragwürdigkeit des Radikalen Konstruktivismus

Die Neurobiologie ist eine junge Wissenschaft von einem alten Gegenstand. Beschäftigungen des Menschen mit seinem Gehirn reichen bis in die prähistorische Vergangenheit zurück, aber erst in unseren Tagen vollzog sich in der Hirnforschung eine derart rasante Entwicklung, dass es in jüngster Zeit kaum eine andere Wissenschaft gibt, die einen vergleichbaren Wissenszuwachs erlebt hat. Diese Entwicklung ist auch an der Philosophie nicht spurlos vorübergegangen, beschäftigen sich doch beide Disziplinen mit Fragen ganz ähnlicher Thematik. Wie Denken und Wahrnehmung zustande kommen, was Erkenntnis sei, wie Gehirn und Geist zueinander stehen etc. – dies sind Fragen, die nicht erst für die Hirnforschung unserer Tage von Interesse sind, sondern die die Philosophie seit Anbeginn ihrer Tage umtreiben. Deshalb ist es auch nicht weiter erstaunlich, dass die philosophische Erkenntnistheorie von der Hirnforschung zu partizipieren versucht und sich von ihr neue Lösungsansätze für alte, noch weithin ungelöste Probleme erhofft. Erstaunlich ist allerdings, dass eine Theorie, die sich den empirischen Wissenschaften verpflichtet fühlt, mit Hilfe einer empirischen Theorie, nämlich der Neurobiologie, die Unmöglichkeit von Erkenntnis und damit von Wissenschaft überhaupt zu beweisen versucht. Erstaunlich ist auch, dass eine Theorie, die sich als naturalisierte Erkenntnistheorie zu erkennen gibt[6], die Möglichkeit verlässlichen Erkenntnisgewinns kategorisch ausschließt, wo doch den naturalisierten Erkenntnistheorien üblicherweise der Gedanke zugrunde liegt, dass die empirische Wissenschaft das Maß aller Dinge ist[7], weil die Naturwissenschaft als *das* Paradigma von *verlässlichem Erkenntnisgewinn* über die

6 Vgl. Fischer, 19.
7 Vgl. Sellars, 173.

Welt betrachtet wird[8]. Und erstaunlich ist schließlich, dass das Prinzip der unspezifischen Codierung, das Prinzip der Neutralität des neuronalen Codes ein von der Biologie anerkanntes Prinzip ist, aus dem aber niemand bisher die radikal-konstruktivistische Konsequenz gezogen hat, dass lebende Systeme informationell geschlossene Systeme seien und lebende Systeme ihre Umwelt nicht (zumindest partiell) erkennen könnten. Ganz im Gegenteil wird in der Neurobiologie üblicherweise davon ausgegangen, dass das Gehirn ein informationsverarbeitendes System ist, das seine Umwelt mit allen für ihn relevanten Aspekten zu repräsentieren imstande ist, ja dass die „informationelle Offenheit des Gehirnsystems (…) die Zentralfunktion des Organs“[9] ist. Diesem letzten Punkt wollen wir uns nun zuwenden.

In seinem Buch *Descartes' Irrtum* schreibt Antonio R. Damasio:

> „In einer ersten Annäherung können wir also festhalten, dass das Gehirn grundsätzlich die Aufgabe hat, gut informiert zu sein über das, was im übrigen Körper, dem Körper im eigentlichen Sinne, vorgeht, über das, was in ihm selbst vorgeht, und über die Umwelt, die den Organismus umgibt, so dass geeignete, dem Überleben dienliche Anpassungsprozesse zwischen Organismus und Umwelt vorgenommen werden können. Aus evolutionärer Sicht ist es anders nicht denkbar.“[10]

Und Oeser & Seitelberger bemerken hierzu in direkter Auseinandersetzung mit dem Radikalen Konstruktivismus:

> „Genauso wenig wie behauptet werden kann, dass ein Organismus vollständig geschlossen und unabhängig von seiner Umwelt existieren kann, da ja Umweltenergie und/oder -materie durch ihn hindurchfließen und ihn antreiben, genausowenig ist das kognitive System ‚informationsdicht‘ und geschlossen. Wäre dies der Fall, dann könnte ein solches geschlossenes autopoietisches selbstreferentielles System nicht überleben oder überhaupt existieren.“[11]
>
> „Vom Standpunkt der wissenschaftlichen Biologie kann [deshalb, U.D.] […] darüber kein Zweifel bestehen, dass Lebewesen offene, d. h. kommunikative informationsaustauschende Systeme sind.“[12]

Ohne dass Organismen genügend Informationen über ihre Außenwelt wie auch über ihre Innenwelt besitzen, wäre weder die Phylogenese noch die Ontogenese lebender Systeme denkbar. Dabei spielte von Beginn der Evolution an die Fähigkeit zu lernen eine besondere Rolle. Die Fähigkeit zu lernen wird allgemein als die Fähigkeit zur Verhaltensänderung durch Erfahrung definiert[13]. Obgleich diese Fähigkeit eine Eigenschaft aller Lebewesen ist[14], muss man der Evolution von Nervensystemen und hier vor allem von Gehirnen doch eine besondere Bedeutung zumessen. Lernen aus den wechselnden Situationen der Umwelt bedeutet Offenheit, Flexibilität und eine vermehrte Anpassungsfähigkeit an die dauernden Veränderungen in der Um-

8 Vgl. Bieri, 54.
9 Oeser/Seitelberger, 50.
10 Damasio, 132.
11 Oeser/Seitelberger, 134.
12 A. a. O., 45.
13 Vgl. Thompson, 280.
14 Vgl. Oeser/Seitelberger, 29.

welt. Mit dem Gehirn brachte die Evolution ein Organ hervor, das höchste Lernfähigkeit und damit die Voraussetzung maximaler Anpassungsfähigkeit garantierte. Das Gehirn kann in diesem Sinn als ein „Lernorgan" bezeichnet werden, das einen entscheidenden Faktor im Selektionsvorgang dargestellt hat, weil es entscheidende Selektionsvorteile bot und damit die Richtung der Evolution wesentlich mitbestimmt hat.

Am Beispiel des Wahrnehmungssystems lässt sich dieser Lernvorgang besonders gut verdeutlichen. Richard F. Thompson schreibt in seinem Buch *Das Gehirn:*

> „Wahrnehmungssysteme zeigen mit verblüffender Deutlichkeit die prägende Kraft der Evolution. Das Auge eines Kraken ähnelt dem des Menschen in vielerlei Hinsicht, obwohl Krake und Mensch eine sehr unterschiedliche Entwicklungsgeschichte durchgemacht haben. Doch offensichtlich repräsentiert ein solches Auge die beste Lösung für das Problem, visuelle Reize wahrzunehmen. Es gibt unter den sensorischen Rezeptoren zahlreiche Beispiele solcher konvergenter Entwicklungen. Im allgemeinen reagiert ein Tier auf diejenigen Reize am empfindlichsten, welche für die adaptiven Verhaltensweisen, die es ihm ermöglichen, in seiner speziellen Umgebung zu leben, von Bedeutung sind. Fledermäuse und Delphine zeigen Echoorientierung, das heißt, sie senden Ultraschall-Laute aus und können sich aus deren Reflexionen ein Bild von den Gegenständen in ihrer dunklen und trüben Umgebung machen. Sie hören Laute, deren Frequenz fünf- oder sechsmal über dem liegt, was ein Mensch wahrnehmen kann. Honigbienen können ultraviolettes Licht sehen. Viele Blumen, die für uns eher langweilig aussehen, reflektieren große Mengen an ultraviolettem Licht und mögen einer Biene daher weitaus anziehender erscheinen."[15]

Auf drei Dinge sollte es uns hier ankommen:

1. Das Wahrnehmungssystem hat sich als Reaktion auf die Überlebensanforderungen der Umwelt entwickelt[16].
2. Die Überlebensanforderungen der Umwelt bewirken eine Optimierung des Wahrnehmungssystems.
3. Wahrnehmungssysteme entwickeln sich umweltspezifisch, d. h. lebende Systeme, die in unterschiedlichen Umwelten mit unterschiedlichen Anforderungen leben, entwickeln unterschiedliche Wahrnehmungssysteme, weil sie für unterschiedliche Reize sensibel sein müssen.

Daraus folgt nun einerseits, dass die für ein lebendes System relevanten Informationen der Umwelt auch übermittelt und verarbeitet werden können, ja müssen, andererseits, dass nur Ausschnitte aus der Gesamtwirklichkeit der materiellen Welt für ein lebendes System zugänglich sind. Allerdings folgt hieraus nicht, dass eine „Wesensgleichheit" zwischen entsprechenden physikalisch-chemischen Merkmalen der Umwelt, wie z. B. elektromagnetischen Wellen eines bestimmten Frequenzbereiches, und den im Organismus ausgelösten neurophysiologischen Prozessen bestehen muss. Entgegen der Unterstellung Gerhard Roths, dass viele Sinnesphysiologen eine primitiv-naive Abbildtheorie vertreten[17], gehen weder die Neurobiologie noch der

---

15 Thompson, 171

16 Vgl. hierzu auch Shilo, 67, der dies für das Sehsystem nochmals bestätigt.

17 Vgl. Roth, Gehirn, 85: „Eine weitverbreitete Annahme ist, Wahrnehmung sei so etwas wie Abfotografieren […] In vielen sinnesphysiologischen Lehrbüchern ist der bekannte Ochsenaugen-Versuch wiedergegeben, durch den demonstriert werden soll, dass im Auge wie bei einer Kamera auf der Netz-

Neurobiologie zugewandte Philosophen üblicherweise davon aus, dass Informationen oder Repräsentationen der Außenwelt Abbildungen sind, „die fertig in den Kopf hineinkommen und nur sprachlich umformuliert werden müssen, um dann wieder als Laut- oder Klangbild in die Außenwelt abgegeben zu werden.“[18] Sinneseindrücke sind Rohprodukte, die von den Bearbeitungs- und Bewertungsinstanzen des Gehirns interpretiert werden müssen. Im Blick auf die Umwelt sehen lebende Systeme zunächst durch das komplexe Sensorium ihrer Sinnesorgane „und sehen – primär – eben nur die Antwortcharakteristika dieses Sensoriums“[19]. Aber es ist gerade die Aufgabe des Wahrnehmungssystems, die Antwortcharakteristika des Sensoriums zu interpretieren, um somit, wie Ansgar Beckermann es ausgedrückt hat, eine Antwort auf die Frage „What is happening out there?“ und nicht nur eine Antwort auf die Frage „What is happening to me?“ zu bekommen[20]. Wenn Sinnesrezeptoren und Wahrnehmungssystem nicht in der Lage wären, ein funktional adäquates Bild der Außenwelt zu schaffen, wäre nicht nur nicht einsichtig, wie lebende Systeme überhaupt überleben könnten, sondern auch nicht, warum die verschiedenen Sinnesorgane lebender Systeme, mit ihrem unterschiedlichen Bau und ihrem unterschiedlichen Verhalten gegenüber Reizen, überhaupt evolviert wären. Wenn man sich die außerordentliche Komplexität des Aufbaus des Wahrnehmungssystems betrachtet und die Differenziertheit, mit der sensorische Informationen auf den unterschiedlichen Ebenen dieses Systems ausgewertet werden, dann kann man gar nicht umhin, das Wahrnehmungssystem als informationsverarbeitendes System zu betrachten. Wie wäre es sonst erklärbar, dass z. B. im Falle des Sehsystems eine Unzahl von Zellen, rezeptiven Feldern, Hirnarealen etc. entdeckt wurden, die auf jeweils ganz unterschiedliche Reize optimal ansprechen. Warum sollte ein Wahrnehmungssystem diese Fähigkeiten besitzen, wenn es ihm nicht dadurch möglich wäre, seine Umwelt zu repräsentieren?

Das Wahrnehmungssystem hat sich augenscheinlich entwickeln können, weil es einem Lebewesen Handlungen erlaubt, die lebensförderlich sind. Das Nervensystem und die damit verbundenen Sinnesorgane und Muskeln ermöglichen es lebenden Systemen, rasch auf unterschiedliche Reize zu reagieren und sich schnell und gezielt zu bewegen.

In der Retina des Frosches z. B. sitzen spezielle Detektoren, die auf bewegte schwarze Punkte reagieren. Funktioniert diese Hardware, dann fängt der Frosch Fliegen. Wenn nicht, fängt er keine. Nur wenn das Sehsystem des Frosches zu seiner Umwelt passt, hat er die Möglichkeit einer realistischen Kalkulation der Welt, in der er lebt, und damit die Möglichkeit zu überleben. Simpson hat diesen Sachverhalt pointiert so ausgedrückt:

---

haut ein umgekehrtes Bild der Umwelt entsteht. Was liegt da näher zu glauben, dass dieses Bild über den Sehnerv einfach in die Hirnzentren der bewussten Wahrnehmung weitergeleitet wird.“

18 Oeser/Seitelberger, 136.

19 Breidbach, 212.

20 Vgl. Beckermann, 671.

> „Der Affe, der keine realistische Vorstellung von dem Ast hatte, nach dem er sprang, war bald ein toter Affe – und gehört daher nicht zu unseren Vorfahren.“[21]

Bereits diese wenigen Bemerkungen lassen also erkennen, dass die Annahme einer informationellen Geschlossenheit lebender Systeme von einem empirischen Standpunkt aus betrachtet höchst unplausibel ist. Dennoch hält der Radikale Konstruktivismus an der Annahme der informationellen Geschlossenheit lebender Systeme fest. Welche Gründe veranlassen ihn zu dieser Annahme?

Wir könnten zunächst erwarten, dass er dies tut, weil er die empirischen Befunde der Neurobiologie anzweifelt. Doch dies ist nicht der Fall. Ganz auffälligerweise stimmt z. B. Gerhard Roth mit allen Resultaten der Neurobiologie, wie wir sie hier nur ganz oberflächlich referiert haben, überein. Er betont die Überlebensfunktion der Wahrnehmung[22], die große Rolle von Lernprozessen für das Überleben[23], er referiert im Detail den Bau der Sinnesorgane und die Differenziertheit der Verarbeitungsprozeduren[24], er betont die zu erbringenden Leistungen des visuellen Systems[25] usw., nur glaubt er daraus nicht Belege für die Repräsentationsfunktion des Wahrnehmungssystems ableiten zu können, sondern sieht sich vielmehr zu der Annahme gezwungen, dass das Wahrnehmungssystem konstruktiv und nicht etwa re-konstruktiv tätig sei. Wie kann aber diese extreme Abweichung von den üblichen Deutungen der betreffenden Daten erklärt werden?

Wie wir bereits festgestellt hatten, ist die These der unspezifischen Codierung das Hauptargument des Radikalen Konstruktivismus gegen die Annahme der informationellen Offenheit lebender Systeme. Diese These fußte auf der Überzeugung, dass zur Repräsentation von Umweltszenen die qualitativen Eigenschaften der betreffenden Szene mittels des Nervensystems an das Gehirn weitergeleitet werden müssten. Da das Nervensystem zur Übermittlung qualitativer Eigenschaften aber nicht befähigt sei, so argumentierte man weiter, könne das Gehirn seine Umwelt auch nicht repräsentieren, weshalb die von jedem einzelnen lebenden System wahrgenommene Welt nur ein Konstrukt seines Gehirns sein könne, keinesfalls aber eine Rekonstruktion einer realen Umweltszene[26].

Wie ich nun im folgenden zu zeigen beabsichtige, beruht diese Argumentation auf einer äußerst fragwürdigen Verwendung des Begriffs der Information und einiger anderer damit zusammenhängender Begriffe, wie etwa dem Begriff der Repräsentation und dem des Wissens. Es sind diese Begriffe, die mir für ein Verständnis des Radikalen Konstruktivismus zentral zu sein scheinen und deren Bedeutung deshalb geklärt werden soll.

---

21 Simpson, 98.
22 Vgl. Roth, Gehirn, 24, 72, 95, 184, 227.
23 Vgl. a. a. O., 184f.
24 Vgl. a. a. O., 108–110.
25 Vgl. a. a. O., 113–115.
26 Vgl. Roth, Erkenntnis, 243.

2. *Zur Klärung der vom Radikalen Konstruktivismus verwendeten erkenntnistheoretischen Begriffe*

Wir hatten festgestellt, dass lebende Systeme ihre sensorischen Informationen benutzen, um sich im Lichte ihrer Bedürfnisse, Wünsche und Ziele an die jeweilige Situation anzupassen. Was aber sind sensorische Informationen, und in welchem Verhältnis stehen sie zu den Phänomenen von Erkenntnis und Wissen?

Da der Begriff der Information systematisch mehrdeutig ist[27], empfiehlt es sich zwischen verschiedenen Arten von Informationen zu unterscheiden. In der Literatur werden üblicherweise drei Dimensionen des Informationsbegriffs unterschieden, die als syntaktischer, semantischer und pragmatischer Aspekt von Information in Erscheinung treten. Wir werden im folgenden noch eine vierte Dimension des Informationsbegriffs erwähnen, nämlich den phänomenalen Aspekt von Information, der, obgleich in der Literatur nicht unumstritten, für den Radikalen Konstruktivismus doch eine wesentliche Rolle spielt und deshalb hier nicht unerwähnt bleiben darf. Den pragmatischen Aspekt von Information werden wir im Folgenden hingegen vernachlässigen können. Er besitzt keine unmittelbare Bedeutung für unsere Erörterung.

2.1 Syntaktische Information

Beginnen wir mit dem Begriff der syntaktischen Information. Für das Vorliegen *syntaktischer*[28] *Information* reicht es aus, dass zwischen einem Zustand und einem Ereignis in der Welt, über das der Zustand Informationen trägt, ein gesetzmäßiger Zusammenhang besteht[29]. Ein Zustand, der für ein lebendes System einen Informationsgehalt besitzen soll, muss Möglichkeiten reduzieren, d. h. er muss eine Reduktion von Ungewissheit darstellen. Dies wird durch eine universelle Korrelation gesetzesartiger Natur zwischen einem Zustand und einem Ereignis in der Welt er-

---

27 Vgl. Küppers, 32: „Zunächst wird man zugeben müssen, dass der Informationsbegriff in den Wissenschaften tatsächlich außerordentlich heterogen ist. Der Informationsbegriff ist ein typischer Zwitterbegriff, der in vielfältiger Form sowohl in den Naturwissenschaften als auch in den Geisteswissenschaften zur Anwendung kommt. Man findet ihn in Physik, Chemie und Biologie ebenso wie in den Computer-, Sprach-, Kognitions- und Sozialwissenschaften. Allein auf Grund dieses weiten Anwendungsfeldes ist kaum zu erwarten, dass sich hier eine universelle, für alle Disziplinen einheitliche und verbindliche Definition dessen angeben lässt, was unter dem Begriff der Information zu verstehen ist. Es gibt [...] sogar einsichtige Gründe für die Tatsache, dass selbst innerhalb einer einzelnen Disziplin ganz verschiedene informationstheoretische Ansätze zur Anwendung kommen."

28 Ich verwende den Begriff der syntaktischen Information hier im Anschluss an die Arbeiten von Bernd-Olaf Küppers. In der philosophischen Literatur sind auch die Begriffe der physikalischen oder physiologischen Information gebräuchlich. Alle drei Begriffe sind insofern nicht ganz unproblematisch, da gemeinhin nur dort von „Information" gesprochen wird, wo ein Informations*gehalt* vorliegt. Auf einer syntaktischen oder physikalischen Beschreibungsebene wird aber gerade der Bedeutungsgehalt eines Ereignisses oder einer Entität ausgeblendet. Da der Begriff der syntaktischen Information in unserem Zusammenhang aber lediglich jene Form von Informationen bezeichnen soll, die unbewusst verarbeitet bzw. gespeichert werden, scheint mir die Benutzung dieses Begriffs legitim zu sein. Ob es hingegen sinnvoll ist anzunehmen, dass bereits auf einer syntaktischen bzw. physikalischen Ebene *echte* oder, wie Searle sagen würde, bloße *Als-ob*-Informationsverarbeitung stattfindet, muss uns hier nicht weiter interessieren.

29 Vgl. für das folgende auch Bieri, 17–19.

reicht, durch die ein Zustand eindeutig mit einem Ereignis in der Welt, über das der Zustand informieren soll, verbunden ist. Dass ein Zustand eines lebenden Systems beispielsweise den Informationsgehalt hat, dass es blitzt, setzt voraus, dass es eine Beziehung zwischen diesem Zustand und dem Blitz gibt, die nicht nur ab und zu besteht, sondern in der Regel gilt. Wäre dies nicht der Fall, träte dieser Zustand also auch ein, wenn die Sonne scheint oder wenn es regnet, gäbe es keinen Grund mehr zu behaupten, dass dieser Zustand gerade über einen Blitz informiert und über nichts anderes. *Dass* ein Zustand syntaktische Informationen enthält bedeutet somit, dass er mit der Welt auf geregelte, beispielsweise kausale Weise, verbunden ist. *Welche* Information er enthält, hängt davon ab, mit welchen Ereignissen in der Welt er auf diese Weise verbunden ist. In diesem Sinne besitzt jeder Gegenstand Information, da jeder Gegenstand syntaktische Information über seine kausale Vorgeschichte trägt. Man spricht in diesem Zusammenhang auch von der *Speicherung* von Informationen in einem Gegenstand. So enthält der Aufbau eines Baumes Informationen darüber, wie alt er ist, und eine CD Informationen darüber, welches Musikstück auf ihr gespeichert ist. Diese Informationen sind auf kausalem, gesetzmäßigem Wege zustande gekommen, und insofern besitzen die betreffenden Gegenstände auch Informationen. Wenn wir allerdings bestimmten Systemen Informationen über etwas zuschreiben wollen, verlangen wir häufig nicht nur, dass in ihnen Informationen gespeichert sind, sondern auch, dass diese Systeme die Informationen, die sie besitzen, *benutzen* können:

> „Was heißt das, ganz generell gesprochen? Es heißt, dass das Vorliegen einer Information – das Auftreten eines Zustandes mit Informationsgehalt – für das Wesen oder System *einen Unterschied macht.* Einen Unterschied wofür? einen Unterschied für sein *Verhalten,* und zwar nicht für beliebiges Verhalten, sondern für *adaptives* Verhalten. (...) Dass ein Wesen oder System seine Informationen benutzt – also in einem reichhaltigen Sinn ‚besitzt' –, bedeutet also, dass seine Informationszustände eine entscheidende Rolle auf dem Weg von sensorischem Input zu behavioralem Output spielen."[30]

Dass Systeme Informationen benutzen können, um sich im Lichte ihrer Wünsche, Bedürfnisse und Ziele an ihre jeweilige Situation anpassen zu können, bedeutet allerdings weder, dass ein System eine zusätzliche Instanz besitzen muss, die die eingehenden Informationen konsultiert, um sie dann richtig einsetzen zu können, noch dass Informationen sich unmittelbar in Verhaltenskonsequenzen niederschlagen müssen. Für ersteres gilt, dass das Umsetzen von Informationen an der Nahtstelle zwischen Wahrnehmung und Verhalten bereits als das Benutzen von Informationen durch ein System gelten kann, für letzteres, dass die Art und der Zeitpunkt der Verhaltenskonsequenzen erstens von dem Verhaltensziel abhängt, das das System gerade verfolgt, und zweitens von den anderen Informationszuständen, in denen sich ein System gerade befindet.

Für die Existenz von Zuständen mit einem Informationsgehalt, die in einer kausalen, gesetzmäßigen Beziehung zu Ereignissen der Umwelt stehen und die eine funk-

---

[30] A. a. O., 18.

tionale Rolle in der Produktion von Verhalten spielen, muss allerdings nicht gelten, dass sie einem System, welches über Zustände mit diesem Informationsgehalt verfügt, gegenwärtig sein müssen. Es muss sich für ein System weder irgendwie anfühlen, Informationen zu besitzen, noch muss es Informationen verstehen können, um sie gebrauchen zu können. Ein gewaltiger Teil der Informationen, die beispielsweise ein lebendes System aufnimmt, um sein adaptives Gleichgewicht zu halten, wird verarbeitet, ohne dass das System willentlich an der Verarbeitung teilhat und ohne dass dem System diese Verarbeitungsprozeduren bewusst wären. Die Funktion von Regelkreisen, die für die Theorie der Autopoiese paradigmatisch sind[31], sind ein Beispiel hierfür. Die Regelegung von Atmung, Temperatur oder unwillkürlicher Muskelbewegung basiert auf der Verarbeitung von Informationen, die einem lebenden System nicht gegenwärtig sind. Für den Erwerb und die Verarbeitung syntaktischer Informationen bedarf es also keiner Bewusstseinsleistungen, um die Effizienz der Informationsverarbeitung zu garantieren.

2.2 Phänomenale Information

Es gibt nun allerdings auch Informationen, die die Eigenschaft besitzen, dass es für ein lebendes System irgendwie ist, sie zu empfangen und zu benutzen. Diese Informationen kann man als *phänomenale Informationen* bezeichnen[32];

> „Informationen über Farben etwa oder über Töne und Gerüche haben eine Erlebnisqualität. Sie reduzieren Ungewissheit darüber, welches die sinnlich erlebbaren Aspekte der Situation sind, in die wir als nächste geraten. Diese Art von Information kann man *phänomenale* Information nennen. Ein Wesen, dem diese Art von Information zugänglich ist, verfügt nun über Informationen, die *für es* etwas sind – es hat eine Art von *Bewusstsein.*“[33]

Ein System, das über Informationen verfügt, die für es etwas sind, befindet sich in einem mentalen Zustand mit einem qualitativen Gehalt[34]. Zustände dieser Art bezeichnet man auch als „Empfindungen“ oder „Qualia“[35]. Empfindungen sind wesentlich subjektive Phänomene. Ihre Existenzweise ist eine der ersten Person oder der subjektiven Art, während die Existenzweise der Nervenbahnen eine der dritten Person oder der objektiven Art ist[36]. Nervenbahnen existieren unabhängig davon, ob sie wahrgenommen werden, Empfindungen hingegen nicht. Empfindungen sind

---

31 Vgl. Dettmann, Kap. 2.

32 Die Frage der Existenz von phänomenalen Informationen ist ein heftig diskutiertes Thema in der Philosophie des Geistes. Wir wollen uns im Folgenden aber nicht mit dieser Diskussion auseinandersetzen, weil wir die Existenz phänomenaler Informationen allein deshalb annehmen müssen, weil der Radikale Konstruktivismus dieser Annahme verpflichtet ist und weil wir ohne die Annahme der Existenz phänomenaler Informationen nicht in der Lage wären, eine präzise Bestimmung der These der informationellen Geschlossenheit lebender Systeme vorzunehmen.

33 Bieri, 19.

34 Dieser qualitative Gehalt wird bisweilen auch als „phänomenaler“, phänomenologischer“ oder „sinnlicher Gehalt“ bezeichnet. Vgl. z. B. Schantz, 12f. und Bieri, 21.

35 Vgl. z. B. Searle, 40.

36 Vgl. a. a. O., 41

privat und unkorrigierbar[37]. Empfindungen eines lebenden Systems wie Schmerz, Freude oder eine Rotempfindung sind für ein anderes lebendes System von außen nicht direkt wahrnehmbar, sondern können nur aufgrund des beobachtbaren Verhaltens des betreffenden Systems, zu dem auch die Sprache gehört, erschlossen werden. Schlüsse dieser Art sind aber nicht zwingend. Das beobachtete System könnte das beobachtende System systematisch täuschen wollen. Es könnte ein Lügner sein, es könnte seine Gefühle nur simulieren usw. Über seine eigenen Empfindungen kann sich ein lebendes System hingegen nicht täuschen. Wer sagt, dass er Schmerzen hat und dies aufrichtig äußert, kann von niemandem davon überzeugt werden, dass er in Wirklichkeit gar keine Schmerzen habe. Der Satz „Ich habe Schmerzen" beruht auch nicht auf absolut sicheren Schlüssen aus unbezweifelbaren Indizien, sondern er ist einfach der unbezweifelbare Ausdruck des Äußernden. Er äußert in diesem Sinne kein Wissen, sondern die Schmerzen.

2.3 Sensorische Information

Sensorische Informationen, also Informationen, die über die Sinnesorgane vermittelt werden, können nun sowohl rein syntaktische Informationen als auch phänomenale Informationen sein. Ein großer Teil von Informationen, die durch die Sinnesorgane lebender System fließen und ihr Verhalten beeinflussen, sind diesen nicht gegenwärtig. Nur der bedeutsamste Teil der Informationen steigt in das Bewusstsein auf und resultiert in Zuständen mit einem phänomenalen Informationsgehalt. Zustände, in denen wir uns beispielsweise befinden, wenn etwas so und so für uns aussieht, sind Resultat sensorischer Vorgänge, die in einen Zustand phänomenalen Informationsgehalts, in einen bewussten Zustand mit einem qualitativen Erlebnisgehalt münden. Solche Zustände können bereits als Formen von Wissen charakterisiert werden, nämlich als Formen von „wissen, *wie*", als Wissen, wie es ist, in einem bestimmten Zustand zu sein. Wissen, wie es ist, in einem bestimmten Zustand zu sein, bedeutet in einem Zustand zu sein, der einen qualitativen Gehalt, einen phänomenalen Informationsgehalt hat. Diese Form von Wissen wäre durch eine propositionale Konstruktion allerdings noch zu reichhaltig beschrieben, da ein lebendes System nicht über den Begriff der Bläue verfügen muss, um phänomenale Informationen über eine blaue Fläche besitzen zu können, um also eine blaue Fläche sehen zu können und um zu wissen, wie es ist, ein Blauempfindung zu haben[38]. Die Wahrnehmung von etwas, der Besitz phänomenaler Informationen, muss also keineswegs

---

[37] Diese Charakterisierung ist natürlich, wie fast alles in der Philosophie, nicht unumstritten geblieben. So hat beispielsweise Wittgenstein zu zeigen versucht, dass Empfindungen keineswegs privat sind, insbesondere nicht im Sinne eines privilegierten Zugangs. Solche Einwände müssen uns im Folgenden aber nicht weiter interessieren, da es uns hier nicht um eine Problematisierung des Begriffs der Empfindung geht, sondern um den Nachweis einer unzureichend vorgenommenen Differenzierung zwischen verschiedenen Begriffen innerhalb der Theorie des Radikalen Konstruktivismus.

[38] Man könnte aus diesem Grund natürlich argumentieren, dass diese Form von Wissen eben deshalb kein Wissen darstelle, weil „Wissen immer propositionale Struktur hat" (Schantz, 153). Da es aber allgemein üblich geworden ist, Empfindungen als Formen von „wissen, wie" zu charakterisieren, wollen wir im folgenden so verfahren, dass wir diese Redeweise beibehalten, aber von „Wissen" im Kontext von Erkenntnis nur dort sprechen, wo propositionales Wissen vorliegt.

durch die Wahrnehmung, *dass*[39]etwas der Fall ist, analysiert werden[40] und ist als Form nichtpropositionaler Wahrnehmung deshalb auch kein epistemisches[41] oder doxastisches Phänomen[42].

2.4 Semantische Information

Erst im Fall *semantischer Informationen,* erst im Fall also, dass Informationen *verstanden* und *unter Begriffe* gebracht *werden können,* liegt ein Fall propositionaler Wahrnehmung und damit ein epistemisches Phänomen vor[43]. Erst in diesem Fall kann ein lebendes System wissen, *dass* etwas der Fall ist, und erst in diesem Fall wird der Wahrnehmungsmodus eines lebenden Systems durch ein epistemisches Begriffsrepertoire adäquat beschrieben. Damit soll nicht in Abrede gestellt werden, dass propositionale Konstruktionen auch dort verwendet werden können, wo man bezweifelt, oder sogar ausschließt, dass dem fraglichen System semantische Informationen zugänglich sind. Dies kann überall dort sinnvoll sein, wo propositionale Konstruktionen für explanatorische oder prognostische Zwecke hilfreich sind[44]. In diesem Fall wird ein System so beschrieben, *als ob* es über propositionale Erkenntnis verfügte, obgleich es tatsächlich oder wahrscheinlich nicht über solche Erkenntnis verfügt. Diesen Fall kann man als „unechten" Fall propositionaler Erkenntnis bezeichnen, um ihn von den echten Fällen propositionaler Erkenntnis, um die es uns hier geht, zu unterscheiden. Echte Fälle propositionaler Erkenntnis liegen nur dort vor, wo wir es mit Personen oder epistemischen Subjekten zu tun haben, die Überzeugungen besitzen, verwenden, verstehen und rechtfertigen können.

---

39 Zur Unterscheidung zwischen „wissen, wie" („knowing, how") und „wissen, dass" („knowing, that") vgl. die Analysen von G. Ryle in Ryle, 27–29. „Wissen, wie" bezeichnet in diesem Kontext allerdings meist eine *Fähigkeit* und muss als solche nicht mit phänomenaler Information gepaart sein. Die Fähigkeit Schach zu spielen besitzt auch ein Computer, obgleich sich dieser beim Schach spielen sicherlich nicht in mentalen Zuständen mit einem qualitativen Gehalt befindet. Man kann mit „wissen, wie" also gerade auch auf Fähigkeiten verweisen wollen, die *nicht* an das Vorhandensein mentaler Zustände mit spezifischen Eigenschaften gebunden sind. Ein Computer weiß, *wie* man Schach spielt, weil er die Fähigkeit besitzt, Regeln des Schachspiels anwenden zu können und nicht, weil er auf eine bestimmte Weise empfinden kann. Doch mit dem Ausdruck „wissen, wie" kann eben auch jenes Phänomen beschrieben werden, das wir als „wissen, wie es ist, in einem bestimmten Zustand mit einem qualitativen Gehalt zu sein" charakterisiert haben (s. hierzu nur Nagel: „What is it like to be a bat?"). Da es uns im Folgenden nicht um eine erschöpfende Analyse des Ausdrucks „wissen, wie", sondern um eine Unterscheidung verschiedener Arten von Informationen zu tun ist, können wir uns eine tiefergehende Analyse dieser Thematik hier allerdings ersparen.

40 Obgleich es auch Versuche gibt, phänomenales Wissen als „eine spezielle Art propositionalen Wissens" zu analysieren, vgl. M. Nida-Rümelin, 9.

41 Obwohl man auch im Falle nichtpropositionaler Wahrnehmung häufig bereits von „kennen" oder „erkennen" spricht. Allerdings ist hier nur von sensorischer Diskrimination die Rede, also von der Fähigkeit, etwas von etwas anderem unterscheiden zu können, ohne dass das, was unterschieden wird, auch klassifiziert werden müsste. Vgl. hierzu z. B. Dretske, v.a. S. 4; Schantz, Kap. VIII und Bieri, 15–17.

42 Vgl. Schantz, 153.

43 Dabei sind die Bedingungen des Verstehens und unter Begriffe bringen Könnens sicher ein schwieriges und explikationsbedürftiges Thema der Philosophie des Geistes. Für unsere Zwecke genügt es jedoch, sie als sinnvoll zu postulieren, ohne uns hierfür weiter in die Gefilde der Philosophie des Geistes vorwagen zu müssen.

44 Vgl. hierzu v.a. Dennett, Intentional Systems; Ders., Intentional Stance.

Wenn wir von Überzeugungen oder *propositionaler* Erkenntnis sprechen, setzen wir bereits voraus, dass ein System, das über diese Form von Erkenntnis verfügt, eine Sprache besitzt. Welchen Status besitzt aber die Sprache im Kontext semantischer Information? Um diese Frage zu beantworten, müssen wir den Begriff der Repräsentation einführen.

2.5 Repräsentationen

Was sind Repräsentationen? Repräsentationen sind Träger von Informationen, also dasjenige Element in einem System, kraft dessen das System Zustände mit einem Informationsgehalt besitzt. Damit ein System Informationen aufnehmen, speichern, verarbeiten und benutzen kann, braucht es eine Struktur diskreter innerer Elemente, die als Träger verschiedener Informationen fungieren können, d. h. es braucht ein System von Repräsentationen.

Informationen können nun in unterschiedlichen Systemen unterschiedlich repräsentiert sein. Befinden sich etwa Pflanze, Roboter und Mensch in einem Zustand, dessen syntaktischer Informationsgehalt besagt, dass aus einer bestimmten Richtung Licht kommt, so sind diese Zustände in den drei Systemen unterschiedlich realisiert. In der Pflanze sind es biochemische, im Roboter sind es elektronische und im Menschen neuronale Prozesse, die als Träger der Information fungieren. Auch für den Fall phänomenaler Informationen vertreten viele Autoren den Gedanken der *multiplen Realisierbarkeit*. Ein mentaler Zustand wie Schmerz könnte dieser Annahme zufolge in verschiedenen Systemen auf sehr verschiedene Weise physisch realisiert sein. Prinzipiell spricht nichts gegen den Gedanken, dass auch semantische Informationen unterschiedlich repräsentiert sein könnten. Bisher ist uns allerdings nur ein einziger klarer Fall eines semantischen Repräsentationssystems bekannt, das als Träger semantischer Informationen fungiert, nämlich die natürliche Sprache[45]. Die natürliche Sprache ist als System semantischer Repräsentationen Träger semantischer Informationen, d. h. Träger von Bedeutungen.

2.6 Überzeugungen

Eine Überzeugung, eine Meinung, ein Glauben kann nun in einem ersten Anlauf als ein mentaler Zustand charakterisiert werden, der einen semantischen Informationsgehalt besitzt, der im Prinzip[46] durch eine semantische Repräsentation dargestellt werden kann[47] und der für das Verhalten eines lebenden Systems kausal relevant ist. Welche Überzeugung jemand hat, ist festgelegt durch den propositionalen Gehalt seines Zustands. Überzeugungen sind deshalb propositionale Einstellungen. Sie sind

[45] Kunstsprachen, wie etwa die Logiksprachen, können in diesem Fall als Derivate natürlicher Sprachen gelten.

[46] Möglicherweise verfügt ein epistemisches Subjekt nicht über das nötige sprachliche Repertoire, um seine Überzeugungen angemessen artikulieren zu können, oder es leidet an einer Krankheit, die ihm das Sprechen unmöglich macht. Diese Einschränkungen sind aber zumindest theoretisch behebbar.

[47] Überzeugungen müssen nicht unbedingt in propositionaler Form gespeichert werden, sie müssen aber im Prinzip in propositionaler Form verfügbar gemacht werden können.

Entitäten, die die Struktur von Aussagen besitzen und wahrheitswertfähig sind. Überzeugungen können wahr oder falsch sein und sie können mit anderen Überzeugungen durch Schlussregeln oder Begründungsprinzipien inferentiell verbunden sein. Überzeugungen können insofern *Gründe* für andere Überzeugungen sein als auch durch andere Überzeugungen *begründet* werden. Überzeugungen können aber nicht nur als Gründe für andere Überzeugungen, sondern auch als *Ursachen* für Verhalten fungieren.

Überzeugungen kommt deshalb eine eigentümliche Doppelrolle zu: sie können sowohl die Rolle von Gründen als auch die Rolle von Ursachen spielen. Überzeugungen können sowohl Gründe für andere Überzeugungen als auch kausale Antezedenzien für sprachliches und nicht-sprachliches Verhalten eines epistemischen Subjekts sein. Beide Gesichtspunkte dürfen aber nicht verwechselt werden. Überzeugungen können immer nur durch Gründe *gerechtfertigt* werden, auch wenn sie durch Ursachen *hervorgebracht* werden können. Die Rechtfertigung und die kausale Genese von Überzeugungen sind zwei zu unterscheidende Aspekte im Kontext der Analyse von Überzeugungen.

Dass eine logische Unabhängigkeit zwischen sinnlichen und kognitiven Zuständen eines lebenden Systems existiert, bedeutet freilich noch nicht, dass auch eine faktische Unabhängigkeit zwischen beiden Zustandsarten existiert. Im Falle erwachsener Personen besteht normalerweise ein enger Zusammenhang zwischen der sinnlichen Wahrnehmung und dem Erwerb gewisser Überzeugungen. Es ist ein wichtiges Resultat der Ontogenese, dass erwachsene Individuen gelernt haben, ihre sinnlichen Erfahrungen begrifflich auszubeuten, sie zu identifizieren und zu klassifizieren. Es stellt einen großen Überlebensvorteil für ein menschliches Individuum dar, dass es auf epistemische Weise wahrnehmen kann, dass es durch die Wahrnehmung semantische Informationen über die sie umgebenden Gegenstände erwerben kann, dass es wahrnehmen kann, dass die Gegenstände die und die Eigenschaften besitzen und in den und den Relationen zueinander stehen. Dieser faktische Zusammenhang zwischen nichtepistemischen und epistemischen Formen der Wahrnehmung stellt aber keinen logischen Zusammenhang dar, da es nicht zur Bedeutung von Sätzen der Form „P nimmt x wahr" gehört, dass P wahrnimmt, *dass* x F ist bzw., dass P über x irgendwelche Überzeugungen erwirbt.

Wenn aber auch die nichtpropositionale Wahrnehmung kein epistemisches Phänomen ist, so ist sie doch die Voraussetzung für Wahrnehmungs*wissen*, also propositionale Erkenntnis.

2.7 Wissen

P kann nämlich nur dann Wahrnehmungswissen darüber erwerben, dass beispielsweise eine Katze auf der Matte sitzt, wenn P die Katze auch auf nichtepistemische Weise wahrnehmen kann bzw. wahrgenommen hat. Die nichtepistemische Wahrnehmung der Katze ist als Ursache für die Überzeugung, dass eine Katze auf der Matte sitzt, notwendige Bedingung dafür, dass P weiß, dass eine Katze auf der Matte sitzt. Die nichtepistemische Wahrnehmung bestimmter Gegenstände kann in

Wahrnehmungsüberzeugungen resultieren und Wahrnehmungsüberzeugungen können unter bestimmten Bedingungen Wahrnehmungswissen darstellen. Die Bedingungen für Wahrnehmungswissen erschöpfen sich aber nicht in einem kausalen Zusammenhang zwischen einer Tatsache und der sie ausdrückenden Überzeugung. Vielmehr gilt für Wahrnehmungswissen, was für Wissen allgemein gilt. Nach der klassischen Analyse des Wissensbegriffs, die in der Geschichte der Philosophie immer wieder vorgebracht wurde und die ihre Wurzeln vermutlich in Platons *Theätet* hat, müssen folgende drei Bedingungen erfüllt sein, damit eine Überzeugung als „Wissen" bezeichnet werden kann:

(W) P weiß, dass p, genau dann wenn

(i) p
(ii) P glaubt, dass p
(iii) P ist gerechtfertigt zu glauben, dass p.[48]

Überzeugungen stellen also erst dann Wissen dar, wenn sie wahr und wenn sie gerechtfertigt sind. Dies gilt auch für Wahrnehmungsüberzeugungen. Die Wahrheit von Überzeugungen muss dadurch gewährleistet sein, dass sie in einem naturgesetzlichen oder kausalen Zusammenhang zu den Tatsachen stehen, deren Überzeugung sie sind. Diese *externe* Bedingung muss und kann aber nicht in die *Rechtfertigung* einer Überzeugung durch ein epistemisches Subjekt eingehen. Ein epistemische Subjekt kann nur *interne* Elemente zur Rechtfertigung seiner Überzeugungen benutzen, also solche Elemente, die für es selbst kognitiv zugänglich sind. *Kognitiv zugänglich* sind für ein epistemisches Subjekt nur semantische Informationen, also solche Informationen, „zu denen das Subjekt bewussten, dispositionellen oder einfachen inferentiellen Zugang hat."[49]

Mit der Unterscheidung zwischen der kausalen Genese und der epistemischen Rechtfertigung von Überzeugungen können wir nun das Verhältnis zwischen sensorischer Information und Wahrnehmungswissen klären.

Wahrnehmungsüberzeugungen können das direkte kausale Produkt sensorischer Informationen sein. Wahrnehmungsüberzeugungen können nichtinferentiell erworben, also nicht in irgendeiner Weise erschlossen, sondern das direkte Resultat kausaler Vorgänge sein. Die charakteristische Unmittelbarkeit der sinnlichen Wahrnehmung ist gerade Ausdruck der Tatsache, dass der Erwerb von Wahrnehmungsüberzeugungen unter Normalbedingungen kein Prozess der diskursiven Ableitung, sondern ein direktes kausales Produkt sensorischer Informationen ist. Sensorische Informationen können deshalb als *kausale* Basis unserer Wahrnehmungsüberzeugungen gelten. Sie können aber nicht in gleichem Maße als *epistemische* Basis

[48] Im Anschluss an diese klassische Analyse des Wissensbegriffs ist eine umfangreiche Diskussion über die Adäquatheit dieser Analyse entflammt, die zu einer Vielzahl von Verbesserungsvorschlägen geführt hat und bis heute zu keinem endgültigen Abschluss gekommen ist. Für unsere Zwecke genügt allerdings der hier verwendete Wissensbegriff.

[49] Bartelborth, 83f.

unserer Überzeugungen gelten. Für die epistemische Rechtfertigung von Wahrnehmungsüberzeugungen kommt es im Grunde genommen auf sensorische Informationen überhaupt nicht an.[50] Für die Rechtfertigung von Wahrnehmungsüberzeugungen kommt es ausschließlich auf andere Überzeugungen, auf semantische Informationen an, da das Kennzeichen epistemischer Rechtfertigung ihre innere Beziehung auf Wahrheit und Wahrheit eine Eigenschaft semantischer Entitäten ist. Wenn P seine Wahrnehmungsüberzeugung, dass p, rechtfertigen will, dann muss sich P auf weitere Überzeugungen beziehen, also auf Entitäten, die propositionalen Charakter haben, da nur solche Entitäten *Gründe* für eine Überzeugung sein können.

Nach der Rechtfertigung einer Wahrnehmungsüberzeugung zu fragen, heißt danach zu fragen, wie eine Überzeugung im „logischen Raum der Gründe"[51] zu stehen kommt, und für diese Frage ist die kausale Genese einer Überzeugung zumindest im Fall interner Rechtfertigungsprozeduren ohne Belang. Wahrnehmungsüberzeugungen, die wahr sind, müssen, um als Wissen gelten zu können, gerechtfertigt werden. Und Rechtfertigung bedeutet Rekurs auf weitere Aussagen, aus denen induktiv oder deduktiv die zu rechtfertigende Aussage erschlossen werden kann. Man muss die Kontexte, in denen Wahrnehmungsüberzeugungen erworben werden, von den Kontexten unterscheiden, in denen Wahrnehmungsüberzeugungen gerechtfertigt werden. Überzeugungen können nur mit Bezug auf andere Überzeugungen gerechtfertigt werden, können aber ohne Bezug auf andere Überzeugungen erworben werden.

Nach diesem langen, aber notwendigen Exkurs in die Begriffswelt der Erkenntnistheorie sollten wir nun in der Lage sein, die möglichen Deutungen der erkenntnistheoretischen Thesen des Radikalen Konstruktivismus präzise zu bestimmen und einer kritischen Überprüfung zu unterziehen.

3. *Sind Lebewesen bezüglich syntaktischer Informationen geschlossen?*

Eine erste mögliche Deutung der These der informationellen Geschlossenheit lebender Systeme können wir nach den vorherigen Ausführungen wie folgt präzisieren:

(T1): Die These der informationellen Geschlossenheit lebender Systeme ist eine These bezüglich syntaktischer Informationen. Sie behauptet, dass lebende Systeme keine syntaktischen Informationen speichern, bzw. dass lebende Systeme sich nicht in Zuständen mit syntaktischem Informationsgehalt, die über ein Ereignis in der Welt informieren, befinden können.

Da es für das Vorliegen syntaktischer Informationen ausreicht, dass zwischen einem

[50] Vgl. Bieri, 413.

[51] Vgl. Sellars, 169: „The essential point is that in characterizing an episode or state as that of *knowing*, we are not giving an empirical description of that episode or state; we are placing it in the logical space of reasons, of justifying and being able to justify what one says."

Zustand und einem Ereignis in der Welt, über das der Zustand Informationen tragen soll, ein gesetzmäßiger, kausaler Zusammenhang besteht, gipfelt diese These in der Behauptung, dass Zustände eines lebenden Systems nicht auf geregelte, kausale Weise mit Ereignissen in der Welt verbunden sein können. Dies ist gleichzeitig die stärkste These, die bezüglich der informationellen Geschlossenheit lebender Systeme vertreten werden kann. Denn wir hatten gesagt, dass ein Zustand, der für ein lebendes System einen Informationsgehalt besitzen soll, Möglichkeiten reduzieren, d. h. eine Reduktion von Ungewissheit darstellen muss. Und dazu war es nicht nur für syntaktische, sondern auch für phänomenale und semantische Informationen notwendig, dass eine universelle Korrelation gesetzesartiger Natur zwischen einem Zustand und einem Ereignis in der Welt, über das der Zustand Informationen tragen soll, besteht. Denn auch für Zustände mit einem phänomenalen Informationsgehalt hatten wir gefordert, dass sie Resultat sensorischer, kausaler Vorgänge sind, um als solche Ungewissheit darüber zu reduzieren, welches die sinnlich erlebbaren Aspekte der Situation sind, in die ein lebendes System mit den entsprechenden Zuständen phänomenalen Informationsgehalts als nächstes geraten kann. Und für die Wahrheit von Überzeugungen als Träger semantischer Informationen, hatten wir die Notwendigkeit betont, dass sie in einem naturgesetzlichen bzw. kausalen Zusammenhang zu den Tatsachen stehen, deren Überzeugung sie sind. Wer also (T1) vertritt, leugnet nicht nur die Existenz syntaktischer Informationen, sondern auch die Existenz phänomenaler und semantischer Informationen.

Nun beruft sich der Radikale Konstruktivismus an vielen Stellen auf empirische Theorien, um seine eigene Position zu untermauern. Stellvertretend hierfür möchte ich nur Gebhard Rusch zitieren:

> „Die Natur- und Humanwissenschaften stellen Theorien zur Verfügung, die unter dem Aspekt der Bedingtheit menschlichen Erkennens als einschlägig gelten und in einem kohärenten System integriert werden können. Dabei kommt dem von H. Maturana entwickelten Konzept autopoietischer Systeme gewissermaßen die Funktion eines Organisationskerns zu, von dem aus biophysikalische und biochemische Theorien auf der einen Seite und psychologische sowie soziologische Theorien auf der anderen in Beziehung zueinander gebracht werden können. Was auf diesem Wege aus der Integration erfahrungswissenschaftlicher Bestände entsteht, kann dann eine *empirische Theorie des menschlichen Erkennens* genannt werden.“[52]

Und wenig später können wir bei Rusch folgende Bemerkung lesen, auf die sich wiederum Siegfried Schmidt in seinem Standardwerk „Der Diskurs des Radikalen Konstruktivismus“[53] beruft:

> „erstens ist es – trotz vieler Einschränkungen – möglich, einen kohärenten Zusammenhang aus physikalischen, psychologischen und soziologischen Tatsachen zu erzeugen, der plausibel und *erfahrungswissenschaftlich fundiert und begründbar ist* [Hervorhebung von mir, U.D.] […]. Zweitens ergibt sich aus der erfahrungswissenschaftlichen Fundierung menschlichen Erkennens ein Ansatz, dessen zentrales Merkmal – auf welcher Ebene auch

52 Rusch, Erkenntnis, 194.

53 Vgl. Schmidt, Diskurs, 42.

immer betrachtet – die Konstruktivität ist. [...] Aus diesen beiden Aspekten leitet sich nun die Feststellung ab, dass [...] menschliches Erkennen in seiner Qualität und in seinem Umfang als ein Phänomen in einem chemophysikalischen Universum (Medium) vollständig abhängig ist von den Selbstorganisationskapazitäten dieses Universums, von den anatomischen und funktionalen Eigenschaften der autopoietischen Systeme, die in diesem Universum entstehen können und als deren eine Realisation auch der Mensch angesehen werden muss, und schließlich abhängig ist von den Eigenschaften, die diese Systeme in ihren Ontogenesen und Phylogenesen entwickeln."[54]

Wer so argumentiert, erklärt sich einverstanden mit den Annahmen empirischer Theorien und damit mit der Annahme kausaler Gesetzmäßigkeiten und der Möglichkeit des Erwerbs syntaktischer Informationen durch ein Lebewesen. Denn die Speicherung des in der Phylogenese erworbenen Wissens über die Welt auf den spezifischen Nukleotidsequenzen der DNS ist nichts anderes als die Speicherung syntaktischer Informationen. Und die Fähigkeit zur Verhaltensänderung durch Erfahrung, deren Notwendigkeit Gerhard Roth ja ausdrücklich betont, impliziert mindestens die Fähigkeit zur syntaktischen Informationsverarbeitung. Bedenkt man dann noch die Einlassungen Gerhard Roths in der gegenwärtigen Willensfreiheitdebatte, in der er streng deterministisch argumentiert[55], ist die Ablehnung kausaler Beziehungen zwischen Lebewesen und ihrer Umwelt und damit der Möglichkeit syntaktischer Informationen sicherlich für den Radikalen Konstruktivismus keine widerspruchsfrei aufrechtzuerhaltende Option.

Kommen wir deshalb zu einer zweiten möglichen Deutung der These der informationellen Geschlossenheit lebender Systeme.

4. *Sind Lebewesen bezüglich phänomenaler Informationen geschlossen?*

Die zweite mögliche Deutung der These der informationellen Geschlossenheit lebender Systeme lautet:

(T2): Die These der informationellen Geschlossenheit lebender Systeme ist eine These bezüglich phänomenaler Informationen. Sie besagt, dass lebende Systeme über keine phänomenalen Informationen über die Welt verfügen können.

Wir hatten gesagt, dass Zustände, in denen wir uns beispielsweise befinden, wenn etwas soundso für uns aussieht, Resultat sensorischer Vorgänge sind, die in einen Zustand phänomenalen Informationsgehalts, also in einen bewussten Zustand mit einem qualitativen Erlebnisgehalt münden. Zustände dieser Art hatten wir als „Empfindungen" oder „Qualia" bezeichnet. Wer die Existenz phänomenaler Informationen leugnet, leugnet also, so scheint es, die Existenz von Empfindungen, die Resultat sensorischer Vorgänge sind.

---

54 Rusch, Erkenntnis, 194f.

55 Vgl. etwa die Einlassungen Roths in: Geyer, und in: Lampe/Pauen/Roth.

Nun leugnet der Radikale Konstruktivismus aber keineswegs, dass Empfindungen Resultat sensorischer Vorgänge sind, sondern er bestreitet vielmehr, dass Empfindungen Informationen über die Welt tragen, bzw. dass Empfindungen Qualitäten der Welt wiederspiegeln könnten. So schreibt etwa Heinz von Foerster:

> „In den Erregungszuständen einer Nervenzelle ist *nicht* die physikalische Natur der Erregungsursache codiert. Codiert wird lediglich die Intensität dieser Erregungsursache, also ein ‚wieviel' aber nicht ein ‚was'. [...] Sie [die Sinneszellen, U.D.], sind sämtlich ‚blind' für die Qualität der Reize und sprechen lediglich auf deren Quantität an. [...] ‚da draußen' gibt es weder Wärme noch Kälte [...] Schließlich gibt es ‚da draußen' ganz gewiss keinen Schmerz. Da die physikalische Natur des Reizes – seine Qualität – nicht in die nervöse Aktivität eingeht, stellt sich die grundlegende Frage: Wie bringt unser Gehirn die überwältigende Vielfalt dieser bunten Welt hervor [...]?"[56]

Hier ist offensichtlich von Empfindungen und von der physikalischen Natur von Reizen die Rede. Empfindungen hatten wir als den phänomenalen bzw. qualitativen Aspekt mentaler Zustände charakterisiert und die physikalische Natur von Reizen wurde von v. Foerster als deren „Qualität" bezeichnet. Also scheint es nahe zu liegen, Empfindungen und die physikalische Natur von Reizen bzw. die physikalische Natur der Erregungsursachen gleichermaßen als „Qualitäten" zu bezeichnen und die Empfindungen als Wiedergabe der Beschaffenheit der Außenwelt, d. h. genauer als Wiedergabe von deren Qualität zu betrachten. Da nun aber, wie v. Foerster uns aufklärt, die Sinnesrezeptoren lebender Systeme die spezifischen Reize der Außenwelt in eine neuronale Einheitssprache übersetzen, in eine Sprache also, die aus elektrischen Impulsen bzw. Aktionspotentialen besteht, die sich in ihrer Intensität, nicht aber in ihrer Qualität voneinander unterscheiden, scheint man zu der Annahme gezwungen, dass die Natur der Welt, nämlich deren Qualität, nicht abgebildet oder wiedergegeben werden kann, dass die Natur der Welt nicht erkennbar ist. Deshalb, so folgert man dann, muss die von lebenden Systemen wahrgenommene bzw. empfundene Welt Konstruktion ihres Gehirns sein.

So etwa argumentiert auch Roth, wenn er schreibt:

> „Wir haben also mit dem menschlichen Gehirn ein System vor uns, das, obwohl kognitiv abgeschlossen gegenüber der Umwelt, dennoch über die Sinnesorgane von dieser in vielfältiger Weise beeinflusst werden kann. Aber das Gehirn erfährt die Einwirkungen der Umwelt nicht direkt, sondern nur an und in sich selbst, sozusagen am eigenen Geiste, und es muss aus der einförmigen Sprache der Neuronen die Vielfalt der äußeren Welt konstruieren. Dabei handelt es sich keineswegs um eine Re-konstruktion, wie einige Erkenntnistheoretiker behaupten, denn dazu müsste das Gehirn ja das Original kennen."[57]

Und an anderer Stelle:

> „Obwohl das Gehirn über die Sinne mit der Umwelt in Kontakt steht und in seiner Aktivität durchaus durch Umweltreize beeinflusst werden kann, ist diese Beeinflussung durch die Welt ohne unmittelbar gegebene Bedeutung."[58]

---

[56] V. Foerster, 43f.
[57] Roth, Erkenntnis, 243.
[58] Roth, Selbstorganisation, 170.

> „Die Sinnesempfindungen entstehen hinsichtlich ihrer Modalität und Qualität im Gehirn aufgrund einer Bedeutungszuweisung. [...] All dies führt zu der merkwürdigen Feststellung, dass das Gehirn, anstatt weltoffen zu sein, ein kognitiv in sich abgeschlossenes System ist. [...] Die für den gesunden Menschenverstand ungerechtfertigte Skepsis gegenüber der Leistungsfähigkeit der Sinnesorgane erscheint damit auf die Spitze getrieben, denn die von uns erlebte sinnliche Welt ist demnach nur ein Konstrukt des Gehirns.“[59]

Warum nun diese Argumentation in die These der *informationellen Geschlossenheit* lebender Systeme mündet, wird ersichtlich, wenn man sich Roths Explikation der Begriffe „Information“ und „Bedeutung“ genauer betrachtet. Roth bemerkt nämlich:

> „Ich verstehe hier unter ‚Information‘ und ‚Bedeutung‘ (beide Begriffe, ebenso der Begriff ‚Semantik‘, werden im folgenden synonym verwendet) eines Signals die *Wirkung*, die dieses Signal auf die Struktur und Funktion eines neuronalen kognitiven Systems hat. [...] Information/Bedeutung ist damit alles, was das Gehirn an und in sich selbst erlebt. [...] *Offenheit* im informationalen/semantischen Sinne würde heißen, dass das Gehirn als Wahrnehmungssystem aus der Umwelt Signale empfängt, die als solche, d. h. unabhängig vom Gehirn, eine bestimmte Bedeutung/Information, d. h. Wirkung besitzen.“[60]
> „Bedeutung von Signalen werden [aber, U.D.] erst durch das Gehirn konstituiert. In diesem Sinne ist das Gehirn kein informationsaufnehmendes, sondern ein informations*schaffendes* System.“[61]

Sieht man einmal von dem kategorialen Problem ab, dass nicht Gehirne Informationen an und in sich erleben, sondern bestenfalls die mit einem Gehirn ausgestatteten lebenden Systeme, dann kann man festhalten, dass Informationen bzw. Bedeutungen für Roth phänomenale Informationen und das heißt Empfindungen sein müssen, denn nur phänomenale Informationen können *erlebt,* d. h. empfunden werden. Mit der Annahme der Existenz von Empfindungen bzw. phänomenalen Informationen scheint aber die These der informationellen Geschlossenheit lebender Systeme unverträglich zu sein. Dass beide Annahmen dennoch zugleich vertreten werden können, lässt sich deshalb nur auf dem Hintergrund der eigentümlichen Undifferenziertheit der Argumentation verstehen, die wir im Falle v. Foersters bereits angedeutet haben. Dieser hatte nämlich durch einen undifferenzierten Gebrauch des Begriffs der Qualität den Unterschied zwischen den Empfindungen eines lebenden Systems und den physikalischen Eigenschaften materieller Gegenstände eingeebnet und konnte dadurch den Anschein erwecken, als ob es keinen kategorialen Unterschied zwischen beiden Phänomenbereichen geben würde. Dies wiederum schien die Annahme nahe zu legen, dass zur Erkenntnis der Welt nur die „Qualitäten der Welt“ durch das Nervensystem eines lebenden Systems codiert und als Empfindungen im Gehirn decodiert werden müssten, um als empfundene Welt die Natur der Welt wiederspiegeln, d. h. erkennen zu können. Erkenntnis der Welt bestünde so in einem *Habhaftwerden* der Qualitäten der Welt, in einer Beziehung der Partizipation

---

59 Roth, Erkenntnis, 235. Unter der „*Modalität* der Sinnesempfindung“ versteht Roth die Phänomene von Sehen, Hören etc. unter der „*Qualität* der Sinnesempfindung“ eine bestimmte Farbe, einen bestimmten Klang, einen bestimmten Geschmack usw. Vgl. a. a. O., 233.

60 Roth, Konstitution, 360.

61 A. a. O., 361.

oder der Imitation zu den natürlichen Eigenschaften der Gegenstände der Welt. Da nach dem Prinzip der Unspezifität der Nervenpotentiale aber die „Qualitäten der Welt“ nicht durch das Nervensystem eines lebenden Systems codiert werden können, folgt hieraus für den Radikalen Konstruktivismus die These der informationellen Geschlossenheit lebender Systeme, die These der Unerkennbarkeit der Welt. Da lebenden Systemen außerdem der Besitz phänomenaler Informationen, die Teilhabe an einer phänomenalen Welt nicht strittig gemacht werden soll, muss es sich bei diesen Phänomenen um ein Konstrukt des Gehirns handeln. Dieses Konstrukt kann aber keine Re-konstruktion der realen Welt sein, weil nach Roth eine Re-konstruktion die Erkenntnis des Originals voraussetzen würde, eine Voraussetzung deren Möglichkeit aber gerade ausgeschlossen wurde. Soweit zur Argumentation des Radikalen Konstruktivismus bezüglich der These der informationellen Geschlossenheit lebender Systeme.

Ich hatte einleitend bereits darauf hingewiesen, dass diese Argumentation nur auf dem Hintergrund eines undifferenzierten und unreflektierten Gebrauchs bestimmter Begriffe und Konzepte möglich ist und werde dies nun näher erläutern.

Wir hatten festgestellt, dass Informationen für Roth phänomenale Informationen und das heißt Empfindungen sein müssen, da nur phänomenale Informationen erlebt werden können. Als „phänomenale Informationen“ hatten wir solche Informationen bezeichnet, die bewusst sind und die als solche in einem gesetzmäßigen, kausalen Zusammenhang mit Ereignissen in der Welt stehen. Dass informationstragende Zustände eines lebenden Systems mit Ereignissen in der Welt in einem kausalen, gesetzmäßigen Zusammenhang stehen, bedeutet, dass bestimmte physikalische Reize der Welt auch bestimmte Wirkungen auf die Oberfläche eines lebenden Systems haben, d. h. dass unter sonst gleichbleibenden Bedingungen[62] gleiche Reize der Welt gleiche Wirkungen im System verursachen. Nun hatte Roth selbst bereits die Information eines Signals als die „Wirkung“ definiert, die ein „Signal auf die Struktur und Funktion eines neuronalen kognitiven Systems hat.“[63] Die Informationen, die von der Oberfläche eines lebenden Systems weitergeleitet werden, bestehen somit in den Wirkungen, die physikalische Reize auf das Sensorium eines lebenden Systems besitzen. In diesem Sinne können Empfindungen zunächst einmal als Träger von Informationen über den Zustand eines Lebewesens betrachtet werden, nämlich als Träger von Informationen über die verschiedenen Teile der Oberfläche eines lebenden Systems, die von den physikalischen Reizen, die auf sie einwirken, verändert werden, also als Träger von Informationen über Drücke, Wärme, Kälte usw.[64]. Wir hatten im zweiten Abschnitt aber bereits darauf hingewiesen, dass ein lebendes System nicht nur daran interessiert sein kann zu erfahren, was *ihm* geschieht, sondern auch daran interessiert sein muss, was *in seiner Umwelt* geschieht. Zwar neh-

---

62 Ob und in welcher Weise ein lebendes System auf physikalische Reize seiner Umwelt reagiert, hängt natürlich von einer Vielzahl von Faktoren ab, so dass die Existenz gleichbleibender Bedingungen nur den Idealfall darstellt.

63 Roth, Konstitution, 360.

64 Vgl. zu dieser Charakterisierung von Empfindungen oder „raw sensations“ auch Humphrey, 21f. u. Beckermann, 670–672.

men lebende Systeme im Blick auf ihre Umwelt zunächst nur durch das komplexe Sensorium ihrer Sinnesorgane und eben deshalb zunächst nur die Antwortcharakteristika diese Sensoriums wahr, aber Aufgabe des Wahrnehmungssystems muss es gleichzeitig sein, die Antwortcharakteristika dieses Sensoriums zu interpretieren, um nicht nur eine Antwort auf die Frage zu bekommen, was ihnen geschieht, sondern auch eine Antwort auf die Frage, was in ihrer Umwelt geschieht. Wenn Sinnesrezeptoren und Wahrnehmungssystem nicht in der Lage wären, ein funktional adäquates Bild der Außenwelt zu schaffen, wäre nicht einsichtig, wie lebende Systeme dann überhaupt überleben, wie lebende Systeme mit ihrer Umwelt *strukturell gekoppelt* sein könnten.

Das Wahrnehmungssystem, so hatten wir angenommen, hat sich entwickelt, weil es Lebewesen Handlungen erlaubt, die lebensförderlich sind. Das Nervensystem und die damit verbundenen Sinnesorgane und Muskeln ermöglichen es lebenden Systemen, gezielt auf unterschiedliche Reize reagieren und sich an aktuale Erfordernisse der Umwelt prompt und effektiv anpassen zu können. Wenn Roth nun aber die Existenz kausaler Gesetzmäßigkeiten nicht gänzlich ausschließen und sich mit der Rede von Wirkungen nur auf die Annahme probabilistischer Ereignisfolgen beschränken will, sollte es keinen Grund für ihn geben, die Möglichkeiten dieser Leistungen zu bestreiten. Denn um die Komplexität seiner Umwelt effektiv bewältigen zu können, bedarf ein lebendes System keiner „direkte(n) Abbildung der Welt durch die Nervenerregung“[65], wie Roth behauptet, sondern eines zuverlässigen Informationsverarbeitungssystems, das die auf die Sinnesorgane einwirkenden Reize in einer Weise verarbeitet, dass die verursachten Wirkungen zuverlässige *Indikatoren* für die verursachenden Ereignisse in der Welt sind. Und die Möglichkeit dieser Leistungen setzt lediglich einen gesetzmäßigen, kausalen Zusammenhang zwischen den Zuständen eines lebenden Systems und den Ereignissen in der Welt voraus, nicht aber die Möglichkeit eines Habhaftwerdens der „Qualitäten der Welt“, nicht die Möglichkeit einer Wiederspiegelung der „Natur“ oder des „Wesens“ der Welt. Dies macht man sich leicht mit Hilfe einer Analogie klar.[66]

Ein Autofahrer kann über den Benzinstand seines Tanks informiert sein, ohne einen direkten Zugang zu seinem Tank zu besitzen und ohne über ein Abbild des aktuellen Benzinstandes seines Tanks zu verfügen. Dies ist deshalb möglich, weil der Autofahrer über eine Tankanzeige im Display seines Armaturenbretts verfügt, die den Benzinstand des Tanks repräsentiert. Repräsentieren kann eine Tankanzeige den Benzinstand des Tanks insofern, als der Zeigerstand der Tankanzeige vom Benzinstand verursacht wird und auf diese Weise mit ihm kovariiert. Der Zeigerstand der Tankanzeige ist deshalb ein zuverlässiger *Indikator* für den Benzinstand des Tanks, ohne dass Indikator und Indiziertes identisch wären. So wie nun aber die Informationskanäle[67], die die Tankanzeige eines Autos mit dem Tank des Autos verbinden, Informationen über den Benzinstand des Tanks übermitteln können, so

---

65 Roth, Gehirn, 88.

66 Das folgende Beispiel entnehme ich Nüse.

67 In diesem Fall sind dies elektrische Leitungen.

können auch Sinnesorgane und Nervensysteme Informationen über die Realität übermitteln, ohne dabei Bilder oder Qualitäten dieser Realität transportieren zu müssen. Dass ein Nervensystem nur die Einheitssprache elektrischer Signale versteht[68], muss genauso wenig bedeuten, dass es keine Informationen über die Umwelt des betreffenden lebenden Systems übermitteln kann, wie es für die Einheitssprache elektrischer Leitungen in einem Auto bedeuten muss, dass sie dem Fahrer keine Informationen über bestimmte Zustände seines Autos übermitteln können. Damit ein System A von einem System B Informationen über einen Kanal C übermittelt bekommen kann, muss C nicht Bilder, Qualitäten oder was auch immer übermitteln, sondern es muss eine Relation zwischen A und B herstellen können, die als Repräsentationsrelation die oben genannten Eigenschaften aufweist. Und diese Möglichkeit ist durch die spezielle Funktionsweise des Nervensystems und des Gehirns keineswegs ausgeschlossen.

Es muss nun als geradezu paradox erscheinen, dass ausgerechnet Roth die Belege, die gemeinhin als Belege für die informationelle Offenheit lebender Systeme gewertet werden, in seinen Arbeiten wiederholt erwähnt, ohne sie jedoch als solche zu deuten. Roth weist nämlich mit Nachdruck darauf hin, dass Gehirne bzw. lebende Systeme nicht völlig frei in der Konstituierung ihrer phänomenalen Welten sind[69], was sie offenbar wären, wenn sie nicht in einem Abhängigkeitsverhältnis zu ihrer Umwelt auch bezüglich ihrer Erkenntnis stünden. Roth schreibt:

> „Woraus sich unsere phänomenale Welt zusammensetzt, ist teils genetisch vorgegeben und zusätzlich durch das Sieb jahrelanger und jahrzehntelanger Erfahrung gegangen."[70]

Roth betont, dass angeborene Mechanismen als auch ontogenetisch frühe, prägungsartige Versuchs- und Irrtumsprozesse der Willkürlichkeit phänomenaler Welten Grenzen setzen, da das Gehirn dem es erhaltenden Organismus nur dann die Überlebensfähigkeit gewährleisten kann, wenn die vorgestellte Welt eines lebenden Systems nicht mit der realen Welt in Konflikt gerät:

> „Wie bereits betont, sind viele Mechanismen der Konstitution der kognitiven Welt entweder angeboren oder entwickeln sich prägungsartig in ontogenetisch frühen Versuch-und-Irrtums-Prozessen und sind danach mehr oder weniger unkorrigierbar. Und schließlich bedeutet das alles überhaupt nicht, dass die Wahrnehmung dem Einfluss und der Willkür des kognitiven ‚Ich' ausgesetzt sei."[71]

Das Gehirn scheint demnach auch für Roth das Resultat einer fortlaufenden Bewertung durch die Umwelt und insofern doch „von außen" geformt zu sein. Zwar organisiert sich das Gehirn eines lebenden Systems in der Ontogenese weitgehend selbst, aber die Mechanismen, denen es dabei folgt, wurden in einem lang andauernden evolutionären Prozess hinsichtlich der Gewährleistung der Überlebensfähigkeit des lebenden Systems aufeinander abgestimmt. Insoweit ist die Entwicklung des Gehirns

---

68 Und nicht mehr kann das Prinzip der unspezifischen Codierung besagen.
69 Vgl. dazu auch v. Glasersfeld, Wissen, Sprache und Wirklichkeit, 227.
70 Roth/Schwegler, 115.
71 Roth, Erkenntnis, 248. Vgl. auch Ders., Gehirn, 108–110.

ein Reflex bestimmter Umweltkonfigurationen. Die Überlebensfähigkeit eines lebenden Systems soll dabei sowohl durch die „Spezifität der Erregungsverarbeitung“(!)[72] als auch durch den Abgleich zwischen verschiedenen Teilen des Organismus und der ihn umgebenden Umwelt gewährleistet werden. Die „Spezifität der Erregungsverarbeitung“ rührt daher, so erklärt nun Roth, dass die Erregungsbahnen, die die Erregungsimpulse der unterschiedlichen Rezeptoren an das Gehirn weiterleiten, trotz ihrer Vernetztheit deutlich separiert sind, da sie mit unterschiedlichen Gehirnarealen verknüpft sind, weshalb der Ort ihrer Erregung offensichtlich doch als Indikator ihrer Ursache gelten kann! Bereits bei der Geburt ist eine gewisse Grobverdrahtung des Gehirns vorhanden, so dass bestimmte Wege bereits festgelegt sind, die die von den Sinnesrezeptoren ausgehenden „modalitätsspezifischen Erregungen nehmen, die vom Auge, Ohr, von der Hautoberfläche usw. kommen.“[73]

All dies sollten nun starke Indizien dafür sein, dass das Wahrnehmungssystem eines lebenden Systems in Auseinandersetzung mit seiner Umwelt evolviert und dass diese Evolution in Richtung einer Verbesserung der Repräsentationsfunktionen des Wahrnehmungssystems verlaufen ist. Denn diese Entwicklungen konnten offensichtlich nur deshalb stattfinden, weil es für lebende Systeme einen evolutionären Vorteil bot, wenn sie verschiedene Ereignisse der Umwelt voneinander unterscheiden konnten, d. h. wenn sie die Wirkungen von Reizen zu interpretieren und als Indikatoren für entsprechende Umweltereignisse zuverlässig zu deuten wussten. Gerade der Hinweis auf „jahrelange und jahrzehntelange Erfahrung“ und auf „ontogenetisch frühe Versuch-und-Irrtums-Prozesse“, die die Entwicklung und Konstitution der phänomenalen Welt geprägt haben, als auch der Hinweis auf die Spezifität der Erregungsverarbeitung, auf die sich im Laufe der Evolution herausgebildete Grobverdrahtung des Gehirns und auf die Fähigkeit des Organismus, bestimmte Sinnesareale und Körperstellungsrezeptoren untereinander und in Bezug auf die Umwelt abzustimmen, sollte Grund genug für die Annahme sein, dass sich lebende Systeme und deren Gehirne mitsamt ihres Nervensystems im Verlauf eines evolutionären Anpassungsprozesses in Richtung auf eine bessere Wahrnehmung hin entwickelt haben und so zu einer zumindest partiellen Repräsentation ihrer Umwelt befähigt wurden. So schreibt denn auch Roth:

> „Überblickt man die Evolution des Wirbeltiergehirns, so kann man feststellen, dass die Größe des Gehirns ziemlich streng mit der Fähigkeit zum Lernen und zu komplexem Handeln und damit zur Bewältigung einer immer komplexeren Umwelt korreliert.“[74]

Dass Roth solche Vorgänge aber dennoch nicht als Belege für die Repräsentationsfunktion des Wahrnehmungssystems und das heißt für die informationelle *Offenheit* lebender Systeme zu deuten weiß, kann nur dadurch erklärt werden, dass er von

---

72 Roth, Kognition, 121.

73 Roth, Gehirn, 363; s. a. Ders., Erkenntnis, 242: „Aufgrund des Studiums der Ontogenese des Gehirns müssen wir (in der Tat) annehmen, dass diese Grobverdrahtung mehr oder weniger fest vorgegeben ist; die Topologie der sensorischen und motorischen Verarbeitungsareale im Gehirn ist ein z. T. lang zurückreichendes Wirbeltiererbe und zeigt eine nur sehr geringe Plastizität.“

74 Roth, Selbstorganisation, 175.

einer falschen bzw. unplausiblen Auffassung dessen ausgeht, was ein Wahrnehmungssystem zu leisten habe, um seine Umwelt repräsentieren zu können. Nur weil von der Annahme ausgegangen wird, dass die Repräsentation von Ereignissen der Welt in so etwas wie einem Habhaftwerden der Qualitäten der Welt bestehen müsste, kann der Umstand, dass Nervensysteme keine Qualitäten übermitteln können, zu der These verdichtet werden, dass lebende Systeme informationell geschlossene Systeme seien. Was an der Argumentation des Radikalen Konstruktivismus bezüglich der informationellen Geschlossenheit lebender Systeme aber allein verteidigt werden kann, ist die These, dass phänomenale Informationen als Empfindungen kein Bestandteil der objektiven Welt sind, sondern durch empfindende Wesen erst erschaffen werden. Dies hatten wir aber bereits dadurch zum Ausdruck gebracht, dass wir die Existenzweise von Empfindungen als eine der ersten Person oder subjektiven Art charakterisiert hatten und sie dadurch von der Existenzweise von Gegenständen der Welt und deren Eigenschaften, die eine der dritten Person oder objektiven Art ist, unterschieden haben. Die These, dass phänomenale Informationen „Konstrukt des Gehirns" sind, dass Reize der Umwelt nicht, „unabhängig vom Gehirn eine bestimmte Bedeutung/Information, d. h. Wirkung besitzen"[75], kann deshalb nicht mehr als die triviale Tatsache zum Ausdruck bringen, dass phänomenale Informationen und damit Empfindungen wesentlich subjektive Phänomene sind, dass ihre Existenz also von einem Wesen abhängig ist, das Träger dieser Empfindungen ist. Charakteristisch für Empfindungen ist tatsächlich, dass ihr esse percipi ist. Aber um das festzustellen, muss man kein Radikaler Konstruktivist sein. Aus der Tatsache, dass Empfindungen empfunden werden müssen, um zu existieren, folgt ja keineswegs, dass sie deshalb keine Informationen über die Welt tragen können.

Ein physikalischer Reiz, der eine Empfindung auslöst, ist zwar selbst keine Empfindung, aber die Empfindung kann ein lebendes System über den physikalischen Reiz und die Quelle seiner Verursachung zuverlässig informieren. Empfindungen sind als phänomenale Informationen syntaktische Informationen, die bewusst sind und die als solche in einem gesetzmäßigen, kausalen Zusammenhang mit Ereignissen in der Welt stehen, über die sie informieren. Empfindungen können deshalb als Indikatoren für Ereignisse in der Welt betrachtet werden. Wer seine Hand auf eine heiße Herdplatte legt und dabei ein Schmerzerlebnis erfährt, erhält über die Temperatur der Herdplatte phänomenale Informationen, und zwar auf eine ziemlich zuverlässige Weise. Repräsentationen von „Weltzuständen" können als Indikatoren verstanden werden, die etwas über die Weltzustände aussagen können, ohne mit diesen identisch sein oder diese wiederspiegeln zu müssen. Um einen informationellen Zugang zur Realität zu besitzen, muss ein lebendes System keinen direkten Zugang zu ihr besitzen, sondern über Repräsentationen dieser Realität verfügen, über Repräsentationen, die als Indikatoren für Eigenschaften dieser Realität fungieren können. Damit ein lebendes System über phänomenale Informationen über die Welt verfügen kann, muss es nicht irgendwelcher Qualitäten der Welt habhaft wer-

[75] Roth, Konstitution, 360.

den, sondern es muss über einen kausalen, gesetzmäßigen Weg mit Ereignissen in der Welt in Verbindung stehen, so dass der phänomenale Gehalt eines Wahrnehmungszustandes als zuverlässiger Indikator für nichtphänomenale Eigenschaften von Objekten der Welt betrachtet werden kann. Die Rede von den Qualitäten von Objekten ist also insofern irreführend, als die physikalischen Eigenschaften materieller Gegenstände der Welt keinen qualitativen Gehalt besitzen, so dass man besser nur von „physikalischen Eigenschaften" als von „Qualitäten" sprechen sollte, um gar nicht erst den Eindruck entstehen zu lassen, als ob das Nervensystem eines lebenden Systems qualitative Gehalte materieller Gegenstände übermitteln müsste, um über phänomenale Informationen über die Welt verfügen zu können.

Der Radikale Konstruktivismus sollte also seine Vorstellung, dass zur Erkenntnis bzw. Repräsentation der Welt Qualitäten der Welt durch das Nervensystem eines lebenden Systems codiert werden müssten und dass die Erkenntnis bzw. Repräsentation der Welt in einem Habhaftwerden oder einer Imitation dieser Qualitäten bestünde, zugunsten der plausibleren Annahme aufgeben, dass zur Erkenntnis der Welt eine Repräsentationsrelation in der von uns beschriebenen Weise ausreichend ist. Sollten unsere diesbezüglichen Ausführungen aber überzeugend sein, reduziert sich die These des Radikalen Konstruktivismus, dass phänomenale Informationen nur „ein Konstrukt des Gehirns" sind und dass sie nicht „unabhängig vom Gehirn eine bestimmte Bedeutung/Information, d. h. Wirkung besitzen", auf die triviale Behauptung, dass phänomenale Informationen als Empfindungen wesentlich subjektive Phänomene sind und dass sie als solche ihre Existenz einem Wesen verdanken, das Träger dieser Empfindungen ist. Die These der *informationellen Geschlossenheit* lebender Systeme bzgl. phänomenaler Informationen ist damit aber nicht abgedeckt und sollte deshalb aufgegeben werden.[76]

5. *Sind Lebewesen bezüglich semantischer Informationen geschlossen?*

Die dritte und letzte mögliche Deutung der These der informationellen Geschlossenheit lebender Systeme lautet:

---

76 Im Übrigen kann mit Hilfe des hier vorgeschlagenen Informations- und Repräsentationsbegriffs auch eine These entkräftet werden, die sich bei Roth, aber auch bei nichtkonstruktivistischen Autoren gelegentlich finden lässt. Diese These besteht in der Behauptung, dass allein aufgrund der Tatsache, dass verschiedene Organismen in verschiedenen Welten leben, weil sie beispielsweise für unterschiedliche Frequenzbereiche sensibel sind (so z. B. Jackendoff, 162) oder weil ihr Gehirn unterschiedlich strukturiert ist, anzunehmen sei, dass sie nicht dieselbe Realität repräsentieren könnten und man deshalb besser von einer „Pluralität von Welten" sprechen und die Annahme *der* Realität aufgeben sollte. So argumentiert auch Roth (vgl. Roth, Konstitution, 363; Ders., Das konstruktive Gehirn, 279), dass es aufgrund der unterschiedlichen ontogenetischen Entwicklung verschiedener Individuen auch unterschiedliche phänomenale Welten geben müsse (vgl. Roth/Schwegler, 113), woraus er zu folgern können glaubt, dass es keine realitätsgetreue Repräsentation der Welt geben könne, da eine derartige Repräsentation die Möglichkeit unterschiedlicher phänomenaler Welten ausschließen müsse. Es sollte aber klar geworden sein, dass auch im Falle der Existenz unterschiedlicher phänomenaler Welten unterschiedliche phänomenale Welten doch dieselbe Realität repräsentieren können, so wie eine mechanische oder elektronische Tankanzeige trotz unterschiedlicher Bauart auch denselben Benzinstand repräsentieren kann.

(T3): Die These der informationellen Geschlossenheit lebender Systeme ist eine These bezüglich semantischer Informationen. Sie besagt, dass lebende Systeme über keine semantischen Informationen über die Welt verfügen können. Da semantische Informationen eine notwendige Bedingung für Wissen sind, folgt daraus zugleich, dass lebende Systeme auch kein Wissen über die Welt besitzen können.

Für den weiteren Verlauf unserer Erörterung sollte folgender Aspekt bedacht werden. Der Radikale Konstruktivismus stimmt mit dem erkenntnistheoretischen Realismus in der Annahme überein, dass es eine von den kognitiven Aktivitäten und Fähigkeiten lebender Systeme unabhängige Welt gibt, eine Welt, deren Existenz logisch unabhängig von den Überzeugungen ist, die lebende Systeme über sie haben[77]. Diese Annahme impliziert die Möglichkeit der Falschheit der Überzeugungen, die eine Person P über die Welt besitzt, d. h. die Möglichkeit des Irrtums. Ein Irrtum könnte nur dann ausgeschlossen werden, wenn die Welt identisch mit den Überzeugungen über sie wäre, so dass die Wahrheit einer Überzeugung die deduktive Konsequenz ihrer Existenz wäre. Die den erkenntnistheoretischen Realismus kennzeichnende Annahme der logischen Unabhängigkeit zwischen der Existenz der Welt und den Überzeugungen über sie schließt diese Möglichkeit aber aus und es kann geradezu als Adäquatheitsbedingung für die Formulierung einer jeden realistischen Position erachtet werden, dass sie die Möglichkeit des Irrtums und damit die fehlende Gewissheit aller Überzeugungen über die Welt betont. Aus der Annahme aber, dass es möglich ist, dass wir uns in unseren Überzeugungen über die Welt täuschen können, folgt keineswegs, dass es kein Wissen über die Welt geben könne, bzw. dass unsere Überzeugungen nicht wahr sein könnten oder dass es nicht gerechtfertigt wäre zu glauben, dass unsere Überzeugungen wahr sind. Diese skeptische Konklusion würde nur folgen, wenn wir Wissen mit Gewissheit verwechselten oder wenn wir die Prämisse akzeptierten, dass Wissen Gewissheit erforderte. Eine Überzeugung über die Welt kann aber nur dann gewiss sein, wenn es logisch unmöglich ist, dass eine Person diese Überzeugung hat und diese Überzeugung falsch ist, wenn also, wie dies in der Geschichte der Erkenntnistheorie beispielsweise die Spielarten des Ontologischen Phänomenalismus getan haben, die Überzeugungen über die Welt mit der Welt identifiziert werden.

Wir hatten nun konstatiert, dass nach Ansicht des Radikalen Konstruktivismus die von einem lebenden System unabhängige Umwelt von diesem „prinzipiell nicht erkennbar ist“[78], da lebende Systeme „in einer Art kognitiven Blase“[79] leben. Da Aussagen über die Welt, wie etwa Gerhard Roth und Ernst von Glasersfeld betonen, deshalb keine „objektive Gültigkeit“[80] beanspruchen könnten, sollte die Rede von der Möglichkeit einer „objektiven Repräsentation einer vom Beobachter unabhängigen

---

[77] Vgl. z. B. Roth/Schwegler, 112; Fischer, 26. In diesem Punkt irrt sich Mehrtens (41), der dem Radikalen Konstruktivismus die These unterstellt, dass dieser die Existenz einer Außenwelt ablehne.
[78] Roth/Schwegler, 112.
[79] Maturana, 69.
[80] Roth, Gehirn, 315.

Welt"[81] aufgegeben werden, da „objektives Wissen"[82] nicht möglich sei. Von „gesichertem Wissen"[83] könne nur dort gesprochen werden, wo unter „Wissen" nicht, wie in der Tradition üblich, „objektives Wissen" gemeint sei, sondern *„hinreichend plausible, konsistente, kohärente Annahmen"*[84].

Dieser Rekonstruktion des traditionellen Wissensbegriffs scheint nun aber offenbar ein prinzipielles Missverständnis bezüglich der Zuschreibungsbedingungen von Wissen zugrunde zu liegen, ohne das die These von der Unmöglichkeit von Wissen gar nicht sinnvoll zu formulieren wäre.

Um dies einzusehen, muss man sich klarmachen, dass die von uns vorgestellte begriffliche Analyse von Wissen (W) lediglich *Bedingungen* für das Vorliegen von Wissen angibt. (W) sagt nichts darüber aus, wie und ob wir *feststellen* können, ob alle Bedingungen für Wissen vorliegen, d. h. speziell, ob eine Überzeugung p wahr ist.[85] So etwas scheint aber Roth zu glauben, wenn er schreibt:

> „Wenn wir von religiösen Bedeutungen von Wahrheit absehen, so bedeutet Wahrheit in der Regel etwas, das *unter allen Umständen* richtig ist. Die Frage ist, ob es so etwas geben kann. Um Aussagen wie ‚die Wahrheit Gottes', die ‚Wahrheit der Ideen', der ‚wahre Mensch' *zu vermeiden*, welche die Philosophiegeschichte verunsichert haben, hat man sich in der modernen Philosophie im Anschluss an Tarski darauf geeinigt, dass überhaupt nur *Behauptungen über Sachverhalte* wahr (oder falsch) sein können, niemals aber Dinge oder Prozesse. Danach ist ein Satz genau dann wahr, wenn der Sachverhalt *besteht,* den er behauptet (Tarski 1956). Der Satz ‚Es regnet draußen' ist dann wahr, wenn es tatsächlich draußen regnet. Wahrheit bemisst sich also danach, ob es möglich ist, *festzustellen* [Hervorhebung von mir, U.D.], ob der behauptete Sachverhalt tatsächlich vorliegt oder nicht."[86]

Hier hat Roth aber offensichtlich nicht nur Tarski gründlich missverstanden, der „eine sachlich zutreffende und formal korrekte Definition des Terminus ‚wahre Aussage'"[87] konstruieren wollte und keine Theorie über Kriterien der Wahrheit aufzustellen gedachte, sondern er scheint prinzipiell den Unterschied zwischen einer begrifflichen Analyse von Ausdrücken wie „Wahrheit" oder „Wissen" und Theorien über die Feststellbarkeit des Vorliegens der entsprechenden Phänomene nicht klar erkannt zu haben.

Der grundlegende Fehler Roths erwächst daraus, dass er Bedingungen für das Vorliegen von Wahrheit oder Wissen mit Regeln zur zweifelsfreien Entscheidung über das Vorliegen der entsprechenden Phänomene verwechselt[88]. So behauptet Roth denn auch tatsächlich nicht, dass kein wahrer gerechtfertigter Glauben über die Realität existieren, sondern dass die Wahrheit einer Überzeugung nie mit *Gewissheit* gerechtfertigt werden könne, so dass „Wissen" im Sinne von „Gewissheit" nicht

81 V. Glasersfeld, Wege, 175.
82 Roth, Gehirn, 320.
83 Ebd.
84 Ebd.
85 Damit ist gemeint, ob ein Sachverhalt besteht, der von einer Aussage behauptet wird.
86 Roth, Gehirn, 317.
87 Tarski, Wahrheitsbegriff, 448.
88 Zur Notwendigkeit einer solchen Unterscheidung vgl. auch Lehrer, 48.

erlangbar sei. *Diese Annahme kennzeichnet aber nicht die Position des „erkenntnistheoretischen Realismus", gegen den sich Roth mit seinem „neurobiologischen Konstruktivismus" glaubt wenden zu müssen*[89]. Der erkenntnistheoretische Realismus behauptet lediglich, dass eine Überzeugung wahr sein kann und dass wir gute Gründe dafür besitzen können zu glauben, dass diese Überzeugung wahr ist. Aber genau dies ist es was auch Roth behauptet, wenn er schreibt:

> „Gesichertes Wissen ist hingegen möglich, wenn wir unter ‚gesichert' *hinreichend plausible, konsistente, kohärente Annahmen* verstehen."[90]

Roth erkennt offensichtlich nicht, dass er mit dieser These eine kohärentistische Rechtfertigungstheorie vertritt, die durchaus zum Inventar eines erkenntnistheoretischen Realismus gezählt werden darf. Er kann nur deshalb der Ansicht sein, eine gegenüber dem erkenntnistheoretischen Realismus neuartige Position zu vertreten, weil er irrtümlicherweise glaubt, dass in der bisherigen erkenntnistheoretischen Tradition „Wissen" als „Gewissheit" gedeutet und die Zuschreibung von Wissen Gewissheit vorauszusetzen hatte. Dieses Missverständnis finden wir auch bei Ernst v. Glasersfeld wieder, wenn er schreibt:

> „[...] keine der Hypothesen, die wir formulieren, kann jemals *bewiesen* werden. Sie mag nicht mehr länger haltbar sein, wenn Erfahrung oder Experiment sie widerlegen, aber keine Menge empirischer oder experimenteller Bestätigung kann unzweifelhaft ihre ‚Wahrheit' ermitteln."[91]

Dies ist aber keine dem Realismus entgegengesetzte These, sondern das Credo des Falsifikationismus, dessen Vertreter allesamt ausgewiesene Realisten sind. Wie wir bereits festgestellt hatten, *ist die Unmöglichkeit von Gewissheit gerade eine Folge der den erkenntnistheoretischen Realismus definierenden These, dass die Welt logisch unabhängig von den Überzeugungen existiert, die irgendeine Person über sie hat.*

Es mag nun sein, dass für Roth und andere Konstruktivisten diese inferentielle Kluft zwischen der Welt und den Überzeugungen über sie das eigentliche *Motiv* ihrer erkenntnistheoretischen Radikalität ist; als rechtfertigender *Grund* für diese Radikalität vermag dieses Motiv jedenfalls nicht zu überzeugen. Ob Wissen im traditionellen Sinne vorliegt, hängt nicht davon ab, ob epistemische Prinzipien existieren, die sicheres Wissen garantieren, sondern davon, ob Bedingungen vorliegen, wie (W) sie benennt. Zu diesen Bedingungen gehört bezüglich Wahrnehmungsüberzeugungen u. a. die Existenz sensorischer Informationen als kausale Basis unserer Wahrnehmungsüberzeugungen. Die informationelle Offenheit bezüglich syntaktischer und phänomenaler Informationen ist deshalb eine Voraussetzung für den Erwerb semantischer Informationen und damit für die Möglichkeit von Wissen.

---

89 Vgl. Roth, Gehirn, 316.

90 A. a. O., 320.

91 V. Glasersfeld, Wissen, 184. Vgl. auch Ders., Wege, 175: „Das Wort ‚Wissen' bezieht sich [*deshalb*, so scheint man hinzufügen zu können, U.D.] für Konstruktivisten auf ein Gut, das sich radikal von der objektiven Repräsentation einer vom Beobachter unabhängigen Welt unterscheidet, nach der der Großteil der traditionellen Philosophen des Westens bis heute sucht."

Könnte der Radikale Konstruktivismus also die informationelle Geschlossenheit bezüglich sensorischer Informationen plausibel begründen, gäbe es sicherlich gute Gründe, die Möglichkeit von Wissen über die Welt zu bestreiten. Wir hatten aber bereits festgestellt, dass der Radikale Konstruktivismus die These der informationellen Geschlossenheit bezüglich syntaktischer und phänomenaler Informationen nicht überzeugend zu verteidigen mag. Und deshalb kann die These der informationellen Geschlossenheit bezüglich semantischer Informationen auch nicht mit der These der informationellen Geschlossenheit bezüglich sensorischer Informationen plausibel begründet werden, und damit insbesondere nicht mit dem Verweis auf die angeblich für den Erwerb von Informationen untaugliche Arbeitsweise von Nervensystemen. Mit der Annahme der informationellen Offenheit bezüglich sensorischer Informationen ist freilich noch nicht die Gewissheit unserer Wahrnehmungsüberzeugungen über die Welt sichergestellt. Für die Beurteilung der Wahrheit unserer Überzeugungen sind Gründe erforderlich. Und diese Gründe, so hatten wir gesehen, können die Wahrheit unserer Wahrnehmungsüberzeugungen nicht mit Gewissheit verbürgen. Um zu wissen, dass p, ist es aber hinreichend, dass die drei durch (W) gegebenen Bedingungen vorliegen. Es ist dazu nicht erforderlich, dass ich mit letzter Sicherheit feststellen kann, dass p.[92] Wenn p vorliegt, P glaubt, dass p, und P gute allgemein akzeptierte Gründe hat, die es wahrscheinlich machen, dass p, ist es gerechtfertigt, P Wissen von p zuzuschreiben und zwar Wissen im Sinne des erkenntnistheoretischen Realismus.

Wissen impliziert nicht Gewissheit, aber die Fehlbarkeit von Wissen auch nicht die Unmöglichkeit von Wissen.

Wir können somit folgendes festhalten:

Damit ein lebendes System Informationen aus seiner Umwelt erhalten, verarbeiten und in Verhalten umsetzen kann, bedarf es nicht der Fähigkeit, seine Umwelt abzubilden oder der Qualitäten seiner Umwelt habhaft werden zu können, sondern der Fähigkeit, Eigenschaften, Dinge, Relationen etc. seiner Umwelt mittels eines Repräsentationssystems repräsentieren zu können. Diese Fähigkeit liegt dann vor, wenn ein System über Zustände verfügen kann, die in einer kausalen, gesetzmäßigen Beziehung zu Ereignissen seiner Umwelt stehen und die eine funktionale Rolle in der Produktion von Verhalten spielen. Soll ein System außerdem noch die Fähigkeit besitzen, Informationen zu verstehen und über propositionale Erkenntnis verfügen zu können, muss es über ein Repräsentationssystem gebieten können, das als Träger von Bedeutungen fungieren kann, d. h. es muss im Besitz einer Sprache sein. Für diese Fähigkeiten bedarf ein lebendes System weder eines Nervensystems, das die „Qualitäten von Reizen" übermitteln kann, noch eines direkten Zugangs zu seiner Umwelt, sondern eines Repräsentationssystems, das als Indikatorsystem die Ereignisse der Umwelt zuverlässig anzuzeigen vermag. Die Zuverlässigkeit des Repräsentations- bzw. Indikatorsystems sollte dabei durch die kausale, gesetzmäßige Beziehung zwischen den Ereignissen der Umwelt und den Zuständen eines lebenden Systems, die über die Ereignisse Informationen tragen soll, gewährleistet sein. Damit

---

92 Vgl. hierzu auch Vollmer, 144.

ein lebendes System eine realitätsadäquate Repräsentation eines Ereignisses der Umwelt besitzt, muss also eine kausale, gesetzmäßige Beziehung zwischen repräsentierendem Zustand und Umweltereignis vorliegen, müssen beide miteinander kovariieren. Um einen informationellen Zugang zur Realität zu besitzen, muss ein lebendes System aber keinen direkten Zugang zu ihr besitzen und auch nicht die Qualitäten von Reizen codieren und decodieren können, sondern es muss über Repräsentationen dieser Realität verfügen, die als Indikatoren für Eigenschaften dieser Realität fungieren können. So wie die Informationskanäle, die die Tankanzeige eines Autos mit dem Tank des Autos verbinden, Informationen über den Benzinstand des Tanks übermitteln können, können deshalb auch Sinnesorgane und Nervensysteme Informationen über die Realität übermitteln, ohne dabei Bilder oder ähnliches dieser Realität transportieren zu müssen. Dass ein Nervensystem nur die Einheitssprache elektrischer Signale versteht, muss genauso wenig bedeuten, dass es keine Informationen über die Umwelt des betreffenden lebenden Systems übermitteln kann, wie es für die Einheitssprache elektrischer Leitungen in einem Auto bedeuten muss, dass sie dem Fahrer keine Informationen über bestimmte Zustände seines Autos übermitteln können. Damit ein System A von einem System B Informationen über einen Kanal C übermittelt bekommen kann, muss C nicht Bilder, Qualitäten oder was auch immer übermitteln können, sondern es muss eine Relation zwischen A und B herstellen können, die als Repräsentationsrelation die oben beschriebenen Eigenschaften aufweist. Und diese Möglichkeit ist durch die spezielle Funktionsweise des Nervensystems und des Gehirns keineswegs ausgeschlossen.

Damit ist natürlich keineswegs sichergestellt, dass die phänomenale Welt eines lebenden Systems, als Repräsentationssystem in dem eben beschriebenen Sinne, als ein in jedem Fall zuverlässiger Indikator für Ereignisse der Umwelt betrachtet werden kann. Auch Indikatoren können Falsches indizieren, und insofern mögen auch die Repräsentationen, über die lebende Systeme bezüglich ihrer Umwelt verfügen, nicht immer „wahrheitsgetreue", adäquate Repräsentationen der Realität sein. Aber es ist zumindest möglich, dass lebende Systeme auch über realitätsadäquate Repräsentationen ihrer Umwelt verfügen, und es ist v.a. mit den Mitteln des Radikalen Konstruktivismus nicht auszuschließen. In Bezug auf die semantischen Repräsentationen von Personen bedeutet dies deshalb, dass Überzeugungen über die Welt falsch sein, aber ebenso sehr auch wahr sein können. Wahrscheinlich werden einige Überzeugungen falsch und einige Überzeugungen wahr sein. Unwahrscheinlich ist es aber, dass das gesamte Überzeugungssystem einer Person falsch ist, schon allein deshalb[93], weil in diesem Fall das für den Radikalen Konstruktivismus so zentrale Phänomen des Überlebens kaum plausibel erklärt werden könnte. Ob wahre Meinungen dann Wissen darstellen, hängt von den Standards epistemischer Rechtfertigung ab, die als solche vom Radikalen Konstruktivismus aber gar nicht eigens thematisiert werden. Hier aber müsste der Radikale Konstruktivismus ansetzen, wenn

[93] Es gibt natürlich noch weitere und sicherlich auch wesentlich stichhaltigere Gründe gegen die Annahme, dass das gesamte Überzeugungssystem einer Person P falsch sein könnte. Einer der prominentesten Vertreter, der gegen die Möglichkeit dieser Annahme argumentiert, ist Donald Davidson. Doch diese Gründe müssen uns hier nicht weiter interessieren.

er zu zeigen beabsichtigte, dass Wissen über die Welt im wohlverstandenen traditionellen Sinne nicht möglich sei. Die Existenz absoluten Wissens, d. h. die Möglichkeit von Gewissheit bezüglich der äußeren Welt, vermag er zwar mit guten Gründen auszuschließen; diese Gründe sind aber weder neu, noch ist die Annahme sicheren Wissens über die Welt ein Charakteristikum des erkenntnistheoretischen Realismus.

6. *Schluss*

Der Radikale Konstruktivismus vermag also nicht die Position des erkenntnistheoretischen Realismus ernsthaft zu gefährden, weil gerade die empirischen Argumente, auf die er sich so vehement beruft, keinerlei Begründungskraft für die These der informationellen Geschlossenheit lebender Systeme und damit für die These der Nicht-Erkennbarkeit der Welt besitzen. Und eben weil die erkenntnistheoretischen Thesen des Radikalen Konstruktivismus nicht aus dem Prinzip der unspezifischen Codierung folgen, ist der Radikale Konstruktivismus auch keine empirisch fundierte Erkenntnistheorie, die eine Alternative zu den angeblich mangelhaften Versionen herkömmlicher Erkenntnistheorien sein könnte.

Selbstverständlich ist auch der Realismus in seinen verschiedenen Spielarten eine metaphysische These[94], die empirisch weder beweisbar noch widerlegbar ist. „Aber man kann für oder gegen ihn argumentieren, und die Argumente sprechen überwältigend für ihn."[95] Der wissenschaftliche Realismus ist eine hypothetische Erklärung für den explanatorischen und prognostischen Erfolg der empirischen Wissenschaften. Dies ist das bekannte abduktive Argument, d. h. wir schließen von einer bekannten Tatsache, nämlich dem explanatorischen Erfolg der Wissenschaften, auf eine hypothetische Erklärung, nämlich auf die näherungsweise Korrektheit unserer wissenschaftlichen Theorien. Wie ich anderer Stelle versucht habe zu zeigen[96], ist der Radikale Konstruktivismus auch als metaphysische These dem Realismus in diesem Sinne unterlegen. Denn der Radikale Konstruktivismus muss sich auf dem Hintergrund des Erfolgs der realistischen Deutung empirischer Theorien eine Frage stellen lassen, die Richard Rorty in einem ganz anderen Kontext so beschrieben hat:

> „Wenn wir die Unterscheidung zwischen Machen und Entdecken für bare Münze nehmen, werden uns unsere Gegner eine unangenehme Frage stellen können, nämlich diese: Haben wir die überraschende Tatsache, dass das, was wir für objektiv hielten, eigentlich subjektiv ist, *entdeckt,* oder haben wir sie *erfunden?* Wenn wir behaupten, wir hätten sie entdeckt, wenn wir also sagen, es sei eine objektive Tatsache, dass Wahrheit subjektiv ist, sind wir in Gefahr, uns selbst zu widersprechen. Nennen wir sie hingegen eine Erfindung, handelt es sich offenbar um eine bloß persönliche Schrulle. Warum sollte irgend jemand unsere Erfindung ernst nehmen? Wenn wahre Aussagen lediglich nützliche Fiktionen sind, was ist dann mit der Wahrheit eben dieser Behauptung, dass sie Fiktionen sind? Ist das auch eine nützliche Fiktion? Nützlich wofür? Für wen?"[97]

---

94 Vgl. Dettmann 1999, Kap. 5.
95 Popper 1984, 38.
96 Vgl. Dettmann 1999, Kap. 5.
97 Rorty 1997, 6.

Literatur

Bartelborth, Thomas: Begründungsstrategien. Ein Weg durch die analytische Erkenntnistheorie, Berlin 1996.

Bieri, Peter (Hg.): Analytische Philosophie der Erkenntnis, Frankfurt/M. [2]1992.

Breidbach, Olaf: Expeditionen ins Innere des Kopfes. Von Nervenzellen, Geist und Seele, Stuttgart 1993

Beckermann, Ansgar: Visuelle Informationsverarbeitung und phänomenales Bewusstsein, in: Metzinger, 663–679

Damasio, Antonio Rosa: Descartes' Irrtum. Fühlen, Denken und das menschliche Gehirn. Aus dem Engl. von H. Kober. Frankfurt/M. 1997 [Descartes' Error. Emotion, Reason and the Human Brain. New York 1994]

Dennett, Daniel Clement: Brainstorms. Philosophical Essays on Mind and Psychology, Reprint, Brighton 1986

Dennett, Daniel Clement: The Intentional Stance, Cambridge/Mass. [4]1993.

Dennett, Daniel Clement: Intentional Systems, in: Journal of Philosophy 68 (1971), 87–106. (Wiederabdruck in Dennett, Brainstorms, 3–22).

Dettmann, Ulf: Der Radikale Konstruktivismus. Anspruch und Wirklichkeit einer Theorie, Tübingen 1999.

Dretske, Fred[erick] Irwin: Seeing and Knowing, London 1969.

Fischer, Hans Rudi: Abschied von der Hinterwelt? Zur Einführung in den Radikalen Konstruktivismus, in: Die Wirklichkeit des Konstruktivismus. Zur Auseinandersetzung um ein neues Paradigma, hg. v. Hans Rudi Fischer, Heidelberg 1995, 11–34.

Foerster, Hans von: „Das Konstruieren einer Wirklichkeit", in: Paul Watzlawick (Hg.): Die erfundene Wirklichkeit. Wie wissen wir, was wir zu wissen glauben? Beiträge zum Konstruktivismus, München [3]1985, 39–60.

Geyer, Christian (Hg.): Hirnforschung und Willensfreiheit. Zur Deutung der neuesten Experimente, Frankfurt/M. 2004.

Glasersfeld, Ernst von: Wege des Wissens. Konstruktivistische Erkundungen durch unser Denken, Übers. von W. K. Köck, Heidelberg 1997.

Glasersfeld, Ernst von: Wissen, Sprache und Wirklichkeit. Arbeiten zum Radikalen Konstruktivismus, Übers. aus dem Engl. von W. K. Köck, Braunschweig/Wiesbaden 1987.

Humphrey, Nicholas: A History of the Mind, London 1993.

Jackendoff, Ray: Languages of the Mind, Cambridge/Mass. 1992.

Küppers, Bernd Olaf: Zur konstruktivistischen Kritik am Informationsbegriff der Biologie, in: Hogrebe, Wofram Subjektivität, München 1998, 27–47.

Lampe, Ernst-Joachim/Pauen, Michael/Roth, Gerhard (Hg.): Willensfreiheit und rechtliche Ordnung, Frankfurt/M. 2008.

Lehrer, Keith: Knowledge, Oxford 1974.

Maturana, Humberto Romesìn: Gespräch mit Humberto R. Maturana, in: Riegas, Volker/Vetter, Christian (Hg.): Zur Biologie der Kognition. Ein Gespräch mit Humberto R. Maturana und Beiträge zur Diskussion seines Werkes, Frankfurt/M. u. a. 1990, 11–90

Mehrtens, Arnd: Enzyklopädisch: Realismus, in: Die Wirklichkeit der Wissenschaft – Probleme des Realismus (Dialektik. Enzyklopädische Zeitschrift für Philosophie und Wissenschaften 1, 1991, hg. v. Hans Jörg Sandkühler/Detlev Pätzold), 35–44.

Metzinger, Thomas (Hg.): Bewusstsein. Beiträge aus der Gegenwartsphilosophie, Paderborn u. a. 1995.

Nagel, Thomas: What is it like to be a bat?, in: The Philosophical Review 83 (1974), 435–450.

Nida-Rümelin, Martine: Farben und Phänomenales Wissen, Wien 1993.

Nüse, Ralf: Und es funktioniert doch. Der Zugang des Gehirns zur Welt und die Kausaltheorie der Wahrnehmung, in: Die Wirklichkeit des Konstruktivismus. Zur Auseinandersetzung um ein neues Paradigma, hg. v. Hans Rudi Fischer, Heidelberg 1995, 177–194.

Oeser, Erhard/Seitelberger, Franz: Gehirn, Bewußtsein und Erkenntnis (Dimensionen der modernen Biologie, Bd. 2, hg. von Walter Nagl/Franz Manfred Wuketits), Darmstadt [2]1995.

Popper, Karl Raimund: Objektive Erkenntnis. Ein evolutionärer Entwurf, Hamburg ^{4}1984.
Pörksen, Bernhard (Hg.): Schlüsselwerke des Konstruktivismus, Wiesbaden 2011.
Rorty, Richard: Relativismus. Entdecken und Erfinden, Übers. von C. Moser, leicht gekürzte Fassung in: Information Philosophie 25/1 (1997), 5–23.
Roth, Gerhard: Autopoiese und Kognition. Die Theorie H. R. Maturanas und die Notwendigkeit ihrer Weiterentwicklung, in: Schmidt, Diskurs, 256–286.
Roth, Gerhard: Erkenntnis und Realität. Das reale Gehirn und seine Wirklichkeit, in: Schmidt, Diskurs 229–255.
Roth, Gerhard: Das Gehirn und seine Wirklichkeit. Kognitive Neurobiologie und ihre philosophischen Konsequenzen. Frankfurt/M. 1994.
Roth, Gerhard: Kognition. Die Entstehung von Bedeutung im Gehirn, in: Krohn, Wolfgang/Küppers, Günter (Hg.): Emergenz. Die Entstehung von Ordnung, Organisation und Bedeutung. Frankfurt/M. 1992, 104–133.
Roth, Gerhard: Die Konstitution von Bedeutung im Gehirn, in: Schmidt, Siegfried Josef (Hg.): Gedächtnis. Probleme und Perspektiven der interdisziplinären Gedächtnisforschung. Frankfurt/M. 1991, 360–370.
Roth, Gerhard: Das konstruktive Gehirn. Neurobiologische Grundlagen von Wahrnehmung und Erkenntnis", in: Schmidt, Siegried Josef (Hg.): Kognition und Gesellschaft. Der Diskurs des Radikalen Konstruktivismus, Frankfurt/M. 1992^{2}, 277–336.
Roth, Gerhard: Selbstorganisation – Selbsterhaltung – Selbstreferentialität. Prinzipien der Organisation der Lebewesen und ihre Folgen für die Beziehung zwischen Organismus und Umwelt, in: Dress, A./Hendrichs, H./Küppers, G. (Hg.): Selbstorganisation. Die Entstehung von Ordnung in Natur und Gesellschaft, München 1986, 149–180.
Roth, Gerhard/Schwegler, Helmut: Kognitive Referenz und Selbstreferentialität des Gehirns. Ein Beitrag zur Klärung des Verhältnisses zwischen Erkenntnistheorie und Hirnforschung", in: Wirklichkeit und Wissen. Realismus, Antirealismus und Wirklichkeitskonzeptionen in Philosophie und Wissenschaften (Philosophie und Geschichte der Wissenschaften 18, hg. v. Hans Jörg Sandkühler), Frankfurt/M. u. a. 1992, 105–118.
Rusch, Gebhard: Erkenntnis, Wissenschaft, Geschichte. Von einem konstruktivistischen Standpunkt, Frankfurt/M. 1987.
Rusch, Gebhard: *Verstehen Verstehen* – Ein Versuch aus konstruktivistischer Sicht, in: Luhmann, Niklas/Schorr, Karl-Eberhard (Hg.): Zwischen Intransparenz und Verstehen. Fragen an die Pädagogik. Frankfurt/M. 1986, 40–71.
Ryle, Gilbert: The Concept of Mind, London 1949.
Schantz, Richard: Der sinnliche Gehalt der Wahrnehmung, München u. a. 1990.
Schmidt, Siegfried Josef (Hg.): Der Diskurs des Radikalen Konstruktivismus, Frankfurt/M. 1987.
Searle, John Rogers: Das Rätsel des Bewusstseins. Biologie des Geistes – Mathematik der Seele, in: Lettre International, Frühjahr 1996, 34–43.
Sellars, Wilfrid: Science, Perception and Reality, (London 1963) Atascadero 1991.
Shilo, Sev: Vom Licht zur Sicht. Die Evolution des Sehens. Frankfurt/M. 1996.
Simpson, George Gaylord: This View of Life. The World of an Evolutionist, New York 1964.
Tarski, Alfred: Semantics, Metamathematics, Oxford 1956.
Tarski, Alfred: Der Wahrheitsbegriff in den formalisierten Sprachen, in: Berka, Karel u. a.: Logik-Texte. Kommentierte Auswahl zur Geschichte der modernen Logik, Berlin ^{4}1986, 443–546 [Pojecie prawdy w jezykach nauk dedukcyjnych, Warschau 1933; erweiterte deutsche Fassung in: Studia Philosophica Commentarii Societas philosophicae Polonorum 1(1935) 261–405).
Thompson, Richard Frederick: Das Gehirn. Von der Nervenzelle zur Verhaltenssteuerung, aus dem Amerikanischen von M. Behncke, Heidelberg u. a. 1992 [The Brain. New York/Oxford 1985].
Vollmer, Gerhard: Wissenschaftstheorie im Einsatz. Beiträge zu einer selbstkritischen Wissenschaftsphilosophie, Stuttgart 1993.

Wirklichkeit – „Was der Fall ist“ oder „Wie es Euch gefällt“?

Dirk Evers

Der Titel meines Vortrags bringt eine Alternative zum Ausdruck, die die Differenz zwischen Wunsch und Wirklichkeit artikuliert und die doch durch heutige Einsichten in den konstruktiven Charakter von Wirklichkeit noch einmal in neuem Licht erscheint. Eine vorschnelle Abbildung dieser Alternative auf die Differenz zwischen Wissenschaft und naiver Phantasterei verbietet sich allerdings. Weder ist die Wirklichkeit beschränkt auf das, was der Fall ist, noch richtet sie sich nach unseren Wünschen. Sie ist nicht nur, was der Fall ist – jedenfalls wenn auch Aussagen darüber, was der Fall sein soll, und Aussagen darüber, was der Fall sein kann, nicht bloß illusionär sein sollen, sondern Aspekte der Wirklichkeit selbst zum Ausdruck bringen. Und sie ist – Schopenhauer zum Trotz – auch nicht einfach als Produkt von Wille und Vorstellung zu verstehen, sondern stellt sich diesen nur allzu oft entgegen[1]. Die Wirklichkeit ist trivialerweise nicht immer so, wie es uns gefällt. Zwar mag sie in jeweils anderem Licht erscheinen, ob wir sie mit den Augen des Verliebten oder des Frustrierten anschauen, doch nach unserem Belieben können wir uns die Wirklichkeit gerade nicht zurechtlegen. Jedes ernsthafte Verständnis von Wirklichkeit wird auf jeden Fall auch das Moment mit einschließen müssen, dass wir nicht die Wirklichkeit unserem Verstehen beliebig anpassen können, sondern wir umgekehrt unter Aufgabe eigener Vorurteile, ja mitunter sogar gegen den Augenschein unsere Vorstellungen an die Wirklichkeit anpassen müssen – was immer das genau heißen mag. Sich auf Wirklichkeit zu verstehen, dürfte jedenfalls die Bereitschaft voraussetzen, die eigenen Erwartungen enttäuschen und korrigieren, mitunter grundlegend korrigieren zu lassen. Die Alternative unseres Titels stellt also keine vollständige Disjunk-

---

[1] Bekanntermaßen lehren verschiedene Schulen des Hinduismus, dass die Wirklichkeit unserer Erfahrungswelt nur Schein ist. So lehrte auch der große südindische Sankara einen strengen Monismus, bekannt als *advaita vedanta*, das vollkommene Wissen von Nicht-Zweiheit. Es ist nur Unwissenheit, die den Menschen die phänomenale Erlebniswelt als Realität ansehen lasse. Im Grunde sind das Selbst des Menschen und die unpersönliche Gottheit als das letzte Prinzip ein und dasselbe, die Erscheinungswirklichkeit aber ist ein bloßer Schein von Realität. Von diesem Sankara wird die Elefantenlegende berichtet. Eines Tages wollte der König den Philosophen auf die Probe stellen, und als dieser ihn am nächsten Tage besuchen wollte, ließ er ihm auf der prächtigen Allee, die zum Palast führte, einen gefährlichen, großen Elefanten entgegen jagen. Sankara flüchtete schnell auf einen Baum und entkam so der Gefahr. Schließlich erschien er schweißgebadet vor dem König. „Der König entschuldigte sich für das Unglück, konnte es jedoch nicht unterlassen, seine Verwunderung darüber zu zeigen, daß Sankara vor einem Elefanten geflohen sei, den es doch nach seiner eigenen Lehre nicht geben könne und der nur ein Produkt der Unwissenheit sei. Der Elefant gehöre doch nur der phänomenalen Welt an! Aus der Antwort des Philosophen Sankara geht hervor, dass seine Lehre letztlich unwiderleglich ist: ‚In der Tat, Fürst, letztlich ist der Elefant unwirklich. Nichtsdestoweniger sind wir, Sie und ich, genauso unwirklich wie der Elefant. Nur Eure Unwissenheit, die die Wahrheit durch diese Wolke des Scheins verdunkelt, ließ Euch mein unwirkliches Ich auf einen nicht existierenden Baum fliehen sehen‘“ (nach Hubbeling, 113f.).

tion dar, sondern spannt ein Spektrum auf, in das wir im Folgenden unseren Zugang und Umgang mit Wirklichkeit einzeichnen wollen.

Ausgangspunkt ist die Überlegung, dass wir Zugänge zur Wirklichkeit immer nur relativ zu uns selbst gewinnen können und dass diese Zugänge die Wirklichkeit nach verschiedenen Hinsichten in den Blick nehmen. Den Hintergrund unserer Überlegungen bilden dabei zwei Fragen. Das eine ist die Frage, ob die verschiedenen Zugänge, die wir zur Wirklichkeit haben, jenseits dessen, dass sie jeweils unsere Wirklichkeit auf eine bestimmte Weise erscheinen lassen, einen gemeinsamen Zusammenhang aufweisen, ob sie also auf *eine* Wirklichkeit bezogen sind, die jenseits der verschiedenen Zugänge liegt, und ob wir daraus irgendwie Einsichten ableiten können, wie wir unsere unterschiedlichen Zugangsweisen so auf das Gesamte der Wirklichkeit zu beziehen vermögen, dass sie nicht als disparat, sondern in irgendeiner Weise als Aspekte oder Hinsichten eines Gesamtverständnisses von Wirklichkeit erscheinen können. Wenn wir die optische Metapher der Perspektive anhand unserer Alltagserfahrung auslegen, scheint das nicht von vornherein ein aussichtsloses Unterfangen zu sein. Wir sehen ein und dasselbe Gebäude aus verschiedenen Perspektiven, doch die Regeln und Kontinuitäten des Perspektivenwechsels im Raum erlauben es uns, hinter der Multiperspektivität unserer Zugänge das eine Gebäude zu unterstellen. Und die Geometrie hat uns geeignete Mittel an die Hand gegeben, auch perspektivenübergreifend Körper darzustellen, zu analysieren und dann die jeweilige Perspektive zu rekonstruieren oder eine Perspektive in die andere umzurechnen. Perspektivität allein also muss die Rekonstruktion zumindest einiger Aspekte einer perspektivenunabhängigen Wirklichkeit nicht von vornherein ausschließen.

Die zweite Frage ist dann die, ob es in unseren verschiedenen Zugängen zur Wirklichkeit so etwas wie eine Hierarchie gibt, die einige Zugänge oder gar nur einen gegenüber anderen privilegiert, so dass bestimmte Zugänge zur Wirklichkeit als Kriterium dafür anzusehen sind, was als angemessene Wahrnehmung der Wirklichkeit Geltung beanspruchen kann. Hier wird man an naturwissenschaftliche Erkenntnisse und Theorien denken, treten doch die Naturwissenschaften mit einem Anspruch auf, den sie in der Geschichte schon einige Male recht erfolgreich verwirklicht haben: Sie klären darüber auf, wie die Dinge sich ‚in Wirklichkeit' und gegen den Augenschein verhalten, und sie erklären zugleich, wie der trügerische Augenschein entsteht und aus der perspektivenunabhängigen Wirklichkeit hervorgeht. Für die Bedeutsamkeit naturwissenschaftlicher Zugänge zur Wirklichkeit dürften mindestens drei Argumente sprechen: 1) Die Naturwissenschaften haben in den beiden letzten Jahrhunderten Theorien mit immer größerer Reichweite und Präzision entwickelt, die Phänomene aus unterschiedlichsten Bereichen in ein Gesamtverständnis integriert haben, zu dem es in der Menschheitsgeschichte keine Vorläufer gibt. Diese Theorien haben sich dabei als unabhängig vom *common sense*, von historischen, kulturellen, philosophischen und religiösen Kontingenzen erwiesen und mit der *scientific community* eine wirkliche Ökumene konstituiert. 2) In Verbindung mit Technik haben die Naturwissenschaften die Menschheit mit noch nie da gewesenen Mitteln zur Gestaltung der Wirklichkeit ausgestattet, deren Funktionalität nur unter der Annahme verständlich wird, dass mit den naturwissenschaftlichen Theorien fundamentale Grundzüge der Wirklichkeit entdeckt wurden. 3) Naturwissenschaftliche Kenntnisse und Möglichkeiten sind inzwischen so sehr mit der moralischen und ethischen Seite menschlicher Existenz verwoben, dass an ihnen vorbei weder ethische noch moralische Entscheidungen getroffen werden können.

Ich möchte im Folgenden zu zeigen versuchen, dass wir die Wirklichkeit durchaus als *eine* verstehen können, die uns jedoch nur in drei irreduziblen Hinsichten zugänglich ist. Diese drei Hinsichten haben verschiedene Formen und bedingen sich gegenseitig, doch ist es uns unmöglich, sie in das eine Ganze einer von diesen drei Hinsichten unabhängigen Wirklichkeit zu integrieren. Immerhin kann uns diese Analyse erlauben, verschiedene wissenschaftliche und lebensweltliche Zugänge zur Wirklichkeit zueinander in ein qualitatives Verhältnis wechselseitiger Ergänzung und Korrektur zu setzen, ohne sie in einander überführen zu können. Es bleiben Spannungen zwischen den Hinsichten und Zugängen durchaus bestehen, so dass sich keine fundierte Hierarchie ergibt, sondern eine Differenzierung von Hinsichten, die zur gegenseitigen Klärung beiträgt. Dabei wird sich zeigen, dass dem naturwissenschaftlich-empirischen Zugang in bestimmter Hinsicht eine prominente Rolle zukommt, dass er jedoch mit seinen Möglichkeiten und Grenzen selbst nur im Zusammenspiel der Zugänge verständlich wird.

Ich möchte diese drei Hinsichten der Einfachheit halber als Wirklichkeit 1, Wirklichkeit 2 und Wirklichkeit 3 bezeichnen. Der alltagssprachliche Gebrauch von Wirklichkeit stellt dabei gewissermaßen das *genus proximum* dar, unterhalb dessen sich dann diese drei Hinsichten voneinander unterscheiden und wechselseitig aufeinander beziehen lassen. Ich will zunächst diese drei Hinsichten von Wirklichkeit kurz vorstellen, um sie dann nacheinander eingehender zu erläutern.

- Wirklichkeit 1: Darunter verstehe ich den Aspekt von Wirklichkeit, an dem wir mit unseren Vorstellungen scheitern können. Dies ist Wirklichkeit in der Perspektive vornehmlich der 3. Person.
- Wirklichkeit 2: Unter Wirklichkeit verstehen wir in einer anderen Hinsicht die Macht des Wirklichen, durch die es sich verwirklicht und die Gestalten der Wirklichkeit hervorbringt. Den Zugang zu diesem Aspekt der Wirklichkeit gewinnen wir vornehmlich durch die 1. Person-Perspektive.
- Wirklichkeit 3: Unter Wirklichkeit verstehen wir in dritter Hinsicht das, was bedingt und ermöglicht wird dadurch, dass es die kontingente Erfüllung eines Möglichen ist. Wirklichkeit kann nicht allein für sich und nur aus sich selbst heraus verstanden werden, sondern muss in seinem Zusammenhang mit dem Woher und Woraufhin des Möglichen gesehen werden. In dieser Hinsicht setzen wir uns zu anderem Wirklichen in ein Verhältnis, das dem der 2. Person entspricht.

Alle drei Hinsichten von Wirklichkeit sind wechselseitig aufeinander bezogen, ohne dass man die eine in die andere überführen könnte.

Soweit meine Unterscheidungen, die ich im Folgenden erläutern und vor dem Hintergrund unserer Ausgangsüberlegungen entfalten möchte.

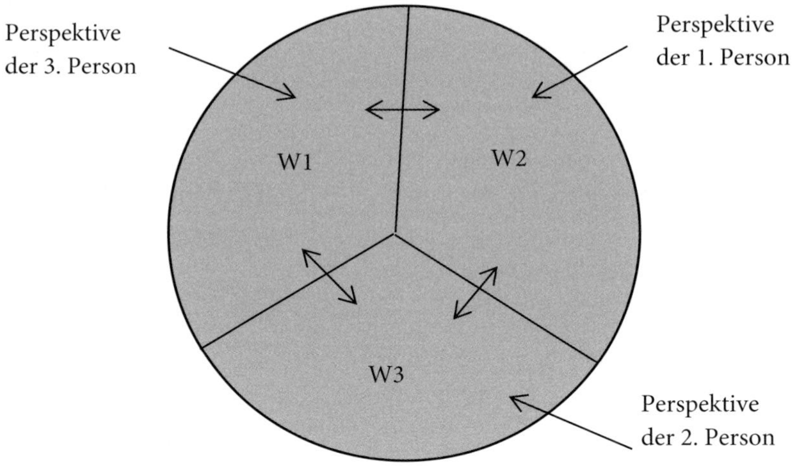

1. *Wirklichkeit 1*

Die Wirklichkeit, an der wir scheitern können, klassischerweise als *realitas*, als Sachhaltigkeit bezeichnet, ist vermutlich zunächst der Aspekt, an dem wir überhaupt lernen, zwischen uns selbst und der Wirklichkeit zu unterscheiden. Kleinkinder erfahren mitunter schmerzhaft, dass die Wirklichkeit eben nicht immer so ist, wie sie ihnen gefällt, sondern sich gerade durch ihre Widerständigkeit auszeichnet. Es ist dieser Aspekt der Wirklichkeit, über den die Naturwissenschaften deren gesetzmäßige Zusammenhänge rekonstruieren. War man vorneuzeitlich, also in der Antike ebenso wie im Mittelalter, davon überzeugt gewesen, dass man die Wirklichkeit in ihrem Wesen dann am besten erfasst, wenn man sie schauend betrachtet und durch Vernunft in dem zu erfassen sucht, was sie als ihr Wesen ausmacht, so begann man in der Neuzeit die Natur so zu befragen, dass man sie nötigte, ihre Gesetzmäßigkeiten preiszugeben. Immanuel Kant hat das mit dem Bild des Richters illustriert, der einen Zeugen befragt:

> „Die Vernunft muß mit ihren Principien [...] in einer Hand und mit dem Experiment [...] in der anderen an die Natur gehen, zwar um von ihr belehrt zu werden, aber nicht in der Qualität eines Schülers, der sich alles vorsagen läßt, was der Lehrer will, sondern eines bestallten Richters, der die Zeugen nöthigt auf die Fragen zu antworten, die er ihnen vorlegt.“[2]

Kant sah dabei das Vorgehen der empirischen Wissenschaften so an, dass in ihnen das experimentell verifiziert wird, was die menschliche Vernunft zunächst aus sich selbst heraus als Entwurf hervorbringt:

2 Kant, Kritik der reinen Vernunft B XIII.

„Als Galilei seine Kugeln die schiefe Fläche mit einer von ihm selbst gewählten Schwere herabrollen, oder Torricelli die Luft ein Gewicht, was er sich zum voraus dem einer ihm bekannten Wassersäule gleich gedacht hatte, tragen ließ, oder in späterer Zeit Stahl Metalle im Kalk und diesen wiederum in Metall verwandelte, indem er ihnen etwas entzog und wiedergab: so ging allen Naturforschern ein Licht auf. Sie begriffen, daß die Vernunft nur das einsieht, was sie selbst nach ihrem Entwurfe hervorbringt, daß sie mit Principien ihrer Urtheile nach beständigen Gesetzen vorangehen und die Natur nöthigen müsse auf ihre Fragen zu antworten, nicht aber sich von ihr allein gleichsam am Leitbande gängeln lassen müsse“[3].

Kant sah allerdings noch nicht, dass wir zwar alle Theorie bis in elementare Erfahrungszusammenhänge nach dem Entwurf unserer Vernunft konstruktiv hervorbringen, dass wir aber vor allem durch das *Scheitern* unserer Entwürfe lernen, so dass wir die Gesetzmäßigkeiten der Erscheinungen in erster Linie negativ aus ihrer Widerständigkeit herleiten. Kant konnte sich nur darüber wundern, aber keine Rechenschaft darüber ablegen, warum *Sinnlichkeit*, d. h. die vorbegriffliche Form, in der uns Erfahrung gegeben ist, und *Verstand*, d. h. unser Vermögen, die Eindrücke der Sinne nicht nur als regellose „Rhapsodie von Wahrnehmungen“[4] vorüberziehen sehen, sondern unter die Einheit von Begriffen und Kategorien bringen zu können, so zusammenstimmen, dass eine kohärente Wirklichkeitserfahrung möglich ist:

„Wir konnten aber doch keinen Grund angeben, warum wir gerade eine solche Art der Sinnlichkeit und eine solche Natur des Verstandes haben, durch deren Verbindung Erfahrung möglich wird; noch mehr, warum sie, als sonst völlig heterogene Erkenntnißquellen, [...] doch so gut immer zusammenstimmen, als wenn die Natur für unsere Fassungskraft absichtlich eingerichtet wäre; dieses konnten wir nicht (und das kann auch niemand) weiter erklären.“[5]

Die erkenntnistheoretischen Debatten des 20. Jh. haben hier einige Klärung herbeiführen können. So ist im Anschluss an Popper deutlich geworden, dass Erfahrung in den empirischen Wissenschaften immer das Ergebnis einer *Methode*[6] im Wechselspiel von Hypothese und Widerlegung ist. Popper gibt deshalb die positive Seite der Bestätigung auf. Beobachtungen verifizieren oder bestätigen nicht Theorien, sondern Theorien sind als vorausgreifende Hypothesen zu verstehen, die sich an der Wirklichkeit bewähren müssen und deren Überprüfung wesentlich durch Falsifikation erfolgt.

Das Poppersche Modell hat auch den Blick geöffnet für die geschichtliche Dynamik der empirischen Wissenschaften. Popper war bewusst, dass in das „Raten“ der Hypothesen[7] pragmatische und normative Momente mit eingehen. Durch geschickte Änderungen von Nebenbedingungen können viele Theorien mit den Phänomenen passend gemacht werden. Popper nennt einen solchen Vorgang eine „konventiona-

---

3 A. a. O., B XIIf.
4 A. a. O., B 195.
5 Kant, Über eine Entdeckung, 250f.
6 Vgl. Popper, 13.
7 Vgl. a. a. O., 223: „Wir wissen nicht, sondern wir raten.“

listische Wendung“[8] und versucht methodische Regeln aufzustellen, die trotz der von ihm zugestandenen Tatsache, dass letztlich die Unhaltbarkeit einer Hypothese nicht *zwingend* bewiesen werden kann, dafür Sorge tragen sollen, dass *bessere* Theorien *schlechtere* ablösen. Das ist ihm nach allgemeiner Überzeugung nicht gelungen. Doch der Grundzug seiner Erkenntnistheorie bleibt nach wie vor gültig: Wissenschaftliche Theorien gelten bis zum Beweis des Gegenteils, und ihre Bewährung ist vor allen Dingen darin zu sehen, dass sie an der Widerständigkeit der Wirklichkeit scheitern könnten, aber nicht gescheitert sind.

Darin kann man dann aber doch ein realistisches Moment identifizieren, wenn man im Sinne des internen Realismus von Hilary Putnam unterstellt, dass eine Theorie eben dann etwas von der Wirklichkeit indirekt erfasst hat, wenn sie sich nachhaltig an ihr bewährt. An solche Überlegungen knüpft Putnams *no-miracle*-Argument an, demzufolge nur eine Form von Realismus als eine solche „philosophy“ gelten kann, „that does not make the success of science a miracle“[9]. Immerhin haben die Naturwissenschaften mit ihren Konzepten von Elektronen, gekrümmten Raumzeiten, DNA-Molekülen u.v.a.m. eine ungeheuer erfolgreiche Erklärung von Phänomenen erreicht. Sie zeigen einen frühere Erklärungen nicht willkürlich ablösenden, sondern sie überbietenden Fortschritt. Sie haben zudem verlässliche technische Eingriffsmöglichkeiten und prognostische Kompetenz freigesetzt. Dieser Erfolg wäre nicht möglich, wenn diese Theorien nichts von der Wirklichkeit eingefangen hätten, sondern ihre Konzepte ohne Kontakt zur Wirklichkeit im Sinne von Wirklichkeit 1 wären.

Das aber heißt: Auch wenn wir uns davon verabschieden, dass naturwissenschaftliche Erkenntnisse in einem klassisch-realistischen Sinne wahr sind, so ist es doch die naheliegendste Erklärung für ihren Erfolg, dass sie „in der Tat festgeheftet sind an die wirklichen Regelmäßigkeiten in der Natur“[10] und deshalb adäquat sind, weil sie mit der Widerständigkeit der natürlichen Phänomene, d. h. mit dem, was gerade nicht konstruiert werden kann, konstruktiv etwas anzufangen wissen.

Die Einsicht, dass wir wissenschaftlich, konzeptionell, aber auch überhaupt sprachlich so auf Wirklichkeit Bezug nehmen, dass wir mit ihr zwar immer nur in der Form unserer eigenen Entwürfe umgehen können, dieser Umgang aber durch die Widerständigkeit des Wirklichen seinen Realismus erhält, unterläuft gängige Vorstellungen der Differenz von ‚Wirklichkeit‘ und ‚Deutung‘, von ‚Subjektivismus‘ und ‚Objektivismus‘ oder von ‚intern‘ und ‚extern‘. Puntnam hat denn sein Konzept auch als ‚internen Realismus‘[11] bezeichnet, der sein Wahrheitsverständnis weder an rein internen Bedingungen wie Kohärenz noch an rein externen wie Korrespondenz festmacht. Der ‚interne Realismus‘ behauptet gerade nicht, dass es keine „experiential *inputs* to knowledge“ gäbe, wohl aber keine „inputs which are not themselves to

---

8 A. a. O., 50.

9 Putnam, Mathematical truth, 73.

10 „I claim that the success of current scientific theories is no miracle. It is not even surprising to the scientific (Darwinist) mind. For any scientific theory is born into a life of fierce competition, a jungle red in tooth and claw. Only the successful theories survive–the ones which *in fact* latched on to actual regularities in nature“ (Van Fraassen, 40).

11 Vgl. zu Putnams Konzept des ‚internen Realismus‘ Großhans, 105–107.

some extent shaped by our concepts“[12]. Durch Scheitern und Bewährung besteht dann realistischer Problemkontakt zur Wirklichkeit.

Damit ist deutlich, dass diese Sicht unseres Umgangs mit Wirklichkeit weit über Fragen naturwissenschaftlicher Erkenntnis hinausweist. So hat Jürgen Habermas sein Konzept eines diskurs- und konsenstheoretischen Wahrheitsverständnisses durch Aufnahme von Putnams internem Realismus korrigiert und dabei den Begriff der Praxis erweitert, so dass er alle Formen vernünftigen, problemlösenden Verhaltens mit umfasst, die in den lebensweltlichen Strukturen unserer kommunikativen Alltagspraxis verankert sind. Mit diesen Praxisformen verständigen wir uns nicht nur intern über uns selbst durch Diskurs und Konsensfindung, in ihnen können wir auch etwas über unsere Wirklichkeit durch die „Verarbeitung von Enttäuschungen im intelligenten Umgang mit einer riskanten Umwelt“[13] lernen. Innerhalb unserer diskursiven Weltzugänge „bringt sich die Realität [...] zur Geltung, sobald eine eingewöhnte Praxis oder ein gezielter Interventionsversuch *scheitert*“[14].

Doch noch eine weitere, historisch durchaus nicht selbstverständliche und in ihrer entmythologisierenden Funktion kaum zu überschätzende Einsicht fördert dieser Umgang mit der Wirklichkeit zutage: Die andere Seite der eigentümlichen Widerständigkeit der Wirklichkeit gegenüber dem Beliebigen menschlicher Antizipation ist ihre *Verlässlichkeit*. Popper hat dieses Lernen aus dem Scheitern an der Erfahrung wiederholt als die Fortsetzung der biologischen Evolution mit anderen Mitteln gedeutet, so dass der Wissenschaft die „biologische Aufgabe“ zukommt, „sich in praktischer Anwendung zu bewähren“[15]. Aus dem Scheitern bilden sich schon in der evolutionären Entwicklung der Lebewesen stabile Lebensformen mit angepasster Komplexität des Verhaltens dadurch heraus, dass sie das Verlässliche erfolgreich zu antizipieren vermögen. Gerade weil die Wirklichkeit ist wie sie ist, können wir auf *systematische* Weise an ihr scheitern und dadurch von ihr lernen, auch wenn wir auf diese Weise gerade nicht erfahren, wie die Wirklichkeit an und für sich ist, sondern nur wie sie sich relativ zu unseren Entwürfen verhält.

Darin besteht also eine richtige Einsicht des Konstruktivismus: Objektivität im Sinne einer *positiven* Bestimmung dessen, was Wirklichkeit an sich ist, ist unmöglich. Es gibt keine einfühlende Wesensschau, mit der wir ins Innere der uns äußerlichen Natur eindringen könnten. Wissen und Erkennen sind immer relativ und kontextuell. Und doch bleibt gegen den Konstruktivismus festzuhalten, dass sich gerade im Zusammenhang empirischer Forschung eine von unseren Bestimmungen unabhängige Wirklichkeit dadurch immerhin zur Geltung bringt, dass unsere Entwürfe an ihr scheitern können.

---

12 Putnam, Reason, 54.
13 Habermas, 36.
14 A. a. O.. 20.
15 Popper, 225.

2. *Wirklichkeit 2*

Damit komme ich zu dem, was ich Wirklichkeit 2 nenne. In einem emphatischen Sinne ist wirklich das, was sich nicht nur der Beliebigkeit widersetzt, sondern das, was aus sich selbst heraus wirksam ist. Wirklich ist das, was wirkt, was sich verwirklicht und zur Geltung bringt. Klassisch wurde dieser Aspekt der Wirklichkeit als *actualitas* bezeichnet.

So hat Herder die Wirklichkeit vor allen Dingen unter diesem Aspekt verstanden und im Anschluss an Spinoza mit Gott gleich gesetzt: seine „Macht, d. i. *Wirklichkeit* und *Wirksamkeit*" ist zu verstehen als „wirkliche Wirksamkeit, wirksames Daseyn"[16]. „*Wirklichkeit, Realität, thätiges Dasein*"[17], die sich als Macht offenbaren, sind die Grundbeschaffenheit von allem. Dieser Aspekt von Wirklichkeit ist nicht das Ergebnis eines empirischen Umgangs mit der Wirklichkeit, sondern bezogen auf eine Grundeinsicht menschlicher Selbsterfahrung. Dass Wirklichkeit der Zusammenhang dessen ist, was wechselseitig wirkt, ist in uns präsent als „Gefühl" in „Selbstbewußtseyn, Selbstwirksamkeit"[18].

Wirklichkeit im Sinne von Wirklichkeit 2 ist über die Wirklichkeit, wie sie uns als widerständig gegenübersteht, hinaus die Wirklichkeit, aus der heraus wir existieren. Es ist nicht der Aspekt der Wirklichkeit, der sie uns gegenständlich werden lässt, sondern gewissermaßen das an der Wirklichkeit, was sich immer schon im Rücken des Subjekts befindet und uns primär über die Selbsterfahrung eigener Existenz als in uns und durch uns wirkend zugänglich ist und durch das wir eingebettet sind in den Gesamtzusammenhang des gegenwärtig Wirkenden.

Es ist nun eben dieser Aspekt der Wirklichkeit, aus dem unser Bemühen um die Wirklichkeit im Sinne von Wirklichkeit 1 hervorgeht. Wir hatten uns ja deutlich gemacht, dass Wirklichkeit 1 nur dadurch erkannt wird, dass wir aktiv mit der Wirklichkeit umgehen, ihr Verhalten antizipieren, sie befragen und unsere Entwürfe an ihr überprüfen. Diese Intentionalität, aus der heraus wir Wirklichkeit 1 als unser Projekt allererst entwerfen, ist selber ein wesentliches Element der von uns erfahrenen Wirklichkeit. Ist Wirklichkeit 2 somit heuristisch die Bedingung der Möglichkeit von Wirklichkeit 1, so gilt doch andererseits, dass Wirklichkeit 2 ontologisch Wirklichkeit 1 voraussetzt und aus ihr herauswächst. Damit sind beide Hinsichten von Wirklichkeit nicht einfach kategorisch voneinander unterschieden, sondern aufeinander bezogen. Es ist so, dass wir nur dadurch, dass wir im Sinne von Wirklichkeit 2 wirklich existieren und uns verstehen und erfahren als wirkliche und wirkende Geschöpfe im Zusammenhang unserer Welt, auch die Widerständigkeit der Wirklichkeit im Sinne von Wirklichkeit 1 erfahren und sie in Differenz und Bezogenheit zu uns selbst rekonstruieren können. Wir gehen selbst auf verborgene Weise aus dem Zusammenhang des Wirklichen hervor, der uns in der Perspektive der äußeren Realität wesentlich als der passive Zusammenhang von Wirklichkeit 1 er-

---

16 Herder, 124, 126.
17 A. a. O., 169.
18 A. a. O., 296.

scheint. Durch dieses Wechselspiel von Wirklichkeit 1 und 2 entstehen im Übrigen auch der Gleichzeitigkeitshorizont und die Einheit unserer Erfahrung, in der wir uns als in und mit aller Wirklichkeit gleichzeitig erfahren[19].

Genauerhin ist der Zusammenhang von Wirklichkeit 1 und Wirklichkeit 2, wie wir ihn erfahren, vermittelt durch den Begriff des Lebens. Es sind die als Systeme organisierten Lebewesen, durch die die Wirklichkeit beginnt, sich selber zu bilden und zu gestalten. Schon Immanuel Kant hat darauf hingewiesen, dass ein Organismus „als *organisirtes* und *sich selbst organisirendes Wesen*“[20] zu verstehen ist, bei dem im Gegensatz zu einer Maschine „die Teile desselben sich dadurch zur Einheit eines Ganzen verbinden, dass sie von einander wechselseitig Ursache und Wirkung ihrer Form sind“[21]. Unter der Voraussetzung, dass die Natur sich zu solchen funktionalen Gestalten selbst organisieren kann, die eine eigene Einheit bilden und bei denen Teil und Ganzes einander wechselseitig bestimmen, kann das entstehen, was Kant als Naturzweck bezeichnet, der sich als intentionale Struktur aus der Wirklichkeit bildet und ihr nicht als fremder Zweck von außen auferlegt ist. Ein solcher Naturzweck ist nämlich nicht „als Product der *Kunst*“[22], also der Kunstfertigkeit eines technischen Verstandes anzusehen, sondern als etwas, das „*von sich selbst […] Ursache und Wirkung ist*“[23].

Genau dies aber ist Wirklichkeit im Sinne von Wirklichkeit 2: von sich selbst Ursache und Wirkung zu sein. Dann aber ist die Maschinenmetapher unangemessen: „Ein organisiertes Wesen ist also nicht bloß Maschine: denn die hat lediglich *bewegende* Kraft; sondern sie besitzt in sich *bildende* Kraft“[24]. Ein Naturzweck ist mehr als eine bloß zufällige Gerichtetheit, die auch aus mechanischen Zusammenhängen resultieren könnte, zugleich aber weniger als ein vorgegebener Vernunftzweck, wie dies bei einer durch einen Handwerker konstruierten Maschine der Fall wäre, die dieser auf einen durch ihn festgelegten, ihr äußerlich bleibenden Zweck hin konstruiert hat. Er ist vielmehr Resultat eines natürlichen Bildungsprozesses. Selbstorganisierten Organismen kommen deshalb nach Kant auch Eigenschaften zu wie Selbsterhaltung und Selbstreproduktion. In diesen Begriffen wie in dem der Selbstorganisation steckt die unhintergehbare Vorstellung, dass durch diese Prozesse so etwas wie ein *Selbst*, ein individuelles Wesen gebildet wird, das nicht einfach die Summe seiner Teile ist, sondern für ein Ganzes steht.

Die modernen Systemtheorien haben auf unterschiedliche Weise deutlich gemacht, dass da, wo sich die Kausalketten des physikalisch Wirklichen so verknäueln, dass selbstbezügliche Strukturen entstehen, Intentionalität als gerichtetes Wirken

---

19 Ich verstehe es als ein Anliegen der Philosophie von A. N. Whitehead, eben diesen Zusammenhang von Raum, Zeit, Leiblichkeit und bewusstem Erfassen differenziert zu rekonstruieren und dadurch zwischen unserer „Wahrnehmung in der Weise der kausalen Wirksamkeit“ und unserer „Wahrnehmung in der Weise der vergegenwärtigenden Unmittelbarkeit“ zu vermitteln, vgl. Whitehead, 232f. u. ö.

20 Kant, Kritik der Urtheilskraft, 374.

21 A. a. O., 373.

22 A. a. O., 370.

23 Ebd.

24 A. a. O., 374.

entstehen kann. Auf verschiedenen Ebenen lassen sich deshalb verschiedene Grade und Formen von Wirklichkeit 2 unterscheiden. Werner Heisenberg hat z. B. in dem bis heute lesenswerten Büchlein „Ordnung der Wirklichkeit“[25] eine solche Hierarchie der Ebenen des Wirklichen nachgezeichnet, die vom objektiv Widerständigen (in meiner Terminologie Wirklichkeit 1) bis zum Subjektiven aufsteigt. Er unterscheidet die zunächst klassisch beschriebene physikalische Wirklichkeit von Mechanik, Elektromagnetismus und Raum und Zeit von der Chemie mit der Atom- und Wärmelehre, die erst mit Hilfe der Quantentheorie mit den Größen der klassischen Physik verbunden werden kann. Aus ihnen geht das organische Leben hervor, das biologische Gesetzmäßigkeiten der Selbstorganisation (Heisenberg spricht von Entelechie) aufweist, die sich nicht nur in den Begriffen von Physik und Chemie ausdrücken lassen.

Leben ist für uns der Inbegriff der Wirklichkeit als Präsenz des Wirkenden. In ihm *will* das Wirkliche wirklich sein: Leben will leben. Weil Leben entschieden ungleichgültig ist gegenüber der eigenen Existenz, verfolgt es sich selbst als seinen eigenen Zweck. Aus diesem Zusammenhang des Lebendigen geht dann auch der Mensch hervor, der eine besondere Form von symbolischem Bewusstsein entwickelt und mit Gebärden, Sprache und Kultur einschließlich Kunst, Religion und Wissenschaften die Welt als seine Welt repräsentiert und darin selbst noch einmal auf besondere Weise schöpferisch wird. Im Menschen will die Wirklichkeit nicht nur wirklich und wirksam sein, in ihm verhält sie sich noch einmal zu der Art und Weise, wie und worauf hin der Mensch wirklich und wirksam wird. Der Mensch beginnt die Wirklichkeit *als* Wirklichkeit, als *seine* Herkunft und Aufgabe zu verstehen. Das aber ist auch die Bedingung der Möglichkeit von wissenschaftlicher Erkenntnis. Damit stellt sich die schon erwähnte eigentümliche Struktur ein, dass die Sachverhalte im Sinne von Wirklichkeit 1 erst im Zusammenhang mit dem Erkenntnisvorgang geschaffen werden, wie er im Sinne von Wirklichkeit 2 von uns aktiv hervorgebracht wird. Doch zugleich sind Gestalten im Sinne von Wirklichkeit 2 nur dadurch möglich, dass sie aus den Zusammenhängen heraus entstehen, die wir als Wirklichkeit 1 durch Erfahrung und erfahrungsgeleitete Wissenschaft rekonstruieren.

Der Zusammenhang von Wirklichkeit 1 und Wirklichkeit 2 ist deshalb nach meiner Überzeugung als so etwas wie eine selbsttragende Struktur wechselseitiger Begründung zu verstehen: Ontologisch hat Wirklichkeit 1 den Primat, epistemisch Wirklichkeit 2. Dann aber kann man sagen, um noch einmal auf Putnam zurückzukommen: „the mind and the world jointly make up the mind and the world“[26]. Wie beide letztlich konzeptionell zusammengehören, wissen wir (noch?) nicht. Es ist aber entscheidend, *dass* beide zusammengehören, um gerade unter dem Druck der naturwissenschaftlichen Methodik – bildlich gesprochen – die Wirklichkeit nicht auf das stahlharte Gehäuse bloßer Widerständigkeit determinierter und determinierender Gesetzmäßigkeiten zu reduzieren, in das wir dann mit unserer Selbsterfahrung eingeschlossen sind, sondern als den lebendigen Zusammenhang zu begreifen, der

---

25 Heisenberg, pass.
26 Putnam, Reason, XI.

zwar auf einer verlässlich-widerständigen Grundlage aufruht, aber zugleich in der Lage ist, das Phänomen des Lebens mit seiner charakteristischen Ungleichgültigkeit gegen sich selbst hervorzubringen, aber auch Lebewesen, die sich zu ihrer Welt und zu sich selbst noch einmal symbolisch verhalten und darin relativ selbstbestimmt in der Wirklichkeit schöpferisch wirken können. Zugleich ist damit festgehalten, dass die Wirklichkeit 2, in der wir uns selbst erleben und wir selbst wirksam werden, aus dem hervorgeht, was wir auch als Wirklichkeit 1 beschreiben können, so dass z. B. Bewusstsein, Freiheit, Subjektivität etc. nicht einer Art extra-mundaner, transzendentaler Position zugeschlagen werden müssen oder man in ihnen die transempirische Kontaktstelle zum Absoluten zu sehen hat. Nur dann, wenn wir weder Wirklichkeit 2 als reines Epiphänomen von Wirklichkeit 1 noch Wirklichkeit 1 als bloßes Konstrukt von Wirklichkeit 2 verstehen, halten wir ohne Reduktionismus an dem fest, wie uns Wirklichkeit in diesen beiden wesentlichen Hinsichten begegnet.

3. *Wirklichkeit 3*

Mit diesem Verständnis des Zusammenhangs von Wirklichkeit 1 und Wirklichkeit 2 ist nun auch das angedeutet, was ich Wirklichkeit 3 nennen möchte. Der wechselseitige Zusammenhang des widerständigen und des aktiv wirkenden Moments von Wirklichkeit stellt sich modallogisch noch einmal dar als die Verwirklichung von Möglichem, das nicht so sein müsste, wie es ist. Von dem, was der Fall ist, ist nicht nur das zu unterscheiden, was als Wirkliches wirkend ist, sondern von beidem auch noch einmal das, was als Möglichkeit der Wirklichkeit vorangeht und vorausliegt, so dass die Wirklichkeit dessen Verwirklichung oder Erfüllung darstellt. Darin sah die Leibniz-Wolffsche Schulphilosophie den Fundamentalbegriff von Wirklichkeit überhaupt gegeben: „diese Erfüllung des Möglichen ist eben dasjenige, was wir Würcklichkeit nennen“[27].

Wirklichkeit 3 steht also für die Betrachtung der Wirklichkeit unter der Hinsicht, dass sie die kontingente Verwirklichung von Möglichem ist. Das Wirkliche lebt als Wirklichkeit von der Kraft des Möglichen. Sie ist zum einen die *Verwirklichung und Erfüllung* des Möglichen. Sie ist zum anderen aber auch die *Erschließung* von Möglichkeiten, die erst durch die Wirklichkeit zu realen, zugänglichen Möglichkeiten werden[28]. Sie ist aber auch das *Verwirken* von Möglichkeiten, die nicht ergriffen oder erschlossen werden. Insofern ist die Wirklichkeit als ein dynamisches Geschehen zu verstehen, das eingebettet ist in den Horizont des Möglichen. Wir leben in der Wirklichkeit nicht nur von der Wirklichkeit, sondern von der schöpferischen Kraft des Möglichen, dem die Wirklichkeit sich verdankt. In dieser Hinsicht als Wirklichkeit 3, d. h. als ein Geschehen der Verwirklichung von Möglichkeiten, die nicht allein aus dem Wirklichen selbst hervorgehen, sondern die ihm vorausliegen und

---

27 Wolff, 9 (§ 14).

28 Zur Bedeutung der sogenannten Zugänglichkeitsrelation (oder Erreichbarkeitsrelation, engl. *accessibility relation*) für die Semantiken unterschiedlich starker modallogischer Systeme vgl. Evers, Gott, 133–135.

ihm immer neu zuwachsen, erscheint die Wirklichkeit nicht als Verhängnis oder Schicksal, sondern als Geschenk und Aufgabe. Wirklichkeit im Vollsinn, so meine These, wird nur verstanden, wenn sie in einen Horizont des sie Transzendierenden eingebettet wird.

Dabei sei allerdings angemerkt, dass dieser Horizont, der die Wirklichkeit im Sinne von Wirklichkeit 1 und 2 übersteigt und sie in die Offenheit des Möglichen einbettet, nicht notwendigerweise religiös verstanden werden muss. Längst haben sich in den Naturwissenschaften, z. B. in Quantentheorie, Thermodynamik und Kosmologie, Theorien etabliert, die die physikalische Relevanz irreduzibler Möglichkeitsbegriffe festhalten. Vorschnelle Vereinnahmungen sind hier zu vermeiden. Dennoch scheint es mir auch eine wesentliche theologische Aufgabe zu sein, diese Hinsicht von Wirklichkeit zu explizieren, sie auf Wirklichkeit 1 und 2 differenziert zu beziehen und lebensweltlich zu plausibilisieren. Das Lebensgefühl vieler Zeitgenossen jedenfalls dürfte von einer bestimmten Art des Erlebens von Wirklichkeit geprägt sein, das diese als reine Immanenz erfährt. Charles Taylor hat es beschrieben als „das Gefühl, jegliche Ordnung und jeglicher Sinn gehe von uns aus"[29]. Die Wirklichkeit erscheint als ein in sich abgeschlossenes Ganzes des Faktischen und des immanent Wirksamen, in dem wir als relativ isolierte Individuen im Sinne von Wirklichkeit 2 uns in einem Rahmen im Sinne von Wirklichkeit 1 bewegen, der wesentlich von Mittel-Zweck-Rationalität bestimmt ist und in dem die Zeit ein säkularer, äußerlicher Parameter ist. Wird dieser „immanente Rahmen"[30] als abgeschlossen verstanden, so stoßen unsere Fragen nach Sinn in ihm auf keinen Widerhall.

Die Vernachlässigung dieses Aspekts von Wirklichkeit mag darin mit begründet sein, dass das der Wirklichkeit Zugrunde- und Vorausliegende nicht ein *im* Zusammenhang des Wirklichen wahrgenommenes und verstandenes Phänomen ist, sondern so etwas wie den Rahmen des Verstehens des Wirklichen darstellt, der dieses in den Zusammenhang dessen stellt, was ihm zugrunde liegt und was es übersteigt. Es ist aufgrund seiner hermeneutischen Struktur theoretisch nur schwer einholbar. Hatten wir Wirklichkeit 1 mit der Perspektive der 3. Person und Wirklichkeit 2 mit der Perspektive der 1. Person verbunden, so stellt sich das Problem ein, dass für den Bezug der Wirklichkeit auf das ihr Vorauf- und Vorausliegende die Metapher einer „Perspektive" auf die Wirklichkeit nur bedingt tauglich ist. Vielmehr gilt es, die Offenheit der Wirklichkeit zur Geltung zu bringen, die sich für uns vor allem in der Möglichkeit von Fremd- und Selbstverstehen erschließt. Damit ergibt sich eine Verbindung zu dem, was wir sprachlich mit der 2. Person zum Ausdruck bringen. Denn gerade die Struktur der Begegnung, wie sie sich im Gebrauch der 2. Person niederschlägt, hat ihre Eigenart darin, dass sie nicht das Woher einer zentrierten Perspektive eröffnet, sondern die Perspektivität von Wirklichkeit gerade unterbricht und entschränkt. Von daher kann von einer „Perspektive" der 2. Person auch nur bedingt gesprochen werden. Es ist jedenfalls hier keine Beobachterperspektive auf die

---

29 Taylor, 630.

30 A. a. O., 899–901.

Wirklichkeit möglich, weder im Sinne der Empirie noch im Sinne des Selbstbezugs, sondern nun erscheint Wirklichkeit im Licht einer *Teilnehmerperspektive*, in der wir nicht durch das Widerständige und auch nicht durch die Unmittelbarkeit von Subjektivität, sondern durch die uns aus uns selbst heraussetzende, gewissermaßen ek-statische Begegnung mit dem Du der Anderen auf uns selbst angesprochen werden und dadurch die personale Perspektivität auf Wirklichkeit im Sinne der 1. und 3. Person erst als die *unsrige* ausbilden. Oder, wie Jacobi schon 1781 formulierte: „Ohne Du ist das Ich unmöglich.“[31]

Auch hier können fundamentale Sachverhalte relativ schlicht zur Geltung gebracht werden.[32] Schon entwicklungsgeschichtlich dürften soziale und kommunikative Kompetenzen des Menschen ko-evolutiv entstanden sein. Michael Tomasello z. B. bringt hier Verhaltensweisen der gemeinsamen Aufmerksamkeit (*joint attention*), geteilter Intentionalität (*shared intentionality*) und einer *theory of mind* in Anschlag, in denen die durch und durch soziale Struktur menschlicher Existenz wurzelt[33]. Schon entwicklungspsychologisch sind wir darauf angewiesen, dass wir auf uns selbst angesprochen und von anderen angesehen werden. Fürsorge, Anrede, Begegnung und Blick sind es, die uns in die Praxis menschlichen Handelns einweisen und uns ermöglichen, die über das bloß Faktische hinausweisende Potentialität des Wirklichen in der Teilnahme an ihm zu entdecken und in Anspruch zu nehmen.

Es bleibt allerdings festzuhalten, dass die Teilnahme an der Wirklichkeit durch das Zusammensein mit Anderen, wie es sich grammatikalisch in der 2. Person niederschlägt, ein durchaus ambivalentes Phänomen darstellt. Schon die Fürsorge für den Anderen zeigt sich als ambivalentes Phänomen. Sie hat nach Heidegger „zwei extreme Möglichkeiten“. Sie kann dem Anderen die Sorge abnehmen und sich an seine Stelle setzen, so dass er der Sorge um sich selbst ledig, damit aber auch der Möglichkeit des Selbstgewinns beraubt wird. „In solcher Fürsorge kann der Andere zum Abhängigen und Beherrschten werden“. Sie kann aber auch so sich um den Anderen sorgen, dass ihm die eigene Sorge wieder zurückgegeben wird, dass er „*in* seiner Sorge sich durchsichtig und *für sie frei* zu werden“ vermag[34]. Zur Partizipation an den uns durch die Wirklichkeit zugespielten und zugemuteten Möglichkeiten gehört beides, die Mitnahme in den Vollzug menschlicher Existenz und die Unterbrechung dieses Zusammenhangs durch den Anderen. Passivität und Aktivität, Erleiden und Zu-sich-selbst-Kommen sind in diesem Vorgang der Einweisung in den intentionalen Weltbezug einerseits und der elementaren Unterbrechung dieser Verstrickung durch Begegnung andererseits verschränkt. Und während Jean-Paul Sartre im Blick des Anderen die Quelle eines beständigen Terrors der Auseinandersetzung zwischen Ego und Alter, zwischen Attraktion und Repulsion sieht[35], macht Emanuel Lévinas

---

31 Vgl. Huizing, 464.

32 Vgl. zum Folgenden auch vom Vf.: Evers, Menschsein; Ders., The Other.

33 Vgl. Tomasello, Entwicklung; Ders., Ursprünge.

34 Heidegger, 122.

35 Pointiert ist dies in dem vielzitierten Satz Sartres aus seinem Theaterstück *Geschlossene Gesellschaft* (frz. *Huis clos: Geschlossene Türen*) zusammengefasst: „Die Hölle – das sind die Anderen: L'enfer, c'est les autres“.

geltend, dass durch die Begegnung mit dem Anderen unsere menschliche Existenz für Transzendenz geöffnet wird und sich damit gar die Möglichkeit eröffnet, dass „Gott ins Denken einfällt“[36].

Auch wenn dies nun eigentlich keiner eigenen Erwähnung mehr bedürfte, so sei doch auch hier ausdrücklich festgehalten, dass Wirklichkeit als Wirklichkeit 3 nicht isoliert von Wirklichkeit 1 und 2 verstanden werden kann. Jedes Beziehungsgeschehen, jeder teilnehmende Umgang mit der Potentialität von Wirklichkeit vollzieht sich innerhalb des komplexen Wechselspiels von Innen- und Außenperspektive, wobei auch hier wiederum die logischen, epistemischen und ontologischen Begründungsverhältnisse miteinander verschränkt sind, so dass eine Hierarchisierung ihrer wechselseitigen Begründung unterbleiben muss. Nur ein Hinweis auf den Beitrag, den Wirklichkeit 3 z. B. für das Verständnis von Wirklichkeit 2 als Innenperspektive leistet, sei an dieser Stelle gegeben. So stellt sich bei genauerer Betrachtung die Frage nach der Zentrierung und unhintergehbaren Einheit der Perspektive der 1. Person und der Privatheit der von ihr hervorgebrachten Phänomene als eine zentrale und in mannigfaltige Aporien führende Problemstellung heutiger Bewusstseinsphilosophie heraus. Traditionell hat man darauf u. a. mit Konzepten fundamentaler seelisch-geistiger Seinseinheiten geantwortet. Doch eine solche fundamentalontologische Aufspaltung der Wirklichkeit in raumzeitlich-materielle und seelisch-geistige Vorgänge hat schon immer die gegenläufige Option provoziert, die an der Einheit der Wirklichkeit – sei es durch Zurückführung von Wirklichkeit 2 auf Wirklichkeit 1, sei es durch die Behauptung des umgekehrten Begründungszusammenhangs – festzuhalten suchte. Möglicherweise kann der Hinweis auf den relationalen Charakter von Wirklichkeit 3, durch den Potentialität als wesentliches Moment von Wirklichkeit mitgedacht wird, zur Erweiterung dieser festgefahrenen Problemlagen beitragen. Dann wäre die Entstehung von so etwas wie einem sich zu sich selbst verhaltenden Selbst eine Art *Pro-vokation*, ein bis in entwicklungspsychologische und kulturgeschichtliche Vorgänge zurückzuverfolgendes Hervor-rufen dieser elementaren Struktur in, mit und unter den komplexen Bedingungen eines Zusammenspiels aller drei Hinsichten von Wirklichkeit. Darüber hinaus, und das interessiert den Theologen besonders und soll im folgenden Abschnitt noch ansatzweise entfaltet werden, kann damit auch das Gott-Welt-Verhältnis so verstanden werden, dass Gott nicht entweder als gegenständlich-extensional im Sinne von Wirklichkeit 1 oder als subjektivitätstheoretisches, intensionales Konstrukt im Sinne von Wirklichkeit 2 in Anschlag gebracht werden muss, sondern auch im Gottesverständnis die drei Aspekte von Wirklichkeit so verbunden werden können, dass Relationalität und Potentialität diese Dichotomie unterlaufen. Von dieser Einsicht her möchte ich nun abschließend noch einmal aus theologischer Perspektive auf die drei Hinsichten von Wirklichkeit zurückblicken und nach der Wirklichkeit Gottes fragen.

---

36 Unter dem Titel *Wenn Gott ins Denken einfällt* sind eine Reihe von Aufsätzen von Lévinas in deutscher Übersetzung erschienen (vgl. Literatur).

4. *Die Wirklichkeit Gottes*

Beginnen wir mit der Frage nach der Wirklichkeit Gottes im Sinne von Wirklichkeit 1. Religiöse Interpretationen der Wirklichkeit im Sinne von Wirklichkeit 1 werden sich im Allgemeinen auf die beiden Aspekte von Widerständigkeit und Verlässlichkeit beziehen, die ich zu Beginn angesprochen hatte[37]. Auch Gott kommt im Rahmen unseres Verstehens von Wirklichkeit Widerständigkeit zu. Gott ist immer noch einmal anders, als wir ihn uns denken. Auch die Geschichte der Menschen mit Gott ist in vielerlei Hinsicht eine Geschichte von Desillusionierungen[38]. Jedenfalls gilt das in jüdisch-christlicher Perspektive. Die Geschichte Gottes mit seinem Volk Israel ist auch eine Geschichte, in der Israel zum Teil bitter hat lernen müssen, dass Gott nicht ist, wie es dem Menschen gefällt, dass er nicht zur Verfügung steht, dass messianische Erwartungen und Verheißungen enttäuscht werden. Für den christlichen Glauben findet dies seinen konzentrierten Ausdruck im Kreuz Jesu Christi. Es steht für manches, aber mit dem Scheitern, das es zum Ausdruck bringt, auch dafür, dass die Wirklichkeit in der Tat nicht so ist, wie sie uns gefällt, dass sie nicht einmal so ist, wie sie Gott gefällt, und dass auch uns alles geschehen kann. Das Kreuz steht dann auch für einen spezifischen Wirklichkeitssinn, der sich kein X für ein U vormachen lässt, der gerade nicht in unrealistische Wunschbilder ausweichen und die Wirklichkeit des Faktischen überspringen darf.

Doch die Wirklichkeit im Sinn von Wirklichkeit 1 hat auch in der Perspektive des Glaubens die andere Seite. Wir sahen, dass die andere Seite der Widerständigkeit die Verlässlichkeit ist. In der Perspektive des Glaubens erscheint eben diese Seite der Wirklichkeit auch als Ausdruck der Treue des Schöpfers zu ihr und als Bedingung der Möglichkeit, dass wir uns überhaupt in ihr sinnvoll orientieren und relativ verlässlich existieren können. Die Wirklichkeit ist nicht Willkür und Chaos, und das bedingt gleichermaßen, dass sie uns nicht zu Gefallen und dass sie von uns erkennbar ist. Auch das bringt das Kreuz Jesu Christi jedenfalls in der Sicht des Glaubens zum Ausdruck: Gott bleibt sich und seiner Gnade treu.

Die Wirklichkeit im Sinne von Wirklichkeit 2 erweist sich demgegenüber als die

---

[37] Ian Ramsey hat in einer Erörterung des Wunderbegriffs darauf hingewiesen, dass Gott in religiöser Sprache in Anspruch genommen wird sowohl für die Erhaltung und Regularität der Schöpfung als auch für deren Unterbrechung durch Wunder. Daraus aber folgt, dass Gott (ich ergänze: im Sinne von Wirklichkeit 1) niemals falsifiziert werden kann und sein Wirken sprachlogisch nicht als empirische Hypothese verstanden werden darf: „If events follow a regular pattern […] we speak of God's ‚constant control'. It might be expected then that should any irregularity occur, the assertion would be falsified. But not so. When events show irregularity, we speak of God's miraculous ‚intervention' as well. […] ‚God' is everywhere, only because ‚God' means nothing anywhere. The importance of this falsification puzzle is surely that it reminds us that the word ‚God' does not work as a high-grade scientific word at all. It is *not* a ‚hypothesis'. God-sentences do not belong to the logic of science“ (Ramsey, 9).

[38] Dies ist eine oft übersehene Pointe der Barthschen Gotteslehre, die besonders Kornelis H. Miskotte hervorgehoben hat (vgl. Miskotte, Götter): Das Du Gottes kommt dann zur Geltung, wenn unsere Entwürfe von Gott und seiner Beziehung zur Welt gründlich gescheitert sind. Nur falsche Götter könnten uns im Sinne von Wirklichkeit 1, d. h. in manifester Gegenständlichkeit, oder im Sinne von Wirklichkeit 2, d. h. als rein intensionaler Letztbegriff eines reflexiven Bewusstseins, „gegeben“ bzw. unhintergehbar sein.

Art und Weise, in der Gott anderes als sich selbst wirklich werden lässt und in seinem Eigenwirken um seiner selbst willen bejaht. Gott wird verstanden als der sich mitteilende und sich in dieser Mitteilung zugleich zugunsten seiner Geschöpfe zurücknehmende Grund des Eigenwirkens der Wirklichkeit. Lebenslust und Lebensfreude sind der Reflex der Art und Weise, in der Lebewesen ihre vom Grund der Wirklichkeit gewährte Existenz vollziehen. In diesem Sinne ist der Schöpfer selbst der Wirkende in der Wirklichkeit, ohne dadurch die Gestalten der Schöpfung totalitär zu bestimmen. Doch auch dieser Aspekt von Wirklichkeit hat eine andere, leidvolle Seite. Insofern hier die Gestalten der Wirklichkeit auf sich selbst aus sind und im menschlichen Bewusstsein sich dessen bewusst werden, wird nicht nur die Differenz zwischen Innen und Außen, zwischen Raumwahrnehmung und Zeitwahrnehmung begründet, es entsteht auch die Differenz zwischen Schon und Noch-nicht, zwischen Erfüllung und Verweigerung. Das mit sich selbst in seinem Streben Identische erfährt sich als angewiesen auf das mit ihm nicht Identische, es ist bedürftig und angewiesen auf ein Entgegenkommen, dessen Ausbleiben Schmerz verursacht als das Sich-Anfühlen der Nicht-Erfüllung. Nur da, wo es Lebewesen gibt, wo zentrierte Innenperspektiven von Organismen entstehen, gibt es auch Negativität. Und so wird religiös Gott auch als der verstanden, der nicht nur Leben zulässt und inspiriert, sondern es auch zurücknimmt und vergehen lässt und vor dem wir Menschen als ein für den Umgang mit Positivität und Negativität eigener Existenz verantwortliches Gegenüber existieren. Die Perspektive des christlichen Glaubens auf die Wirklichkeit im Sinne von Wirklichkeit 2 ist dann die durch Gottes Geist selbst inspirierte Erwartung alles Guten von Gott in, mit und unter den Ambivalenzen, der Negativität, der Endlichkeit und der Sünde menschlichen Lebens.

Vor allem aber hält die Wirklichkeitssicht des Glaubens an der Einbettung des Wirklichen im Sinne von Wirklichkeit 3 fest. Das Verständnis von Wirklichkeit im Sinne von Wirklichkeit 3, so sahen wir, stellt sich dadurch ein, dass wir im Wechselspiel von Kontinuität und Unterbrechung als Du angeredet werden und uns zu anderen und darin zu uns selbst verhalten. Damit verweist uns die Wirklichkeit zugleich auf das, was ihr vorausliegt und woraufhin sie offen ist. Der Glaube lässt sich bedingungslos auf die Wirklichkeit ein, ohne doch in ihr aufzugehen, weil alles Wirkliche davon lebt, dass es in einem Horizont des Möglichen sich vollzieht, dass es von der Kraft des Möglichen her und auf die Potenz des Möglichen hin erst wirklich ist. Relationalität im Sinne von Wirklichkeit 3 unterläuft damit die Dichotomie von Immanenz und Transzendenz, von außen und innen, von Ego und Alter. Der Glaube ist dann das Vertrauen darauf, dass das Wirkliche nicht der schlechthin abgeschlossene Raum des Faktischen ist, sondern auf das provozierende Du Gottes bezogen ist und bleibt, so dass in ihr sich ereignen kann, was über das Wirkliche selbst hinausragt, indem das Wirkliche darin dem entspricht, zu dem es bestimmt ist. Neutestamentlich bringt dies die Kategorie des Reiches Gottes zur Geltung. Dann aber gilt, dass das Wirkliche steigerungsfähig ist und der Glaube in seiner Verbindung von Wirklichkeitssinn und Möglichkeitssinn im Wechselspiel von Widerstand und Ergebung, von Erwartung und Erfüllung geradezu als die Steigerungsform von Realismus verstanden werden kann.

Literatur

Evers, Dirk: Gott und mögliche Welten (RPT 20), 2005.

Evers, Dirk: Menschsein zwischen Wahrheit und Wirklichkeit. Versuch einer anthropologischen Interpretation der Rechtfertigungslehre, in: Ingolf Ulrich Dalferth (Hg.): Seinkönnen. Der Mensch zwischen Möglichkeit und Wirklichkeit, 2011, 253–272.

Evers, Dirk: The Other as Neighbor. Theological Considerations, in: Ingolf Ulrich Dalferth/Andreas Hunziker (Hg.), Mitleid. Konkretionen eines strittigen Konzepts (RPT 28), 2007, 197–218.

Fraassen, Bas C. van: The Scientific Image, Oxford 1980.

Großhans, Hans-Peter: Theologischer Realismus (HUT 34), 1996.

Habermas, Jürgen: Realismus nach der sprachpragmatischen Wende, in: Wahrheit und Rechtfertigung. Philosophische Aufsätze, 1999, 7–64.

Heidegger, Martin: Sein und Zeit, [16]1986.

Heisenberg, Werner: Ordnung der Wirklichkeit, [2]1994.

Herder, Johann Gottfried: Gott. Einige Gespräche über Spinoza's System, Gotha [2]1800.

Hubbeling, Hubertus Gezinus: Einführung in die Religionsphilosophie, 1981.

Huizing, Klaas: Art.: Andere/Andersheit, RGG[4] I, 464f.

Kant, Immanuel: Kritik der reinen Vernunft. Zweite Auflage 1787, in: Kant's gesammelte Schriften, hg. von der Königlich Preußischen Akademie der Wissenschaften, Erste Abtheilung: Werke, Bd. 3, 1911.

Kant, Immanuel: Kritik der Urtheilskraft, in: a. a. O., Erste Abtheilung: Werke, Bd, 5, 1913, 165–485.

Kant, Immanuel: Über eine Entdeckung, nach der alle neue Kritik der reinen Vernunft durch eine ältere entbehrlich gemacht werden soll (1790/1791), in: a. a. O., Erste Abtheilung: Werke, Bd. 8, 1923.

Lévinas, Emmanuel: Wenn Gott ins Denken einfällt. Diskurse über die Betroffenheit von Transzendenz, übers. v. Th. Wiemer, [4]2004.

Miskotte, Kornelis H.: Wenn die Götter schweigen. Vom Sinn des Alten Testaments, 1966.

Popper, Karl Raimund: Logik der Forschung, [9]1989.

Putnam, Hilary: Reason, truth, and history, Cambridge 1981.

Putnam, Hilary: What is mathematical truth?, in: Mathematics, Matter and Method. Philosophical Papers, Bd. 1, Cambridge 1975.

Ramsey, Ian T.: Miracles. An Exercise in Logical Mapwork, Oxford 1952.

Taylor, Charles: Ein säkulares Zeitalter, 2009.

Tomasello, Michael: Die kulturelle Entwicklung des menschlichen Denkens. Zur Evolution der Kognition, [2]2003.

Tomasello, Michael: Die Ursprünge der menschlichen Kommunikation, 2009.

Whitehead, Alfred North: Prozeß und Realität, 1987.

Wolff, Christian: Vernünfftige Gedancken von Gott, der Welt und der Seele des Menschen, auch von allen Dingen überhaupt [Dt. Met., 1720, [11]1751], hg. v. Ch.A. Corr, in: Gesammelte Werke I/2, hg. v. J. École u. a., 1983.

II. Phänomene und Konstrukte

Zwischen Subjektivitätstheorie und naturwissenschaftlichem Weltbild

Skizze einer zeitgemäßen Form von Vermittlungstheologie

Joachim Weinhardt

Die naturwissenschaftliche Theoriebildung hatte auf die evangelische Theologie von Anfang an einen Einfluss, der kaum überschätzt werden kann. Luthers Ablehnung des kopernikanischen Weltbildes lässt blitzartig die bis heute nicht aufgelöste Problematik aufleuchten, dass sich das neugewonnene Kriterium von *sola scriptura* – die Schrift alleine – sehr bald von der Interpretation *tota scriptura* – die ganze Schrift – abgrenzen musste. Auch wenn man Wert auf den Hinweis legt, dass Luther selbst sachkritisch Widerspruch einlegte gegen Aussagen des Hebräer- und des Jakobusbriefes sowie gegen die Apokalypse und dass er deswegen diese Schriften auch gerne aus dem Kanon verbannt hätte, so muss doch zugestanden werden, dass die Reformation im Großen und Ganzen einen Umgang mit der Bibel eröffnete, den wir heute als biblizistisch bis fundamentalistisch bezeichnen würden, wären diese Begriffe nicht anachronistisch. Denn selbstverständlich bedeutete der Biblizismus der Reformatoren einen kritischen Rückschnitt der mittelalterlichen Theologie, während der heutige – im akademischen Bereich kaum vertretene – kreationistische Fundamentalismus eine kritikscheue Reaktion gegen die wissenschaftliche Theologie darstellt.

Das naturwissenschaftliche Weltbild nötigte also die neuzeitliche Theologie zunächst dazu, ihren Gegenstand unverkürzt so zu bestimmen, dass er dem nicht mit Gründen bestreitbaren heliozentrischen Weltbild nicht widersprechen musste. Die Naturwissenschaften bekamen damit exegetische Hilfskompetenzen zugesprochen. Ihre Stimme konnte nicht ungehört bleiben, wenn die Theologie die Grenzlinie zwischen weltbildhafter Form und religiösem Gehalt biblischer Vorstellungen zu bestimmen versuchte.

Die protestantische Theologie ist noch heute nicht mit der Fixierung dieser Grenzlinie fertig geworden, und zwar nicht einmal in den groben Verläufen; und dies nicht deswegen, weil sich in den letzten Jahren neue Probleme in dieser Hinsicht ergeben hätten. Die letzte größere Krise dieser Art bestand in der Entdeckung der Evolution der Lebewesen, und diese Krise wurde recht bald durchstanden, insofern die großen Kirchen die Evolutionstheorie stillschweigend oder explizit rezipierten. Wir sind in der Theologie aber noch immer in der viel älteren Debatte der späten Aufklärungszeit gefangen, genauer gesagt im Streit zwischen Rationalismus und Supranaturalismus. Noch immer ist die Frage nach der Auferstehung Jesu von den Toten in fast derselben Weise umstritten wie seit 1800, noch immer ist die Frage nach dem Verhältnis der Wirklichkeit der Welt und der Wirklichkeit Gottes kontrovers. Die Auferstehung Jesu und die allgemeine Frage nach dem Wirken Gottes in der Welt sind Themen, bei welchen die Naturwissenschaften von Theologen oft und zurecht berücksichtigt werden. Die Verhältnisbestimmung zwischen Exegese und Dogmatik einerseits und den Naturwissenschaften andererseits ist ein wesentlicher Indikator für die Positionalität der theologischen Entwürfe auch des 20. und 21. Jahrhunderts.

Im Folgenden werden zunächst zwei Theologen dargestellt, die in der Auseinandersetzung mit der Geschichte ihrer Wissenschaft versuchen, den Ansatz für eine gegenwartstaugliche dogmatische Position zu umreißen. Der eine erklärt dabei den Dialog mit den Naturwissenschaften für unerheblich, der andere intendiert mit Hilfe von naturwissenschaftlichen Theorieelementen eine „Versöhnung" von Glaube und Vernunft (1). In einem zweiten Schritt werden diese Positionen einer kritischen Reflexion unterzogen (2), und schließlich soll auf der Grundlage dieser Kritik die Skizze einer gegenwärtig verantwortbaren Dogmatik entworfen werden (3).

1. *Theologiegeschichtlich begründete Positionen gegenwärtiger Theologie*

a) Ulrich Barth: Schleiermacher – die Zukunft des Protestantismus

> „Die Aktualität von Schleiermachers religionstheoretischem Modernisierungsprogramm liegt vor allem darin, daß es ihm gelungen ist, sowohl den spezifisch neuzeitlichen Theoriebedingungen als auch den modernitätsspezifischen Kulturbedingungen Rechnung zu tragen."[1]

Mit dieser und vielen anderen Äußerungen macht Barth klar, dass er die theologischen Aufgaben der Gegenwart von der Position Schleiermachers aus für lösbar hält. Er nimmt dem entsprechend den Ausgangspunkt seiner eigenen Positionierung bei Schleiermachers berühmter Definition von Religion: Religion ist das Gefühl schlechthinniger Abhängigkeit[2]. Über diesen Satz gibt es schon eine ganze Bibliothek von Interpretationen, auf die hier nicht im Einzelnen eingegangen werden muss. Fest steht, dass Schleiermacher mit dem Terminus Gefühl eine konkrete Seelenregung bezeichnet, die mir als solche bewusst wird: Gefühl ist eine Form von Selbstbewusstsein. Allerdings ist in diesem Selbstbewusstsein noch kein Objekt, kein kognitiv fassbarer Gegenstand gesetzt. Um ein Beispiel zu bilden: Schleiermacher

---

1 Ulrich Barth, Religionstheorie 288.

2 Schleiermacher, Glaube, Leitsatz zu § 4, S. 23: „Das Gemeinsame aller noch so verschiedenen Äußerungen der Frömmigkeit, wodurch diese sich zugleich von allen andern Gefühlen unterscheiden, also das sich selbst gleiche Wesen der Frömmigkeit, ist dieses, daß wir uns unsrer selbst als schlechthin abhängig, oder, was dasselbe sagen will, als in Beziehung mit Gott bewußt sind".

könnte als Gefühl den Zustand von starkem Schmerz bestimmen, der mir zu Bewusstsein kommt, aber noch ohne Bewusstsein der Lokalisation des Ortes der Schmerzempfindung oder gar einer bewussten Ursache des Schmerzes. Der Bewusstseinszustand hingegen: „Ich bin mir eines Schmerzes bewusst, den ich an der linken Hand fühle, weil ich ins Feuer gefasst habe", wäre aufgrund seiner objektiven Bestimmungen kein unmittelbares Selbstbewusstsein mehr[3].

Was ist unter der Religion als dem Gefühl schlechthinniger Abhängigkeit zu verstehen? Schleiermacher erklärt so: Wir können auf alle Dinge der Welt einerseits aktiv einwirken, wir sind aber andererseits auch von allen Dingen in der Welt abhängig. Bezüglich eines jeden Dinges können wir also ein Bewusstsein von Abhängigkeit einerseits und Freiheit andererseits haben[4]. Das Bewusstsein etwa, auf Autos einwirken zu können, aber auch von ihnen abhängig zu sein, ist kein Gefühl im Sinne Schleiermachers, weil es gegenständliche, objektivierte Inhalte hat. Es handelt sich hier auch um keine schlechthinnige Abhängigkeit, weil diese erfordern würde, dass wir vom Auto nur abhängig wären und keinerlei Freiheit hätten, auf es einzuwirken. Wenn Religion das Gefühl schlechthinniger Abhängigkeit sein soll, dann muss es einen Bezugspunkt geben, von dem wir uns abhängig zu sein bewusst sind, ohne diesen Bezugspunkt schon begrifflich im Bewusstsein zu haben. Der objektive Bezugspunkt des Gefühls bleibt im Gefühl ausgeblendet so wie der Ort und die Ursache des gefühlten Schmerzes im obigen Beispiel. Außerdem muss das Selbstbewusstsein ein schlechthin, also absolut abhängiges sein, so dass jede Vorstellung einer Einwirkung meinerseits in Richtung jenes ausgeblendeten Bezugspunktes ausgeschlossen ist[5].

Diese Ausführungen Schleiermachers sind in mehrfacher Hinsicht problematisierbar. Zum einen, ein Gefühl schlechthinniger Abhängigkeit ist rein psychologisch nicht gut im Bewusstsein aufzurufen. Doch es mag zugestanden werden, dass ein solcher Zustand am Ende einer Einübung in bestimmte Meditationswege erreicht werden kann. Weiter erlaubt Schleiermacher, dass das Gefühl der schlechthinnigen Abhängigkeit verschiedene Färbungen im Spektrum von Freude und Leid einnimmt[6]. Allerdings zeigt sich hier schon eine starke Einmischung von faktisch christlichen Vorstellungen in seine intendierte apriorische Gedankenentwicklung. Denn indem er das schlechthinnige Abhängigkeitsgefühl in seiner höchsten Stufe als „Vertrauen auf Gott" bestimmt, verschließt er sich den Blick darauf, dass dieses unmittelbare Selbstbewusstsein auch in seinem Spitzenniveau nicht nur in der Färbung „Ich fühle mich absolut geborgen" vorkommen könnte. Eine eher lustlosere Variante wäre möglicherweise Albert Camus Gefühl der Absurdität des Daseins, in dem ausgedrückt ist, dass der Mensch mit allen seinen Hoffnungen, Wünschen und Aktivitäten einem Universum gegenübersteht, das über ihn hinwegwalzt, ohne ihn

---

3 Vgl. a. a. O., 16f.; Ulrich Barth, Subjektivitätstheoretische Prämissen, 342f.

4 Vgl. Schleiermacher, Glaube, 25–27.

5 Vgl. a. a. O., 28. Eine sehr filigrane Interpretation dieses Abschnittes findet sich bei Ulrich Barth, Subjektivitätstheoretische Prämissen, 335–341.

6 Vgl. Schleiermacher, Glaube, 37f.

zur Kenntnis zu nehmen[7]. Es erscheint aus diesem Grund dann auch fraglich, ob es überhaupt Modulationen des Gefühls der schlechthinnigen Abhängigkeit geben kann, ohne dass dabei schon metaphysische Konstrukte mitgesetzt wären, also kognitive Inhalte, die den Schleiermacherschen Gefühlsbegriff dann sprengen würden.

Eine um vieles größere Schwierigkeit liegt jedoch in der weiter gehenden Aussage Schleiermachers, dass eine Identität bestehe zwischen den Sätzen: „Wir sind uns unserer selbst als schlechthin abhängig bewusst" und „Wir sind uns unserer selbst als in Beziehung mit Gott bewusst"[8]. Anders und noch bezeichnender formuliert Schleiermacher auch: Gott ist das Woher des schlechthinnigen Abhängigkeitsgefühls[9].

In dieser Gleichsetzung wird folgendes Grundproblem der Theologie Schleiermachers sichtbar: Entweder liegt hier ein analytisches Urteil vor, dann ist das Wort „Gott" nichts anderes als eine inhaltsleere Bezeichnung. Denn das Bewusstsein der schlechthinnigen Abhängigkeit enthält keinerlei begrifflich erfasstes Objekt. Also ist der Terminus „Gott" begrifflich nicht bestimmt. Wie soll man dann aber über „Gott" Aussagen machen, wenn man als Mitglied einer Religion oder gar als Theologe von ihm sprechen will? Es gibt Hinweise dafür, dass Schleiermacher der Meinung war, dass jeder „Gott" die Eigenschaften zuschreiben möge, die ihm kulturell naheliegen. Der Christ sagt etwa: Unter „Gott" verstehen wir den Begleiter der Geschichte Israels und den Vater Jesu Christi, während der Hindu formulieren könnte: Unter „Gott" verstehen wir das Walten des Gesetzes von Wiedergeburt und Karma. Einem reinen Positivisten stünde die Möglichkeit offen zu erklären: Was ihr mit „Gott" bezeichnet, ist für mich das Grundgesetz der kosmischen Entwicklung, die Differenzialgleichung, von der alles in der Welt und damit auch ich schlechthin abhängig bin. Schleiermacher erweckte bei zahlreichen Kritikern den Eindruck, dass er in der *Glaubenslehre* mit dem Wort „Gott" nicht notwendig ein persönliches Wesen bezeichne. Er würde dann unter „Gott" nicht den Vater Jesu Christi verstehen, sondern eine letzte Einheit hinter der Vielfältigkeit des Weltprozesses, den namenlosen Urgrund des Seins, wie immer dieser auch beschaffen sein mag[10].

Aber man kann Schleiermacher andererseits auch so lesen, dass er in der Einlei-

---

7 Camus 11: „Eine Welt, die sich – wenn auch mit schlechten Gründen – deuten und rechtfertigen läßt, ist immer noch eine vertraute Welt. Aber in einem Universum, das plötzlich der Illusionen und des Lichts beraubt ist, fühlt der Mensch sich fremd. Aus diesem Verstoßen-sein gibt es für ihn kein Entrinnen, weil er der Erinnerungen an eine verlorene Heimat oder der Hoffnung auf ein gelobtes Land beraubt ist. Dieser Zwiespalt zwischen dem Menschen und seinem Leben, zwischen dem Schauspieler und seinem Hintergrund ist eigentlich das Gefühl der Absurdität."

8 Vgl. Anm. 2.

9 Vgl. Schleiermacher, Glaube, § 4.4, 28f.: „Wenn aber schlechthinnige Abhängigkeit und Beziehung mit Gott in unserem Satze gleichgestellt wird: so ist dies so zu verstehen, daß eben das in diesem Selbstbewußtsein mitgesetzte Woher unseres empfänglichen und selbsttätigen Daseins durch den Ausdruck Gott bezeichnet werden soll, und dieses für uns die wahrhaft ursprüngliche Bedeutung desselben ist."

10 Vgl. Schleiermachers Marginalie zu § 4 der Glaubenslehre, 28f.: „Das Wort „Gott" wird hier dargestellt als in unserem Sprachgebiet nichts anderes bedeutend, als das in dem ursprünglichen, schlechthinnigen Abhängigkeitsgefühl Mitgesetzte. [...] Fast unbegreiflich, wie man mir hat Pantheismus zuschreiben können, da ich das schlechthinnige Abhängigkeitsgefühl von der Beziehung auf die Welt ganz sondere". Außerdem § 8, Zusatz 2 (a. a. O., 57f.), § 46, v. a. 229; Hirsch 365 in Verbindung mit 238f.

tung seiner *Glaubenslehre* lediglich aufweisen möchte, dass jeder Mensch irgendeinen Begriff einer letzten, begrifflich nicht fassbaren Wirklichkeit entwickeln muss, wenn er nur tief genug denkt. Alle denkenden Wesen müssten bei der Selbstreflexion an einen Punkt kommen, an dem sie fühlen: „Es muss eine letzte Einheit geben, welche die Ursache oder der Grund von allem ist." Wir können aber diesen Grund nicht gedanklich erschließen, daher wird er in den verschiedenen Kulturen mit unterschiedlichen Inhalten identifiziert. Wir Christen glauben entsprechend, dass der letzte Grund der Welt tatsächlich der Vater Jesu Christi sei. Die östlichen Religionen haben als strukturanaloge Inhalte das Gesetz von Karma und Wiedergeburt, und Ernst Häckel identifiziert den Urgrund mit der ewig evolvierenden Natur[11]. Der Satz: „Das Woher des schlechthinnigen Abhängigkeitsgefühls ist der Vater Jeus Christi" wäre dann ein synthetisches Urteil. Es würde damit behauptet: Was alle Menschen als Grenze des Denkens anerkennen, aber nicht erkennen können, das glauben wir in der Person und im Geschick Jesu von Nazaret erschließen zu können. In der Tat spricht Schleiermacher dann in den Hauptkapiteln seiner *Glaubenslehre* nur noch vom spezifisch christlichen Glauben.
Die Frage nach der „richtigen" Schleiermacher-Interpretation lässt sich womöglich niemals endgültig entscheiden, auch wenn die Waagschale schwer nach der ersten Möglichkeit hinneigt. Eine Gruppe von Theologen, auf die wir noch zurückkommen werden, hat Schleiermacher in der zweiten Lesart aufgefasst bzw. seine Theologie in dieser Richtung fortgebildet. Ulrich Barth hingegen beruft sich auf Schleiermacher als eines nachtheistischen Theologen und verzichtet damit auf einen personalen Gottesbegriff. Nur so sei eine moderne Theologie noch zu fassen. Die folgenden Zitate beziehen sich zwar auf Schleiermachers *Reden über die Religion* und nicht auf die *Glaubenslehre*, doch liegt es Barth gerade daran, die frühere Schrift als richtungsweisend für die weitere Geschichte des Protestantismus herauszustellen[12].

Zunächst stellt Barth fest, dass personalistische und pantheistische Frömmigkeit sich zwar gegenseitig ausschließen, aber dennoch „gleichmögliche Vorstellungen des Göttlichen" seien[13].

> „Schleiermachers ‚Reden' […] sind nichts anderes als der begriffliche Versuch, Religion auch unter den Bedingungen der Moderne als eines nachtheistischen Zeitalters zur Geltung zu bringen."[14]

Schleiermachers Hauptverdienste bestünden u. a. in der „Entdogmatisierung von Glaubensüberzeugungen zugunsten der Spontaneität religiösen Erlebens", der „Abkoppelung der Erlebnisform religiöser Erfahrung von der Frage der objektiven Geltung ihrer Symbole" und der „Begründung der Notwendigkeit und Legitimität des religiösen Pluralismus"[15]. Bei seiner Predigt zur 500-Jahr-Feier der Martin-Luther-

---

[11] Vgl. Schröder, 126f., 133f.
[12] Vgl. Ulrich Barth, Religionstheorie, 262, 287–289.
[13] A. a. O., 278.
[14] A. a. O., 278f.
[15] A. a. O., 288.

Universität Halle (in die Luthers Wittenberger Universität aufgegangen ist) spricht Barth der gottesdienstlichen Gemeinde Mut zu mit den Worten:

> „Wo immer letzte Fragen in einem Menschen wach werden und das Leben in eine neue Perspektive rücken, da ereignet sich das Reich Gottes [...] Die Zukunft des Protestantismus liegt nicht in seiner Verkirchlichung, sondern in der Offenheit für die vielfältigen expliziten oder impliziten Bekundungen des Religiösen in Kultur und Gesellschaft."[16]

Was folgt aus dieser Positionierung für das Verhältnis zwischen Theologie und Naturwissenschaft? Barths Aufsatz über den *Abschied von der Kosmologie* gibt schon die Richtung an, in welcher der Autor diese Frage beantwortet. Er definiert Religion als das

> „lebensweltliche Bewußtsein des Gegründetseins in unbedingter Einheit und des Sich-Erfassens in Differenz [...] Gegenständlich fixierte religiöse Symbole, wie sie die Frömmigkeitsgeschichte und kirchliche Lehrtradition vorweisen, sind [...] nichts anderes als kulturell vermittelte Deuteschemata religiöser Selbstauslegung"[17].

Auch hinter dieser Definition steht Schleiermachers Religionsbegriff. Anstatt „Abhängigkeit" spricht Barth von „Gegründetsein", was eine positivere Färbung des religiösen Gefühls ausdrückt. Inhaltliche Bestimmungen der Religion, wie etwa: „Der Gott Israels hat die Welt erschaffen", oder: „Das ewige Kausalgesetz der Natur begründet letztlich alle einzelnen Vorgänge und Dinge in der Welt, inclusive meiner selbst", sind wie bei Schleiermacher austauschbare Symbole für das Woher des Gegründetseins. Sie sollen dem Unaussprechbaren einen Namen geben und sind, weil kulturell bedingt, auch kulturell variabel.

Natürlich kann Barth dann konsequent behaupten: Der „Schöpfungsglaube hat [...] schlechterdings nichts mehr zu tun mit irgendwelchen Erklärungshypothesen naturwissenschaftlicher Kosmologie"[18]. Denn „Schöpfungsglaube im Sinne Schleiermachers ist das individuelle Bewußtsein der Abhängigkeit seiner selbst und alles Endlichen von Gott"[19] (aber von Gott nicht im Sinne des persönlichen Schöpfers, sondern von Gott als dem unbestimmten bzw. pluralistisch symbolisierbaren Woher des schlechthinnigen Abhängigkeitsgefühls). Indem naturwissenschaftliche Kosmologie prinzipiell selbst eine endliche Theorie von endlichen Dingen darstelle, sei sie selbst noch einmal abhängig vom letzten Grund alles Daseienden. Damit wäre auch jede konkrete Theorie vom Aufbau und von der Entstehung der Welt gleich-gültig, weil sie selbst von der gleich-gültigen Füllung des mit dem Wort „Gott" Symbolisierten abhängt. Wenn der christliche Mensch das Woher des schlechthinnigen Abhängigkeitsgefühls mit der Vorstellung des Vaters Jesu Christi symbolisiert, dann wird er auch sagen, dass die Welt im Ganzen von diesem abhängig sei. Traditionell gewendet würde das heißen: Gott erhält die Welt im Dasein – ganz egal, wie er das tut. Hingegen könnte das religiöse Selbstbewusstsein eines Christen nichts über die

---

16 Ulrich Barth, Gedanken, 292.
17 Ulrich Barth, Abschied, 418f.
18 A. a. O., 419.
19 A. a. O., 421.

Frage der Herkunft der Welt aussagen. Denn das Gefühl der Abhängigkeit ist ein je aktuelles Gefühl, und bezüglich der Ereignisse der Vergangenheit ist es abgeschnitten, ohne Kontaktmöglichkeit. Man fühlt immer nur in der Gegenwart. Der christliche Mensch – nach Schleiermacher – kann also nichts aussagen über die zeitliche Herkunft und über die Herkunftsweise der Welt[20]. Damit ist nach Barth auch

> „jeglicher Konflikt zwischen physikalischer Weltentstehungstheorie und religiöser Weltdeutung im Prinzip ausgeschlossen [...] Seit Schleiermacher – das kann ohne Übertreibung festgehalten werden – ist der Streit zwischen Theologie und Naturwissenschaft um Fragen der Kosmologie im Grunde kein Thema mehr.“[21]

Damit ist es Barth im Gefolge Schleiermachers gelungen, den gordischen Knoten zu zerhauen, in welchen sich die naturwissenschaftliche und die theologische Theoriebildung völlig unnötig verworren hätten. Ob der Preis dafür angemessen ist, soll später untersucht werden. Wenden wir uns zunächst einer zweiten theologiegeschichtlichen Positionierung zu.

b) Jan Rohls: Renaissance von Vernunft und Metaphysik in der Theologie

In seiner breit angelegten *Protestantischen Theologie der Neuzeit*[22] bezeichnet Rohls einen Zielpunkt, auf den die bisher 200jährige Theologiegeschichte zusteuere. Es ist dies die von der Aufklärung ausgehende und über Schleiermacher und Hegel auf Troeltsch zulaufende liberale Theologie, die zwar durch die dialektische Theologie erfolgreich bekämpft worden sei, dann aber am Ende des 20. Jahrhunderts doch wieder als zukunftsweisende Richtung am Horizont stehe. Allerdings ist diese Konstruktion der evangelischen Theologiegeschichte etwas gewaltsam, was sich an deutlichen Spannungen erkennen lässt. Das lässt sich schon am Inhaltsverzeichnis von Rohls Buch zeigen:

Am Schluss von Kapitel XI stellt Rohls die Theologie Wolfhart Pannenbergs dar. Dessen geschichtstheologischer Entwurf unterscheide sich „von den aus der dialekti-

---

20 Vgl. a. a. O., 422.
21 A. a. O., 424.
22 Jan Rohls, Protestantische Theologie der Neuzeit, Bd. I: Die Voraussetzungen und das 19. Jahrhundert; Bd. II: Das 20. Jahrhundert, 1997. Im Folgenden zitiert als PrTh I/II.

schen Theologie hervorgegangenen Entwürfen" hauptsächlich dadurch, dass er „zwischen Vernunft und Offenbarung keinen Widerspruch sieht"[23]. Pannenberg bedeute deswegen „einen Einschnitt in der Entwicklung der deutschen Theologie der Nachkriegszeit" und knüpfe wieder an den „von der Aufklärung sich herleitenden und über Schleiermacher und Hegel zu Troeltsch führenden Entwicklungsstrang" an[24]. Auch in Kapitel XII wird Pannenberg im vorletzten Abschnitt so ausführlich wie kein anderer Theologe und keine andere Richtung dargestellt[25]. Man sollte also denken, der Schluss dieses Kapitels stelle ein Resumee der gesamten Entwicklung im 20. Jahrhundert dar. Tatsächlich bietet Rohls eine solche Schlusszusammenfassung durchaus, aber vorher, zu Beginn des Schlussabschnittes 20, wird überraschend noch ganz kurz eine andere Theologengruppe vorgestellt, die in Kapitel XII bisher nicht erwähnt worden war:

> „Das von Pannenberg vertretene Konzept einer auf die Metaphysik bezogenen Theologie, die Glaube und Vernunft [...] nicht als Gegensatz betrachtet, steht in der Nachfolge der freien und spekulativen Theologie. In der Nachkriegszeit war es vor allem die neuliberale Schweitzerschule gewesen, die die Tradition dieser theologischen Richtung im deutschsprachigen Raum aufrechterhalten hatte."[26]

Es sind also die theologischen Schüler Albert Schweitzers, die, vorwiegend in der Schweiz lehrend, den Gipfelpunkt der protestantischen Theologiegeschichte bezeichnen. Pannenberg müsste man sich dann Rohls Auffassung gemäß wohl in der liberalen Tradition des Protestantismus stehend denken, aber der bedeutendste Vertreter dieser Richtung wäre doch Ulrich Neuenschwander[27]. Dass dieser Theologe sich nicht in den gezählten Hauptabschnitten von Rohls' Werk findet, liegt möglicherweise daran, dass er „den Idealismus für einen gegenwärtig nicht länger gangbaren Weg" gehalten und sich „angesichts der die Gegenwart in seinen Augen kennzeichnenden Gottesfinsternis an die Existenzphilosophie von Jaspers mit ihrer Konzeption eines philosophischen Glaubens" angeschlossen habe[28]. Es ist aber die Rückkehr zum Idealismus, den Rohls mit Rücksicht auf Trutz Rendtorff, Gerhard Ebeling, Eilert Herms, Wilfried Härle, Hermann Timm und Falk Wagner[29] als Weg in die theologische Zukunft herauspräparieren will. Seine Schlussdiagnose von 500 Jahren evangelischer Theologiegeschichte lautet:

> „Man bleibt [...] bei Schleiermachers These von der völligen Selbständigkeit und Subjektivität der Religion nicht stehen, sondern geht über Schleiermacher hinaus, indem man im Anschluß an Hegel eine Versöhnung von Religion und Vernunft, Theologie und Philosophie verlangt [...]. [*Pannenberg meint*], daß eine Theologie ohne Metaphysik nicht mög-

---

23 PrTh II, 670.

24 PrTh II, 676. Schon hier entsteht eine Spannung, weil Rohls a. a. O., 671 darauf hinweisen muss, dass Pannenberg das von Troeltsch so genannte historisch-kritische Analogieprinzip, also ein positivistisches Vorurteil bei der Beurteilung von Geschichtsquellen, zurückgewiesen habe.

25 PrTh II, 824–842.

26 PrTh II, 842.

27 PrTh II, 842–845.

28 PrTh II, 845.

29 PrTh II, 845f.

> lich sei. Pannenberg führt damit zur spekulativen Theologie zurück, wie sie sich vor allem im Anschluß an Hegel ausgebildet hatte."[30]

Mit diesem Schlussfazit über die Geschichte sind wir noch einmal auf die Jahrhundertwende von 1800 verwiesen. Schleiermacher wird wie bei Ulrich Barth als einer der Großen genannt, der für die gegenwärtige Arbeit der Theologie unverzichtbare Richtlinien gegeben habe – aber Schleiermacher alleine reicht nicht aus. Es ist Hegel, der auf die Höhenlage führt, wo die nur subjektivitätstheoretischen Reflexionen Schleiermachers mit objektiven Inhalten erfüllt werden.

Es wäre damit an der Zeit, an dieser Stelle nun auch Hegels religionsphilosophischen Grundansatz darzustellen, um genauer zu sehen, wie Rohls sich die Theologie der Zukunft im Detail vorstellt. Dies wäre allerdings schon aus Raumgründen nicht möglich, ist aber auch sachlich nicht notwendig. Denn es geht uns hier nicht um Hegels Position, sondern um die des Münchener Dogmatikers. Wie sich aus Rohls Darstellung erheben lässt, ist es nicht der konkrete spekulative Grundansatz Hegels, den er für zukunftsweisend hält, sondern sein Interesse an Metaphysik überhaupt, die Rohls bei Pannenberg wieder aufgenommen sieht. Rohls nimmt seinen Lehrer und Kollegen für konkrete metaphysische Gedanken in Anspruch, die Hegel teilweise überhaupt noch nicht zur Verfügung standen. Dabei handelt es sich um diese Gesichtspunkte:

Zum *ersten*, Pannenberg verteidige gegen die Hellenisierungsthese der Ritschlschule

> „die Aufnahme des philosophischen Gottesbegriffs, vor allem in seiner platonischen Form, durch die frühchristliche Theologie. Die Legitimität dieser Aufnahme resultiert dabei für ihn aus dem universalen Anspruch des jüdisch-christlichen Gottes, der den christlichen Glauben nötigt, auf die philosophische Frage nach der wahren Natur Gottes einzugehen."[31]

---

[30] Vollständiges Zitat: PrTh II, 859: „Über Troeltschs Neukantianismus und Ottos Neufriesianismus knüpft man indirekt bei Kant an, und zugleich gewinnt Schleiermachers Religionstheorie erneut an Gewicht als Gegenpol zum neuorthodoxen Ansatz bei der göttlichen Offenbarung. Man bleibt aber auch bei Schleiermachers These von der völligen Selbständigkeit und Subjektivität der Religion nicht stehen, sondern geht über Schleiermacher hinaus, indem man im Anschluß an Hegel eine Versöhnung von Religion und Vernunft, Theologie und Philosophie verlangt. So lehnt sich Pannenberg zwar in seiner wissenschaftstheoretischen Behandlung der Theologie an den kritischen Rationalismus an und betrachtet die philosophische Anthropologie als geeigneten Anknüpfungspunkt der Theologie. Aber ähnlich wie die Prozeßtheologen meint er, daß eine Theologie ohne Metaphysik nicht möglich sei. Pannenberg führt damit zur spekulativen Theologie zurück, wie sie sich vor allem im Anschluß an Hegel ausgebildet hatte. Der Weg geht so bei ihm zurück von der Neuorthodoxie in ihren verschiedenen Schattierungen über den theologischen Neukantianismus der Ritschlschule mit ihrer Metaphysikkritik hin zu Hegels Metaphysik und Religionsphilosophie. Es ist dies ein Weg, der letztlich zum Idealismus hinleitet. Damit aber führt er zugleich hin zur großartigsten geistigen Form, zu der der Neuprotestantismus jemals gefunden hat und in der das Erbe nicht nur der Aufklärung, sondern auch des Humanismus der Renaissance und der Antike aufbewahrt ist."

[31] PrTh II, 671. Rohls referiert hier auch die Einschränkung, die Pannenberg bezüglich des philosophischen Gottesbegriffes macht: „Trotz der an sich berechtigten Anknüpfung der Theologie an den philosophischen Gottesgedanken bemängelt Pannenberg, daß es dabei nicht zu einer die Freiheit Gottes und Kontingenz der Welt stärker berücksichtigende kritische Umschmelzung des philosophischen Gottesgedankens gekommen sei.

Zum *zweiten*, Pannenberg gehe von der Existenz einer natürlichen Gotteserkenntnis aus, die von der Offenbarung Gottes in Christus unabhängig sei[32].

Zum *dritten*, Pannenbergs universalgeschichtliche Theologie knüpfe an Hegels Geschichtsphilosophie an[33]. „In Anlehnung an den Idealismus begreift Pannenberg [...] die Gesamtgeschichte als Offenbarung Gottes“[34].

Zum *vierten*, mit der aus der philosophischen Anthropologie übernommenen Struktur der Weltoffenheit des Menschen sei eine transzendente Wirklichkeit schon mitgesetzt, nämlich ein „von der Welt unterschiedene[r] tragende[r] Grund“[35]. Die „Phänomene des Menschseins“ können von der Philosophie erfasst werden, und an jedem Phänomen lasse sich „jeweils eine weitere, theologische Dimension“ aufweisen[36].

Fünftens, Pannenberg nehme die Diskussion um das anthropische Prinzip bzw. um die Feinabstimmung (*fine tuning*) des Universums auf, wonach „die neuere naturwissenschaftliche Kosmologie behauptet, daß das Universum auf die Hervorbringung menschlichen Lebens angelegt sei“. Hiermit könne Pannenberg den Logos-Begriff verbinden, der die Brücke zur altkirchlichen natürlichen Theologie schlage. Die mit dem anthropischen Prinzip ermöglichte teleologische Weltbetrachtung verbinde sich ferner gut mit Pannenbergs Geschichtstheologie, die von der Eschatologie her entworfen sei[37].

Sechstens, Pannenberg nehme den Wissenschaftsbegriff der analytischen Philosophie und des kritischen Rationalismus für die Theologie in Anspruch. Auf diese Weise gelinge es ihm, „die Ausgrenzung der Metaphysik aus dem Bereich der Wissenschaft“ rückgängig zu machen[38].

So weit die Darstellung zweier Konstruktionen, die der zukünftigen Theologie einen tragfähigen Grund bereiten wollen. Untersuchen wir in aller Kürze ihre Belastungsfähigkeit.

2. *Zur Kritik neoliberaler Basiskonstruktionen*

Man hat schon früh an Schleiermachers *Glaubenslehre* bemängelt, dass sich die subjektivitätstheoretische Grundlage und die materialdogmatischen Bauelemente

[32] PrTh II, 829. Diese Aussage wird sofort relativiert: Pannenberg halte „eine rein rational begründete Theologie für unmöglich, aber in seinen Augen eignet der philosophischen Reflexion auf die anthropologische Notwendigkeit einer Erhebung zum Gedanken des Unendlichen doch die kritische Funktion der antiken natürlichen Theologie gegenüber allen Formen religiöser Überlieferung, Minimalbedingungen für ein Reden von Gott geltend zu machen.“

[33] PrTh II, 673. Aber auch hier schränke Pannenberg Hegels Idealismus ein: „Im Gegensatz zu Hegel will er der Endlichkeit menschlicher Erfahrung, der Offenheit der Zukunft und dem Eigenrecht des Individuellen gerecht werden.

[34] PrTh II, 831. Der Satz fährt fort: „wobei er allerdings das idealistische Geschichtskonzept korrigiert durch den Gedanken der Antizipation des Ganzen der Geschichte von deren Ende her in der Person Jesu.“

[35] PrTh II, 675.

[36] PrTh II, 827.

[37] PrTh II, 834, vgl. 835.

[38] PrTh II, 824.

heterogen zueinander verhalten[39]. Die Spannung zwischen pantheismusfreudiger Religionstheorie und christlichem Gottesbild, zwischen existenzialer Analyse und evangelisch-unierter Lehrkonstruktion wird bei Schleiermacher noch gemildert durch die Annahme, dass die Glaubenslehre lediglich die zu einer gegebenen Zeit jeweils geltenden Vorstellungen der historischen Kirchengemeinschaften aufzunehmen und systematisch darzustellen habe[40]. In der Auseinandersetzung mit aufklärerischer Religionskritik hat Schleiermacher sich auf die Begründung einer religionsphilosophischen Position überhaupt konzentriert und die kontingent in der Mehrheitsgesellschaft noch vorhandene Christlichkeit so nahe wie möglich mit dieser Position verknüpft. Diesselbe Absicht hatten später auch – neben anderen –Wilhelm Herrmann und Ernst Troeltsch. Herrmann analysierte die Entstehung des ethischen Bewusstseins, später die Bedingungen der indivdiuellen Selbstwerdung in der Absicht, im christlichen Glauben den Grund der Möglichkeit dieser anthropologischen Zielgrößen nachweisen zu können. Sein Werk blieb aber aporetisch, weil er einsehen musste, dass der „Weg zur Religion" nicht unbedingt ein Weg zu Gott-in-Christus war, wie es eigentlich intendiert war[41]. In analoger Weise versuchte Ernst Troeltsch in seiner Absolutheitsschrift, ein sehr weit ethisiertes Christentum als diejenige Religion nachzuweisen, die am ehesten den vorwärtsweisenden Entwicklungen der menschlichen Geistesgeschichte entspräche. In seinem Vortrag über *Die Stellung des Christentums unter den Weltreligionen*, 1922 postum veröffentlicht, räumt er hingegen ein, dass den fundamentalen anthropologischen Bedürfnissen auch auf der Basis der anderen Weltreligionen entsprochen werden könne[42]. Er hätte ergänzen dürfen, dass auch nichtreligiöse Weltanschauungen diesen psychohygienischen Dienst erfüllen können.

Der Prozess der Auflösung des Bandes zwischen subjektivitätstheoretischer Religionstheorie und kontingentem Glaubensinhalt, und damit die Pluralisierung des Letzteren, ist bei Ulrich Barth zu einem Endpunkt gekommen. Er versteht die Theologie nicht mehr als Funktion der christlichen Kirche, die aus dem Hören des Evangeliums entsteht und die dasselbe Evangelium ihrerseits zu Gehör bringt, sondern als Anweisung zur Umformung der Kirche in noch ein Diskussionsforum für geistig Interessierte. Der einst recht breite Weg, den Schleiermacher eröffnete, den Troeltsch gangbar zu halten versuchte und auf dem auch andrer, geringerer Adel protestantischer Reflexionskultur wandelt, franst am Ende in individuelle Trampelpfade aus, die richtungslos auseinander laufen. Das Christentum ist hier verdunstet; Protestanten sind jetzt alle, die nicht gerade einer Sekte oder einer Partei angehören, welche die Symbole zur Bezeichnung des kognitiv unfassbaren X, das die Welt im Innersten zusammenhält, unter äußerem oder innerem Zwang vorschreibt; oder ausgesprochene Agnostiker, die sich weigern, die Leerstelle im Denken überhaupt

---

39 Vgl. Wilhelm Bender, Schleiermachers Theologie I, 189–191; Ritschl, Schleiermachers Reden, 37, 45; Weinhardt, Vermittlungstheologie, 37f.

40 Schleiermacher, Glaube, § 19, 119–125. Der Leitsatz lautet: „Dogmatische Theologie ist die Wissenschaft von dem Zusammenhange der in einer christlichen Kirchengemeinschaft zu einer gegebenen Zeit geltenden Lehre".

41 Vgl. Weinhardt, Wilhelm Herrmanns Stellung, 229–241.

42 Vgl. Ruddies, 65.

mit einem bestimmten Symbol auszufüllen. Die Bereitschaft, sich mit einem solch bleichen Schema des historischen Christentums *als Theologe* beruflich und existenziell weiterhin zu beschäftigen, dürfte wohl nicht mehr lange auf intrinsische Gründe zurückführbar sein.

Jan Rohls führt uns eine substanziellere Variante des liberalen Protestantismus vor Augen. Bezeichnender Weise kommen Ulrich Barth und andere Vertreter einer reinen Schleiermacher-Repristination in seiner Theologiegeschichte gar nicht vor, und eine bloß subjektivitätstheoretisch begründete Religionstheorie lehnt er explizit ab.

Wie aber kann das positionelle Selbstverständnis einer Hegelschen Theologie nach Rohls konkret vorgestellt werden? Einerseits baut er die Theologie Wolfhart Pannenbergs als einstweiligen Höhepunkt der theologischen Entwicklung auf, andererseits bezeichnet er Nischenfiguren als die eigentlichen Erben des theologischen Liberalismus. Dieser Eindruck von Ambivalenz verschärft sich noch dadurch, dass Pannenberg bekanntlich wohl starke Impulse von Hegel aufgenommen hat, jedoch alles andere als ein liberaler Theologe war. Im Grunde bleibt Pannenbergs theologisches Profil bei Rohls unscharf, zwittrig zwischen liberaler Theologie und klassischer Vermittlungstheologie. In Wirklichkeit aber steht Pannenberg in einer Line, die von Karl Immanuel Nitzsch und Isaak August Dorner über Albrecht Ritschl zu Julius Kaftan und weiter verläuft.

Die Vermittlungstheologie des 19. Jahrhunderts besteht aus zwei gut definierten Gruppen von Theologen und einigen Einzelgängern in ihrer Nähe. Zum einen handelt es sich dabei um solche Schüler Schleiermachers, die seinen Ansatz in konservativer Weise auf die biblische und reformatorische Tradition zurückgebogen haben, wie etwa Friedrich Lücke, Karl Immanuel Nitzsch, Johann Christian Konrad Hofmann. Subjektivität ist nach wie vor ein wichtiger methodischer Aspekt ihrer dogmatischen Argumentation, aber nicht mehr ein exklusives Grundprinzip. Vielmehr ist das subjektive Bewusstsein hier schon individuell christlich bestimmt oder gleich mit dem kollektiven Bewusstsein der Kirche identifiziert. Die pantheistischen und rationalistischen Elemente von Schleiermachers Theologie sind bei dieser Gruppe weitgehend ausgeblendet.

Ähnliches lässt sich unter den Schülern Hegels feststellen. Die Krise des sog. Linkshegelianismus zeigte, dass Hegels Philosophie nicht dazu geeignet war, die christliche Tradition und modernes Denken als lediglich zwei verschiedene Ausdrucksweisen derselben Sache nachzuweisen. David Friedrich Strauß, Bruno Bauer, Alois Emanuel Biedermann und andere Theologen aus Hegels Schule gerieten ebenso in Widerspruch mit dem theistischen Gottesbegriff und der hohen Christologie wie Schleiermacher und seine radikaleren Schüler. Aber wie bei Schleiermacher fanden sich auch durch Hegel inspirierte Theologen, die den spekulativen Ansatz mit traditionelleren Positionen zu „vermitteln“ suchten. Richard Rothe und Isaak August Dorner mögen stellvertretend für diesen, den spekulativen Zweig der Vermittlungstheologie stehen[43].

---

[43] Vgl. Weinhardt, Ritschl/Harnack, 10–12.

Die liberale Theologie des 19. und 20. Jahrhunderts lebte wesentlich von den Grundlegungsversuchen, die Schleiermacher und Hegel für die christliche Theologie vorgeschlagen hatten. Inzwischen – endgültig seit der Postmodernismus-Debatte – ist klar geworden, dass weder der ästhetische Ansatz Schleiermachers noch der spekulative Hegels die Aufgabe einer Begründung der Wahrheit oder Allgemeingültigkeit des christlichen Glaubens leisten kann. Ulrich Barths Aussagen über die Zukunft des Protestantismus stehen für diesen Sachverhalt zumindest für den von Schleiermacher ausgehenden Zweig des theologischen Liberalismus gerade.

Rohls fordert eine Anreicherung des Schleiermacherschen Programms aus Hegels Religionsphilosophie. Pannenberg wird von ihm in dieses Profil eingezeichnet. Aber auch wenn man die Hegelschen Impulse bei Pannenberg sehr hoch veranschlagt, so gehört Pannenberg in die vermittlungstheologische Abteilung dieses Schulzusammenhangs. Rohls selbst sieht sich gezwungen, den Liberalismus Pannenbergs an vielen Stellen zu relativieren[44]. So hat Pannenberg Ernst Troeltsch genau an dem Punkt widersprochen, der die Grenzlinie zwischen liberaler Theologie und Vermittlungstheologie mit definiert. Rohls referiert Pannenbergs Theorie der Auferstehung Jesu so:

> „Das Begreifen des Kontingenten und schlechterdings Neuen in der Geschichte, wie es etwa das Ereignis der Totenauferstehung ist, erfordert allerdings den Abschied von der Anthropozentrik der historischen Kritik, die vor allem in dem von Troeltsch als für die historische Methode konstitutiv betrachteten Analogieprinzip zum Ausdruck kommt, das die prinzipielle Gleichartigkeit alles historischen Geschehens postuliert.“[45]

Nach Troeltschs Analogieprinzip[46] kann es keine Auferweckung eines Individuums gegeben haben. Für Pannenberg jedoch ist die Auferweckung Jesu der Ausgangspunkt einer christlichen Geschichtstheologie. Der erkenntnistheoretische Status der Auferweckung Jesu bleibt bei ihm insofern etwas schillernd, als er an manchen Stellen versucht, sie als historisches Faktum mit historisch-kritischen Argumenten gera-

---

44 Vgl. o. Anm. 31–34.

45 PrTh II, 671. Man vergleiche hiermit die Ausführungen aus Albrecht Ritschls Dogmatikvorlesung von 1881: „Es ist nur ein Wiederhall dieser falschen scholastischen Ansicht, daß man nach dem Maße eines vorausgesetzten Naturgesetzes die Auferweckung Christi für unmöglich und deshalb unwirklich erklärt. In der obigen Darstellung aber ist der Vorbehalt eingeschlossen, daß, wie die in der Welt auf einander bezogenen Kräfte zu Abstufungen gegen einander geordnet sind, hiedurch die Denkbarkeit dessen vorbehalten ist, daß eine neue Combination zwischen geistigem Personenleben und Natur, wie sie in Christus offenbar ist, die bis dahin geltende Regel über Tod und Leben überschreitet, und im Verhältnis dazu ein neues Gesetz verwirklicht, wonach das Lebensziel der in Christus erneuten Menschheit festgestellt wird als etwas Wirkliches gegen das bis dahin geltende Gesetz. (Nachschrift der Dogmatik-Vorlesung Albrecht Ritschls vom SS 1881 und WS 1881/82 durch Otto Ritschl, S. 228f. Prof. Dr. Dietrich Ritschl hat dieses Ms. freundlicher Weise für die Veröffentlichung zur Verfügung gestellt).

46 Troeltsch, 731f.: „Das Mittel, wodurch Kritik überhaupt erst möglich wird, ist die Anwendung der Analogie. Die Analogie des vor unseren Augen Geschehenden und in uns sich Begebenden ist der Schlüssel zur Kritik. [...] Die Übereinstimmung mit normalen, gewöhnlichen oder doch mehrfach bezeugten Vorgangsweisen und Zuständen, wie wir sie kennen, ist das Kennzeichen der Wahrscheinlichkeit für die Vorgänge, die die Kritik als wirklich geschehen anerkennen oder übrig lassen kann. [...] Diese Allmacht der Analogie schließt aber die prinzipielle Gleichartigkeit alles historischen Geschehens ein, die freilich keine Gleichheit ist, sondern den Unterschieden allen möglichen Raum läßt, im übrigen aber jedesmal einen Kern gemeinsamer Gleichartigkeit voraussetzt, von dem aus die Unterschiede begriffen und nachgefühlt werden können“.

dezu zu beweisen[47]. Im Großen und Ganzen aber stellt sich der Begründungszusammenhang eher so dar, dass die Auferweckung Jesu einerseits eine Hypothese – im wissenschaftstheoretischen Zusammenhang des kritischen Rationalismus – über das Geschick des irdischen Jesus ist, welche die weitere Hypothese nach sich ziehen kann, das Reich Gottes und die allgemeine Totenauferweckung als Ziel des Weltprozesses zu denken. Erst das tatsächliche Eintreffen des Gottesreiches wird die Hypothese der Auferweckung Jesu a posteriori (und sozusagen empirisch) bestätigen[48]. Es liegt also ein zirkulärer Begründungszusammenhang vor, und es stellt sich lediglich die Frage, wie ein Individuum in diesen Zusammenhang hineinkommt. Diese Frage führt weiter zum letzten Abschnitt dieser Studie.

3. *Kritische Vermittlungstheologie. Eine Skizze*

Die Theologien des 19. und 20. Jahrhunderts versuchten, soweit sie nicht lediglich biblizistische oder konfessionalistische Repristinationsversuche waren, die tradierten Inhalte des christlichen Glaubens mit Hilfe der damals gängigen philosophischen Werkzeuge zu sichten, zu kritisieren und zu plausibilisieren. Was aber heißt Plausibilisierung? Man konnte das Verfahren so auffassen, dass der ästhetische oder spekulative Ansatz (oder eine Kombination beider) die Wahrheit bzw. Allgemeingültigkeit des christlichen Glaubens zwingend beweisen sollte. Schon die zeitgenössische Kritik dieser Versuche zeigte aber, dass stets weniger oder gar anderes aus den philosophischen Prämissen folgte als erhofft war. Radikalere Denker ermäßigten das Wesen des Christentums einfach um die Differenz zwischen (scheinbar) logischer Konsequenz aus dem philosophischen Ansatz und tradiertem Christentum. Gemäßigtere Theologen hingegen grenzten die Reichweite des philosophischen Argumentes ein und bezogen sich bei ihrer Lehrentwicklung zusätzlich auf die biblische oder konfessionelle Tradition, die mit der philosophischen Argumentation kombiniert wurde.[49] Nimmt man die repristinierenden Theologien hinzu, kommt man zu

---

[47] Vgl. Pannenberg, Christologie, 95–97.

[48] Vgl. Pannenberg, Wissenschaftstheorie, 346f.; Albert, Fehlbarkeit, 158–167.

[49] Das literarische Hauptorgan der Vermittlungstheologie waren die *Theologischen Studien und Kritiken* (seit 1828). Ihr Programm verfassten in der Hauptsache Karl Ullmann und Friedrich Lücke. Es ist großenteils abgedruckt bei Sander 145f.: „Die Herausgeber tragen keine Scheu, sich zu dem einfachen biblischen Christentume in dem Sinne zu bekennen, daß sie dasselbe für das wahrhaftige Wort und Heil Gottes halten. Allein eben deshalb, weil sie in dem Evangelium das Wort der ewigen Wahrheit selbst anerkennen, sind sie fest überzeugt, daß dasselbe als Licht und Leben zugleich nicht weniger unsere Erkenntnis und Wissenschaft als unseren Glauben in Anspruch nimmt, und daß, sowenig es eine wahrhaft christliche Theologie ohne christlichen Glauben geben kann, ebensosehr eine die edle Gottesgabe der Vernunft und Wissenschaft verachtende Theologie ein Unding ist. Vielmehr halten wir dafür, daß zumal in der evangelischen Kirche, welche ebensowohl durch freie Wissenschaft als lebendigen Glauben geboren ist und besteht, alles wahre Gedeihen der Theologie davon abhängt, daß sich Glaube und Wissen in ihr befreunden und einander durchdringen, daß aber das wissenschaftliche Element nur in dem Maße fähig ist, sich mit dem religiösen innig zu verbinden, in welchem es, von äußeren Fesseln unabhängig, nur dem freien Gesetze der Wahrheit gehorcht, nichts weniger fürchtet als die Höhen und Tiefen der Erkenntnis, wenn auch durch Zweifel der Weg dahin führen sollte, nichts so sehr aber scheuet und flieht als auf der einen Seite die Knechtschaft des Buchstabens und aller falschen Autorität und auf der andern die Ungebundenheit und Gesetzlosigkeit des schwärmerischen Geistes. – – Unsere Zeitschrift will keiner der geltenden Parteien angehören, noch weniger darauf ausgehen, eine neue zu bilden. Vielmehr will sie, obgleich nicht ohne bestimmte

diesem idealtypischen System theologischer Positionen im 19. und (mindestens) frühen 20. Jahrhundert:

Liberale Theologie	Vermittlungstheologie	Repristinationstheologie
Das tradierte Christentum wird (mehr oder weniger ausgesprochen) so weit reduziert, dass die übrig gebliebenen Inhalte durch das philosophische Argument bewiesen werden können.	Das tradierte Christentum wird mithilfe der philosophischen Reflexion (mehr oder weniger) kritisch gesichtet, seine Inhalte umstrukturiert und plausibilisiert.	Das tradierte Christentum wird ohne Rücksicht auf bzw. im Widerspruch zu philosophischen Argumenten auf biblischer oder biblischer und konfessioneller Grundlage darzustellen versucht.

Dieses Schema ist – ich betone es noch einmal – idealtypisch. In Wirklichkeit spannen die beiden Pole ein Feld mit vielen kontinuierlichen Übergängen auf. Einzelne Theologen können daher nicht immer eindeutig einer der drei Positionen zugeordnet werden, sondern liegen zwischen dem mittleren und einem der äußeren Standpunkte. Vor allem stimmt die Selbsteinschätzung der Autoren nicht unbedingt mit einer aus der zeitlichen Distanz heraus erfolgten Fremdbeschreibung überein. Aber dieses historische Problem kann hier auf sich beruhen bleiben. Wichtiger ist an dieser Stelle die Frage, was sich ergibt, wenn das Schema auf die heutige Positionalität systematischer Theologie bezogen wird.

Es dürfte einsichtig sein, dass es keine christliche liberale Theologie im hier definierten Sinn mehr geben kann. Zum einen, es existiert keine Philosophie, die den Anspruch erheben könnte, als Basis eines wissenschaftlichen Beweises für weltanschauliche Fragen gelten zu dürfen. Zum anderen, was von kontingenten Subjektivitäts-, Existenz- oder anderen Theorien heraus als das eigentliche Wesen des Christentums ausgegeben wird, verfehlt dieses in Wirklichkeit gar zu oft.

Farbe und Charakter, vor allen Dingen bestrebt sein, und den Parteiungen der Zeit den freien Standpunkt zu gewinnen, worauf es möglich ist, das Gute und Wahre der verschiedenen Richtungen der neueren Theologie aufzufinden und zur Anerkenntnis zu bringen. Ihr höchstes Ziel und ihr innigster Wunsch ist, gleich weit entfernt von eklektischer Verwirrung des Verschiedenen, wie von der Eitelkeit willkürlicher Vermittelung, durch treues Festhalten an dem positiven Grunde in der heiligen Schrift, durch freie und gewissenhafte, so historische wie philosophische Forschung, sowie durch Ausübung einer Kritik, welche unparteiisch ebenso bescheiden und demütig als mutig und ernst das Wahre und Gute, wo es sich auch finde, anzuerkennen und zu benutzen weiß, immer mehr Vereinigungspunkte unter den Streitenden auszumitteln, wodurch es der evangelischen Kirche möglich wird, der wahren lebendigen Einheit ihrer Theologie sich immer mehr bewußt zu werden." Hans Pfisterer gibt aus dem (im Druck nirgends mehr nachweisbaren) Text der Ankündigung noch einen weiteren Satz mit dem namengebenden Begriff für die neue Richtung wieder: Die Herausgeber glauben, sich „bei allen denen rechtfertigen zu können, welche mit ihnen der Meinung sind, daß es in keiner Zeit, am wenigsten aber in der unsrigen, der wahren Vermittelungen zu viele geben könne" (Pfisterer 228). Lücke hat Ullmans Absage an die „Theologen, welche […] *das Eigenthümliche ihrer Wissenschaft reiner Philosophie aufopfern*" aus der Druckversion getilgt (a. a. O., 227, 229; Hervorhebung von mir).

Repristinierende Auffassungen und Darstellungen kommen heute im Wesentlichen kaum noch als Konfessionalismus, sondern lediglich als biblischer Fundamentalismus vor. Diese Ausprägung christlichen Denkens verdient nicht den Namen Theologie als einer rational verantworteten Form des christlichen Glaubens. Angesichts der Ausstrahlung fundamentalistischer Kirchen und Gemeinden in evangelischen Milieus wiegt auch heute Schleiermachers bange Frage schwer: „Soll der Knoten der Geschichte so auseinandergehen, das Christentum mit der Barbarei und die Wissenschaft mit dem Unglauben?“[50] Es fragt sich nur, ob zur Vermeidung des barbarischen Fundamentalismus der Übergang zu einer Position dienlich ist, bei der man am Ende sowohl vom Christentum als auch von der Wissenschaft verlassen ist.

Wie aber könnte heute eine Position zwischen Liberalismus und Fundamentalismus aussehen, die nicht nur verzagt in einer mittleren Diffusität schwebt, sondern eine sozusagen radikale Mitte behauptet? Aus den bisherigen Überlegungen ergeben sich diese Konturen:

3.1 Überfälliger Abschied von Letztbegründungen

Es gibt keine Letztbegründungen für weltanschauliche Systeme oder Grundorientierungen, zumindest nicht heute und in absehbarer Zukunft. Dies ist nicht nur eine historische Bilanz von 2500 Jahren Philosophiegeschichte, sondern auch ein syste-

---

[50] Schleiermacher, Sendschreiben, 347. Vgl. dazu Wilhelm Gräbs Grußwort bei Rohls, Schleiermacher 3f.: „Diese besorgte Frage Schleiermachers, die zu äußern er sich aufgrund massiver Kritik an seiner neuzeitlichen Theologie veranlasst sah, steht im Foyer des wunderschönen Gebäudes der Theologischen Fakultät in der Burgstraße zu lesen. Die Theologische Fakultät stellt sich damit hinter die Gegenwartsbedeutung von Schleiermachers wissenschaftlichem und religiösem Interesse. Dieses ging eben dahin, unter den Bedingungen der Moderne eine enge Verbindung zwischen Vernunft und Religion, zwischen dem christlichen Glauben und einer nach allen Seiten frei gelassenen Wissenschaft zu behaupten.“ Dass Gräb sich die zeitgemäße liberale Theologie so vorstellt wie Ulrich Barth, zeigt sein Aufsatz über das *liberale Erbe*: „In der Tradition liberaler Theologie führt vom Glauben an das Evangelium kein direkter Weg zu gegenständlichen Aussagen über Gott und sein Offenbarungshandeln. Glaube ist überhaupt kein Wissen, weder über Gott noch über sein Handeln in der Welt, sondern ein Vertrauen, das zur Kraftquelle in der Bewältigung des Lebens wird [...] Dieses liberaltheologische Erbe des Evangeliums befreit die Theologie von den unversöhnlichen Konflikten mit der Wissenschaft“ (Gräb 16). „Der Begriff der Spiritualität bringt neben allen Undeutlichkeiten, die mit ihm zweifellos einhergehen, eben dies zum Ausdruck, dass das religiöse Verhältnis der Menschen, ihre Glaubensbindung, heute entscheidend als eine individuelle Sinneinstellung verstanden wird, mit der ein Mensch Anschluss an die ursprünglichen Quellen des Lebenssinns sucht. Menschen finden zum Glauben, weil sie die Gründung im Unbedingten als Identitätsgewinn und insofern als Lebensbereicherung erfahren – in der Geborgenheit der Kindheit, in der Gemeinschaft der Kirche, in schönen Gottesdiensten an Weihnachten und an den Wenden der eigenen Biographie [...] Dazu müssen sie sich den göttlichen Sinngrund nicht als gegenständliche oder personale Wirklichkeit vorstellen“ (a. a. O., 18). „Glaubensaussagen [stellen] keine gegenständlichen Behauptungen auf und deshalb auch keine Kausalitätsverhältnisse her. Sie geben keinerlei objektiv sachhaltige Auskunft über die Entstehung des Universums, den Lauf der Geschichte oder das Ende der Welt. In der spirituellen Sinneinstellung des Glaubens werden keine objektiven, empirischen Analysen angestellt. Es werden allenfalls subjektive, narrativ fassbare Ausdrucksformen von Gefühlen, Gedanken, Reaktionen, Absichten und Motiven ausgedrückt“ (a. a. O., 21). Und mit diesem kognitionsfreien Programm soll auch noch „eine Sprache gefunden werden, die in der modernen Medienkultur Gehör findet“ (a. a. O., 22)? Doch in der Tat: Vermutlich können nur Menschen, die vollständig durch die ‚moderne Medienkultur‘ bestimmt sind, aus Inhaltslosigkeit einen persönlichen Sinn schöpfen.

matisch-philosophischer Grundsatz der Logik, die uns als Werkzeug gegeben ist.[51] Es kann daher überhaupt nicht das Ziel der Theologie sein, die Wahrheit des Christentums beweisen zu wollen. Die von der Theologie zu erwartende wissenschaftliche Verantwortung des Glaubens muss anders gefasst werden als ein Beweis der Wahrheit oder der Allgemeingültigkeit des Glaubens.

Daraus folgt, dass die Theologie sich an *keine* Philosophie oder sonstige Wissenschaft binden darf, um aus ihren Prinzipien heraus irgendwie die Geltung des Glaubens zu begründen. Insbesondere gilt dies für das positivistische Weltbild, das eine veraltete Naturanschauung darstellt, aber noch häufig genug im Hintergrund von theologischen Weltdeutungen steht. Gerade die Aspekte des Christentums, die eine Herausforderung an alte oder neue Naturanschauungen bedeuten, verdienen es, in den weltanschaulichen Dialog und in die weltanschauliche Polemik eingebracht zu werden. Eine Theologie, die es wagt, zu ihrem Gegenstand zu stehen – nämlich Gott als transzendente Wirklichkeit –, dürfte auch für den modernen Gebildeten eine interessantere Gesprächspartnerin sein als eine gottvergessende Kulturtheorie unter dem Namen der Theologie. Damit soll nicht gesagt sein, dass Kulturtheorie kein würdiger Gegenstand der Theologie sei. Aber sie ist nicht ihr einziger Gegenstand und schon gar nicht ihr Gesetzgeber.

3.2 Plausibilisierung des christlichen Glaubens im Rahmen einer Kohärenztheorie der Wahrheit

Dass auch die Theorien der nichttheologischen Wissenschaften historischen Veränderungen und Entwicklungen unterliegen, bedeutet nicht, dass die jeweils gültigen Theorien bedeutungslos für die Theologie sind. Relative Erkenntnisfortschritte der historischen Wissenschaften und der Naturwissenschaften sind unbestreitbar, selbst wenn man das Maß der möglichen Annäherung wissenschaftlicher Modelle an die Wirklichkeit (im Sinne einer Konvergenztheorie der Wahrheit) vorsichtig veranschlagt. Es spräche daher sehr gegen den Wahrheitsanspruch des Christentums, wenn es *über lange Zeiten* hinweg im Widerspruch zu zentralen Theorien der anderen Wissenschaften stehen müsste.

Gehen wir der Einfachheit einmal davon aus, dass (zunächst) innerhalb der christlichen Konfessionen oder Strömungen die *Grundlinien* der biblischen Theologie auf der Höhe des aktuellen Wahrheitsbewusstseins bestimmbar sind (vgl. aber 3.3 und 3.6). Diese Grundlinien können kohärent mit verschiedenen Weltbildern sein, aber für die Theologie ist es wichtig, den Grad der Kohärenz mit dem aktuellen Weltbild der anderen Wissenschaften zu analysieren. Dabei sind Fragen wie die folgenden zu stellen:

(1) Lassen sich biblisch-theologische Glaubensvorstellungen unverkürzt so ausdrücken, dass sie aus dem Zusammenhang der antiken Weltbilder in den Zusam-

---

[51] Vgl. Albert, Traktat, 15; Ders., Fehlbarkeit 88–94; vgl. ferner in diesem Zusammenhang den Hinweis von McGrath, Dawkins Illusion, 9: Die Grand Unified Theory (GUT) soll eine Theory of Anything (TOE) sein. Allerdings kann auch die GUT dem Albertschen Trilemma nicht entgehen. „Warum ist überhaupt etwas, und nicht vielmehr nichts?“ bliebe auch dann als Frage bestehen, wenn eine GUT bzw. TOE einst gefunden würde.

menhang des aktuellen Weltbildes hinübergenommen werden können? (Kohärenzebene I: zwischen theologischen Aussagen und dem aktuellen Weltbild)

(2) Lassen sich fremdwissenschaftliche Vorstellungen, die oft metaphorisch sind, ihrerseits als Metaphern für die Rede von Gott verwenden, also als Gleichnisse für Gott und sein Handeln in und mit der Welt? (Diese Frage richtet sich auf eine besondere Weise der Reformulierung der theologischen Aussagen innerhalb des aktuellen Weltbildes.)

(3) Führt die Reformulierung dieser Vorstellungen zu einer größeren oder geringeren Kohärenz der theologischen Aussagen? (Kohärenzebene II: zwischen den theologischen Aussagen, die innerhalb des aktuellen Weltbildes reformuliert wurden.)

Es gibt sicher viele Beispiele dafür, diese Fragen positiv zu beantworten. So herrscht innerhalb der Theologie ad (1) weitgehend Konsens darüber, dass die Erschaffung der Welt durch Gott im Rahmen des evolutionären Weltbildes unverkürzt reformuliert werden kann[52]. Ad (2) hat etwa Wolfhart Pannenberg vorgeschlagen, den Heiligen Geist in der Welt als ein feld-ähnliches Seiendes zu denken[53]. Auch wenn man die Reichweite dieser (wie jeder anderen) Metapher einschränken kann und muss[54], so bleibt doch die Analogie zwischen Geist und physikalischem Feld insofern bestehen, als es sich bei beiden um eine immaterielle Größe handelt, die an materiellen Strukturen innerhalb ihrer Reichweite Wirkungen hervorrufen kann. Ad (3) ließe sich etwa zeigen, dass der Schöpfungsgedanke innerhalb eines evolutionären Weltbildes besser dazu geeignet ist, den Selbst-Stand des Menschen auszudrücken, der mit dem Begriff des Vertrauens als Grundbeziehung zwischen Schöpfer und Geschöpf gedacht ist, als es etwa im Rahmen der wörtlich verstandenen Schöpfungserzählung der Fall wäre. Denn indem Gott evolutiv erschafft, verzichtet er auf ein Sich-Andrängen an das Geschöpf, auf den täglichen Appell (vgl. Gen 3,8f.), der keine Möglichkeit des Rückzuges lässt. Indem Gott hinter den Vorhang der anderen Kreaturen zurücktritt, versetzt er den Menschen in die Lage, aufgrund eigener Erfahrungen, eigener Zweifel und eigener Hoffnungen nach Gott zu suchen und seinen Spuren zu folgen.

Je mehr Kohärenz zwischen dem christlichen Glaubensinhalt bzw. seiner Theologie und dem wissenschaftlichen Weltbild einer Zeit festgestellt werden kann, desto stärker wird der Wahrheitsanspruch des Christentums plausibilisiert. Damit ist kein demonstrativer Beweis für diesen Wahrheitsanspruch geführt, weil es erstens einen solchen Beweis grundsätzlich nicht geben kann (3.1), weil er zweitens, wenn es ihn gäbe, nur von zeitlicher Dauer wäre und weil drittens vermutlich der Konsens bei der Feststellung einer Kohärenz nicht allgemein diskursiv zu erzwingen wäre, etwa im Dialog zwischen Christen und Anhängern des *new atheism*.

Wie aber soll eine fehlende Kohärenz zwischen theologischen und fremdwissenschaftlichen Aussagen beurteilt werden? Auch solche Fälle lassen sich leicht namhaft

---

52 Vgl. den Beitrag von Julia Hoffmann in diesem Band.
53 Vgl. Pannenberg, Systematische Theologie II, 99–103.
54 Vgl. Evers, Raum 270–277.

machen. Stellt man sich zum Beispiel den oben genannten Fragen (1) bis (3) nicht mit dem Thema *Schöpfung*, sondern mit *Eschatologie*, so wird man ad (1) feststellen müssen, dass die biblischen Grundlinien der Eschatologie sich nicht einfach das Weltbild der naturwissenschaftlich begründeten Kosmologie übertragen lassen. Weder der Endknall noch der Wärmetod des Universums lassen sich als Rahmen der christlichen Zukunftshoffnung ansetzen. Zwischen den beiden Beschreibungen der möglichen Eschata der Welt/der Schöpfung herrscht vielmehr ein diametraler Gegensatz. Eine „Vermittlung", die beiden Prognosen so viel abdingte, dass sie sich in der Mitte träfen, wäre geradezu absurd. Andererseits kann der Glaube an das Reich Gottes und das ewige Leben auch nicht der Aussage, dass alles Seiende zu Nichts werde, geopfert werden, ohne das Christentum und seine Theologie aufzuheben. Also wird die Theologie mit dem Mangel an Kohärenz kreativ umgehen und den Glaubenssatz als eine Gegenhypothese zum naturwissenschaftlichen Weltbild behandeln müssen[55]. Ein solcher theoretischer Widerspruch zu einer wissenschaftlichen Theoriebildung ist nicht von Anfang an ein Makel des Christentums, sondern ein Hinweis auf die identitätsbildenden Züge dieser religiösen Weltanschauung. Wenn der christliche Glaube nichts anderes mehr zu sagen hätte als die Wissenschaften, so wäre er entweder sinnentleert und damit überflüssig, oder das Eschaton wäre schon angebrochen. Die christliche Theologie hat im Falle eines Widerspruchs zu einer wissenschaftlichen Theorie jedoch zum einen die Aufgabe, ihren eigenen Gegenstand noch gründlicher zu reflektieren, zum anderen, den Grund ihrer Differenz zu den Wissenschaften zu benennen und in eine erkenntnistheoretische Diskussion mit diesen zu treten, um die Ursache für die Differenz auszumachen[56].

Rohls' Metapher von einer „Versöhnung" von Glaube und Vernunft, die Pannenberg teilweise durch die Anknüpfung der Theologie an naturwissenschaftliche Theorien (Weltoffenheit des Menschen, *fine tuning* des Universums)[57] gewonnen habe, ist daher differenziert zu beurteilen. Zum einen vollzieht sich Versöhnung durchaus zwischen zwei Verschiedenen und weist nicht die bisher unerkannte Identität zweier Größen nach. Versöhnte Verschiedene können in einer Beziehung stehen, in welcher immer wieder der Eine den Andern in seiner Andersheit braucht, um die eigene Identität zu entwickeln oder zu erhalten. Ob aber ein Widerspruch zwischen Verschiedenen zu einem Dialog in gegenseitiger Achtung führt oder zu Streit und Dialogverweigerung, dürfte von den jeweiligen am Kommunikationsprozess beteiligten Individuen abhängen.

3.3 Bestimmung des Wesens des Christentums durch historische Kritik ohne positivistisches Vorurteil

Die Vermittlungstheologie war und ist keine repristinierende Theologie. Also muss sie das Christentum kritisch bestimmen. Als Offenbarungsreligion bezieht sich der

55 Vgl. Weinhardt, Eschatologie, 161f.
56 Vgl. Härle, 24–26.
57 Vgl. o. S. 118.

christliche Glaube auf geschichtliche Vorgänge, konkret auf die Geschichte Israels und Jesu von Nazaret. Diese Geschichte ist in den Schriften des Alten und Neuen Testaments, daneben auch in außertestamentarischen Schriften dokumentiert. Die historisch-kritische Methode bildet demnach das primäre Handwerkszeug der Bestimmung des Christlichen.

Es liegt hier aber das schon gestreifte Problem zu Tage, dass vor allem – aber nicht nur – bei der Sachkritik das Weltbild des Historikers zum Kriterium der Textauslegung wird. Ernst Troeltschs Rede von der „Allmacht der Analogie" kann durchaus akzeptiert werden, wenn auch nicht in dem Sinn, den er ihr selbst gegeben hat. Wenn wir in den biblischen Schriften von Vorgängen lesen, für die wir keine Analogien im gegenwärtigen Weltbild haben, sei es nun eine sprechende Eselin oder die Auferweckung eines Toten, so werden wir geneigt sein, die Faktizität dieser Vorgänge zu bezweifeln. Es reicht die Allmacht der Analogie durchaus so weit, dass sie uns zu einer kritischen Einschätzung solcher Berichte zwingt. Glaube ist nicht Leichtgläubigkeit. Troeltsch hat jedoch das Analogieprinzip so verstanden, dass er die Realität eines analogielosen Vorganges a priori ausschloss.

Die Auferweckung Jesu von den Toten hat aber den christlichen Glauben historisch begründet. Ich sehe auch nicht, wie die Hoffnung auf die Realisierung des Gottesreiches, auf die Gerechtigkeit und auf das ewige Leben systematisch anders begründet werden könnte als durch die Annahme eines analogielosen Handelns Gottes an Jesus von Nazaret. Die alternativen Begründungsweisen für die christliche Hoffnung seitens der liberalen Theologie des 19. und 20. Jahrhunderts haben versagt. Entweder gibt es in der Empirie der Menschheitsgeschichte ein Ereignis, das über die alltägliche Erfahrung hinausweist, oder wir sind in dieser Erfahrung gefangen[58]. Nur das Historisch-empirische, nicht das Spekulative oder Subjektivitätstheoretische macht selig.

Also steht die christliche Theologie vor der Aufgabe, das Analogielose denkbar zu machen oder zu verstummen. Es wird dadurch das Recht der historisch-kritischen Methode keineswegs bestritten, und daher ist eine zeitgemäße Vermittlungstheologie kein fundamentalistischer Biblizismus. Theologie, die das Analogielose zu denken versucht, steht aber auch in guter Nachbarschaft zu anderen noch einmal aufgeklärten wissenschaftlichen Disziplinen. Während die Naturwissenschaften im 19. Jahrhundert in einigen ihrer Vertreter zu einem aus heutiger Sicht geradezu bornierten Positivismus beigetragen haben, steckt die Physik immense Energien in Experimente, die das bisher ausgearbeitete Bild der natürlichen Welt erweitern sollen. Elementarteilchenphysiker hoffen, dass am *Large Hadron Collider* in Genf nicht nur einige Prognosen bestätigt werden, sondern dass sich weitere Anomalien finden lassen, die die Theoriebildung vorantreiben könnten[59]. Dass die Anomalie des Christentums am Anfang seiner Geschichte steht und experimentell nicht erfasst werden kann, bildet gewiss einen gewichtigen Unterschied zu der Sehnsucht der zeitgenössi-

58 Es soll an dieser Stelle nicht diskutiert werden, was gegen sog. mystische Erfahrungen als Begründungsinstanz für transzendente Hoffnungsgrößen spricht.

59 Vgl. Randall, 511f.

schen Physik, die sich auf experimentell beherrschbare Brechungen der Normalerfahrung richtet. Dennoch ist die Analogie in der Suche nach dem bisher Analogielosen unübersehbar.

Die prinzipielle Offenheit der Wissenschaften für Neues und bisher Unbekanntes formuliert im Übrigen auch Francois Lyotard:

> „Im Prinzip verkörpert kein Wissenschaftler das Wissen, und keiner vernachlässigt die ‚Bedürfnisse' einer Untersuchung oder die Bestrebungen eines Forschers unter dem Vorwand, sie seien für die ‚Wissenschaft' als Ganzes nicht performativ. Die normale Antwort eines angesprochenen Forschers ist vielmehr: Man muß sehen, erzählen Sie Ihre Geschichte".[60]
> „Insoweit die Wissenschaft differenzierend ist, stellt sie in ihrer Pragmatik das Anti-Modell des stabilen Systems dar. Jede Aussage ist festzuhalten, sobald sie einen Unterschied zum Bekannten enthält, sobald sie argumentier- und beweisbar ist. Sie ist ein Modell eines ‚offenen Systems', in welchem die Relevanz der Aussage darin besteht, ‚Ideen zu veranlassen', das heißt andere Aussagen und andere Spielregeln. Es gibt in der Wissenschaft keine allgemeine Metasprache, in die alle anderen übertragen und in der sie bewertet werden können. Das verbietet die Identifikation mit dem System und letztlich den Terror."[61]

An dieser Stelle stellt sich nun auch die Frage, wie mit dem auf dieser Tagung schon öfter angesprochenen Kriterium von Occams Rasiermesser umgegangen werden soll[62]. Die Plausibilität dieses Kriteriums steht prinzipiell außer Zweifel. Wenn aber das Analogielose gedacht werden soll, um das Wirklichkeitsverständnis zu erweitern, dann würde Occams Rasiermesser gerade dieses analogielose Sein abschneiden. Wenden wir diese Überlegung gleich auf die Auferweckung Jesu von den Toten an. Die historisch-kritische Rekonstruktion der Ostereignisse ohne philosophisches Vorurteil ermöglicht es, sie als analogieloses Handeln Gottes an seinem Gesandten zu deuten – aber sie erzwingt dies nicht. Wer sich zur christlichen Deutung entschließt, setzt ein Seiendes an, das sonst nicht benötigt wird, um den Weltprozess im Zusammenhang zu erklären (so weit dies überhaupt möglich ist). Wer dem aufgrund von Occam's razor nicht folgen will, etwa weil er oder sie am positivistischen Vorurteil festhalten will, muss in Kauf nehmen, sich einem realen Seienden zu verschließen. In wie weit der nur bedingte Gebrauch des erkenntnistheoretischen Werkzeuges zu einer Selbstimmunisierung der Theologie führt, wird weiter unten noch einmal thematisiert.

3.4 Empirische Wissenschaften als Gesprächspartner der Theologie

Die evangelische Theologie lebt heute zu einem bedeutenden Grad vom Erbe der idealistischen Systeme. Auch Barth sieht in der Rückkehr zu Schleiermachers Sub-

---

60 Lyotard, 183. Er bezieht sich hier auf Peter Brian Medawar: Die Kunst des Lösbaren. Reflexionen eines Biologen, 1972. Vgl. auch Lyotard, 173f.: „P. B. Medawar sagte seinerseits, ‚Ideen zu haben ist der höchste Erfolg für einen Forscher', es gebe keine ‚wissenschaftliche Methode', und ein Forscher sei zunächst jemand, der ‚Geschichten erzählt' und bloß angehalten ist, sie zu verifizieren".

61 Lytoard 185f. Das Problem der Verifizierbarkeit von Aussagen scheint bei diesen Äußerungen nicht mit berücksichtigt zu sein.

62 Vgl. u. 177, 210, 228f.

jektivitätsphilosophie das Heil der Theologie, Rohls votiert zum Teil für eine Wiederaufnahme der Hegelschen Spekulation. Ungefähr seit Otto Pfleiderer hat sich auf dieser Grundlage aber keine interessante christliche Dogmatik mehr ausbilden können. Hingegen haben sich auf dem Gebiet der Naturwissenschaften Ansätze zu weltanschaulichen Systembildungen ergeben, mit denen es sich auseinanderzusetzen lohnt. Das begann schon mit Darwins Evolutionstheorie und ihren weltanschaulichen Ablegern, galt in hohem Maße für die philosophische Anthropologie des 20. Jahrhunderts[63] und gilt heute auch für die kosmologischen Theoriebildungen aus der Physik. Die Verabschiedung des Dialoges der Theologie mit der Naturwissenschaft durch Barth ist voreilig. Der christliche Glaube, der nicht in der Endlichkeitsreflexion stecken bleibt, sondern auf das ewige Leben des Menschen und auf Gerechtigkeit für die Welt hofft, kann nicht an biologischen und kosmologischen Einsichten vorbeigehen. Die Naturgeschichte gehört mit zur Identität des Menschen, die Evolution bestimmt die Grundstruktur der Welt. Entweder ist die Religion nur eine Sache für das isolierte menschliche Bewusstsein und vergeht mit diesem, oder sie stellt den ganzen Menschen in einen umfassenden Rahmen und hat dann auch auf seine Biologie und auf die Grundstrukturen der Welt zu reflektieren. In diesem Zusammenhang weist Rohls auf Pannenbergs Indienstnahme naturwissenschaftlicher Begriffe hin. Nach 3.1 darf die Bezugnahme der theologischen Theoriebildung auf solche naturwissenschaftlichen Befunde nicht als ein letztgültiger Begründungszusammenhang aufgefasst werden. Die Theologie arbeitet mit naturwissenschaftlichen Erkenntnissen im Bewusstsein der Geschichtlichkeit beider Disziplinen. Wenn heute das *fine tuning* der Naturkonstanten einen Anlass bietet, sich im Gegenüber zur anderen Wissenschaft zu profilieren, so wird in einem anderen Jahrhundert möglicherweise ein anderes Phänomen diesen Diskursanlass bilden.

Bei den Kohärenzbestimmungen zwischen der Theologie und den anderen Wissenschaften (3.2) kommt den Naturwissenschaften eine bedeutende Rolle zu. Denn sie verfügen über ein relativ hartes Wahrheitskriterium, das es plausibel erscheinen lässt, gut begründete Erkenntnisse jeweils als Referenzrahmen anzusetzen. Dabei soll nun aber nicht die klassische Magd-und-Herrin-Rollenverteilung zugrundegelegt werden (in keiner der beiden möglichen Varianten). Die Theologie kann nicht ein zu irgendeiner Zeit gültiges naturwissenschaftliches Weltbild unbefragt hinnehmen, um es passend mit ihren religiösen Aussagen zu dekorieren. Im 19. Jahrhundert haben die nicht-liberalen Theologen zum Teil energisch gegen die weltanschaulichen Verengungen protestiert, die manche Naturwissenschaftler fixiert hatten, indem sie zwar naturwissenschaftlich argumentierten, aber die Grenze des empirischen Wissens gleichzeitig verwischten oder verschleierten. Die heutige Naturwissenschaft, namentlich die Physik, ist aufgrund ihrer eigenen Entdeckungen offener geworden für weltanschauliche Entwürfe, weil sie derzeit selbst weltanschauungsähnliche Konstruktionen wagen muss, wenn sie ihre gesicherten Erkenntnisse in einen universalen Deuterahmen stellen will[64].

---

63 Vgl. Fischer, Philosophische Anthropologie.
64 Vgl. Weinhardt, Eschatologie, 147–156.

Treten die Naturwissenschaften an die Stelle eines Hauptgesprächspartners der Theologie, so bleiben Hegels spekulative Entwicklung des Geistprozesses und Schleiermachers Analyse menschlichen Bewusstseins nach wie vor wertvolle Beiträge zu einer theologische Anthropologie, mit deren Hilfe von Fall zu Fall die biologischen und die sozialwissenschaftlichen Erkenntnisse über den Menschen und die biblisch-anthropologischen Traditionen vermittelt werden können. Als wissenschaftliche Fundamentaltheorie hat der „romantische Idealismus“[65] jedoch ausgedient.

Die verstärkte Auseinandersetzung mit den empirischen Naturwissenschaften und ihren weltanschaulichen Konstruktionen steht in Analogie zu dem Erneuerungsschub, den die Theologie erfuhr, als sie sich – nicht erst im 19. Jahrhundert[66] – mit bisher unbekannten religionsgeschichtlichen Quellen beschäftigen konnte. Liberale Theologen aus England haben schon länger eingesehen, dass die Fixierung auf idealistische Geistmetaphysik in Koppelung mit einer logisch-positivistischen Naturanschauung eine verhängnisvolle Verengung des wissenschaftlichen Horizontes bedeutet[67]. Mit dieser Einsicht gilt es ernst zu machen.

3.5 Keine Selbstimmunisierung der christlichen Theologie

Manchen Spielarten der christlichen Theologie wurde vorgeworfen, sie immunisieren sich selbst gegen kritische Anfragen[68]. Es ist sicher nicht einfach, diesem Problem zu entgehen. Das Christentum kann, in Anlehnung an Wolfhart Pannenberg und den kritischen Rationalismus, so lange als begründete Weltanschauung gelten, als es im Stande ist, die Kohärenz mit sonstigen Wissenstraditionen zu behaupten. Endgültig als Wahrheit wird es erst erwiesen sein, wenn die eschatologische Selbstoffenbarung Gottes stattgefunden haben wird, welche Jesus mit seiner Verkündigung vom Reich Gottes andeutete. Dies wird vermutlich nicht im Rahmen einer erkenntnistheoretischen Debatte stattfinden.

Um ihre Berechtigung als Wissenschaft im Rahmen eines rationalen Diskurses nachzuweisen, sollte die Theologie auch Umstände angeben können, unter denen sie den Anspruch auf die Wahrheit ihrer Inhalte aufzugeben sich genötigt sähe. Eine erste Antwort auf diese Anfrage lautet: Wenn die Selbstoffenbarung Gottes, wenn das Reich Gottes endgültig ausbliebe, müsste das Christentum als falsifiziert gelten. Aber in diesem Fall gäbe es möglicherweise niemanden mehr, der dieses Ausbleiben konstatieren könnte.

Eine andere Falsifikationsbedingung kann leichter aufgestellt werden: Wenn das Christentum endgültig nicht mehr die Kraft hätte, sein Wesen so auszudrücken, dass es dem Kohärenzkriterium entspricht, dann müsste wohl zugestanden werden, dass es keine zutreffende mentale Rekonstruktion der Wirklichkeit sei. Stellen wir uns

---

65 Mit dieser und ähnlichen Wendungen bezeichnet Emanuel Hirsch die theologische Höhenlage der Entwürfe Schleiermachers und Hegels. Vgl. Hirsch 8f. In Pannenbergs Anthropologie werden idealistische und biologische Gesichtspunkte sehr eng auf einander bezogen. Vgl. Pannenberg, Systematische Theologie II, 282–287; Ders., Anthropologie, 25–150.

66 Vgl. z. B. Scholder, 79–104.

67 Vgl. Markham, Liberal Tradition, 3f. Diese Einsicht fehlt indessen bei Chapman, Liberal Theology.

68 Vgl. Mogk, Eigenständigkeit, 51f.

also vor, es gebe zu einem bestimmten Zeitpunkt Christen nur noch im Dschungel der Vorstädte, als Verweigerer von höherer Bildung, und es käme lange Zeit kein Augustinus, kein Luther mehr aus ihren Kreisen – dann würde das Christentum an die religionswissenschaftlichen Fakultäten, Abteilung Religionsgeschichte übergeben werden können – so wie heute der hellenische Polytheismus oder andere ausgestorbene Kulte. Es wird an diesem Punkt möglicherweise darauf verwiesen werden, dass nach Paulus die Weisheit Gottes gerade nicht mit der Weisheit der Welt konform gehe und dass daher der Wahrheitsanspruch des Christentums nicht daran gemessen werden dürfe, ob es vor dem Forum einer un- oder widerchristlichen Vernunft bestehen könne. Aber die Paulusbriefe selbst sind ein Zeugnis davon, dass der christliche Glaube zwar von Zeit zu Zeit als Gegenentwurf zu sonstiger Weisheit ausgebildet werden können muss, aber nicht als Weisheitslosigkeit. Wenn die Weisheit des Kreuzes und der Auferstehung die menschliche Weisheit überragt, so wird sie diese Differenz auch für die menschliche Weisheit artikulieren und diese vor die Frage stellen können, ob sie sich weiter zu entwickeln habe als bisher. Das ist etwas anderes als ein selbstgenügsames Verstummen.

3.6 Historizität und Normativität der systematischen Theologie

Schleiermacher hat die Dogmatik so definiert, dass sie die Zusammenstellung der zu einer gewissen Zeit in der evangelischen Kirche im Umlauf befindlichen Anschauungen sei[69]. Dieser Beschreibung der prinzipiellen Zeitgebundenheit der systematischen Theologie ist zuzustimmen, wenn festgehalten wird, dass sie auf der anderen Seite keine Teildisziplin der empirischen Folkloristik ist. Die Dogmatik ist vielmehr die Teildisziplin der Theologie, welche mittels Auslegung der Bibel beschreibt, was in der evangelischen Kirche geglaubt werden soll. Die Dogmatik ist also deshalb geschichtsgebunden, weil die Auslegung der Bibel geschichtsgebunden ist. Daher ist sie nicht die Zusammenstellung der zu einer bestimmten Zeit in der Kirche faktisch für wahr gehaltenen Anschauungen, sondern die Zusammenstellung der zu jener Zeit als ideale Beschreibung der für wahr zu haltenden Anschauungen geltenden Sätze. Wenn es in einer Zeit in der Kirche keinen Konsens über die für wahr zu haltenden Sätze gibt, hat die Dogmatik die Gegensätze dieser Zeit zu beschreiben und für die Zukunft an einem Konsens zu arbeiten. Diese Arbeit kann aber nicht darauf abzielen, die endgültige Dogmatik herzustellen, denn auch zukünftige Zeitalter werden ihre je eigene geschichtsbedingte Auslegung der Bibel haben, und das wahre Dogma ist nach einem Wort Karl Barths ein eschatologischer Begriff[70].

Trotz ihrer Historizität hat die systematische Theologie also auch einen normativen Charakter. Denn sie ist die menschliche Bemühung, die Norm des Christentums in je ihrer Zeit zum Ausdruck zu bringen. Diese Norm besteht in der geschichtlichen Offenbarung Gottes in der Geschichte Israels bis auf Jesus von Nazaret. Als Norm gilt die Offenbarung für den christlichen Glauben, weil sie diesen Glauben über-

---

[69] Vgl. o. Anm. 40.
[70] Vgl. KD I/1, 283.

haupt erst hervorgebracht hat und weil an ihre Stelle als Grund des Glaubens keine andere Begründungskonstruktion treten kann – zumindest nicht bis heute. Was bislang als alternative Begründung des christlichen Glaubens vorgeschlagen wurde, hat noch immer zu einer substantiellen Verkürzung des Glaubensgehaltes geführt.

3.6. Lehrgesetzlichkeit und Hoffnung

Wenn die Dogmatik die für wahr zu haltenden christlichen Glaubensaussagen systematisiert, so stellt sich die Frage nach der Lehrgesetzlichkeit in der evangelischen Kirche. Richtet man nicht ein Gesetz auf, stellt man nicht Leistungsanforderungen, wenn man in der Kirche Sätze formuliert, die für wahr zu halten sind? Diese Frage ist nicht von der Hand zu weisen. Auch die Forderung, kognitive Inhalte zu assimilieren, könnte ein Werk werden, mit welchem man sich die Rechtfertigung vor Gott zu verdienen versucht. Als verdienstliche moralisch-religiöse Leistung kann eine solche Forderung nicht gestellt werden. In diesem Zusammenhang ist an Paul Tillichs Formel von der Rechtfertigung des Zweiflers zu erinnern[71]. Das Evangelium kann aber unter der Voraussetzung einer mangelnden Letztbegründungsfähigkeit auch prinzipiell nicht mehr in der Form kommuniziert werden: „Dies musst Du glauben, um gerettet/geheilt/erlöst zu werden!“, sondern allenfalls in der Gestalt: „Es gibt Rettung/Heil/Erlösung – Du darfst es glauben!“[72]

Lehrgesetzlichkeit liegt vor, wenn dem Menschen eine Lehre durch inneren oder äußeren Zwang zugemutet und aufgebürdet wird. Das Evangelium ist nun zwar auch eine Zu-Mutung, indem es den Mutlosen Grund zur Hoffnung zuspricht. Aber ein Grund zur Hoffnung ist nicht Gesetz, sondern, wenn er als solcher wahrgenommen werden kann, Glück. Das Insistieren auf der adäquaten Fassung und Weitergabe des Evangeliums geschieht also, um eine unersetzbare Lebensressource offen zu halten.

Die Aufgabe, das Evangelium vor dem Wirklichkeits- und Wahrheitsverständnis der jeweiligen Gegenwart zu verantworten, mutet auf der anderen Seite den Glaubenden zu, die jeweils geltenden Ausdrucksformen des Glaubens auf ihre Durchsichtigkeit auf dieses Wirklichkeitsverständnis hin zu überprüfen. Dies wird von manchen als Verkürzung oder gar Verfälschung des Glaubens aufgefasst[73]. Es gilt dabei, jeweils zwei Kriterien der christlichen Dogmatik gerecht zu werden, die in dialektischer Weise auf einander bezogen sind, nämlich die Evangeliumsgemäßheit und die Zeitgemäßheit. Eine nicht zeitgemäße, sondern zeithörige Rekonstruktion des Christentums läuft tatsächlich Gefahr, die Hoffnung des Glaubens zu verkürzen. Aber auf der anderen Seite führt eine traditionalistische und nicht zeitgemäße Theologie dazu, die Hoffnung des Glaubens in unverständlichen Formen zu verstecken. Die anhaltende Reflexion der Glaubensformen sowohl aus dem Geist der Offenbarung als auch aus dem Wahrheitsbewusstsein einer Zeit heraus macht einen christlichen Traditionalismus unmöglich. Die Orthodoxie einer Vergangenheit kann

---

71 Vgl. Tillich, Rechtfertigung und Zweifel.

72 Vgl. zu dieser Akzentverschiebung in der Eschatologie den Beitrag von Birgitta Annette Weinhardt u. 289f.

73 Vgl. dazu etwa Oberndorfer, Perspektivische Wahrheit, 263f.

zum Fehlglauben der Gegenwart werden (muss es aber nicht!), und eine Heterodoxie der Gegenwart kann – mit Schleiermacher[74] – zur Orthodoxie der Zukunft werden (muss es aber nicht). Dass in der evangelischen Theologie immer wieder theologische Bestimmungen des Glaubens im Ringen miteinander liegen, ist unvermeidlich. Möglicherweise kann sich die christliche Kirche auch immer nur von den vergangenen Fehlformen des Glaubens befreien.

3.7 Theologie als Deutung, Theologie als Konstruktion

Der christliche Glaube ist eine Deutung der Welt[75] unter der Voraussetzung der Offenbarung Gottes in Jesus von Nazaret. Damit ist der christliche Glaube (auch) ein Konstrukt. Jedes Verstehen ist Deutung, jedes Verstehen ist Konstruktion. Das Sprachspiel der Hermeneutik kann ohne weiteres auf das Sprachspiel des Konstruktivismus abgebildet werden. Allerdings lässt der technokratische Jargon des konstruktivistischen Sprachspiels Bedenken dagegen lebendig werden. Wie dem auch sei: Die Phasen von Konstruktion, Dekonstruktion und Rekonstruktion sind in der neuzeitlichen Theologie gängig. Das beginnt schon mit Luthers Kritik an der mittelalterlichen Konstruktion des Christentums, mit seiner Dekonstruktion dieser Variante des christlichen Glaubens und mit der Rekonstruktion (Reformation) des evangelischen Verständnisses des Christentums anhand der Norm (Konstruktionsmaßstab) des *sola scriptura*. Noch deutlicher werden diese drei Arbeitsschritte in der neuprotestantischen Theologie. Sie hat eingesehen, dass schon die biblischen Texte selbst Deutungen (Konstruktionen) der Wirklichkeit sind. Historische Kritik versucht, die historischen Phänomene selbst hinter der biblischen Deutung zu identifizieren, was letztlich jedoch auch nicht auf absolute und objektive historische Realität führt. Die systematische Theologie rekonstruiert auf der Grundlage der Ergebnisse der historischen Bibelkritik eine Weltdeutung, die den Gehalt der geschichtlichen Offenbarung Gottes vor dem Wirklichkeits- und Wahrheitsverständnis ihrer Gegenwart zu verantworten versucht. Selbstverständlich besteht hier eine Zirkularität darin, dass das Wirklichkeitsverständnis der Gegenwart schon bei der Differenzierung zwischen historischem Phänomen und biblischer Deutung dieser Phänomene vorausgesetzt werden muss.

Die christliche Kirche ist also als Gemeinschaft der Glaubenden auch eine Deutungs- bzw. Konstruktionsgemeinschaft. Sie weiß, dass die Deutung der Welt nach dem Maßstab der Offenbarung Gottes in Jesus kein logisch notwendiger Akt ist, sondern eine kontingente Entscheidung. Sie weiß, dass auch die Weltkonstruktionen auf der Grundlage dieser Vorentscheidung nicht uniform ausfallen müssen. Dies bedeutet jedoch nicht, dass sich die Arbeit an der Ausformung einer zeitgemäßen christlichen Weltdeutung immer wieder und prinzipiell so oder auch anders gestalten und zu immer anderen oder gar beliebigen Ergebnissen führen könnte. Wir erkennen zumindest im Nachhinein relativ leicht theologische Fehlentwicklungen

---

74 Schleiermacher, Glaube § 25, Zusatz (145f.).

75 Vgl. Korsch, 14, 31–33, 125–131; Lange, 192–214.

(z. B. die papalistische Theologie des Mittelalters, die Theologie der „Deutschen Christen“). Daher sollten wir uns in unserer Gegenwart darum bemühen, mit unsrer Theologie dermal einst nicht beschämt dazustehen. Ob dies gelingt, wird sich freilich auch erst a posteriori erweisen. Darin liegt die grundsätzliche Demut der Theologie.

Literatur

Abgekürzt zitiert (PrTh I/II) wird: Rohls, Protestantische Theologie (s. unten).

Albert, Hans: Traktat über kritische Vernunft (UTB 1609), ^{5}1991.

Albert, Hans: Die Wissenschaft und die Fehlbarkeit der Vernunft, 1982.

Barth, Karl: Die kirchliche Dogmatik, Bd. I/1, 1981^{10}.

Barth, Ulrich: Abschied von der Kosmologie. Welterklärung und religiöse Endlichkeitsreflexion, in: Ders., Religion in der Moderne, 2003, 401–426.

Barth, Ulrich: Gedanken zur Zukunft des Protestantismus, in: Ders., Aufgeklärter Protestantismus, 2004, 389–396.

Barth, Ulrich: Die Religionstheorie der ‚Reden'. Schleiermachers theologisches Modernisierungsprogramm, in: Ders., Aufgeklärter Protestantismus, 2004, 259–289.

Barth, Ulrich: Die subjektivitätstheoretischen Prämissen der ‚Glaubenslehre'. Eine Replik auf K. Cramers Schleiermacher-Studie, in: Ders., Aufgeklärter Protestantismus, 2004, 329–351.

Bender, Wilhelm: Schleiermachers Theologie mit ihren philosophischen Grundlagen dargestellt, 2 Bde., Nördlingen 1876/78.

Camus, Albert: Der Mythos von Sisyphos. Ein Versuch über das Absurde, 1959 (ND 1980).

Chapman, Mark D.: Introduction: The Past, Present und Future of Liberal Theology, in: The Future of Liberal Theology, hg. v. Dems., Aldershot/Burlington 2002, 3–17.

Evers, Dirk: Raum – Materie – Zeit. Schöpfungstheologie im Dialog mit naturwissenschaftlicher Kosmologie (Hermeneutische Untersuchungen zur Theologie 41), 2000.

Fischer, Joachim: Philosophische Anthropologie. Eine Denkrichtung des 20. Jahrhunderts. Studienausgabe, ^{2}2009.

Gräb, Wilhelm: Gibt es ein liberales Erbe?, in: Jahrbuch für badische Kirchen- und Religionsgeschichte 4 (2010), 11–22.

Härle, Wilfried: Dogmatik, ^{2}2000.

Hirsch, Emanuel: Geschichte der neuern evangelischen Theologie im Zusammenhang mit den allgemeinen Bewegungen des europäischen Denkens, Bd. 5, ^{3}1964.

Korsch, Dietrich: Dogmatik im Grundriß. Eine Einführung in die christliche Deutung menschlichen Lebens mit Gott, 2000.

Lange, Dietz: Glaubenslehre, Bd. 1, 2001.

Lyotard, Jean-François: Das postmoderne Wissen. Ein Bericht, hg. v. Peter Engelmann, 1999.

Markham, Ian: The Liberal Tradition and its Conservative Successors, in: Theological Liberalism. Creative and Critical, hg. v. J'annine Jobling/Ian Markham, London 2000, 1–14.

McGrath, Alistair/McGrath, Joanna Collicutt: The Dawkins-Illusion. Atheist Fundamentalism and the Denial of the Divine, London 2007.

Mogk, Rainer: Eigenständigkeit durch Abschottung? Haupttendenzen evangelischer Theologie gegenüber naturwissenschaftlichen Erkenntnissen im 19. und frühen 20. Jahrhundert, in: Naturwissenschaften und Theologie. Methodische Ansätze und Grundwissen zum interdisziplinären Dialog, hg. v. Joachim Weinhardt, 2010, 37–52.

Oberndorfer, Bernd: Perspektivische Wahrheit. Überlegungen zur konfessionellen Bestimmtheit der Dogmatik, in: Theologische Literaturzeitung 137 (2012), 263–276.

Pannenberg, Wolfhart: Grundzüge der Christologie, ^{6}1982.

Pannenberg, Wolfhart: Systematische Theologie, Bd. 2, 1991.

Pannenberg, Wolfhart: Wissenschaftstheorie und Theologie (stw 676), 1987.

Pfisterer, Hans: Carl Ullmann (1796–1865). Sein Weg zur Vermittlungstheologie (Veröffentlichungen des Vereins für Kirchengeschichte in der evangelischen Landeskirche in Baden 29), 1977.

Randall, Lisa: Verborgene Dimensionen. Eine Reise in den extradimensionalen Raum, [3]2006.

Ritschl, Albrecht: Schleiermachers Reden über die Religion und ihre Nachwirkungen auf die evangelische Kirche Deutschlands, Bonn 1874.

Ritschl, Albrecht: Vorlesung über Dogmatik vom SS 1881 und WS 1881/82, nachgeschrieben von Otto Ritschl (in Privatbesitz von Prof. Dr. Dietrich Ritschl).

Rohls, Jan: Protestantische Theologie der Neuzeit, Bd. I: Die Voraussetzungen und das 19. Jahrhundert; Bd. II: Das 20. Jahrhundert, 1997 (zitiert als: PrTh).

Rohls, Jan: Schleiermacher und die wissenschaftliche Kultur des Christentums. Festvortrag am Vorabend der 175. Wiederkehr von Schleiermachers Todestag am 11. Februar 2009 an der Humboldt-Universität zu Berlin, mit Grußworten von Prof. Dr. Wilhelm Gräb, Theologische Fakultät, Prof. Dr. Dr. h.c. Christoph Markschies, Präsident der Humboldt-Universität zu Berlin, Prof. Dr. Hermann Fischer, Schleiermachersche Stiftung, Hamburg (Öffentliche Vorlesungen der Humboldt-Universität zu Berlin 160), 2009.

Ruddies, Hartmut: Der ‚Neubau der Theologie' und die ‚Absolutheit des Christentums'. Ernst Troeltschs Absolutheitsschrift im Rahmen seines Gesamtwerks, in: Christlicher Wahrheitsanspruch – historische Relativität. Auseinandersetzungen mit Ernst Troeltschs Absolutheitsschrift im Kontext heutiger Religionstheologie (Christentum und Kultur 4), hg. v. Reinhold Bernhardt/Georg Pfleiderer, Zürich 2004, 49–66.

Sander, Karl Heinrich Philipp Ferdinand: D. Friedrich Lücke, Abt zu Bursfelde und Professor der Theologie zu Göttingen (1791–1855), Lebens- und Zeitbild aus der ersten Hälfte des Jahrhunderts, Hannover-Linden 1891.

Schleiermacher, Friedrich: Der christliche Glaube nach den Grundsätzen der evangelischen Kirche dargestellt, auf Grund der zweiten Auflage und kritischer Prüfung des Textes neu hg. u. mit einer Einleitung, Erläuterungen und Register versehen v. Martin Redeker, Bd. 1, 1960.

Scholder, Klaus: Ursprünge und Probleme der Bibelkritik im 17. Jahrhundert. Ein Beitrag zur Entstehung der historisch-kritischen Theologie (Forschungen zur Geschichte und Lehre des Protestantismus 10/33), 1966.

Schleiermacher Friedrich: Sendschreiben an Lücke, in: Friedrich Daniel Ernst Schleiermacher, Theologisch-dogmatische Abhandlungen und Gelegenheitsschriften (KGA I/10), hg. v. Hans-Friedrich Traulsen unter Mitwirkung von Martin Ohst, 1990.

Schröder, Tilman: Naturwissenschaften und Protestantismus im Deutschen Kaiserreich. Die Versammlungen der Gesellschaft Deutscher Naturforscher und Ärzte und ihre Bedeutung für die Evangelische Theologie (Contubernium. Tübinger Beiträge zur Universitäts- und Wissenschaftsge-schichte 67), 2008.

Tillich, Paul: Rechtfertigung und Zweifel, in: Ders., Gesammelte Werke, Bd. 8, 1970, 85–100.

Troeltsch, Ernst: Über historische und dogmatische Methode in der Theologie. Bemerkungen zu dem Aufsatze ‚Über die Absolutheit des Christentums' von Niebergall, in: Ders., Gesammelte Schriften II, 729–753.

Weinhardt, Joachim (Hg.): Albrecht Ritschls Briefwechsel mit Adolf Harnack 1875–1889, 2010.

Weinhardt, Joachim: Eschatologie und physikalische Kosmologie, in: Ders. (Hg.), Naturwissenschaften und Theologie. Methodische Ansätze und Grundwissen zum interdisziplinären Dialog, 2010, 143–167.

Weinhardt, Joachim: Wilhelm Bender (1845–1901). Von der Vermittlungstheologie zur evolutionären Religionsphilosophie, in: Zeitschrift für neuere Theologiegeschichte/Journal for the History of Modern Theology 10 (2003), 26–64.

Weinhardt, Joachim: Wilhelm Herrmanns Stellung in der Ritschlschen Schule (Beiträge zur historischen Theologie 97), Tübingen 1996.

Evolution als Paradigma der Theologie

Julia Hoffmann

Ist Evolution ein hilfreiches Paradigma für die Theologie? Die Fragestellung mag überraschen. Ich möchte sie in diesem Beitrag anhand des Verständnisses vom Wirken Gottes bei Christian Kummer, Hans Kessler und John Polkinghorne beantworten. Kessler (katholischer Theologe), Kummer (katholischer Theologe und Biologe) und Polkinghorne (Physiker und anglikanischer Theologe) haben einen gemeinsamen Ausgangspunkt: Sie treten in einen naturwissenschaftlich-theologischen Diskurs, um zu ergründen, wie Gott und sein Wirken mit naturwissenschaftlichen Erkenntnissen kompatibel gedacht werden kann. Dabei stehen sie stellvertretend für unterschiedliche theologische Positionen, die als Theismus, Pantheismus und Panentheismus umschrieben werden können.

1. *Zur Notwendigkeit der theologischen Rezeption der Evolutionstheorie*

Das hohe Erklärungspotential der Evolutionstheorie für eine naturwissenschaftliche Erklärung der Entstehung des Lebens ist unbestritten. Die theologische Rezeption geht heute davon aus, dass die Evolutionstheorie in naturwissenschaftlicher Perspektive „das gegenwärtig plausibelste Interpretationsmodell zur Erklärung von Entwicklungsprozessen in der Natur“[1] darstellt. Seine Merkmale sind:

- die Dynamik und Veränderung der Lebenswelt (gegenüber der Statik und Konstanz der Planetenbewegung auf Grund der – inzwischen auch überholten – Annahme, Gravitationsgesetze seien ewig gültig);
- die Entstehung der Vielfalt gegenüber dem ewig Gleichen sowie
- die Geschichtlichkeit der organischen Wesen gegenüber der Annahme einer ein für allemal erfolgten Schöpfung konstanter Arten.[2]

Die naturwissenschaftliche Evolutionstheorie steht dabei nicht im Widerspruch zum biblischen Schöpfungsglauben. *Schöpfung* ist eine theologische Kategorie und keine naturwissenschaftliche Weltentstehungstheorie; die biblischen Schöpfungserzählungen sind keine Berichte über den Anfang des Lebens, sondern mythisch geprägte Texte über den Urgrund der Welt.[3]

Es reicht jedoch nicht aus, Schöpfung und Evolution im Sinne des Unabhängigkeitsmodells[4] als zwei voneinander unterschiedene, aber nicht zueinander in Konkurrenz tretende Prinzipien zu unterscheiden. Wenn Theologie als „Wissenschaft,

---

1 Petzoldt, 182.

2 Vgl. Kattmann, 89.

3 Vgl. dazu: Löning/Zenger, 18 u. ö.; Welker, 15–32; Westermann, 45f. u. ö.; Seebass, 95 u. ö.; außerdem Zenger, 71.

4 Vgl. u. a. Barbour, 31–37.

die den Wahrheitsanspruch des christlichen Glaubens im Horizont des Wahrheitsbewusstseins einer jeweiligen Zeit verantwortet",[5] ernst genommen werden will, muss sie nicht nur in einen Dialog mit den Naturwissenschaften treten, sondern um der Tragfähigkeit ihrer eigenen Aussagen willen naturwissenschaftliche Beschreibungen in ihr Theoriegebäude integrieren.[6]

Auf die Notwendigkeit der theologischen Rezeption des Evolutionsparadigmas hat der Systematiker Matthias Petzoldt aufmerksam gemacht. Diese Rezeption ermögliche es, die vorfindliche Wirklichkeit als gemeinsamen „Gegenstand von naturwissenschaftlicher Evolutionstheorie und religiösem Schöpferglauben"[7] zu erkennen. Über diese Wirklichkeit als gemeinsamen Gegenstand könnten dann die beiden Disziplinen aus ihrer jeweiligen Perspektive miteinander ins Gespräch kommen.[8]

Wie im Einzelnen eine Integration des Evolutionsparadigmas in die Theologie gedacht werden kann, soll im Folgenden am Beispiel der Ansätze von Kummer, Kessler und Polkinghorne dargestellt werden. Das Ziel meiner Ausführungen ist keine umfassende Darstellung der drei theologischen Positionen. Ich möchte vielmehr aufzeigen, wie jeweils eine Integration des Evolutionsparadigmas gelingt und wie dieses Paradigma für ein Verständnis des Wirkens Gottes fruchtbar gemacht werden kann.

2. *Christian Kummer: Ein Gott, der macht, dass die Dinge sich machen*

Kummer plädiert für einen vernünftigen, mit der Evolutionstheorie kompatiblen Schöpfungsglauben. Er sieht die große Notwendigkeit, „theologische[...] Begriffe und Denkschemata aus der engen Vorstellungswelt ihrer antiken Herkunft [zu] befreien und in kosmische Dimensionen [zu] übertragen."[9] Um die Gotteslehre mit naturwissenschaftlichen Erkenntnissen zu versöhnen, knüpft er an das Denken von Teilhard de Chardin und Karl Rahner[10] an. Dabei versteht er Gottes Wirken in einer evolutiven Welt als „ermöglichende ‚Erstursache' für die geschöpflichen ‚Zweitursachen'".[11] Diese Unterscheidung zwischen „den ‚Zweitursachen', die der physikali-

5 Weinhardt, 13.

6 Dies ist das Anliegen der *Theologie der Natur*. Vgl. dazu Barbour 46–49. Renommierte Vertreter der Theologie der Natur sind John Polkinghorne, Arthur Peacocke und Wolfhart Pannenberg.

7 Petzoldt, 182.

8 Vgl. Petzoldt, 182f.

9 Kummer, 272; Ende 2011 ist das Buch in einer 2. Auflage unter dem Titel *Evolution contra Schöpfungsplan* erneut erschienen.

10 Pierre Teilhard de Chardin und Karl Rahner hatten beide das Anliegen, evolutionstheoretische Erkenntnisse mit den christlichen Glaubensüberzeugungen zu versöhnen, jedoch aus unterschiedlichen Perspektiven: Teilhard geht von dem zeitgenössischen naturwissenschaftlichen Forschungsstand aus und wendet sich primär an einen nicht-theologischen Adressatenkreis; Rahner versucht aus theologischer Perspektive die Vereinbarkeit der Theologie mit naturwissenschaftlichen Erkenntnissen darzulegen. Vgl. dazu Knoepffler 29–43. Karl Rahner knüpft an Thomas von Aquins Zweiursachenlehre an, um die Höherentwicklung der Lebensformen zu erklären, „ohne an den neuralgischen Schaltstellen der Evolution ein mirakulöses Dazwischentreten Gottes postulieren zu müssen" (Schockenhoff, 9).

11 Kummer, 187.

schen Ursachenkette entsprechen, und Schöpfung als der ‚Erstursache', die die Kette der Zweitursachen überhaupt erst ermöglicht", sei ein Versuch, „begrifflich zu fassen, dass diese Ursachen grundlegend verschieden sind, dass Schöpfung nicht einfach in die physikalische Ursachenkette eingeordnet werden kann."[12]

2.1 Schöpfung heißt, dass die Dinge sich machen.

Kummer fragt sich, wie das Wirken Gottes in einer evolutiven Welt gedacht werden könne, wenn doch im Sinne eines evolutiven Wirklichkeitsverständnisses davon ausgegangen werden müsse, dass sich die Dinge „selbst machen".[13] Er weist auf den Unterschied hin, dass Kunstdinge von jemandem hergestellt, Naturdinge hingegen von selbst werden. So können Lebewesen „mehr werden, als sie aus sich selbst sind"[14]. Das bedeute, dass sie ihre eigene Seinsstufe gewissermaßen überschreiten. Solches Mehrwerden als schöpferischer Prozess könne nur von dem betreffenden Lebewesen selbst herkommen: „Das Mehrwerden, der evolutive Seinszuwachs, muss von dem betreffenden Naturding *selbst* getätigt werden – sonst ist es nicht dessen eigenes Werden."[15] Kummer versteht dieses Mehrwerden als Akt der „Selbsttranszendenz",[16] in der die eigenen Grenzen überstiegen werden. Zugleich benötige solches Mehrwerden „einen zureichenden Grund"[17] bzw. eine „ermöglichende Ursache".[18] Im Rückgriff auf die Theologie Karl Rahners deutet Kummer diese Ursache als Gottes „Selbstmitteilung"[19]. Indem der transzendente Gott sich selbst mitteile, werde er zugleich der Schöpfung immanent.

Wie diese Nähe Gottes mit seiner gleichzeitigen Transzendenz zusammen zu den-

---

[12] Bauberger, 216. Karl Rahner interpretierte Thomas von Aquins Zweiursachenlehre als transzendentale Gott-Welt-Beziehung. Er beschreibt Gott als „transzendente(n), tragende(n) Grund allen Tuns von allem" nicht jedoch als „Demiurg, dessen Tun innerhalb der Welt geschieht. Er ist Grund der Welt, nicht Ursache *neben* anderen Ursachen *in* der Welt" (Rahner, Hominisation 80). Außerdem konstatiert Rahner, „dass Gott *die* Welt wirkt und nicht eigentlich in *der* Welt wirkt. Dass er die Kette der Ursächlichkeiten trägt, nicht aber sich als ein Glied durch sein Handeln in dieser Kette der Ursachen als eine unter ihnen hineinschiebt" (Rahner, Grundkurs, 93f. Vgl. dazu auch: Kehl, 251f.). Die Zweiursachenlehre ist ein zentrales Modell sowohl in der katholischen als auch in der altprotestantischen Thomas-Rezeption. Vgl. Bernhardt, 339.

[13] Vgl. Kummer, 186.

[14] Ebd.

[15] A. a. O., 187.

[16] Dieser für katholische Theologie zentrale Begriff geht auf Karl Rahner zurück, der den Gedanken einer aktiven Selbsttranszendenz von geschöpflichen Ursachen entwickelt, um das transzendentale Schöpfungshandeln Gottes mit dem kategorialen Werden der Geschöpfe in Beziehung zu setzen. Vgl. Schockenhoff, 9. Rahner versteht ‚Selbsttranszendenz' als theologische Kategorie und knüpft damit an die thomistische Zweiursachenlehre an, die er als transzendentale Gott-Welt-Beziehung interpretiert. Vgl. dazu Rahner, Hominisation, 80 u. ö.; ders., Grundkurs, 93f. Die Frage, inwiefern der theologische Begriff der Selbsttranszendenz dazu geeignet ist, im Dialog mit den Naturwissenschaften das Wirken Gottes innerhalb eines evolutiven Wirklichkeitsverständnisses plausibel zu ergründen, oder inwiefern er eher verwirrend wirkt, wäre eine eigene Untersuchung wert.

[17] Kummer, 186f.

[18] A. a. O., 187.

[19] Vgl. a. a. O., 187. Mit dem Ansatz der Selbstmitteilung Gottes rekurriert Kummer auf einen theologischen Schlüsselbegriff, der „den Zusammenhang (nexus) zwischen Trinitätslehre, Schöpfungslehre, Christologie bzw. Soteriologie, Ekklesiologie und Eschatologie erschließt" (vgl. Menke, 425f.). Die Transzendenz Gottes wird dadurch keineswegs aufgehoben.

ken sei, beschreibt Kummer mit den Worten eines Teilnehmers eines Glaubenskreises, den er geistlich begleitete: „Gott ist ständig ganz verschenkt."[20] Für Kummer entspricht diese Formulierung exakt der Bedeutung von Rahners „Selbstmitteilung", gemäß der Gott ständig bei seinen Geschöpfen sei.[21] „Weil er das Geschöpf teilhaben lässt an seiner Seinsfülle, kann das Geschöpf jetzt *von selbst*, was es *aus sich selbst* nicht könnte: mehr zu werden, als es ist." Dieses Mehrwerden werde zugleich vom Geschöpf selbst verursacht und von Gott ermöglicht. So gelte Gott als „ermöglichende ‚Erstursache' für die geschöpflichen ‚Zweitursachen', zu denen dann auch das ganze Instrumentarium gehören kann, das Darwins Evolutionstheorie vorsieht." Kummer beruft sich auf Teilhards Grundsatz, in dem er sein Verständnis einer evolutiven Schöpfung verdeutlicht: Schöpfung heißt nicht, „dass Gott die Dinge macht, sondern dass er macht, dass die Dinge sich machen („dieu faisant se faire les choses")."[22]

Gottes Wirken in der Welt könne demnach verstanden werden als Befreiung der Dinge zum Selber-Werden. Folglich sei die Schöpfung zwar nicht als von ihrem Schöpfer vorgeplant zu verstehen, aber doch als in seiner Absicht liegend, „weil alles Mehrwerden der Geschöpfe seinem Schöpferwillen entspricht."[23] Allerdings biete allein die Möglichkeit zum Mehrwerden keine Garantie für ein gelingendes Mehrwerden. Vielmehr hätten die Geschöpfe eigenverantwortlich mit den gegebenen Möglichkeiten umzugehen.[24]

2.2 Plädoyer für das Konzept des Pantheismus

Kummer plädiert auf diesem Hintergrund für einen theologischen Pantheismus, da das Geschöpf für den permanenten Schöpfungsakt Gott ständig und unabdingbar brauche. Gott sei in jedem seiner Geschöpfe.

‚Pantheismus' als ein mögliches Modell zur Bestimmung des Gott-Welt-Verhältnisses setzt Gott mit der Natur bzw. der Welt gleich. Während manche Vertreter des Pantheismus dazu neigen, Gott vollständig „im Weltganzen aufgehen zu lassen", fassen andere „die Welt als Form der Erscheinung Gottes" auf, so dass zwischen Gott und Welt unterschieden werde. Im theologischen Kontext gilt das Modell des Pantheismus als problematisch, weil es

> „zu einer Relativierung klassischer Kennzeichnungen göttlichen Seins, insbes. der absoluten Freiheit und Vollkommenheit Gottes […], geführt [habe]. Weitere zentrale christl.

---

20 Kummer 189.

21 Vgl. ebd. Hier gilt es kritisch anzumerken, dass die Bestimmung der göttlichen Selbstmitteilung als transzendentale Ermöglichung des geschöpflichen Handelns formal und inhaltlich unterbestimmt bleibt. Darauf weist auch Medard Kehl hin. Obwohl er die konsistente Vermittlung von Transzendenz und Immanenz des göttlichen Handelns in der Welt innerhalb dieses Modells des Handeln Gottes für gelungen hält, bleibt für ihn doch ungeklärt, wie Gott in und durch seine Geschöpfe konkret wirkt. Aus diesem Grund schlägt er vor, von „der glaubenden *Erfahrung* mit der geschichtlichen Selbstoffenbarung in Jesus Christus her" das göttliche Wirken in der Welt anschaulicher zu beschreiben, ohne jedoch seine Transzendenz zu vernachlässigen. Vgl. Kehl, 251f.

22 Kummer, 187.

23 A. a. O., 188.

24 Vgl. ebd.

> Theologumena, etwa die Lehre von der [...] *creatio ex nihilo*, verlieren für das pantheistische Denken ihre Bedeutung."[25]

Kummer beurteilt den Pantheismus als „tragfähige christliche Basis"[26] und vertritt damit innerhalb der Theologie eine Sonderposition. Er begründet diese mit einem Zitat aus einer Diskussion im Anschluss an einen seiner Vorträge:

> „Gott ist ständig bei seinen Geschöpfen, und er ist es ganz. [...] Nicht nur, dass er ganz bei der Sache ist, sondern dass er als der ganze Gott bei seinen Geschöpfen, in jedem seiner Geschöpfe ist. Der ganze Gott in mir, in dir, in der Amsel am Baum, im Regenwurm... – ‚Aber, Herr Pater, das ist doch Pantheismus'! – ‚Ja, hoffentlich', kann ich da nur antworten. Selbstmitteilung heißt Mitteilung seiner selbst, und nicht nur ein nettes Grußkärtchen davon. Durch dieses Teilhaben an Gott wird das Geschöpf möglich, und für diesen permanenten Schöpfungsakt braucht es den ganzen Gott – ständig und unabdingbar."[27]

Einer Rede von einer theistischen Evolution widerspricht Kummer, insofern diese die Vorstellung nahelege, die Evolution sei von Gott dirigiert: „Wenn Gott macht, dass die Dinge sich machen, dann dirigiert er weder sie noch den Ablauf der Evolution." Kummer möchte die Evolutionstheorie nicht „theistisch umfunktionieren, um sie zu bejahen", da er sie als naturwissenschaftliche Theorie akzeptiert. Dennoch lehnt er einen Theismus für sich nicht ab: „Mein ‚Theismus' resultiert nicht aus der Evolutionstheorie, sondern speist sich aus eigenen Quellen"[28], nämlich einer personalen Gottesbeziehung und einer damit verbundenen existentiellen Gotteserfahrung.[29]

2.3 Würdigung und Kritik

Wie teilweise bereits angedeutet, ergeben sich aus Kummers Modell etliche denkerische theologische und naturwissenschaftliche Herausforderungen, von denen er, zumindest zum Teil, selbst weiß.

So fragt er selbstkritisch an:

> „Ist dieses Schöpfungsmodell nicht hoffnungslos naturalistisch infiziert – ohne Platz für Himmel, Engel, Paradies, Erbsünde? Und hinter alldem natürlich meine unverhüllte Sympathie für den Pantheismus – kann auf einem solchen Boden überhaupt etwas Solides gedeihen?"[30]

Aus theologischer Perspektive erscheint vor allem Kummers pantheistisches Konzept, mit dem er eine Außenseiterposition im theologischen Diskurs vertritt, problematisch, seine Zusammenschau von Pantheismus und Theismus inkonsequent. Denn pantheistische Konzepte stehen im Widerspruch zu einem christlichen Ver-

---

25 Wolfes, Pantheismus, 856. Vgl. Tiefensee, 1318f.

26 Kummer, 192.

27 A. a. O., 190.

28 A. a. O., 264.

29 Dass Kummer aus einer solchen persönlichen Gottesbeziehung schöpft und spirituell tief verwurzelt ist, scheint an zahlreichen Stellen in seinem Buch zum *Fall Darwin* auf (vgl. a. a. O., 189 u. ö.).

30 A. a. O., 198.

ständnis der Gott-Welt-Bestimmung[31] – Kummer dagegen erhebt mit seinem Pantheismus den Anspruch, auf dem Boden des Christentums zu stehen. Grundsätzlich ist zu fragen, ob und inwiefern sein Begriff von ‚Pantheismus' die dargestellten theologischen Sachverhalte tatsächlich trifft.

Kummer begründet nicht, warum er den Panentheismus, der zugleich auf die Immanenz Gottes als auch auf seine Transzendenz aus ist, nicht als Zugewinn und als Möglichkeit ansieht, den religiösen Schöpfungsglauben mit naturwissenschaftlichen Weltentstehungstheorien zu verknüpfen. Die Vermutung liegt nahe, dass sein Votum für den Pantheismus spirituell begründet[32] ist und zugleich wissenschaftstheoretisch zu wenig durchdacht ist.

Gleichermaßen können aus naturwissenschaftlicher Perspektive Anfragen an Kummers Ansatz gestellt werden. Zu hinterfragen ist, was Kummer mit der ‚Selbstentwicklung' der Lebewesen meint und wie man sich diese Selbstentwicklung vorzustellen habe. Auch stellt die Begründung der ‚Selbsttranszendenz' durch die ‚Selbstmitteilung' Gottes eine Herausforderung dar: Dass sich der Einzeller auf komplexere Organismen hintranszendiert, kann seit Darwin kausal-mechanistisch erklärt werden. Versuchen Theologen Finalität in die Natur hineinzumischen, verlassen sie den Boden der biologischen Evolutionstheorie und geraten in eine unangemessene Nähe etwa zu Reinhard Junker und Siegfried Scherer, die mit ihrem evolutionskritischen Lehrbuch *Evolution – ein kritisches Lehrbuch* aufgrund einer vermeintlichen Unvollständigkeit evolutionärer Erklärungen ein alternatives Schöpfungsmodell propagieren.[33] Dies ist freilich von Kummer keineswegs intendiert. Denn eine Integration des Evolutionsparadigmas in die Theologie erachtet er als hilfreich und notwendig: Die Evolution liefere „ein neues Licht für die Theologie",[34] indem sie deutlich mache, dass die Vorstellung eines Hersteller-Gottes der Eigenart göttlichen Schaffens nicht gerecht werde.[35] Zudem entkräftet der Hinweis, dass der Begriff ‚Selbsttranszendenz' nach Rahner als theologische Kategorie zu verstehen sei, die kein biologisches Erklärungspotential für die Entwicklung der Lebewesen birgt, mögliche Missverständnisse.[36]

3. *Hans Kessler: Selbstorganisation und aktive Selbsttranszendenz – Zwei Begriffe zur Deutung desselben Prozesses*

Auch der inzwischen emeritierte Professor für Fundamentaltheologie und Dogmatik, Hans Kessler, möchte das Evolutionsparadigma für das theologische Schöpfungsverständnis fruchtbar machen. Eine Hauptursache „für die schwindende Ak-

---

31 Hier ist allerdings darauf hinzuweisen, dass auch Schleiermacher für die Würdigung eines Pantheismus in der Frömmigkeit des Gläubigen plädierte, auch wenn er einen materialistischen Pantheismus aufgrund dessen Fehleinschätzung der göttlichen Transzendenz ablehnte. Vgl. Dinkel, 857.

32 Vgl. Anm. 29.

33 Vgl. Junker/Scherer.

34 Kummer, Fall Darwin, 270.

35 Vgl. a. a. O., 271.

36 Vgl. u. a. Rahner, Hominisation, 80; Ders., Grundkurs, 93f.; Vorgrimler, 242–258; Schockenhoff.

zeptanz der christlichen Botschaft“ sieht er in einem „missverstandenen und nicht mehr mit unserem heutigen Naturwissen vermittelbaren Gottes- und Schöpfungsglauben“.[37] So gibt es für ihn zwischen Kreationismus und atheistischem Naturalismus kaum eine Möglichkeit „für eine sachgerechte Darlegung des originären Schöpfungsgedankens“.[38] Durch eine Integration des Evolutionsparadigmas in das theologische Nachdenken über Schöpfung und Wirken Gottes sucht er sowohl nach einer Möglichkeit des Dialoges als auch nach einer theologischen Präzisierung des Schöpfungsbegriffes.

3.1 Das Wirken Gottes innerhalb eines evolutiven Wirklichkeitsverständnisses

Kessler setzt an beim Gottesverständnis im Sinne des biblisch-christlichen Schöpfungsglaubens. Demnach sei Gott einer, „der das Geschaffene freigibt, es bejaht und dialogisch begleitet“, seine Geschöpfe freilasse in eine relative Eigenständigkeit und damit zugleich freigebe „in ihre Eigendynamik hinein“[39]. Als Deutungsmodell für eine solche Freigabe zieht er die Beziehung zwischen zwei sich Liebenden heran: Liebe nehme sich selbst zurück und gebe den anderen frei.

Entsprechend sei Gott als derjenige zu verstehen, der die Äußerung seiner Macht zugunsten der Freiheit seiner Geschöpfe beschränke, den Menschen eine endliche Eigenmacht gebe und auf ein eingreifendes Handeln verzichte.[40] Aufgrund der relativen Eigenständigkeit und der evolutiven Eigendynamik alles Geschaffenen lehnt Kessler die Vorstellung von einer deterministischen Vorzeichnung durch Gott ab.

Wie Kummer beruft sich auch Kessler auf Karl Rahner und seinen Gedanken von der „göttlichen Ermöglichung aktiver Selbsttranszendenz der Geschöpfe“. Demnach halte Gott seine Welt kontinuierlich im Sein und wirke in den Geschöpfen fort, indem er ihr eigenständiges Wirken ermögliche und ihnen die Fähigkeit zur autonomen Eigenaktivität und Selbsttranszendenz auf Neues hin gebe. Gott lasse seine Geschöpfe also

> „im Rahmen der Vorgegebenheiten in eigener Kraft agieren, sich entfalten, lässt sie nicht nur ‚anders werden‘ (auf gleichbleibender Seinsstufe), sondern auch komplexer oder ‚mehr werden‘ (im Sinne des Erreichens einer neuen Seinsstufe und echter Wesens-Überschreitung, was ohne einen transzendentalen Einfluss letztlich undenkbar ist).“[41]
> „Daher ist Gott zu denken als der innere, transzendental ermöglichende Träger und aktiv wirksame Grund der Eigendynamik der Geschöpfe und damit auch ihrer aktiven Selbst-Überbietung oder Wesens-Überschreitung.“[42]

Kessler weist also dem Wirken Gottes keinen Raum neben dem Wirken der Geschöpfe zu und verweist es in keine unerklärbaren Lücken.[43] Vielmehr verortet er es

---

37 Kessler, Evolution und Schöpfung, 13.
38 A. a. O., 14.
39 A. a. O., 132.
40 Vgl. a. a. O., 133f.
41 A. a. O., 158.
42 A. a. O., 159.
43 Vgl. dazu auch Kessler, Schöpfung neu denken, 117f.

in den Geschöpfen selbst, indem Gott ihnen die Überschreitung der eigenen Möglichkeiten ermögliche. „Ein und dieselbe Wirkung ist dann zugleich *ganz* von Gott" als transzendentem Urgrund und ganz von der Kraft der geschöpflichen Zweitursache. Dabei erhalte das Geschöpf von Gott die Möglichkeit, „autonom (entsprechend den in ihr liegenden Möglichkeiten) aus sich zu wirken und sich selbst zu überbieten. Gott muss dabei nicht ‚von außen' eingreifen, weil er allem transzendental-dialogisch immanent ist".[44]

Gott könne jedoch nicht einfach mit der Evolutionsdynamik identifiziert werden. Zwar ermögliche Gott die Evolution, er steuere sie jedoch nicht im Einzelnen. Vielmehr lasse er der Natur die Freiheit, sich im Rahmen ihrer Möglichkeiten zu entwickeln. Zwar stehe er mit der Welt in einem Dialog, doch die Welt sei keineswegs immer in gleicher Weise offen für seinen Einfluss, da sie sich eigendynamisch entwickle. Andererseits sei Gott aufgrund seiner Transzendenz aber auch mehr als die Dynamik der Evolution. Somit sei es nicht möglich, Gott in dieser Dynamik aufgehen zu lassen. So schlussfolgert Kessler:

> „Das naturwissenschaftlich-evolutionstheoretische Konzept der ‚Selbstorganisation' […] und das philosophisch-theologische Konzept der transzendental ermöglichten ‚aktiven Selbsttranszendenz' alles Geschaffenen auf Neues hin sind zwei Begriffe unterschiedlicher Herkunft zur Deutung desselben Prozesses."[45]

Auf diese Weise konvergieren das Evolutionsparadigma und der Schöpfungsbegriff in ihrer Inhaltlichkeit.

3.2 Plädoyer für das Konzept eines Panentheismus

Nach Kessler kann der christliche Schöpfergott, der den Geschöpfen Selbsttranszendenz verleiht, nicht als von der Welt getrennt und rein jenseitig gedacht werden. Ebenso wenig könne er als „Verlängerungsstück" der Welt oder als erstes Glied einer Ursachen-Kette verstanden werden. Kessler umschreibt Gott vielmehr als „Grund der ganzen Kette": als „den absoluten Urgrund des Seins, aus dem alles hervorgeht und der allem diskret nahe, eben all-gegenwärtig ist."[46] Werde Gott als absoluter Ursprung der Welt, als Totalurheber gesehen, so sei er der bleibende transzendentale Grund.[47]

Gottes Unterscheidung von der Welt sei transzendental; Gott selbst damit eine völlig andere Wirklichkeitsdimension, „aus der alles hervorgeht und die in allem gegenwärtig ist"[48]. Demnach bestehe sowohl eine Einheit als auch eine Grund-Differenz zwischen Gott und allem andern – weshalb es für das menschliche Vorstellungsvermögen unmöglich sei, Gott zu begreifen.

Kessler beschreibt Gott aber nicht nur als transzendent, sondern zugleich als im-

---

44 Kessler, Evolution und Schöpfung, 159.
45 A. a. O., 160.
46 A. a. O., 125.
47 Vgl. Kessler, Gott oder Darwin, 45.
48 Kessler, Evolution und Schöpfung, 127.

manent und spricht ihm die Qualität des Personalen und des Beziehungsfähigen zu. Dabei bezeichnet er die intrinsische Beziehung und Einbeziehung als Grundkategorie christlichen Schöpfungsglaubens, die in Gott selbst begründet sei.[49]

In Abgrenzung vom Pantheismus lehnt Kessler die dafür charakteristische Vermischung von Gott und Welt, sowie die totale Trennung im Dualismus und Deismus strikt ab und spricht sich für eine dialogische Unterscheidung und ihre gleichzeitige Verbundenheit aus.

Den gesamten kosmischen Prozess deutet Kessler als Geschehen in Gott: ein „Außerhalb Gottes" existiere nicht. Damit erweist er sich als Vertreter eines Panentheismus.[50] Im Panentheismus wird die Welt als in Gott existierend angesehen, jedoch ist Gott mehr als die Welt.[51] Handlungen in der Welt werden sowohl Gott als auch endlichen Vertretern zugeschrieben. So distanziert sich der Panentheismus vom Pantheismus „durch die Unterscheidung zwischen Gott und Welt über ein Gott zukommendes personales Selbstbewusstsein". Andererseits grenzt er sich von theistischen Konzepten ab „durch eine ontologisch unlösbare Zuordnung von Gott und Welt"[52].

Die Unterscheidung des Panentheismus vom Theismus spitzt der Fundamentaltheologe und Religionsphilosoph Klaus Müller so zu:

> „Das ‚in' wird in gewissem Sinn substanzial interpretiert. Das bedeutet: Das Geschaffene, das Gott freisetzt, entfaltet ein Feedback auf Gott. Die Macht, die etwas schafft, bleibt nicht unberührt und unbeeinflusst von dem, was sie geschaffen hat. […] Der Panentheismus öffnet genau durch die ihm spezifische Feedback-Schleife im Gott-Welt-Verhältnis die Mitte der Theologie – also Gottes eigene Wirklichkeit – für das Bedrängende an der menschlichen Erfahrung."[53]

Klaus Müller beurteilt den Panentheismus als einen Terminus, „der auf dem besten Weg ist, so etwas wie einen Paradigmenwechsel im Gottdenken zu signalisieren"[54]. Er erachtet ihn als diejenige philosophisch-theologische Denkform, „die den Gottesgedanken und die Frage seines Wirklichkeitssinnes unter den Bedingungen einer universalen wissenschaftlichen Wissenskultur, die gleichwohl tief von der Dialektik aller Aufklärung affiziert ist, am konsistentesten zu vergegenwärtigen vermag."[55]

3.3 Würdigung und Kritik am Konzept Kesslers

Mit seinem panentheistischen Gottesverständnis befindet sich Kessler ganz auf der Linie der gegenwärtigen Theologie: Derzeit mehren sich auf katholischer und evangelischer Seite Stimmen, die für eine Ablösung der traditionellen Gotteslehre durch nicht-theistische Gottesbilder plädieren und einem Panentheismus den Vorzug

---

49 Vgl. a. a. O., 126f.
50 A. a. O., 130.
51 Vgl. Clayton, 848; Tiefensee, 1319.
52 Wolfes, Panentheismus, 849.
53 Müller, 37.
54 A. a. O., 36.
55 A. a. O., 38.

geben.[56] In der Tat erscheint der Panentheismus als glaubwürdiges und zukunftsweisendes Modell der Gott-Welt-Verhältnisbestimmung, in das sich naturwissenschaftliche Theorien integrieren lassen, ohne entscheidende christliche Theologumena aufzugeben. Kesslers panentheistisches Konzept vermag die göttliche Transzendenz und Immanenz konsistent miteinander zu vermitteln und betont gleichzeitig die dialogische Weltzugewandtheit und Personalität Gottes.

Sein Ansatz erscheint auch deshalb so reizvoll, weil er darum bemüht ist, eine Grenzüberschreitung in Form von einer Vermischung naturwissenschaftlicher und theologischer Aussagen zu vermeiden: Während Kummer unter Bezug auf Rahner und Teilhard Gott als ermöglichende Erstursache für die geschöpflichen Zweitursachen beschrieben hat, möchte Kessler Gott nicht zum ersten Glied einer Ursachen-Kette machen. Sein Ansatz, Gott als absoluten Urgrund und Bedingung allen Seins zu verstehen, erscheint plausibler: So verzichtet er darauf, Gott als Verlängerungsstück der Welt zu beschreiben.[57]

Mögliche Anfragen von naturwissenschaftlicher Seite bezüglich des von Kessler verwendeten Begriffs ‚Selbsttranszendenz' wurden bereits bei Kummers Konzept diskutiert.

4. *John Polkinghorne: „Konsonanz von Theologie und Naturwissenschaften"*

Der britische Physiker und Theologe John Polkinghorne gilt als einer der profiliertesten Vertreter des interdisziplinären Dialogs. Er plädiert für eine ‚Konsonanz' von Theologie und Naturwissenschaften:

> „Theologie und Naturwissenschaft sind eigenständige und nicht aufeinander reduzierbare Wissenschaften. In den Bereichen, in denen sich die beiden Disziplinen überschneiden, sind ihre Aussagen miteinander vereinbar und können in Einklang gebracht werden. Beide Wissenschaften ergänzen sich zu einem umfassenderen Verständnis der Wirklichkeit."[58]

4.1 Konsonanz von Schöpfung und Evolution

Für Polkinghorne sind Schöpfung und Evolution konsonant: Schöpfung bezeichne keinen zeitlichen, sondern vielmehr einen ontologischen Ursprung, der eine Hintergrunderklärung dafür liefere, „dass überhaupt etwas ist und nicht vielmehr nichts." Polkinghorne hält den theologischen Gedanken einer *creatio ex nihilo* für „konsonant mit jeder Form der Kosmologie." Auch sieht er keinen Widerspruch zur Erhaltung der Schöpfung durch Gott, der *creatio continua*:

---

[56] Vgl. a. a. O., 33. Auch gegenwärtige Schöpfungstheologien favorisieren eine panentheistische Gott-Welt-Verhältnisbestimmung. Vgl. Kehl, 240f. u. ö.; Stinglhammer, 100–102.

[57] Kummers Intention ist es sicherlich nicht, Gott als erstes Glied einer Ursachen-Kette darzustellen und damit eine Grenzüberschreitung zu begehen. Jedoch argumentiert er an dieser Stelle sprachlich undifferenzierter als Kessler.

[58] Steinke, 15.

> „Weil Gott die Welt zuverlässig erhält, ist auch ihr Verhalten gesetzmäßig und zuverlässig. Die *creatio ex nihilo* beschreibt Gottes Verhältnis zur Welt im Modus der Transzendenz, die *creatio continua* im Modus der Immanenz."[59]

Als Physiker und Theologe ist Polkinghorne von einer göttlichen Absicht in unserer von konstanten physikalischen Gesetzen geprägten Welt gerade aufgrund der Gesetzlichkeiten überzeugt und sieht in diesem neuen Verständnis der physikalischen Welt „eine neue Form der natürlichen Theologie."[60] Sie enthalte sich der Rede von Gottesbeweisen und begnüge sich damit, „den theistischen Glauben als eine einsichtsvolle Deutung dessen anzubieten, was in dieser Welt geschieht."[61] Diese neue natürliche Theologie möchte jedoch nicht in Konkurrenz mit naturwissenschaftlichen Welterklärungen treten, sondern diese vielmehr in einen umfassenderen, sinnstiftenden Rahmen stellen.[62]

Das Verhältnis zwischen Gott und Welt bestimmt Polkinghorne so: Der Schöpfergott begleite seine Schöpfung in der *creatio continua* und gebe

> „der Schöpfung selbst die kreative Freiheit und Fähigkeit zur kosmischen und phylogenetischen Evolution. Damit liegt in Gott der Grund von Sein und Werden, und eine sich selbst frei und selbstständig entwickelnde und entfaltende Welt ist die vollkommenste Art der Schöpfung."[63]

Für die theologische Rezeption des Evolutionsparadigmas bedeutet dies, dass das Gottesverständnis so konzipiert sein müsse, dass es mit den Naturwissenschaften konsonant ist.

4.2 Das Wirken Gottes in der Welt der Physik

Polkinghorne geht bei seiner Beschreibung des göttlichen Wirkens in der Welt von einem „zweiseitigen Monismus" aus, bei dem die Materie als ein Informationen tragendes Muster begriffen wird.[64] Ferner bezieht er sich auf physikalische Entdeckungen des 20. Jahrhunderts, welche das deterministische Universum der Newtonschen Physik verabschiedeten: Sowohl die Quanten- als auch die Chaostheorie machen der Vorhersagbarkeit bzw. Berechenbarkeit der Zukunft des Universums ein Ende[65].

Gottes Handeln in der Welt vergleicht Polkinghorne mit menschlichem Handeln. Bei jeder Handlungsentscheidung sei es das „ganze Ich", das die Handlung wolle. Damit habe die menschliche Handlung „einen genuin holistischen Gehalt". Dies bedeute,

---

59 Steinke, 71.
60 Polkinghorne, 18.
61 A. a. O., 18.
62 Vgl. a. a. O., 20f.
63 Steinke, 72.
64 Vgl. Polkinghorne, 54.
65 Vgl. a. a. O., 55f.

> „daß das Ganze von oben auf die Teile einwirkt, wie die Teile in ihrer Interaktion von unten das Ganze bilden. Die Erkenntnis einer solchen, absteigenden Kausalität (top-down causality) beschreibt eine attraktive, mögliche Analogie zu der Art und Weise, wie Gott mit seiner Schöpfung interagiert.“[66]

Die top-down-Kausalität Gottes bezeichnet Polkinghorne auch als holistisches Kausalprinzip (von Holismus, einer Auffassung, dass alle Elemente eines physikalischen Systems ursprünglich miteinander zusammenhängen[67]). Er bleibt aber nicht dabei stehen, die menschliche Handlungsentscheidung als Gleichnis für Gottes holistische Kausalität auf die Welt aufzustellen. Vielmehr sucht er in der physikalischen Beschreibung der Welt nach einer *kausalen Fuge* (der Begriff wurde von Austin Farrer vorgegeben), das heißt nach einem Ort in der Natur, an dem sich Gottes Kausalität auswirken kann[68]. Die Unschärfen der Quantentheorie hält er nicht für geeignete Kandidaten für kausale Fugen. Zum einen sieht er subatomare Ereignisse nicht „als verheißungsvolle Orte für holistische Kausalität.“ Außerdem seien die ‚Lücken‘ der Quantenunschärfe lediglich unter besonderen Umständen erkennbar, „namentlich in solchen gelegentlichen Störungen des Systems, die den Vollzügen von Messungen korrespondieren.“[69]

Für denkbar hält es Polkinghorne jedoch, dass in chaotischen Systemen holistische Kausalprinzipien wirken. Zu diesem Zweck interpretiert er die erkenntnistheoretische Unvorhersagbarkeit von chaotischen Systemen als ontologische Offenheit ihrer zukünftigen Entwicklung. Das von Gott ausgehende holistische Kausalprinzip würde dem chaotischen System zwar keine Energie zuführen, wohl aber von Zeit zu Zeit solche Informationen, welche seine weitere Entwicklung bestimmen. Damit sei die klassische Lehre von der Vorsehung Gottes physikalisch reformuliert.[70]

4.3 Plädoyer für das Konzept des Theismus

Polkinghorne ist darum bemüht, einen Gottesbegriff zu entwickeln, der mit den Naturwissenschaften konsonant ist, ohne dabei jedoch das spezifisch Christliche aufgeben zu wollen. Entsprechend sieht er Gott als Schöpfer der Welt und als Grund für ihre Existenz und ihre innere Ordnung. Er ist für ihn frei von äußeren Einflüssen und allmächtig. Um seiner Schöpfung die Möglichkeit zur Selbstentfaltung und Freiheit zu geben, schränke er sich willentlich ein. Zwar sei Gott als allwissend zu verstehen, „aber nur insofern er alles Wissbare kennt.“ Polkinghorne geht davon aus, dass die Entwicklung des Universums nicht von vornherein festgelegt ist, sondern sich frei entfalte. „Zwar spiegeln sich in den Potenzialitäten und Anlagen der Welt seine Absichten, dennoch kennt Gott den Ausgang ihrer freien Entwicklung nicht. Schöpfung ist ein kenotischer Akt Gottes.“[71]

---

66 A. a. O., 61.
67 Vgl. Bauberger, 165, 236.
68 Polkinghorne, 62.
69 A. a. O., 63f.
70 Vgl. Polkinghorne, 65f.; Steinke, 108.
71 Steinke, 80.

Polkinghorne versteht Gott als denjenigen, der seine Schöpfung in ihrer Entwicklung begleitet und für einen positiven Ausgang durch ihre Erlösung und Vollendung einsteht.

> „Dies geschieht innerweltlich auf kontingenten Wegen unter Beachtung der inhärenten Gesetzmäßigkeiten der Schöpfung, eschatologisch durch eine Neuschöpfung der Welt aus der alten. So geht Gott nicht nur in der Inkarnation, sondern auch in Bezug auf den ganzen geschaffenen Kosmos ein Wagnis ein."

Nach Steinke ist Polkinghornes Gottesbegriff dynamisch und lasse sich „mit den klassischen theologischen Lehren der Christologie, wie auch der Jungfrauengeburt und der leiblichen Auferstehung Christi verbinden (...). Prädestination und eine göttliche Allwissenheit, die sich auch auf die Zukunft erstrecken würde, lehnt er jedoch als mit einem naturwissenschaftlichen Weltbild unvereinbar ab."[72] Dabei bekennt er sich klar zum Theismus.[73] Er hält fest an einem personalen Gott sowie „an der Interaktion von Gott und der von ihm geschaffenen Welt, von göttlicher Person und einzelnem Mensch."[74] Damit ist nach Polkinghorne ein bestimmtes Verständnis des Handelns Gottes impliziert: „Gott ist nicht wie das Gesetz der Schwerkraft indifferent gegenüber seinem Kontext und sein Handeln hat auch nicht die immer gleichen, unveränderlichen Konsequenzen. Der christliche Gott ist mehr als ein deistischer Erhalter der Welt."[75] Diese Verhältnisbestimmung von Gott und Welt zeige, dass die Rezeption des Evolutionsparadigmas Gott nicht zwangsläufig in eine deistische, passive Rolle dränge.[76]

4.4 Würdigung und Kritik am Konzept Polkinghornes

Polkinghorne versucht aus seiner Perspektive als Physiker und Theologe das Wirken Gottes naturwissenschaftlich kompatibel zu ergründen. Sein spezifischer Gottesbegriff ermöglicht eine Konsonanz mit den Naturwissenschaften, ohne jedoch entscheidende Charakteristika des christlichen Gottesglaubens, so zum Beispiel das zentrale Wunder der Auferstehung, aufzugeben.

Kritische Stimmen geben jedoch zu bedenken, dass die Annahme von holistischen Kausalprinzipien hoch spekulativ sei und die klassische Chaosforschung nicht davon ausgehe, „dass chaotische Systeme tatsächlich nicht vollkommen determiniert sind."[77] Hier gilt zu beachten, dass weder die Quantentheorie noch die Chaostheorie als Basis für theologische Konstruktionen dienen können. Beide sind gleichermaßen nur als Gleichnisse dafür zu verstehen, dass es freien Raum für Gottes Handeln gibt.

Das Hauptmanko, das ich bisher bei Polkinghornes Konzept sehe, ist die Verortung des göttlichen Handelns in einer kausalen Fuge innerhalb der Unvorhersagbar-

---

72 Steinke, 81.
73 Vgl. Polkinghorne, 26f.
74 Nüssel, 218f. Vgl. dazu auch Schmidinger, 1388.
75 Polkinghorne, 53.
76 Vgl. a. a. O., 58.
77 Steinke, 108.

keit physikalischer Prozesse. Dies erinnert stark an einen ‚Lückenbüßergott', der bereits von v. Weizsäcker, Bonhoeffer u. a. abgelehnt worden ist und den es im naturwissenschaftlich-theologischen Dialog unbedingt zu vermeiden gilt.[78]

5. *Fazit*

Die Ansätze von Kummer, Kessler und Polkinghorne müssen sowohl aus theologischer als auch aus naturwissenschaftlicher Sicht an etlichen Stellen weiter gedacht werden. Die Autoren sind sich selbst im Klaren darüber, dass ihr jeweiliges Modell keine letztgültige Antwort auf die Frage nach dem Wirken Gottes innerhalb eines evolutiven Wirklichkeitsverständnisses liefert. Ihr Anliegen ist jedoch begrüßenswert: darum zu ringen, wie der Schöpfungsglaube als mit der Evolutionstheorie kompatibel verstanden werden kann. Das Wirken Gottes naturwissenschaftlich kompatibel zu beschreiben, stellt nach wie vor ein zentrales Forschungsdesiderat innerhalb des theologisch-naturwissenschaftlichen Dialoges dar.[79]

Eine entscheidende Gemeinsamkeit in den drei Ansätzen ist die Deutung des Wirkens Gottes als kontinuierlichen Schöpfungsprozess: Gott erhalte seine Welt permanent im Sein. Kummer, Kessler und Polkinghorne sehen in der durch Gott ermöglichten Freiheit der Geschöpfe die Möglichkeit ihrer Selbstentwicklung. Auch kommen die drei darin überein, dass ein naturwissenschaftlich kompatibles Gottesverständnis keinen Deismus impliziere. Wie wir gesehen haben, unterscheiden sie sich jedoch deutlich in ihrer Verhältnisbestimmung von Gott und Welt.

---

[78] Vgl. Beuttler, 376. Auf katholischer Seite weisen Medard Kehl, Patrick Becker und Christoph Böttigheimer auf kritische Aspekte innerhalb von Polkinghornes Konzept hin. Kehl argumentiert, dass sich die Existenz eines Gottes, der die Bedingungen für menschliches Leben schuf, nicht schlüssig aus der Feinabstimmung der Naturkonstanten ergebe. So scheint es für ihn ein Widerspruch zu sein, in der wertneutralen, ateleologischen Erfahrung der Naturwissenschaft nach göttlichen Spuren zu suchen. Vgl. Kehl, 311. Neben der Spurensuche nach Gott in den Gesetzen der Naturwissenschaften kritisiert Kehl Polkinghornes Versuch, „Gottes Existenz mithilfe einer Reflexion auf spezifisch menschliche Qualitäten einsichtig zu machen", was mit Naturwissenschaft jedoch nichts mehr zu tun habe (ebd.). Stattdessen hält er eine Theologie der Natur für weit plausibler (vgl. 313–321) und spricht sich für eine Integration von naturwissenschaftlichen Ergebnissen in den christlichen Schöpfungsglauben aus. Diese erhalten in diesem Rahmen „sogar eine besondere Plausibilität und Tiefenschärfe" (a. a. O., 321). Becker lehnt Versuche, Gottes Wirken in indeterministischen Bereichen der Physik zu verorten, strikt ab: „Der Zufall ist gerade so definiert, dass er kein intentionales Handeln darstellen kann. Zufall kann nicht zielgerichtet sein. Gottes Wirken innerhalb der quantenmechanischen Zufälle anzusiedeln, erscheint mir daher geradezu absurd. Gottes Handeln würde damit zufällig werden". An Polkinghornes Ansatz, Gottes Wirken in den Chaostheorien zu verankern, kritisiert er: „Chaotische Systeme sind sehr wohl determiniert, sie sind nur zu komplex für uns. […] In einem derart determinierten Bereich können wir Gottes Wirken aber wiederum nur mittels Wundern verankern – und genau das soll ja vermieden werden. Wenn wir mit Wundern arbeiten, dann brauchen wir kein Chaos dazu" (Becker, 90). Auch Böttigheimer verneint, dass Chaos völlig indeterminiert sei (vgl. Böttigheimer, Not, 437). Auch hält er Polkinghornes „Zuflucht beim Zufall, der die kausale Geschlossenheit der physikalischen Welt aufsprengt, konkret bei der ontologischen Indeterminiertheit der Quantensprünge und den chaotischen Prozessphasen" für problematisch. Im Unterschied zu Beuttler sieht er Gott zwar nicht in eine Lückenbüßer-Rolle gedrängt, jedoch bleibt für ihn unklar, wie man sich das göttliche Wirken in physikalischen Unbestimmtheiten näher vorstellen solle. Kritisch fragt er an: „Wie kann Gottes Handeln in der Welt auf die Offenheit chaotischer Systeme begrenzt und zugleich ihre Relevanz für das gesamte Universum behauptet werden?" (Böttigheimer, Glaubensnöte, 26).

[79] Vgl. u. a. Becker, 91.

Geht man davon aus, dass sich Gottes Schöpfung in den natürlichen Prozessen der Evolution vollzieht, dann kann das Evolutionsparadigma in mehrfacher Hinsicht als theologisches Modell eine Erschließungshilfe sein: Zum einen bietet es ein brauchbares Erklärungsmodell für das Verständnis der *creatio continua*. Auch trägt es dazu bei, die Rede von der Schöpfung nicht länger statisch zu interpretieren und verhilft der Theologie zu einem begründeten Abschied vom kausal-deterministischen Denken, das charakteristisch für das ehemalige mechanistische Weltbild war. Durch das Evolutionsparadigma kann der Entwicklungsprozess der Schöpfung letztlich als irreversibel und nach vorn offen verstanden werden.[80] Theologische Aussagen, die das Evolutionsparadigma in ihre Schöpfungslehre integrieren, können einen orientierungsstiftenden Sinn haben: Eine solche Integration kann dafür sensibilisieren, dass die Wirklichkeit neben der naturwissenschaftlich erfassbaren Vorfindlichkeit eine transzendente Dimension hat, die „der uns zugänglichen einen Sinn gibt."[81]

Gleichzeitig bewahrt die Unterscheidung zwischen der transzendenten Ebene von Wirklichkeit und der naturwissenschaftlichen Vorfindlichkeit vor Versuchen einer Vergöttlichung von Naturphänomenen. So vermag der christliche Schöpfungsglaube den Blick öffnen für „die personale Wahrnehmung der transzendenten Wirklichkeit" und „die Heilsdimension der Natur". Letztlich kann der Schöpfungsglaube dazu beitragen, „die evolutionär verstandene Wirklichkeit als geschenktes Dasein"[82] zu begreifen.

Literatur

Barbour, Ian G.: Naturwissenschaft trifft Religion. Gegner, Fremde, Partner?, Göttingen 2010.

Bauberger, Stefan: Was ist die Welt? Zur philosophischen Interpretation der Physik, Stuttgart ³2009.

Becker, Patrick: Ein wirkmächtiger Gott? In: Souvignier, Georg/Lüke, Ulrich/Schnakenberg, Jürgen/Meisinger, Hubert (Hg.): Gottesbilder an der Grenze zwischen Naturwissenschaft und Theologie, Darmstadt 2009, 83–93.

Bernhardt, Reinhold: Was heißt „Handeln Gottes"? Eine Rekonstruktion der Lehre von der Vorsehung, Wien u.a. ²2008.

Beuttler, Ulrich: Gott und Raum – Theologie der Weltgegenwart Gottes, Göttingen 2010.

Böttigheimer, Christoph: Die Not des Bittgebetes. Eine Ursache der gegenwärtigen Gotteskrise? In: Stimmen der Zeit 7/2011, 435–444.

Böttigheimer, Christoph: Glaubensnöte. Theologische Überlegungen zu bedrängenden Glaubensfragen und Kirchenerfahrungen, Freiburg 2011.

Clayton, Philip: Art.: Panentheismus I, RGG⁴ 6, 848f.

Dinkel, Christoph: Art.: Pantheismus III, RGG⁴ 6, 857.

Junker, Reinhard/Scherer, Siegfried: Evolution – ein kritisches Lehrbuch, Gießen ⁶2006.

Kattmann, Ulrich: Fortschritt und Richtung in der Evolution? in: Körtner, Ulrich/Popp, Marianne (Hg.): Schöpfung und Evolution – zwischen Sein und Design. Neuer Streit um die Evolutionstheorie, Wien 2007, 89–112.

Kehl, Medard: Und Gott sah, dass es gut war. Eine Theologie der Schöpfung, Freiburg/Basel/Wien 2008.

---

80 Vgl. Petzold, 181f.

81 A. a. O., 186.

82 A. a. O., 187.

Kessler, Hans: Evolution und Schöpfung in neuer Sicht, Kevelaer 2009.
Kessler, Hans: Gott oder Darwin. Vernünftiges Reden über Schöpfung und Evolution, in: Klose, Joachim/Oehler, Jochen: (Hg.): Gott oder Darwin. Vernünftiges Reden über Schöpfung und Evolution, Berlin/Heidelberg 2008, 27–57.
Kessler, Hans: Schöpfung neu denken im Gespräch mit heutiger Naturwissenschaft. Zu Anschlussfähigkeit und zum Überschuss schöpfungstheologischer Aussagen, in: Audretsch, Jürgen/Nagorni, Klaus (Hg.): Zwei Seiten der einen Wirklichkeit. Bilanz und Perspektiven des Dialogs zwischen Naturwissenschaft und Theologie, Karlsruhe 2007, 75–128.
Knoepffler, Nikolaus: Teilhard de Chardin und Karl Rahner, in Leiner, Martin/Knoepffler, Nikolaus/Birx, James H. (Hg.): Teilhard de Chardin. Naturwissenschaftliche und theologische Perspektiven seines Werkes, Göttingen 2005.
Kummer, Christian: Der Fall Darwin. Evolutionstheorie contra Schöpfungsglaube, München 2009.
Löning, Karl/Zenger, Erich: Als Anfang schuf Gott. Biblische Schöpfungstheologien, Düsseldorf 1997.
Menke, Karl-Heinz: Art.: Selbstmitteilung Gottes, in: LThK[3] 9, 425f.
Müller, Klaus: Paradigmenwechsel zum Panentheismus? An den Grenzen des traditionellen Gottesbilds, in: Herder Korrespondenz, Spezial 2/2011: Streitfall Gott. Zugänge und Perspektiven, 33–38.
Nüssel, Friederike: Art.: Theismus. Religionsphilosophisch, RGG[4] 8, 218f.
Petzold, Matthias: Schöpfung als Evolution? Zur theologischen Rezeption der Evolutionstheorie, in: Ders./Beck-Sickinger, Annette G.: Paradigma Evolution, Frankfurt am Main 2009, 161–193.
Polkinghorne, John: An Gott glauben im Zeitalter der Naturwissenschaften. Die Theologie eines Physikers, Gütersloh 2000.
Rahner, Karl: Die Hominisation als theologische Frage, in: Overhage, Paul/Rahner, Karl (Hg.): Das Problem der Hominisation. Über den biologischen Ursprung des Menschen, Freiburg/Basel/Wien [3]1965.
Rahner, Karl: Grundkurs des Glaubens. Einführung in den Begriff des Christentums, Freiburg u. a. 1976.
Schmidinger, Heinrich M.: Art.: Theismus, in: LThK[3] 9, 1388.
Schockenhoff, Eberhard: Schöpfung und Evolution. Ist das biblische Weltbild in Gefahr? (Kirche und Gesellschaft 336), Köln 2007.
Seebass, Horst: Genesis I. Urgeschichte (1,1 – 11,26), Neukirchen-Vluyn [3]2009.
Steinke, Johannes Maria: John Polkinghorne. Konsonanz von Naturwissenschaft und Theologie, Göttingen 2006.
Stinglhammer, Hermann: Einführung in die Schöpfungstheologie, Darmstadt 2011.
Tiefensee, Eberhard: Art.: Pantheismus, in: LThK[3] 7, 1318f.
Vorgrimler, Herbert: Der Begriff der Selbsttranszendenz in der Theologie Karl Rahners, in: Ders. (Hg.): Wagnis Theologie. Erfahrungen mit der Theologie Karl Rahners, Freiburg/Basel/Wien 1979.
Weinhardt, Joachim: Elementare Hinführung zum naturwissenschaft-theologischen Dialog, in: Ders. (Hg.): Naturwissenschaften und Theologie. Methodische Ansätze und Grundlagenwissen zum interdisziplinären Dialog, Stuttgart 2010, 9–19.
Welker, Michael: Schöpfung und Wirklichkeit (NBST 13), Neukirchen 1995.
Westermann, Claus: Welt und Mensch im Urgeschehen, Stuttgart 1999.
Wolfes, Matthias: Art.: Panentheismus II./III., RGG[4] 6, 849f.
Wolfes, Matthias: Art.: Pantheismus II, RGG[4] 6, 856f.
Zenger, Erich: Einleitung in das Alte Testament, hg. von Christian Frevel, Stuttgart [8]2012.

Religion als biologisches Phänomen

Thomas Junker

Sind Menschen von Natur aus religiös? Oder finden sie durch Vernunft und Erziehung zur Religion? In den letzten Jahrzehnten ließen es die Fortschritte der Biowissenschaften als aussichtsreich erscheinen, neue Versuche zur Beantwortung dieser Fragen zu unternehmen. Zwei Wege erwiesen sich dabei als besonders erfolgversprechend. Zum einen lassen sich die physiologischen Reaktionen, die mit religiösen Zuständen und Handlungen einhergehen, mit den Methoden der Hirnforschung untersuchen. Dadurch soll gezeigt werden, welche unmittelbaren Wirkungen das Beten, die Meditation oder andere religiöse Praktiken auf das Gefühlsleben und die Gedanken der Gläubigen haben[1]. Auf der anderen Seite interessieren sich die evolutionäre Psychologie und die Soziobiologie für den Selektionsvorteil, der mit religiösen Gefühlen und Verhaltensweisen verbunden sein könnte. Man betrachtet die Religiosität als eine biologische Anpassung, als ein Merkmal, das durch dieselben Mechanismen wie die Reißzähne eines Raubtieres, die Blätter einer Pflanze und die bunten Federn eines Paradiesvogels entstanden ist. Beide Ansätze sehen völlig davon ab, ob die jeweiligen Glaubenssätze richtig oder falsch sind und ob es Götter gibt oder nicht. Der Gottesglaube kann also durchaus ein Wahn sein, aber er ist eben vielleicht ein biologisch nützlicher Wahn.

1. *Die Natur des Menschen*

Bereits die Philosophen und Naturforscher des 18. Jahrhunderts diskutierten, ob religiöses Verhalten in der Natur des Menschen angelegt sei. David Hume vertrat in seiner *Naturgeschichte der Religion* (1757) die Ansicht, dass dies *nicht* der Fall sei. Der religiöse Glaube sei zwar häufig, aber nicht allgemein anzutreffen, was zu erwarten wäre, wenn es sich um einen biologischen Instinkt handeln würde:

> „Der Glaube an eine unsichtbare, intelligente Macht ist überall und zu allen Zeiten bei den Menschen außerordentlich stark verbreitet gewesen, aber er ist vielleicht doch nie so allgemein gewesen, daß er keine Ausnahme zugelassen hätte, noch waren die Vorstellungen, die er veranlaßte, in irgendeiner Weise gleichförmig. […] Es scheint daher, als entspringe [er] nicht einem ursprünglichen Instinkt oder einem ersten Eindruck der Natur, wie etwa jener es ist, der die Selbstliebe, Zuneigung zwischen den Geschlechtern, Liebe zu den Nachkommen und das Gefühl der Dankbarkeit und des Neides hervorbringt“[2].

Wie aber entsteht der religiöse Glaube dann? Hume zufolge beruht er auf einer diffusen Angst vor dem Unbekannten und letztlich auf einem Fehlschluss:

---

[1] Vgl. Kapogiannis u. a.; Vaas/Blume 179–218.

[2] Hume, 1.

> Von „Hoffnung und Furcht, besonders der letzteren, getrieben, untersuchen die Menschen mit banger Neugier den Lauf künftiger Ursachen und erforschen die vielfältigen und einander entgegengesetzten Ereignisse des menschlichen Lebens. Und in diesem verwirrten Schauspiel erblicken sie mit noch verwirrteren und erstaunteren Blicken die ersten dunklen Spuren einer Gottheit“.[3]

Auch Immanuel Kant verneinte, dass der religiöse Glauben ein biologisches Phänomen sei; im Gegensatz zu Hume vermutete er, dass dieser auf zutreffenden Beobachtungen und einem Vernunftschluss beruhe. Das naturtheologische Argument sei zwar, wie er in der *Kritik der Urteilskraft* (1799) ausführte, nicht zwingend, aber denknotwendig:

> „Wir können uns die Zweckmäßigkeit, die selbst unserer Erkenntnis der inneren Möglichkeit vieler Naturdinge zum Grunde gelegt werden muß, gar nicht anders denken und begreiflich machen, als indem wir sie und überhaupt die Welt uns als ein Produkt einer verständigen Ursache (eines Gottes) vorstellen.“[4]

Für die gegenteilige Auffassung, der zufolge die Religion in der Natur des Menschen angelegt ist, machte sich der konservative Denker Edmund Burke in seinen *Reflections on the revolution in France* (1790) stark: „Wir wissen und es ist unser Stolz zu wissen, dass der Mensch durch seine Konstitution ein religiöses Tier ist. Dass der Atheismus nicht nur gegen unseren Verstand sondern auch gegen unsere Instinkte ist“. Da die religiösen Instinkte sich unweigerlich Ausdruck verschaffen, komme es darauf an, der richtigen Religion zum Durchbruch zu verhelfen:

> Wenn „wir unsere Nacktheit aufdecken würden, indem wir diese christliche Religion abwerfen [...] befürchten wir (da wir wissen, dass der Geist keine Leere aushält), dass irgendein roher, bösartiger und erniedrigender Aberglauben ihren Platz einnehmen könnte“.[5]

2. *Das evolutionäre Erbe*

Wenn die Religion ihren Ursprung in der Natur des Menschen hat und diese Natur in der Evolution entstanden ist, dann muss die Entstehung der Religion evolutionsbiologisch erklärt werden. Und so musste den Philosophen und Wissenschaftlern früherer Jahrhunderte das Geheimnis der Religion verborgen bleiben. Erst nachdem Charles Darwin Mitte des 19. Jahrhunderts seine berühmte Theorie der natürlichen Auslese publiziert hatte (1859), die zeigt, wie zweckmäßige Merkmale entstehen, war der Weg für eine biologische Erklärung der Religion frei. Denn die Evolutionstheorie erklärt nicht nur die körperlichen Merkmale und das Verhalten anderer Tiere, sondern auch die vielleicht einzigartigen, jedenfalls sehr interessanten, weil außergewöhnlichen geistigen Fähigkeiten unserer eigenen Spezies.

---

3 A. a. O., 9.

4 Kant B 337.

5 Burke, 80. Alle fremdsprachigen Zitate werden in Übersetzung wiedergegeben. Sind in der Literatur die Originalausgaben aufgeführt, wurden die Zitate vom Autor übersetzt.

In seinem Buch über *Die Abstammung des Menschen und die sexuelle Selektion* (1871) gab Darwin dann seiner Überzeugung Ausdruck, dass die Religiosität in der Evolution entstanden sei, ohne aber die relevanten Faktoren im Detail auszuführen:

> „Das Gefühl religiöser Hingabe ist ein höchst komplexes, bestehend aus Liebe, vollständiger Unterwerfung unter ein erhabenes und mysteriöses Höheres, einem starken Gefühl der Abhängigkeit, Furcht, Verehrung, Dankbarkeit, Hoffnung für die Zukunft und vielleicht anderen Elementen. Kein Wesen konnte ein so komplexes Gefühl erfahren, bevor es in seinen geistigen und moralischen Fähigkeiten mindestens ein einigermaßen hohes Niveau erreicht hatte. Nichtsdestoweniger sehen wir eine entfernte Annäherung an diesen Geisteszustand in der innigen Liebe eines Hundes zu seinem Herrn, welche mit völliger Unterordnung, etwas Furcht und vielleicht noch anderen Gefühlen verbunden ist."[6]

Diese Bemerkung zeigt, dass die Religiosität für Darwin ihren Ursprung in den sozialen Instinkten hat und ein Ausdruck enger Kooperation bei gleichzeitigen Rangunterschieden ist.

In den letzten Jahrzehnten gab es in der Evolutionsbiologie eine intensive Debatte zur Entstehung und Funktion der Religion. Dabei wurde eine Vielzahl von Ursachen und Modellen diskutiert, ohne dass es bisher zu einem Konsens gekommen wäre.[7] Dies liegt zum einen daran, dass sich das Phänomen der Religiosität aus unterschiedlichen evolutionstheoretischen Perspektiven untersucht lässt, zum anderen an der Vielfalt religiöser Praktiken selbst.

Weitgehende Übereinstimmung besteht bei der Frage, ob Religiosität in der Natur der Menschen, d. h. in ihren Genen, verankert ist. Hierfür spricht ihr allgemeines Vorkommen in den unterschiedlichsten Kulturen. Humes Einwand, dass nicht alle Menschen gläubig sind, widerspricht dem nicht, wenn man annimmt, dass es kein direktes Religions-Gen, sondern nur eine genetische Disposition gibt. Beispiele wie die Augenfarbe, die durch wenige Gene verursacht wird und bei deren Ausprägung die Umwelt keine Rolle spielt, sind nur eine mögliche Variante. In anderen Fällen können sich dieselben Gene je nach Umwelt unterschiedlich ausprägen. Im Extrem können so trotz erblicher Übereinstimmung recht unähnliche Typen (‚Modifikationen') entstehen. Entsprechend wäre es möglich, dass sich eine genetisch angelegte Neigung durch eine bestimmte Erziehung und Umwelt als Religiosität manifestiert, dass sie aber auch zu künstlerischer Kreativität, zu Aberglauben, Patriotismus, politischem oder sportlichem Fanatismus und vielem mehr werden kann. In gewisser Weise wird hier Burkes Argument aufgegriffen, ohne allerdings seine Festlegung auf das christliche Weltbild zu übernehmen.

---

6 Darwin, Descent I, 68.

7 Vgl. Edward Wilson; Sommer; Boyer; Hinde; Atran; Söling; David Sloan Wilson; Lüke u. a.; Dawkins; Dennett; Junker/Paul; Vaas/Blume; Voland/Schievenhövel.

3. *Religion als zweckmäßige Eigenschaft*

Die Religiosität hat wahrscheinlich eine genetische Grundlage, aber ist sie auch eine zweckmäßige, nützliche Eigenschaft, eine Anpassung? Dies ist auch unter Evolutionsbiologen umstritten. Weitgehende Einigkeit besteht, dass komplexe zweckmäßige Eigenschaften *nur* durch die natürliche Auslese entstehen können. Unterschiedliche Meinungen gibt es aber darüber, ob dies im Umkehrschluss bedeutet, dass es auch sinnvoll ist, bei allen Merkmalen nach einem entsprechenden Zweck zu suchen.

Der Soziobiologe Edward O. Wilson ist davon überzeugt, dass dies bei der Religiosität der Fall ist.

> Die „Anlage für religiösen Glauben [ist] die komplexeste und machtvollste Kraft im menschlichen Geist und aller Wahrscheinlichkeit nach ein unauslöschlicher Teil der menschlichen Natur". Und sie sei eine biologische Anpassung, die ähnlich wie Ernährung, Sexualität oder Mutterliebe dem Überleben oder Wohlergehen der Individuen und seiner Gene nützt: „Wenn den Göttern gedient wird, ist die Darwinsche Fitness der Mitglieder des Stammes der eigentliche, wenn auch unerkannte Nutznießer."[8]

Wenn der biblische Gott zu Noah und seinen Söhnen sagt: „Seid fruchtbar und mehret euch und füllet die Erde", so lässt sich dies biologisch als Ausdruck der Intentionalität der Gene verstehen, die einem außerweltlichen Gott zugeschrieben wird, da ihre eigentliche Entstehung den Menschen des vor-darwinschen Zeitalters verborgen blieb. Und tatsächlich haben religiöse Menschen mehr Kinder als ungläubige. Dies gilt nicht für alle Konfessionen, aber der statistische Zusammenhang ist doch recht eindeutig.[9]

Wilson argumentiert weiter, dass die Religionen in dieser Hinsicht unterschiedlich effektiv seien. Letztlich werden sich diejenigen Varianten durchsetzen, deren Anhänger besser überleben und sich fortpflanzen. Allgemein sei die Geschichte der Menschheit durch einen „kulturellen Darwinismus" charakterisiert, der zu einer evolutionären Veränderung der Religionen, abhängig von ihrer biologischen Nützlichkeit, geführt habe.[10] Dass das Schicksal der Religionen tatsächlich von diesen biologischen Voraussetzungen abhängt, zeigt etwa das Aussterben der Shaker, einer christlichen Freikirche, die im 19. Jahrhundert in den USA verbreitet war und noch heute wegen ihrer ästhetischen Möbel einen gewissen Bekanntheitsgrad hat. Die Shaker verzichteten gänzlich auf Sexualität und lebten als zölibatäre Gemeinschaft, das heißt als Nonnen und Mönche; als sie nicht mehr ausreichend neue Mitglieder anwerben konnten, nahm die Zahl ihrer Anhänger kontinuierlich ab, bis im Jahr 2007 nur noch vier Shaker lebten. Demgegenüber fordert beispielsweise die katholische Kirche nur von ihren Funktionsträgern ein sexuell enthaltsames Leben, die anderen Gläubigen werden hingegen angehalten, für möglichst zahlreichen Nachwuchs zu sorgen.

---

8 Edward Wilson, 169, 184; vgl. Norenzayan/Shariff.
9 Vgl. Vaas/Blume, 65–106.
10 Edward Wilson, 175; vgl. auch Sosis/Bressler.

4. *Religion als Infektionskrankheit*

Für einen anderen Blick auf die Religion argumentierte der Zoologe Richard Dawkins in seinem Bestseller *Der Gotteswahn* (2006). Auch er bekräftigte die Notwendigkeit einer biologischen Erklärung:

> „In keiner bekannten Kultur fehlt irgendeine Version der zeitaufwändigen, wohlstandsverschlingenden, feindschaftprovozierenden Rituale, der irrealen, unproduktiven Phantasien der Religion. [...] Universelle Merkmale einer biologischen Art erfordern eine Darwinsche Erklärung."

Zugleich betonte er aber, dass die Nutznießer des religiösen Verhaltens nicht unbedingt die Gläubigen selbst sein müssen, sondern dass sie „unter dem manipulativen Einfluss der Gene in einem anderen Individuum stehen können, vielleicht einem Parasiten".

Es gebe zahlreiche Beispiele, die zeigen, wie Tiere in ihrem Verhalten so manipuliert werden, dass es den Parasiten dient. So kann beispielsweise ein Virus seine Verbreitung enorm fördern, wenn es den Niesreiz eines Menschen anregt. Nicht nur Religionen, sondern auch Erkältungen kommen in allen menschlichen Völkern vor, ohne dass das eine oder das andere einen Nutzen für die (erkrankten) Menschen haben muss: „Die Tatsache, dass die Religion allgegenwärtig ist, bedeutet wahrscheinlich, dass sie für irgendetwas von Nutzen war, aber das sind vielleicht nicht wir oder unsere Gene."[11]

Während Wilson die Nützlichkeit der Religion hervorhebt und ihren Selektionsvorteil darin sieht, dass sie die menschlichen Gruppen zusammenschweißt, betont Dawkins ihre Nachteile für die betroffenen Individuen. Die weite Verbreitung von Religionen erklärt er mit einer geistigen Infektion, durch die das Verhalten der Gläubigen zum Vorteil nicht näher bezeichneter Parasiten manipuliert wird.

5. *Religion als Nebeneffekt*

Biologische Merkmale sind oft, aber nicht immer Anpassungen, d. h. für das Überleben, Wohlergehen und die Fortpflanzung unmittelbar nützliche Eigenschaften. Durch konstruktive Zwänge und unterschiedliche Anforderungen entstehen auch Eigenschaften, die nicht selbst nützlich sind, aber als Nebeneffekt oder als Voraussetzung eines anderen nützlichen Merkmals erhalten bleiben (‚indirekte Nützlichkeit'). Zudem kann ein Merkmal der Fortpflanzung dienen und zugleich dem Überleben bzw. Wohlergehen des Individuums schaden und umgekehrt (‚Design-Kompromisse'). Und schließlich ist zu beachten, dass sich die Nützlichkeit immer auf eine konkrete Lebensweise bezieht. Durch Veränderungen der Umwelt können sich ursprünglich vorteilhafte Eigenschaften in ihr Gegenteil verkehren und zu sogenannten Fehlanpassungen werden.

---

[11] Dawkins, 192–194.

Schon Hume hatte darauf hingewiesen, dass Menschen dazu neigen, Tiere und Pflanzen, Naturvorgänge und Gegenstände als geistige Wesen und als Personen aufzufassen.[12] Die moderne Naturwissenschaft hat die Existenz der Geister sehr eingeschränkt und Naturvorgänge werden durch die Annahme unpersönlicher physikalischer Kräfte erklärt. Und doch beschimpft man einen Stuhl, an dem man sich gestoßen hat, und fühlt sich von einem Auto oder einem Computer persönlich enttäuscht, wenn sie nicht mehr funktionieren – wenn sie ‚den Geist aufgeben', wie es umgangssprachlich auch heißt. Am deutlichsten wird diese Denkweise in der ursprünglichen Weltauffassung der Naturvölker, dem Animismus, bei dem die gesamte Natur – Berge, Flüsse, Steine, Gegenstände ebenso wie physikalische Phänomene – mit Geistern belebt und beseelt wird.

Die Stärke dieses Denkmusters lässt sich evolutionsbiologisch damit erklären, dass die menschliche Intelligenz ganz wesentlich als Reaktion auf soziale Probleme entstand (‚Machiavelli'sche Intelligenz-Hypothese') und dass unser Denken bis heute von diesem Ursprung geprägt ist.[13] Ein weiterer möglicher Vorteil besteht in Vermeidung unnötiger Risiken: Wenn eine Wahrnehmung nicht eindeutig ist, ist es vorteilhaft, riskante Fehler zu vermeiden und risikoarme Fehler zu tolerieren. So kann es beispielsweise lebensrettend sein, ein Rascheln im Gebüsch generell auf einen angreifenden Feind oder ein Raubtier zurückzuführen, auch wenn es sich in neun von zehn Fällen um falschen Alarm handelt. Ein Rest von Animismus und Aberglauben scheint in der Tat psychologisch unausrottbar zu sein und bildet die biologische Basis für den religiösen Glauben an übernatürliche Phänomene. Auch hier sollte beachtet werden, dass falsche Zuschreibungen und Fehlalarme ihrerseits Kosten verursachen. Beim religiösen Glauben an Geister und Götter handelt es sich aus dieser Perspektive also um einen Nebeneffekt ohne eigenen Nutzen.

6. *Was ist Religiosität?*

Eine Schwierigkeit habe ich bisher völlig ausgeblendet: Religion und religiöses Verhalten können so vielfältige Formen annehmen, dass es vielleicht unmöglich ist, einen gemeinsamen Nenner zu finden. Eine bewährte Herangehensweise besteht in Fällen wie diesem darin, das komplexe Gesamtphänomen in seine Elemente zu zerlegen und diese zunächst getrennt zu untersuchen. In diesem Sinne unterscheiden Eckart Voland und Caspar Söling in ihren *Beiträgen zu einer evolutionären Religionstheorie* vier „Domänen" – Mystik, Ethik, Mythos und Ritual –, die „jeweils ihre eigene Selektionsgeschichte durchlaufen haben".[14] Rüdiger Vaas und Michael Blume gehen in *Gott, Gene und Gehirn* von sieben Merkmalen mit jeweils eigenen Funktionen aus: Transzendenz, Ultimative Bezogenheit, Mystik, Mythos, Moral, Ritus und Gemeinschaft.[15]

---

12 Hume, 10; vgl. Kelemen.
13 Vgl. Junker, 52–63.
14 Voland/Söling, 60.
15 Vaas/Blume, 223.

Ein regelmäßiger und wichtiger Bestandteil der religiösen Welterklärungen sind Götter und von diesen bewirkte, wundersame, d. h. nicht im Rahmen der Naturgesetze erklärbare Ereignisse. Als möglicher Nutzen werden Orientierung und Kontingenzbewältigung (Ordnung und Sinn angesichts von Leiden, Krankheit und Sterben) sowie Glück und Gesundheit durch placebo-ähnliche Wirkungen genannt. Ein gravierender Nachteil religiöser Mythen ist, dass sie Naturphänomene fälschlicherweise auf das Wirken übernatürlicher Wesen zurückführen. Wenn Krankheiten aber als Strafe Gottes, Blitz und Donner durch das Wirken eines Donnergottes erklärt werden, dann kann dies sinnvolle Gegenmaßnahmen wie Antibiotika oder Blitzableiter verhindern. Zudem besteht die Gefahr, dass durch verfehlte Sinnangebote religiös bedingte Neurosen und Einbußen an Lebensglück auftreten. Alles in allem erscheint ein biologischer Nutzen der religiösen Mythen, der über die gravierenden Nachteile hinausgeht, eher zweifelhaft. Es könnte sich also wie oben diskutiert um einen neutralen oder nachteiligen Nebeneffekt einer anderen zweckmäßigen Verhaltensweise handeln.

Allgemein kann man feststellen, dass Religionen Erklärungen für die Entstehung der Welt bzw. der Lebewesen (‚Wunder') sowie für psychologische Phänomene (‚Spiritualität') geben. Zudem erlassen sie Vorschriften, Gebote und Verbote und geben Lebensziele vor. Keine dieser Funktionen wird nur von Religionen ausgeführt, sondern sie werden von anderen Lebensbereichen wie der Wissenschaft, der Kunst oder dem Recht ebenso gut oder besser erfüllt. Dies gilt auch für die häufig genannte gemeinschaftsbildende Kraft der Religionen. Auch hier gibt es kein religiöses Monopol, sondern Menschen haben vielfältige Methoden der Gemeinschaftsbildung entwickelt – körperliche und sexuelle Kontakte, Uniformierung, Gemeinschaftsrituale (Tänze, Schauspiele, Feste, Mahlzeiten), gemeinsame Phantasien (Mythen), verbale Kommunikation (Sprache) und Mischformen wie Kunst und Religion. Was also ist das Besondere an der religiösen Form der Gemeinschaftsbildung?

Als wesentlicher Vorteil wird genannt, dass sie die Individuen effektiver als andere Mechanismen in die jeweilige Gemeinschaft einbinde und diese dadurch stabilisiere: „Um egoistischem Verhalten und der zersetzende Kraft großer Intelligenz und Individualität entgegen zu wirken, muss jede Gesellschaft sich feste Gesetze geben. In weiten Bereichen funktioniert eine beliebige Sammlung von Regeln besser als gar keine". Die Religionen verleihen den teilweise willkürlichen Regelwerken unbedingte Geltung, indem sie diese als gottgegeben oder heilig kennzeichnen. Im Wesentlichen sei Religion, so fasst Edward O. Wilson zusammen, der Prozess, „durch den Individuen davon überzeugt werden, ihre unmittelbaren persönlichen Interessen den Interessen der Gruppe unterzuordnen".[16] Die Vorteile einer religiösen Begründung der Moral sollen also darin bestehen, dass die sozialen Regeln nicht ausgehandelt, sondern diktiert werden. Dadurch verringert sich der Rechtfertigungsaufwand und es wird eine größere Stabilität erreicht. Dem stehen als Nachteile eine geringere Flexibilität und größere Missbrauchsgefahr gegenüber. Religion wird so als eine effektive, aber autoritäre Methode der Gemeinschaftsbildung bei Menschen bestimmt.

---

[16] Edward Wilson, 185f., 176.

Während die Kunst die Menschen durch eine schöne oder anderweitig Interesse weckende Form bezaubert und verführt, während die Wissenschaft durch Argumente überzeugt, versuchen die Religionen die Gemeinsamkeit der Ziele durch Versprechungen und Drohungen zu erzwingen. Der Unterschied ist nicht absolut: Auch in der Kunst und in der Wissenschaft gibt es Zwänge; wer sich der jeweiligen Mode oder Lehrmeinung nicht unterordnet, kann leicht zum Außenseiter werden. Andererseits arbeiten die meisten Religionen mit ästhetischen oder sinnlichen Reizen, mit Weihrauch, Kerzen, bunten Farben und Musik. Trotzdem besteht ein signifikanter Unterschied: Wem ein Theaterstück oder eine Theorie nicht behagt, der wird mit Ablehnung, aber nicht mit ewiger Verdammnis rechnen müssen. Tatsächlich ist es ein selten fehlendes, charakteristisches Merkmal der Religionen, dass sie ihren Gegnern phantasierte Strafen oder reale Gewalt androhen.

Kunst und Religion lassen sich so als unterschiedliche Strategien verstehen, mit deren Hilfe – abhängig von der jeweiligen Umwelt – ein übereinstimmendes Ziel verfolgt wird: Gemeinschaftsbildung. Unter welchen Bedingungen ist es von Vorteil, die gemeinsamen Ziele durch künstlerische Verführung, durch wissenschaftliche Argumente oder durch religiösen Zwang zu erreichen? Einen wichtigen Hinweis darauf, wann die religiöse Strategie zum Einsatz kommt, gibt Dawkins mit seiner Parasiten-Theorie. Diese besagt, dass Religionen nicht unbedingt von Vorteil für die Gläubigen selbst sein müssen. Und so kann man sagen, dass Religion die jüngere, autoritäre Schwester der Kunst ist. Sie dient der Gemeinschaftsbildung in hierarchischen Systemen, die Kunst in egalitären Gruppen.[17] Ist Religion also eine Anpassung? Die Antwort ist ja, aber nur unter bestimmten Umweltbedingungen.

Abschließend möchte ich noch auf einige allgemeine Punkte eingehen, die beachtet werden müssen, um zu aussagekräftigen Antworten zu gelangen: 1) Um die Entstehung eines Merkmals zu erklären, genügt es nicht, einen möglichen Nutzen zu nennen, sondern dieser muss gegen seine Kosten und Nachteile abgewogen werden. 2) Die Untersuchung darf nicht bei der Analyse isolierter Komponenten stehen bleiben, sondern sie muss auch deren Wechselwirkungen beachten. So sind in vielen Religionen Welterklärungen und moralische Forderungen verkoppelt. 3) Es ist nicht auszuschließen, dass Religiosität ein emergentes Phänomen mit einer allgemeinen Funktion ist, bei der aus den Einzelkomponenten ein neues Ganzes entstanden ist. Es kann also nicht genügen, die Komponenten isoliert zu betrachten. 4) Schließlich ist es unerlässlich, die konkrete Umwelt zu beachten, in der sich eine genetische Anlage manifestiert. Die real beobachtbaren phänotypischen Merkmale eines Organismus entstehen immer im Zusammenspiel von Genen und Umwelt und letztere kann die Ausprägung entscheidend verändern.

17 Vgl. Junker/Paul, 174–185.

7. Ausblick

Es ist sicher falsch zu sagen, dass Menschen von Natur aus „religiöse Tiere“ seien, wie das Edmund Burke postuliert hatte.[18] Genauso wenig sind Menschen von Natur aus mörderische, neurotische oder übergewichtige Tiere. Religiöses Verhalten, Morde aus Eifersucht, Angstneurosen oder Übergewicht *können* sich manifestieren, wenn sich eine genetische Anlage unter bestimmten Umweltbedingungen ausprägt. Dies bedeutet aber weder, dass diese Merkmale immer auftreten müssen, noch dass sie den Individuen einen Selektionsvorteil bieten, noch dass sie für die soziale Gruppe einen Nutzen haben müssen.

Wenn man die These akzeptiert, dass die wesentliche Funktion der Religion darin besteht, die Gemeinschaftsbildung in hierarchischen Systemen zu erleichtern, dann schließen sich einige Fragen an: Ist Religion nicht nur eine effektive sondern auch eine ethisch erstrebenswerte Art der Gemeinschaftsbildung? Wie lässt sich verhindern, dass Religionen nicht nur den Zusammenhalt innerhalb einer Gemeinschaft stärken, sondern gleichzeitig die Feindseligkeit anderen Gruppen gegenüber intensivieren? Kann es Religion ohne Zwang und Furcht geben? Was wird aus einer Religion, wenn sie darauf verzichtet? Wird sie dann zur Kunst, wie dies Theodor W. Adorno vermutete? Kunst, so schrieb er, sei „Magie, befreit von der Lüge, Wahrheit zu sein“.[19] Die evolutionsbiologischen Analysen zur Entstehung und Funktion der Religion stehen noch am Anfang. Aber schon heute haben sie gezeigt, dass sie die Diskussionen über den Sinn und Unsinn religiösen Glaubens durch neue Fragestellungen und Perspektiven bereichern können.

Literatur

Adorno, Theodor W: Minima Moralia. Reflexionen aus dem beschädigten Leben [1951]. Frankfurt/M. [u. a.] 2001.
Atran, Scott: In gods we trust. The evolutionary landscape of religion New York/Oxford 2002.
Boyer, Pascal: The naturalness of religious ideas. A cognitive theory of religion, Berkeley 1994.
Burke, Edmund: Reflections on the revolution in France [1790], edited by J. G. A. Pocock, Indianapolis 1987.
Darwin, Charles: On the origin of species by means of natural selection, or the preservation of favoured races in the struggle for life, London 1859.
Darwin, Charles: The descent of man, and selection in relation to sex, 2 Bde., London 1871.
Dawkins, Richard: The god delusion, Boston, Mass. [u. a.] 2006.
Dennett, Daniel C: Breaking the spell. Religion as a natural phenomenon, New York [u. a.] 2006.
Hinde, Robert A: Why gods persist. A scientific approach to religion, London 1999.
Hume, David: The natural history of religion. Dialogues concerning natural religion [1757]. (Deutsche Ausgabe: Die Naturgeschichte der Religion [Philosophische Bibliothek 341], Hamburg 2000).
Junker, Thomas: Die Evolution des Menschen (Reihe Beck Wissen), München ²2008.

[18] Burke, 80.
[19] Adorno, 428.

Junker, Thomas/Sabine Paul: Der Darwin-Code. Die Evolution erklärt unser Leben, München [2]2009.

Kant, Immanuel: Kritik der Urteilskraft [3. Aufl. 1799], Werkausgabe, Bd. 10, Frankfurt/M. 1974.

Kapogiannis, Dimitrios u. a.: Cognitive and neural foundations of religious belief, in: Proceedings of the National Academy of Sciences 106 (2009), 4876–4881.

Kelemen, Deborah: Beliefs about purpose. On the origins of teleological thought, in: Michael C. Corballis/Stephen E. G. Lea (Hg.): The descent of mind. Psychological perspectives on hominid evolution, Oxford 1999, 278–294.

Lüke, Ulrich/Jürgen Schnakenberg/Georg Souvignier (Hg.): Darwin und Gott. Das Verhältnis von Religion und Evolution, Darmstadt 2004.

Norenzayan, Ara/Azim F. Shariff: The origin and evolution of religious prosociality, in: Science 322 (3 Oktober 2008), 58–62.

Söling, Caspar: Der Gottesinstinkt – Bausteine für eine Evolutionäre Religionstheorie, Diss. Universität Gießen 2002.

Sommer, Volker: Die Vergangenheit einer Illusion. Religion aus evolutionsbiologischer Sicht, in: Eckart Voland (Hg.): Evolution und Anpassung. Warum die Vergangenheit die Gegenwart erklärt. Christian Vogel zum 60. Geburtstag, Stuttgart 1993, 229–248.

Sosis, Richard/Eric R. Bressler: Cooperation and commune longevity. A test of the costly signaling theory of religion, in: Cross-Cultural Research 37 (2003), 211–239.

Vaas, Rüdiger/Michael Blume: Gott, Gene und Gehirn. Warum Glaube nützt: Die Evolution der Religiosität, Stuttgart 2009.

Voland, Eckart/Caspar Söling: Aus der Sicht der Soziobiologie. Die biologische Basis der Religiosität in Instinkten – Beiträge zu einer evolutionären Religionstheorie, in: Ulrich Lüke/Jürgen Schnakenberg/Georg Souvignier (Hg.): Darwin und Gott. Das Verhältnis von Religion und Evolution, Darmstadt 2004, 47–65.

Voland, Eckart/Wulf Schievenhövel (Hg.): The biological evolution of religious mind and behavior, Dordrecht/Heidelberg 2009.

Wilson, David Sloan: Darwin's cathedral. Evolution, religion, and the nature of society, Chicago/London 2002.

Wilson, Edward O.: On human nature, Cambridge, Mass./London 1978.

Demenz, Ethik und die Konstruktion des Selbst

Klaus Peter Rippe

Wenn man vorurteilsfrei über die letzten Phasen von Demenzerkrankungen nachdenkt, stellen sich schwierige philosophische Fragen. Insbesondere veranlassen sie uns, über die genaue Definition und ethische Bedeutung von Selbstbestimmung, die Gültigkeit von Willenserklärungen wie über Fragen der personalen Identität nachzudenken. Im Kontext dieses Bandes, welcher Fragen des Konstruktivismus erörtert, werde ich zudem auf die Frage eingehen, inwiefern unser Selbst Realität oder Konstrukt ist. Trotz dieser abstrakten Fragestellungen bilden zwei konkrete Beispiele den Ausgangspunkt dieser Überlegungen.

1. Zwei Beispiele

1.1 Frau Rossi

Die seit langem schwer gebrechliche Frau Rossi ist 103 Jahre alt und lebt seit einem Jahr in einem städtischen Pflegeheim. Sie hat eine weit fortgeschrittene Altersdemenz. Auf basale Stimulation reagiert sie, ebenso hin und wieder auf sonstige Berührungen. Sonst ist sie nicht ansprechbar.

Frau Rossi hat vor sieben Jahren in einer Patientenverfügung festgehalten, dass keinerlei lebensverlängernde medizinische Maßnahmen vorgenommen werden sollen. Für den Fall, dass sie ihre Urteilsfähigkeit eingebüßt haben werde und sich in einem fortgeschrittenen Stadium der Senilität oder Demenz befinden sollte, verlangte sie nicht nur, dass von medikamentösen Behandlungen mit Ausnahme der Verabreichung von Schmerzmitteln strikt Abstand zu nehmen sei und dass man sie eines natürlichen Todes sterben lasse. Vielmehr hielt sie für diesen Fall auch fest, dass allenfalls auch jede weitere Nahrungs- und Flüssigkeitszufuhr unterlassen werden solle, damit sie ihr Ziel: „Sterben eines natürlichen Todes nach einem reich erfüllten Leben ohne unnötige Verlängerung des Sterbeprozesses und ohne bloßes Dahinvegetieren“[1] so rasch wie möglich erreichen könne. Ihrer Schwiegertoochter und ihren Söhnen sagte sie vor dem Heimeintritt wiederholt, sie wolle keinen Tag länger leben als unbedingt notwendig.

Mitte Mai erfuhr die Tochter von einer Pflegenden, dass Frau Rossi mit einem Löffel regelmäßig Nahrung zugeführt werde. Auf Nachfrage erklärte eine Ärztin: „Wir können ihre Mutter doch nicht verhungern lassen.“ Frau Rossi würden Suppen, Cremespeisen oder Breikost angeboten, aber nicht aufgedrängt. Protokollarisch

[1] Wörtliche Zitate und Schilderung stützen sich auf die Dokumentation des involvierten Anwaltsbüros. Namen und einige andere Details wurden so weit verfremdet, dass man nicht auf die involvierten Personen und Institutionen schließen kann. Einen Tessiner Namen gebe ich ihr, um sie besser von den Akteuren des zweiten Fallbeispiels abzuheben.

hält der vorgesetzte Arzt fest, er hielte es für falsch, darauf zu verzichten, der Patientin diesen „letzten Lebensgenuss" zu ermöglichen. Tochter und Schwiegersohn konnten diese Sicht nicht nachvollziehen. Wenn bei ihrer Mutter bei Berührungen noch Regungen festzustellen sind, so seien dies bloße Reflexe. Auch das spontane Öffnen des Mundes beim Zuführen eines Löffels mit zum Beispiel Apfelmus und das einschließende Einsaugen der zugefügten flüssigen Nahrung seien nur reflexhafte Reaktionen und niemals eine Willensäußerung. Sie forderten auf, das Anbieten von Nahrung einzustellen und so der Patientenverfügung gemäß zu handeln.

Die beteiligten Ärzte hielten dem entgegen, dass es sich um keinen Reflex handele. Einen Löffel an den Mund zu halten, veranlasse allenfalls den Saug- aber keineswegs den Schluckreflex. Mindestens das Schlucken sei eine Handlung der Patientin. Man würde nicht die Patientenverfügung missachten, sondern vielmehr prüfen, was die Patientin derzeit wolle. Denn wenn sie jetzt essen wolle, dann sei dies als aktueller Wille zu betrachten, und dieser höbe den vor Jahren festgehaltenen Willen auf.

Weder Schwiegertochter noch Söhne waren mit dieser Argumentation einverstanden. Auch wenn ihre Mutter selbst schlucke, dürfe dies doch nicht schwerer wiegen als jener Willensbescheid, den sie seit Jahren mündlich und schriftlich vertreten und den sie bei klarem Verstand schriftlich aufs Papier gebracht habe. Sie habe sich ja nicht einmal darauf beschränkt, im benutzten Formular Felder anzukreuzen, sondern habe handschriftlich ergänzt, dass sie im Falle einer fortgeschrittenen Demenz keine Sekunde länger leben möchte als notwendig. Ihre Patientenverfügung lege ganz klar fest, dass ihr kein Essen angeboten werden dürfe. Diese aus der Perspektive ihres ganzen Lebens geschriebenen Worte müssten Vorrang haben vor dem rein auf die Gegenwart bezogenen unreflektierten Wunsch, Brei herunterzuschlucken. In dieser Ansicht wurden sie vom ihrem inzwischen hinzugezogenen Anwalt bestärkt. Ein bei vorliegender Urteilsfähigkeit festgehaltener Wille könne niemals durch einen Wunsch gebrochen werden, der im Zustand fehlender Urteilsfähigkeit ausgesprochen wird. Gibt ein Autofahrer seinen Autoschlüssel beim Barmann ab und fordert er ihn auf, den Schlüssel bis zum nächsten Tag sicher zu verwahren (er wolle trinken, ohne sich der Gefahr auszusetzen, sich selbst und andere am Steuer zu gefährden), ist klar, dass dieser Wille nicht aufgehoben wird, wenn derselbe Mann den Schlüssel am späten Abend betrunken zurückfordert. Ja mehr, könnten verbale, ja sogar nonverbale Äußerungen zum Zeitpunkt der Urteilsunfähigkeit schriftliche Willensbekundungen rechtswirksam aufheben, würde das ganze Zivilrecht auf den Kopf gestellt. Auch bei Testamenten und Verträgen müsste dann berücksichtigt werden, dass bei fehlender Urteilsfähigkeit ausgesprochene Äußerungen schriftliche Willensbekundungen und Verträge aufheben können. Urteilsfähigkeit aller Parteien sei jedoch unverzichtbare Bedingung für die Gültigkeit von Verträgen. Zu Recht dürften Verträge nur urteilsfähig eingegangen und aufgelöst werden. Wer im Zustand fehlender Urteilsfähigkeit seinem Arbeitgeber einen Vogel zeige, habe damit noch lange nicht seinen Arbeitsvertrag aufgehoben; und dies sei gut so.

Nach Ansicht des Anwalts binden Patientenverfügungen die Pflegenden, Angehörigen und andere Beteiligte, wenn es um den Umgang mit Menschen mit Demenz geht. Schreibt die Verfügung vor, dass bei einer Sekundarerkrankung keine lebensverlängernden Maßnahmen getroffen werden, so gilt dies auch dann, wenn der Mensch mit Demenz vor dieser Sekundarerkrankung Lebensfreude zeigte. Im Extremfall müsste man eine Behandlung der Sekundarerkrankung auch dann unterlassen, wenn der Betroffene durch die Therapie noch mehrere Jahre voll guter Lebensqualität erlangen würde.

Aus Fürsorgesicht wäre dies natürlich falsch. Erkrankt ein Mensch mit Demenz an einer Lungenentzündung, ist diese nach dem Fürsorgeprinzip zu behandeln, sofern Leid gemindert und Lebensqualität verbessert werden kann. Aber das Recht auf Selbstbestimmung schließt ein, dass Personen Entscheidungen treffen können, die ihr schaden. Personen dürfen zudem selbst dann Therapien verweigern, wenn dies ihren Tod zur Folge hat. Ist die Patientenverfügung Ausdruck des selbstbestimmten Willens, so kann sie auch Behandlungen verbieten, die aus Fürsorgegesichtspunkten geboten wären. Würde man Patientenverfügungen nämlich nur folgen, wenn sie mit dem Fürsorgegedanken übereinstimmten, wäre das Recht auf Selbstbestimmung nicht verwirklicht. Der Satz „Du darfst tun, was Du willst, solange Du das Richtige willst", ist Ausdruck einer paternalistischen Haltung. Dass eine Fürsorgeperspektive eingenommen wird, zeigt sich auch beim Umgang mit Äußerungen, die bei fehlender Urteilsfähigkeit ausgesprochen werden. Es wird ja nicht dafür gefochten, dass solche Äußerungen auch in jenen Fällen als Indiz eines neuen Willens anzusehen seien, wenn ihre Verwirklichung der betroffenen Person schadet. Wäre dies so, müsste man ja überlegen, ob man eine Person, die in einer Panikattacke aus dem Fenster springen will, springen lässt. Und dies selbst dann, wenn diese einen bei klarem Verstand gebeten hat, genau dies zu unterbinden. Hier werden die meisten den nicht-urteilsfähigen Wunsch schlicht für bedeutungslos erachten. Warum sollte man nicht auch dann von einer Aktualisierung des Willens sprechen? Erfüllt man Wünsche nur dann, wenn dies der betroffenen Personen nutzt, geht es um Fürsorge, nicht um Selbstbestimmung.

Die Sicht des Anwalts scheint eine konsequente Umsetzung des Rechts auf Selbstbestimmung. Viele, die Patientenverfügungen befürworten oder selber eine haben, teilen nach unserer Erfahrung diesen Standpunkt. Man schreibe sie ja, so wird gesagt, damit „klar ist, was mit einem gemacht werden darf und was nicht." Allerdings wird hier ein Punkt übersehen. Betrachten wir, um dies herauszuarbeiten, ein zweites Beispiel.

1.2 Frau Schmidt und Herr Müller

Eine 55-jährige, an einer Alzheimer-Demenz erkrankte Frau, geben wir ihr den Namen Schmidt, war zunächst in einer Wohngruppe, die zu einem größeren Pflegeheim gehörte.[2] Während ihres Aufenthalts in der Wohngruppe und zu Beginn der

2 Die Schilderung stützt sich auf die Berichte der Heimleitung, des Pflegeteams und der Angehörigen, auf Gespräche mit etlichen Betroffenen sowie auf das erfolgte Konsensverfahren. Die Namen sind frei erfunden, ebenso wurden einige Details verfremdet.

späten Phase ihrer Erkrankung veränderte sich Frau Schmidt. Sie wurde nach Auskunft der Pflegenden immer „sinnlicher." Nach einiger Zeit wurde Frau Schmidt ins Haupthaus verlegt. Dort begegnete sie dem 63-jährigen Herrn Müller. Frau Schmidt und Herr Müller sah man fortan ständig zusammen. Auch gegenseitige Berührungen waren zu beobachten, wobei dies beiden, so die Pflegenden, offenbar nicht unangenehm war. Die Pflegenden beobachteten die Situation, sahen aber keinen Handlungsbedarf. Dies änderte sich, als eine Pflegende beide in Herrn Müllers Zimmer antraf und bemerkte, dass Frau Schmidts Büstenhalter ausgezogen worden war. Angesichts dessen schien es den Pflegenden möglich, dass auch Geschlechtsverkehr stattfinden könnte.

Im betreffenden Pflegeheim gilt als Richtlinie, dass Geschlechtsverkehr zwischen Bewohnern zugelassen wird, sofern es sich um eine klar einvernehmliche Beziehung handelt. Um eine Rückzugmöglichkeiten zu geben, wird in diesem Falle ein Schloss an einer Zimmertür montiert. Ansonsten sind die Zimmer nicht abschließbar. Haben die Bewohner Lebens- oder Ehepartner außerhalb des Heims, werden diese vorgängig zu einem Gespräch eingeladen. Dies geschah auch hier.

- Frau Müller stimmte in ihrem Gespräch zu, dass die Beziehung fortgesetzt werden könne und das Schloss montiert wird. Sie wisse, dass sich ihr Mann durch die Demenz verändert habe. Es sei nicht „er selbst", der das tue, diese Kontakte hätten nichts mit ihr oder ihrer Ehe zu tun. Auch von seinen früheren im Heim erfolgten „Anbandelungsversuchen" habe sie ja gewusst und die Pflegende nur gebeten, darauf zu achten, dass es zu keinen Übergriffen kommt. Solange ihr Mann niemand zu etwas zwinge, solle man die beiden gewähren lasse.
- Der Lebenspartner von Frau Schmidt sprach sich entschieden dagegen aus. Seine Partnerin kenne er nun seit dreißig Jahren und er lebe fast so lange mit ihr zusammen. Sie sei ihr ganzes Leben eine sehr kultivierte Frau gewesen. Ihre Liebe gelte Theater, Ballett und Oper, Sexualität habe sie dagegen geringgeschätzt. Puren Sex – also sexuelle Kontakte nur um der Lust willen – habe sie stets abgelehnt. Sie habe stets Wert darauf gelegt, kultiviert und zivilisiert zu sein. Sex habe in der eigenen Beziehung auch nie eine große Rolle gespielt und seit mehr als zwanzig Jahren verzichteten sie einvernehmlich darauf. So wie er seine Lebenspartnerin kenne, hätte diese sicher abgelehnt, eine sexuelle Beziehung einzugehen. Er bittet daher, den Willen seiner Lebenspartnerin zu achten. Die Krankheit bringe sie dazu, etwas zu tun, was sie nie gewollt hätte.

Innerhalb des Pflegeteams bezweifelten einige, dass der Lebenspartner hier Partei für Frau Schmidt ergriff und nicht eher in eigener Sache sprach. Vielleicht spreche hier verletzte Eitelkeit oder Eifersucht. Allerdings bestätigte Frau Schmidts beste Freundin bei einem Besuch voll und ganz, was der Lebenspartner gesagt hatte. Ja, schon vor ihrer Beziehung mit ihm habe Frau Schmidt diese Auffassung formuliert, ja sogar noch schärfer Sex als „tierisch" und „gemein" verurteilt. Auch die jüngere Schwester bestätigte, dass Frau Schmidt eine solche „Pflegeheim-Affäre" sicher nicht gewollt hätte. Nach diesen Abklärungen bildeten sich innerhalb der Betreuenden zwei Parteien. Eine Minderheit, unter der sich auch der Heimleiter befand, wollte den mutmaßlichen Willen von Frau Schmidt umsetzen. Frau Schmidt oder Herr

Müller sollten in eine andere Station verlegt werden. Die Mehrheit hielt dagegen, es zähle nur, dass beide Bewohner wünschten, zusammen zu sein. Einige davon sahen die Beziehung der beiden Bewohner noch positiver: Die beiden seien ineinander verliebt und man solle „der Liebe eine Chance geben". Am Ende wurde eine Sitzung der heiminternen Ethikkommission einberaumt, um die Situation weiter zu klären. Wie die Kommission entschied, ist für das Folgende nicht relevant. Wir werden später der Vollständigkeit halber darauf zurückkommen.

Betrachten wir zunächst, wieso die beiden Beispiele trotz aller, teils bedeutender Unterschiede auf einen gemeinsamen Punkt verweisen: Der Konflikt bezieht sich bei beiden Beispielen nicht auf Fragen der Fürsorge, sondern darauf, wie mit Willensbekundungen umzugehen ist, die vor der Ausbildung der Demenz ausgesprochen wurden. Es geht darum, wie dem Recht auf Selbstbestimmung zu genügen ist. Natürlich besteht ein zentraler Unterschied darin, dass einmal eine Patientenverfügung vorliegt, das andere Mal der mutmaßliche Willen eingefordert wird. Ich werde unten herausarbeiten, dass dieser Unterschied sogar noch bedeutender ist als teilweise angenommen wird.[3] Bei der Abklärung des mutmaßlichen Willens bestehen zudem Irrtumsmöglichkeiten, welche bei Patientenverfügungen weitgehend ausgeschlossen sind. Allerdings gab es letztlich keinen Zweifel, was Frau Schmidt als urteilsfähige Person gewollt hat. Ihr gesamtes Leben lehnt sie puren Sex und sexuelle Affären ab. Von den Angehörigen wird auch hier eingefordert, dass man, um die Worte von Frau Rossis Angehörige zu gebrauchen, den „in der Perspektive ihres ganzen Lebens" bekundeten Willen befolgen soll. Wie unten noch erklärt wird, ist dies nicht nur ein gradueller Unterschied, sondern hebt Patientenverfügung grundsätzlich vom mutmaßlichen Willen ab. Aber das Recht auf Selbstbestimmung gilt nicht nur dann, wenn eine Person eine Patientenverfügung vorlegt. Liegt keine Patientenverfügung vor, wird der mutmaßliche, durch Angehörige und andere Vertraute formulierte Wille herangezogen, um dem Recht auf Selbstbestimmung Genüge zu tun.

Trotz der genannten Ungleichheit zwischen den beiden Beispielen geht es in beiden Fällen darum, ob man das tun muss, was die betroffene Personen früher gewollt hätten. Diese Frage stellt sich umso mehr, da sich beide Frauen in der fortgeschrittenen Demenz in einer Weise verhalten, die daraus schließen lässt, dass sie nun etwas anderen wünschen. Frau Rossi schluckt den Brei, und Frau Schmidt sucht aktiv Zärtlichkeiten und (vielleicht) intimere Kontakte. Interessanterweise würden nach unserer Erfahrung viele den Standpunkt einnehmen, dass man Frau Schmidt und Herr Müller ihre Freiheit lassen solle, obwohl sie gleichzeitig darauf pochen, dass man Frau Rossis Patiententestament anerkennen muss und ihr kein Brei geben darf.

---

3 Die Patientenverfügung wird von vielen nicht als verbindliche Willenserklärung gesehen, sondern als gewichtiges Indiz bei der Ermittlung des mutmaßlichen Willens. Dies ist unter anderem die Position der Arbeitsgruppe der Schweizerischen Akademie der Medizinischen Wissenschaften (Vgl. SAMW, Selbstbestimmung, 14.) Als Argumente für die Position wird erstens aufgeführt, es handele sich um Vorausverfügung für kaum voraussehbare existentielle Situationen, und zweitens wird darauf verwiesen, dass sich der Autor der Patientenverfügung in keiner konkreten Behandlungssituation befinde und sich so nicht mit spezifischen Handlungsoptionen auseinandersetzen könne. Damit könnten Patientenverfügungen die Anforderung der hinreichenden Aufklärung nicht erfüllen, die bei medizinischen Eingriffen zu verlangen sei.

Aber das hieße, dass man einmal den Willen der gesunden Person anerkennt und über die Wünsche der Demenzkranken stellt, das andere Mal aber genau anders herum gewichtet.

Man mag vielleicht einwenden, es gebe einen weiteren relevanten Unterschied. Bei Frau Rossi geht es um eine Frage um Leben und Tod, bei Frau Schmidt um eine der Sexualität. Allerdings würde man doch kaum behaupten, dass das Recht auf Selbstbestimmung nur im ersten Falle den Ausschlag gibt? Auch im sexuellen Kontext stellt sich zudem die Frage, ob ein bei Vorliegen der Urteilsfähigkeit ausgesprochener Wille aufgehoben wird, wenn in einem nicht urteilsfähigen Zustand etwas anderes gesagt wird. Nehmen wir an, eine Frau hat sehr klar ihren Willen geäußert, dass sie nichts mit einem bestimmten Mann, nennen wir ihn Joe, zu tun haben will. Durch Zufall nimmt sie im stark betrunkenen Zustand ein starkes Aphrodisiakum ein, und wie es wiederum der Zufall will, ist Joe der erste Mann, dem sie begegnet. Unter Wirkung des Mittels wäre sie nun bereit, mit ihm zu schlafen. Müssen wir hier nicht von Joe einfordern, die sich bietende Chance auszuschlagen und weiterhin den Willen der Frau zu achten? Genau so sieht Frau Schmidts Lebenspartner die Situation. Die Demenz bewirkt, so seine Ansicht, ein Begehren, das nicht dem Willen der Frau entspricht. Nimmt man einen alltäglicheren Fall, wird die Situation unserer Erfahrung nach nicht so eindeutig beurteilt. Ein Mann hat im nüchternen Zustand klar „Nein" gesagt, zeigt sich aber, nachdem er ein paar Gläser Wein getrunken hat, bereit, es zu tun. Manche sagen bei diesem Beispiel, hier zeige sich der eigentliche Wille des Manns. Er habe doch gewollt, obwohl er etwas anderes gesagt hat. Genauso beurteilten einige Pflegende das Tun von Frau Schmidt. Oder man kann sagen, dass auch hier das vorgängige klare und eindeutige Nein zu beachten ist. Nur dies sei der moralisch relevante Wille. So sieht es der Anwalt von Frau Rossi.

Aber auch wenn Frau Rossis Anwalt für Fälle vorübergehender Urteilsunfähigkeit Recht haben sollte, heißt dies nicht notwendig, dass er auch für die obigen Beispiele Recht hat, in der es um Menschen mit Demenz geht. Hier müsste er eine überzeugende Antwort auf eine Frage haben, die von einer Bemerkung Frau Müllers aufgeworfen wird. Sie sagte, ihr Mann sei nicht mehr derselbe. Man müsse Rechnung tragen, dass ihr Mann nicht mehr „er selbst" ist und solle sich nach seinen derzeitigen Bedürfnissen und Wünschen ausrichten. Die Frage, wann und unter welchen Bedingungen man selbst „derselbe" ist wie zu einem früheren Zeitpunkt, bezeichnet man als Frage der personalen Identität. Ihr kommt in diesem Kontext eine entscheidende Rolle zu. In der Auseinandersetzung um den mutmaßlichen Willen von Frau Schmidt bezweifelt Frau Müller, dass ihr Mann noch derselbe ist. Frau Schmidts Lebenspartner vertritt den entgegengesetzten Standpunkt. Er betont, dass nicht „sie", also nicht Frau Schmidt, sexuelle Kontakte wünscht, sondern dass es sich um ein bloßes, durch die Krankheit bedingtes Verhalten handelt. Wörtlich sagte er: „Es ist die Demenz, die sie das machen lässt." Hier redet er stets so, als ob Frau Schmidt dieselbe sei wie vor der Demenz, sie aber von der Krankheit überwältigt wird. Der Wille sei daher weiter aktuell.

Beide Auffassungen haben, wie wir sehen werden, Auswirkungen darauf, wie das erste Beispiel „Frau Rossi" zu beurteilen ist. Teilt man Frau Müllers Standpunkt, muss man sich den Ärzten anschließen, die nach dem aktuellen Willen fragen und ihr Essen anbieten. Wer den Standpunkt von Frau Schmidts Lebenspartner teilt, muss auch einfordern, dass die Patientenverfügung zu beachten ist. Wir sehen in den beiden geschilderten Fällen nicht nur strittige Fragen bezüglich Willenserklärungen vor uns, sondern sind zudem mit der Frage nach der personalen Identität konfrontiert.

1.3 Bedeutung der Fragestellung

Wir müssen also auch die Frage klären, ob Menschen in einer fortgeschrittenen Demenz noch „dieselben" sind wie vor ihrer Erkrankung. Eine Antwort auf die Frage, ob man zu beachten hat, dass Menschen vor ihrer Demenz nicht gewollt hätten, was sie später tun, würde auch Orientierung für andere Situationen in der Pflege von Menschen mit Demenz geben. Man denke nur an Beispiele wie diese:

- Frau A hat ihr ganzes Leben lang auf ihr Aussehen geachtet. Ab einem bestimmten Zeitpunkt wehrt sich Frau A, inzwischen fortgeschritten demenzkrank, gegen das Einsetzen des Gebisses oder das Waschen der Haare. Sollen die Pflegenden hier nicht darauf achten, dass Frau A weiterhin eine gepflegte Erscheinung hat? Oder ist nur relevant, dass sie sich im Hier und Heute wohler fühlt, wenn sie ungekämmt und ohne Gebiss bleibt?
- Herr B war aus Tierschutzüberlegungen heraus ein überzeugter Vegetarier. Seit seine Demenz fortschreitet, isst er auch ein Stück Fleisch, wenn es auf seinem Teller liegt, und es scheint ihm zu schmecken. Soll man nicht darauf achten, dass er vegetarische Kost bekommt oder zählt nur, was er jetzt will, und man serviert ihm auch Fleischgerichte? Und ändert sich etwas für die Pflege, wenn Herr B* bei Eintritt im Pflegeheim persönlich die Stationsleitung darauf hinwies, dass die Pflegenden bei weiteren Fortschritt seiner Demenz Sorge tragen möchten, dass er weiter vegetarisch isst?[4]
- Herr C war sein ganzes Leben ein Oldie-Fan, im Laufe der Demenz entwickelt er eine Vorliebe für volkstümliche Musik. Welchen Sender sollen die Pflegenden im Radio einstellen? Den Sender mit Oldies oder den mit volkstümlicher Musik?
- Herr D ist fortgeschritten demenzkrank und läuft nackt im Haus herum. Eine Pflegende berichtet, dass sie ihn von früher her kennt, und sie wisse, dass er sich sehr geschämt hätte, wenn ihn jemand so sieht. Also sagte sie ihm. ‚Wie Sie herumlaufen! Da schäme ich mich richtig.' Ihrem Bericht zufolge lief er dann hinter ihr her, ging dann in sein Zimmer und zog sich schnell an. Für sie war im Nachhinein fraglich, ob die Lüge moralisch zulässig war. Denn sie hatte sich nicht geschämt. Ohne Zweifel stand für sie jedoch, dass ausschlaggebend war, dass sie seinen früheren Willen durchzusetzen hatte.

In all diesen Fällen könnte man eine Fürsorgeperspektive einnehmen und nach dem

---

[4] Herr B steht hier für etliche Bewohner und Bewohnerinnen von Pflegeheimen, denen ich begegnete. Auch Herr B* ist eine real existierende Person, die genau diese Anweisungen gab. Nur der im folgenden Beispiel fungierende Herr C ist frei erfunden.

Kriterium entscheiden, dass die Lebensqualität der betroffenen Menschen erhöht werden soll, ihnen also Freude ermöglicht und Leid erspart wird. Aber damit ignorierte man grundlos, was Personen ihr ganzes Leben lang wollten und wünschten. Man kommt nicht umhin zu prüfen, welche argumentative Kraft der Überlegung zukommt: „Das hätte sie früher nicht gewollt.“[5] Um dies zu tun, müssen wir zunächst näher prüfen, was man unter den Begriffen „Wollen“ und „Willen“ zu verstehen hat. Erst danach kann geprüft werden, ob man auch im Laufe einer dementiellen Entwicklung dieselbe Person ist wie zuvor.

2. *Vom Willen und vom Wünschen*

„Wille“ ist ein philosophischer Ausdruck, der im Laufe der Ideengeschichte nicht nur eine, sondern viele Bedeutungen erhalten hat.[6] Die jeweiligen philosophischen Bedeutungen des Begriffs „Willen“ verweisen auf spezifische Hintergrundstheorien, die in diesem Kontext nicht interessieren können, und von denen auch viele nicht mehr dem heutigen Stand des Wissens oder der Diskussion entsprechen. Wichtig ist, welches Begriffsverständnis von „Willen“ man im Kontext der Diskussion um Patientenverfügung und „mutmaßlichem Willen“ vor sich hat.

Der Wille in dem hier relevanten Sinne besteht nicht einfach in einem Begehren oder einem Wunsch, sondern er beruht auf einer intellektuellen Entscheidung, welche Wünsche und welches Begehren handlungswirksam werden.[7] Besteht ein Wille, ist der Vorsatz gefasst, diesen Willen zu verwirklichen, besteht die Bereitschaft, etwas zu tun oder etwas zu erlangen. Äußert jemand den Satz „Ich will abnehmen“, erwarten wir, dass die Person aktive Schritte unternehmen wird, ihr Ziel zu erreichen. Dies ist nicht der Fall, wenn jemand sagt „Ich habe den Wunsch abzunehmen.“ Dann ist offen, ob die Person etwas tun wird oder nicht. Wir können also, ohne dass diese Frage sinnlos wäre, fragen: „Wünschst Du es nur oder willst Du es?“ Das hier einschlägige Verständnis von Willen umfasst zudem eine Willensbildung. Eine Person hat Vor- und Nachteile verschiedener Möglichkeiten erwogen und auf dieser Grundlage einen Entschluss gefasst, bestimmte Ziele zu erreichen, bestimmte Schritte zu vollziehen, und dies umfasst auch den Vorsatz, bestimmte Wünsche zu verwirklichen und gewissen Begierden zu widerstehen. Zum Phänomen des Willens

---

5 Die philosophische Diskussion um den Konflikt zwischen vorgängigen Willenserklärungen und unmittelbaren Interessen von Demenzkranken setzt ein bei Dworkin, Life's Dominion, ch. 8.

6 Einen Überblick vermitteln Pink & Stone, The Will and Human Action.

7 Die hier einschlägige Unterscheidung von Begehren und Wollen findet sich bereits bei Platon, Gorg., 466d, 468c. Nach Aristoteles geht Wollen (*boulêsis*) vom Intellekt aus und unterscheidet sich vom sinnlichen Begehren (De Anima III 11, 433 a 23ff.); die Stoiker sprechen vom Willen auch als „vernünftigem Begehren“ (*eulogon orexin*). Die Fähigkeit zur Willensbildung bezeichnet in dieser Denktradition ein genuin menschliches Vermögen, teilweise wird sie auch als Kennzeichen des Menschseins verstanden (vgl. Augustinus, De Civitate Dei VI, 11. XIV, 6. XIX, 6). Um hier nur einen neuzeitlichen Vertreter dieser Denktradition zu nennen, bezeichnet Kant den Willen als ein in der Vernunft begründetes Begehrungsvermögen (Metaphysik der Sitten, 213 [AB 5]), als ein Vermögen der vernünftigen Wesen, „ihre Kausalität durch die Vorstellung von Regeln zu bestimmen“ (Kritik der praktischen Vernunft, 32 [A 57]).

gehört, dass Personen Begierden und Wünsche in dem Sinne kontrollieren, dass sie diese nicht oder nicht im Moment ausleben. Sagt jemand „Ich möchte schon, aber ich will es dennoch nicht tun", beschreibt er eine bewusste Kontrolle darüber, welche Begierden, Wünsche und Ziele handlungswirksam werden. Dass wir uns in diesem Sinne kontrollieren, ist Teil unseres eigenen Selbstverständnisses – und genau dies könnte Frau Schmidt gemeint haben, als sie vor ihrer Demenz davon sprach, sie sei zivilisiert.

Teil der Kontrolle seiner selbst ist, dass Personen gewisse frühere Willensbekundungen über die Zeit hinweg als für sich verbindlich erachten. Eine solche Selbstbindung kann gut durch eine Sage um Odysseus verbildlicht werden. Damit er den Gesang der Sirenen hören konnte, ohne dadurch ins Meer gelockt und von den Sirenen getötet zu werden, hieß Odysseus seine Seeleute an, ihre Ohren gut mit Tuch zu verstopfen und ihn selbst an den Mast zu binden. Egal welche Zeichen er geben und welche Anstrengungen er machen würde, um frei zu kommen, dürften die Seeleute ihn auf keinen Fallen losbinden. Erst wenn sie in sicheren Gewässern wären, dürften sie ihn befreien. Durch diese Selbstbindung erhält Odysseus, was er will, und er bestimmt zugleich, dass spätere – durch die Einwirkung des Sirenengesangs hervorgerufene – Begierden und Wünsche nicht beachtet werden sollen.

Einen Vertrag zu unterschreiben, stellt eine solche Selbstbindung dar. Indem eine Person einen Vertrag eingeht, verpflichtet sie sich durch die Unterschrift, dass sie den Vertrag erfüllt. Dies heißt: Der sich durch das Unterzeichnen des Vertrags ausdrückende Wille muss von der Person weiterhin als für sich gültig erachtet werden. Es bleibt ihr Wille, bis sie den Vertrag durch einen Akt des Willens widerruft. Solange dies nicht geschehen ist, muss sich die Person, obwohl der Willensbildungsprozess ja weitergeht und möglicherweise andere Willensentscheidungen generiert, an diesen spezifischen Willen halten. Durch das Unterschreiben des Vertrags hat sie sich an den damaligen Willen gebunden, und dies, bis sie sich selbst durch Kündigung des Vertrags löst (oder bei Kündigung durch die Vertragspartner daraus gelöst wird). Verdeutlichen wir dies am Beispiel eines Arbeitsvertrags. Mit der Unterschrift bekundet ein einzelner (vereinfacht gesagt), gewisse Pflichten einzugehen, um dagegen von dem Arbeitgeber spezifische Gegenleistungen zu erhalten. Das heißt nicht, dass man jeden Tag gerne zur Arbeit geht oder stets den Wunsch hat, dies zu tun; aber jeden Tag muss dem Arbeitnehmer klar sein, dass er an seinen Willensbeschluss gebunden ist. Auch wenn sich eigene Wertvorstellungen und Vorlieben ändern, muss man den damaligen Willensentscheid genügen und sich an den Vertrag halten. Will man dies nicht, muss man die Selbstbindung durch einen neuen Willensbeschluss aufheben und kündigen.

Diese Form des Willens ist gemeint, wenn es um Patientenverfügungen geht. Nimmt man dieses Verständnis, ist die Patientenverfügung nicht Ausdruck von Wünschen, sondern von überlegten Entscheidungen, die insbesondere in Hinblick auf eigene Wertüberzeugungen getroffen werden. Der Wille ist Ergebnis des Nachdenkens und Ausdruck eines evaluativen Selbstverständnisses. Als evaluatives Selbstverständnis bezeichnet man das Bündel von Auffassungen, die festhalten, wer man ist und sein möchte und wie man leben bzw. nicht leben möchte, also etwa

Lebensziele, ein Selbstbild der eigenen Stärken und Schwächen, Wertüberzeugungen sowie Vorstellungen über wünschenswerte Charaktereigenschaften. Wer einen Willen fasst, hat verschiedene Optionen erwogen und ist vor dem Hintergrund seines eigenen evaluativen Selbstverständnisses zu einer überdachten Entscheidung gelangt.

All das, was hier vom Willen gesagt wird, stellt diesen Begriff in unmittelbarer Nähe zu dem der Selbstbestimmung. Um überhaupt von einer Fähigkeit zur Selbstbestimmung sprechen zu können, darf ein Wesen nicht trieb- oder instinktbestimmt sein, es muss fähig sein, das „Schicksal in die eigene Hände" zu nehmen. Das Vermögen der Willensbildung muss vorhanden sein. Das Recht auf Selbstbestimmung soll nicht die Freiheit schützen, gemäß eigener Wünsche und Begierden zu leben. Vielmehr geht es darum, gemäß der eigenen Persönlichkeit und Wertüberzeugungen leben zu dürfen. Um dies zu garantieren, haben andere Personen die Pflicht, Entscheidungen anderer auch dann zu tolerieren, wenn sie diese für falsch erachten. Es ist notwendige Konsequenz dieses Ansatzes, dass die Urteilsfähigkeit das zentrale Kriterium ist, mit dem wir auf die Absichten anderer reagieren. Urteilsfähigen Personen kommt auch dann das letzte Wort zu, wenn sie sich unserem Ermessen nach selbst schädigen. Sind Menschen nicht-urteilsfähig, ist erlaubt und gefordert abzuwägen, ob es besser für den anderen ist, ihm die Freiheit zu lassen oder einzugreifen.

Diese knappe Beschreibung dessen, was unter den Begriff des Willens fällt, erklärt noch besser die Position des Anwalts im Fall Rossi. Die in der Patientenverfügung festgehaltene Forderung, dass eine Therapie zu unterlassen ist, drückt einen Willen aus und stellt eine Selbstbindung dar; und nur eine neue Willenserklärung kann den in einer Patientenverfügung festgehaltenen Willen aufheben. Eine solche neue Willensäußerung setzt aber eine Tätigkeit des Intellekts voraus, denn ohne diese ist eine Willensbildung unmöglich. Sofern Menschen mit Demenz keine Willensbildung im hier einschlägigen Sinne vornehmen können, sind sie rechtlich nicht handlungsfähig, können weder einen Vertrag eingehen, noch einen Vertrag lösen. Sie können damit auch keine Patientenverfügung aufheben.

Damit sollte auch der oben angedeutete große Unterschied zwischen Patientenverfügung und mutmaßlichem Willen deutlich geworden sein. Patientenverfügungen drücken nicht einfach sinnliche Bedürfnisse oder Wünsche aus, sondern geben den tatsächlichen Willen einer Person wider. In Patientenverfügungen legt sich die Person zudem darauf fest, dass ihr Wille auch in Zukunft gilt (sofern sie im Rahmen einer medizinischen oder pflegerischen Maßnahme nicht urteilsfähig ist) und dass gemäß diesem Willen zu handeln sei. Wie Verträge enthalten Patientenverfügungen das Element der Selbstbindung. Bei Patientenverfügungen gilt die Selbstbindung nur für Situationen, in denen sich (1) die Frage stellt, ob die betreffende Person einer bestimmten medizinischen Behandlung oder pflegerischen Maßnahme unterzogen werden soll oder nicht, und sich diese Person (2) nicht mehr urteilsfähig äußern kann. Ist die Person urteilsfähig, hat die Person selbst ihr Einverständnis zu geben. Die Patientenverfügung gilt nur für den Fall, dass die Person auf Grund einer Erkrankung, eines Unfalls oder anderer Gründe nicht urteilsfähig ist. Für diesen Fall hat sie einen eindeutigen Willen formuliert und selbst erklärt, auch künftig daran festhalten zu wollen. Der Wille gilt damit solange, bis er bei Vorliegen der rechtlichen Handlungsfähigkeit auf eindeutige Weise widerrufen wird. Nur wenn unklar ist, wie die Patientenverfügung auf konkrete medizinische oder Pflegesituationen zu übertragen ist, darf im Zusammenhang von Patientenverfügungen vom mutmaßlichen Willen gesprochen werden.

Sucht man im Angehörigengespräch den mutmaßlichen Willen zu ermitteln, geht es darum, was die betroffene Person jetzt wollen würde, wäre sie urteilsfähig. Angehörige können dabei auf zwei, sich nicht ausschließende Arten antworten. Sie versuchen sich an frühere Willensbekundungen des Betroffenen zu erinnern. Dabei wird aber sehr offen bleiben, ob es sich wirklich um Willensbekundungen handelt und nicht um Wünsche. Zudem ist das evaluative Selbstverständnis ebenso Änderungen unterworfen wie auch die Willensbildung permanent weitergeht. Die stellvertretende Willensbildung könnte so in zweifacher Weise misslingen: die Angehörigen mögen bei aller guten Absicht unfähig sein, das evaluative Selbstverständnis des anderen zu ermitteln und dessen Willensbildung zu simulieren. Selbst wenn sie dies können, mögen sie, dies die zweite Irrtumsquelle, auf veraltete Auffassungen des anderen zurückgreifen und so den früheren statt den aktuellen Willen formulieren. Liegt eine Patientenverfügung vor, sind diese Irrtumsquellen ausgeschlossen. Die Verfügung ist allein deshalb als aktueller Wille zu fassen, weil der Autor eben keinen Willen bekundete, sie zu ändern.

Menschen mit einer stark fortgeschrittenen Demenz wollen weiterhin etwas im Sinne des sinnlichen Begehrens. Frau Rossi Essen anzubieten, um zu erfahren, ob die Patientenverfügung dem aktuellen Willen entspricht, ist aus dieser Sicht unsinnig. Weder das Schlürfen, noch das Schlucken des Breis kann als Willensäußerung gedeutet werden. Die Frage, ob hier Reflexe eine Rolle spielen, ist dabei bedeutungslos. Denn auch ein sinnliches Begehren kann keinen, eine Selbstbindung einschließenden Willensbeschluss aufheben.

Der Anwalt spricht hier für eine lange Tradition – was nicht heißen soll, dass eine Klage der Familie Rossi Erfolg gehabt hätte. Zumindest das deutsche Recht kennt auch das Konzept des „natürlichen Willens." Dieser entspricht freilich dem, was oben „sinnliches Begehren" genannt wurde: also Begierden und Wünschen, die gerade nicht auf einer intellektuellen Willensbildung beruhen. Der „natürliche Wille" nicht-urteilsfähiger Menschen soll, so das deutsche Recht, geachtet werden – es sei denn, der nicht-urteilsfähige Mensch gefährdet sich selbst oder andere. Dieser Begriff findet sich zwar nicht in dem Erwachsenenschutzgesetz der Schweiz (dort spielt der Fall Rossi). Aber in den einschlägigen ethischen Richtlinien der Schweizerischen Akademie der medizinischen Wissenschaften, welche mitunter auch in der Rechtsprechung in Urteilsbegründungen herangezogen wird, wird davon gesprochen, dass das nonverbale Verhalten von Demenzkranken Anlass zur Annahme sein könne, dass eine Patientenverfügung nicht dem aktuellen Willen entspricht.[8] Der

---

8 Schweizerische Akademie der Medizinischen Wissenschaften, Recht der Patientinnen und Patienten auf Selbstbestimmung, 14. In den Ethischen Richtlinien zu Patientenverfügungen der SAWS heißt es, urteilsunfähige Äußerungen könnten als Anhaltspunkte für eine Willensänderung gewertet werden. Explizit wird darauf verwiesen: „Insbesondere bei Patienten mit Demenz können ernsthafte Zweifel

Ausgang eines Rechtsstreits wäre – aus Schweizer und juristischer Sicht – interessant gewesen.

Die ethische Antwort auf diese Streitfrage sieht bisher so aus: Frühere schriftlich oder mündlich gegebene Stellungnahmen bezüglich dessen, was zu einem späteren Zeitpunkt der Urteilsunfähigkeit mit einem selbst geschieht, geben dann den Ausschlag, wenn sie Ausdruck einer Willensbildung sind, die betroffenen Menschen also zum Ausdruck brachten, wofür sie sich auf Grund ihres evaluativen Selbstverständnisses entschieden haben. Bedürfnisse, Wünsche oder Vorlieben sind bedeutsam, wenn es um Fürsorgemaßnahme geht. Aber ein früher formulierter Wunsch ist nicht das letzte Wort, das darüber entscheidet, wie diese Fürsorge auszusehen hat. Denn die Fürsorgenden müssen damit umgehen können, dass sich Wünsche und Vorlieben, ja auch der Geschmack, im Laufe der Zeit ändern. Dies ist allgemein der Fall und im besonderen Grade, wenn es sich um Menschen mit Demenz handelt. Geht es um sinnliches Begehren, also etwa Vorlieben oder Geschmackspräferenzen, ist klar, auf welche sich die Pflege von Menschen mit Demenz auszurichten hat. Es geht nicht um die Vorlieben, welche Personen früher besaßen, sondern es muss um jene gehen, welche der Mensch jetzt hat. Weiß ich, dass ein Gast, der früher Karamellköpfchen liebte, diese nun ungern isst, werde ich bei der Auswahl des Desserts keine Karamellköpfchen servieren, sondern mich nach seinen heutigen Vorlieben ausrichten.

Wir können daher eines der obigen Beispiele bereits jetzt beantworten. Dass Herr C sein ganzes Leben Oldies hörte, ist wohl kein Ergebnis einer Willensbildung, es geht hier um eine Vorliebe. Alle anderen Beispiele beziehen sich aber auf den Willen: Der mutmaßliche Wille, dessen Geltung im Falle von Frau Schmidt eingefordert wird, bezieht sich auf ihr evaluatives Selbstverständnis, und dies weit klarer als bei Herrn A, bei dem die Pflegende verweist, er hätte sicher nicht gewollt, nackt öffentlich gesehen zu werden. Klar um eine Willensbildung handelt es sich bei der Entscheidung zum Vegetarismus. Aber auch der Umstand, stets gepflegt auszusehen, hat weit eher mit dem evaluativen Selbstverständnis zu tun als mit persönlichen Vorlieben. Herr B* unterscheidet sich dabei von Herrn B in dem relevanten Sinne, dass er explizit darauf verweist, dass auch künftig sein vernünftiges Wollen den Ausschlag geben soll. Dies ist in noch stärkerem Grade bei Frau Rossis Patientenverfügung der Fall.

Wenn man nicht einfach Vorlieben und Willenserklärungen verwechselt und außerdem den Vorrang des Willens vor Wünschen und sinnlichem Begehren akzeptiert, gäbe es noch eine Möglichkeit, die Gültigkeit der Patientenverfügung zu bestreiten: Man könnte, wie oben beschrieben, bezweifeln, dass der Verfasser der Verfügung und der spätere Mensch mit Demenz dieselbe Person sind. Auch der Verweis auf eine odysseussche Fesselung würde dann nicht greifen. Auch wenn Odysseus sich an den Mast binden ließ, dürfen wir nicht davon sprechen, Odysseus sei noch am Mast gefesselt, wenn Odysseus überhaupt nicht mehr existiert. Eine

aufkommen, ob der in der Patientenverfügung festgehaltene Wille dem mutmaßlichen Willen entspricht“ (a. a. O., 16). Dabei geht es um nicht-urteilsfähige Patienten.

Selbstbindung besteht nur solange, wie das Selbst, also das „ich" im Sinne der personalen Identität besteht. Aber ist dies wirklich so?

3. *Die Frage der personalen Identität*

Bei Patientenverfügungen formulieren wir Sätze wie „Im Falle einer fortgeschrittenen Demenz will ich nicht, dass ich mit einer PEK-Sonde künstlich ernährt werde." In diesem Satz, der hier stellvertretend für viele andere steht, wird zweimal das Wort „ich" gebraucht; und es wird vorausgesetzt, dass es sich um dasselbe „ich" handelt. Genau genommen sind es sogar drei „ich", um die es geht. Denn Patientenverfügungssätze haben folgende Struktur:

„*Ich* will, dass *ich* zu einem späteren Zeitpunkt,
an dem *ich* nicht urteilsfähig bin, keine ..."

Das zweite ich bezieht sich zumindest auch auf den lebenden menschlichen Organismus als Ganzem. Denn jene medizinischen und pflegerischen Maßnahmen, deren Unterlassung eingefordert werden, sollen am Organismus vorgenommen werden; dieser wird intensivmedizinisch behandelt, künstlich ernährt oder wiederbelebt. Würden sich alle drei „ich" allein auf den Organismus beziehen, hätten die bisherigen Überlegungen vielleicht ausgereicht. Vor und während einer dementiellen Erkrankung handelt es sich um denselben menschlichen Organismus. Allerdings meinen wir nicht immer den gesamten Organismus, wenn wir vom „ich" sprechen. Wir kennen auch das Konzept eines vom Organismus zu unterscheidenden inneren Selbst. Das innere Selbst wird als eine Entität aufgefasst, welche bestimmte Eigenschaften hat – die Persönlichkeit. Dass sich die Persönlichkeit im Laufe der Zeit ändert, hat aber nach allgemeiner Ansicht keine Auswirkungen auf vorher willentlich geschlossene Vereinbarungen und Verträge. Dass sich ein Ehemann charakterlich verändert hat, ist kein Grund, an der Gültigkeit der Ehe zu zweifeln, sondern es ist allenfalls ein Grund für die Ehefrau, sich zu überlegen, ob sie weiter mit diesem Mann verheiratet bleiben will. Zweifel an der Gültigkeit von Verträgen besteht aber, wenn eine Person nicht mehr in dem Sinne als sie selbst zu bezeichnen ist, dass keine personale Identität besteht. Denn dann zweifelt man daran, dass die heutige Person noch dieselbe ist, welche die Verträge schloss. Bei Patientenerklärung gilt, dass jede Person nur für sich selbst etwas bestimmen kann, nicht aber für andere. Im Zentrum der Diskussion steht damit die Frage nach der personalen Identität, nach der Persistenz eines inneren Selbst.

Wenn Frau Müller sagt, ihr Mann sei nicht mehr er selbst, ist unklar, worauf sie sich bezieht. Vielleicht denkt sie an seine Persönlichkeit, an jene Charaktereigenschaften und Wertüberzeugungen, die ihren Mann gegenüber anderen Menschen als Person auszeichnen. Diese Verneinung, das er noch „er selbst" ist, hat nur Auswirkungen darauf, wie sie sein Verhalten beurteilt. Sie rechnet es „ihm" nicht zu, wenn er sie betrügt. Gleichzeitig sorgt sich Frau Müller um ihren Mann und besucht ihn mehrmals in der Woche. Sie bezweifelt in keiner Sekunde, dass es der Mann ist, mit dem sie verheiratet ist. Damit widerspricht sie sich – wie wir sehen werden – nicht selbst. Klärungsbedürftig ist hier freilich nicht, was Frau Müller denkt und annimmt. Dies ist ihre und nur ihre Sache. Vielmehr geht es darum, ob es aus philosophischer Sicht Gründe gibt, daran zu zweifeln, dass der Mensch vor oder in den frühen Phasen einer progressiven dementiellen Erkrankung dieselbe Person ist wie in der Spätphase seiner Erkrankung, wenn sich die Demenz voll ausgebildet hat.

Um diese Frage beantworten zu können, ist es ratsam, bei einem vortheoretischen Verständnis von einem solchen inneren Selbst anzusetzen, dieses zu prüfen und, sofern notwendig, es zu korrigieren. Dieses vortheoretische Konzept führt acht Aspekte auf:[9]

1 Dieses innere Selbst ist das Subjekt der Erfahrung (ein Subjekt, das denkt, fühlt, sich erinnert, etwas wahrnimmt ...).
2 Es ist etwas Existierendes, eine Entität, der Eigenschaften zugeschrieben werden können.
3 Es handelt sich um etwas Mentales.
4 Es handelt sich um etwas Einzelnes (im selben Sinne wie eine Murmel eine einzelne Murmel ist).
5 Es existiert über eine gewisse Zeit hinweg.
6 Es ist ein intentional handelnder Akteur.
7 Es hat gewisse Eigenschaften, einen Charakter und Persönlichkeit.
8 Dieses Selbst unterscheidet sich in gewisser Weise vom Organismus als Ganzes.

Dass wir uns unser Selbst vortheoretisch mehr oder weniger in diesem Sinne vorstellen, heißt aber nicht, dass die in den acht Sätzen formulierten Thesen wahr sind. Die wenigsten halten einer eingehender Prüfung stand, und dies selbst dann, wenn wir allein bei der 1. Person-Perspektive bleiben.

Ad 1) Das Selbst als Subjekt der Erfahrungen?

Wenn wir einzelne mentale Vorstellungen[10], Perzeptionen, nehmen, sind diese für uns stets mit dem Bewusstsein (hier im Sinne des englischen *awareness*) verbunden, dass es unsere Vorstellungen sind. Wohlgemerkt geht es nicht um das reflexive Selbstbewusstsein, in dem wir darüber nachdenken, wer wir sind, wie wir uns selbst beurteilen oder uns in anderer Weise auf einer Metaebene (z. B. des Wissens, was man weiß oder nicht weiß) bewegen, sondern zunächst um einfache Bewusstseinsinhalte.[11] Setzen wir diese in Worte, formulieren wir Sätze wie „Ich sehe", „Ich habe Schmerzen", „Ich denke nach" oder „Ich meine". Auch wenn hier auf sprachlicher

---

[9] Diese Grundstruktur eines inneren Selbst steht auch am Anfang der Analyse von Galen Strawson. Vgl. Strawson, Selves, 46. Strawson nennt noch zwei weitere Aspekte, die seiner Ansicht nach aber nicht notwendig zur Grundstruktur zählen, und zwar: (9) Es ist sich seiner selbst bewusst. (10) Es hat Selbsterfahrungen. Strawson verfeinert die Thesen 1–4 zu seiner Theorie der SESMeT (Subject of Experience as Single Mental Thing), vgl. a. a. O., 206f., 265–267. Ohne hier darauf eingehen zu können, ist das große Problem, in welchem Sinne man von „mentalen Dingen" sprechen kann. Vgl. hierzu auch: Inwagen.

[10] Die Begriffe „mentale Vorstellungen" oder „Perzeptionen" gebrauche ich hier als synonyme Oberbegriffe für die subjektiv erlebten Inhalte unseres Bewusstseins. Er umfasst Sinnesempfindungen, Gefühle, Emotionen, aber auch Gedanken, Träume, Erinnerungen oder Visualisierungen.

[11] Diese Formulierung wird für jene ungewohnt sein, die Bewusstsein stets im Sinne des reflexiven Selbstbewusstseins verstehen.

Ebene ein „ich" etwas tut, so haben wir doch keine mentale Vorstellung von einem solchen Subjekt der Erfahrung. Wir haben keinen direkten Zugang zu einem „inneren Selbst"; wir haben nur die mentalen Vorstellungen. Zudem ist es auch nicht möglich, dieses „innere Selbst" indirekt zu erfahren. Es gibt keine Selbstreflexion in dem Sinne, dass wir das Selbst in irgendeinem Spiegel sehen und betrachten können. In der ersten Person-Perspektive haben wir allein mentale Vorstellungen. Genau zu diesem Befund kommt David Hume. Unter anderem legt dieser folgendes Gedankenexperiment vor:

> „Angenommen unser geistiges Leben wäre herabgedrückt noch unter das einer Auster; es schlösse nicht mehr als eine einzige Perzeption, etwa die des Durstes oder des Hungers, in sich. In diesem Zustande betrachte man es. Bemerkt man etwas außer der Perzeption? Gewinnt man aus solcher Betrachtung die Vorstellung eines Ich oder einer (vorstellenden) Substanz? Wenn nicht, dann kann auch die Vorstellung weiterer Perzeptionen diese Vorstellung nicht ergeben. [...] Dies muss den Weg ebnen für die Anerkennung des [...] Satzes hinsichtlich des geistigen Wesens, des Satzes, dass wir vom Geist keine Vorstellung haben, die etwas von den einzelnen Perzeptionen Unterschiedenes wäre."[12]

Diese Isolierung einer einzelnen mentalen Vorstellung ist freilich nur im Gedankenexperiment möglich. Stets bestehen mehrere mentale Perzeptionen, und diese präsentieren sich uns stets als Einheit.[13] Aber es gibt keine Vorstellung, die spezifisch diese Einheit als Einheit erkennt. Hume wählt hierfür das Bild eines Bündels. Er betont, dass wir keine Vorstellung haben, was die einzelnen Vorstellungen zu einem Bündel machen. Aus der ersten Person-Perspektive kann man nichts darüber sagen, ob es diese erste Person als Entität gibt. Aber es gibt keinen Zweifel am Bestehen von mentalen Vorstellungen, die mit einem Ich-Bewusstseins verbunden sind und als Einheit erlebt werden.[14]

Ad 2) Eine existierende Entität?

Damit ist bereits eingeräumt, dass Schwierigkeiten bestehen, die zweite vortheoretisch als wahr angenommene These zu unterschreiben. Es ist schließlich etwas ganz anderes anzunehmen, dass unser Organismus in der Welt existiert, als zu postulieren, dass es zudem auch ein mentales Subjekt gibt. Wer letzteres annimmt, ist insofern begründungspflichtig, dass er die Existenz von mehr Entitäten in der Welt annimmt als konkurrierende Theorien, eben jene, welche nur von der Existenz des Organismus ausgehen. Kann man die Phänomene ohne die Zusatzannahme einer solchen Entität erklären, gilt die allgemeine Regel der ontologischen Sparsamkeit. Man sollte auf diese Hypothese verzichten. Denn ohne diese Regel, wer die Begründungslast trägt, wäre der Einführung neuer fiktiver Entitäten Tür und Tor in einer Weise geöffnet, dass man jede willkürliche Entität einführen könnte, selbst das Vasenschlurupfel.

---

12 David Hume, Traktat über die menschliche Natur, Anhang 2, Zum Begriff der Identität der Persönlichkeit, 295.

13 Zu einer detaillierten Ausarbeitung dieses Punktes sei verwiesen auf Dainton, 3f.

14 Vgl zur Hume-Interpretation insbes. Strawson, Evident Connexion, 73–75.

Haben wir aber ein zwingendes Argument für die Existenz einer solchen Entität? Wäre es eine materielle Entität, müsste uns die Naturwissenschaft, also hier insbesondere die Hirnforschung, solche Argumente liefern. Aber es gibt nach deren Befunden keinen Hinweis auf eine vom Organismus verschiedene materielle Entität, der diese Rolle zukommen könnte. Es wäre zudem möglich, dass das innere Selbst als mentale Entität existiert. Aber wir haben in unserer 1. Person Perspektive keine innere Vorstellung von einer solchen Entität. Zudem sind wir auch nicht logisch genötigt, eine mentale Entität anzunehmen, welche diese Vorstellungen erlebt. Es ist möglich, dass allein der Organismus in der Welt existiert und kein weiteres zusätzliches „inneres Selbst." Die Vorstellung, dass es unsere Erfahrungen, unser Denken, unser Fühlen ist, kann ein Modus unseres Erfahrens, Denkens und Fühlens sein. Auch wenn wir erfahrungsunabhängig vorgehen, nötigt uns nichts, eine solche Entität anzunehmen. Damit sind wir aufgefordert, auf die ontologische These zu verzichten, dass das innere Selbst als Entität besteht.

Ad 3 und 4) Etwas Mentales, etwas Einzelnes?
Wenn wir auf diese Aussage, dass das innere Selbst als Entität existiert, verzichten müssen, erübrigt es sich, darüber nachzudenken, ob es sich um ein einzelnes Ding bzw. eine mentale Entität handelt.

Ad 5) Persistenz?
In jeder Perzeption wird notwendig eine „Ich-Annahme" getroffen, ohne dass es irgendeinen ausreichenden Grund zur Annahme gibt, dass dieses Ich als ein von den Vorstellungen selbst unabhängiges Subjekt existiert. Dies hat zwei Konsequenzen, erstens muss man verneinen, dass das Selbst über die Zeit hinweg kontinuierlich besteht, zum anderen muss die Frage der personalen Identität losgelöst von jener der ontologische Identität diskutiert werden.

Gibt es keine Entität, welche Subjekt der mentalen Vorstellungen ist, sondern nur die Perzeptionen selbst, muss man eine psychische Kontinuität negieren. Auch wenn wir im Wachzustand in der Regel ohne Unterbrüche mentale Vorstellungen haben, so gilt dies nicht allgemein. In tiefer Bewusstlosigkeit etwa hat man *per definitionem* keine mentalen Vorstellungen, denn hätte man sie, wäre man nicht bewusstlos. Man darf sich nicht von der Metapher des Bewusstseinsstroms zu der Annahme hinreißen lassen, dass das Bewusstsein stetig voranschreitet, sich stets verändert, aber doch persistent anwesend ist. Zu Zeiten der Bewusstlosigkeit kommt es zu einer zeitlichen Unterbrechung.

Darf man nicht von einem von den Vorstellungen unabhängigen Subjekt ausgehen, so muss man ferner dem Vorbild etwa von John Locke[15] und David Hume fol-

---

[15] Locke unterscheidet im 2. Buch, Kap. 27 seines *Versuchs über den menschlichen Verstand (An Essay Concerning Human Unterstanding)* bekanntlich die „Dieselbigkeit des Menschen" (§ 8) und jener der Person (§ 9). Dort heißt es (ich zitiere hier die Übersetzung aus dem Jahr 1872): „Ich meine, nicht die Vorstellung eines denkenden und vernünftigen Wesens allein macht bei den Meisten die Vorstellung des Menschen aus, sondern es gehört dazu auch ein Körper von einer bestimmten Gestalt. Ist dies richtig, so gehört die Dieselbigkeit eines fortbestehenden Körpers, der nicht auf einmal sich verändert, ebenso wie die Dieselbigkeit einer stofflosen Seele zur Dieselbigkeit des Menschen § 9. (*Die*

gen und die Frage nach der personalen Identität von jener der ontologischen Identität lösen. Ontologische Identität setzt voraus, dass eine spezifische Entität über die Zeit hinweg besteht. Individuelle Organismen sind solch spezifische Entitäten, und auf deren ontologische Identität beziehen wir uns, wenn wir sagen, dass etwa Alois von einem frühembryonalen Zustand bis zum Tod immer derselbe Mensch ist. Als solcher steht er zugleich im Mittelpunkt vieler sozialer Beziehungen, ist „Vater" oder „Nachbar" und Zentrum einer individuellen Lebensgeschichte, die von anderen Personen oder ihm selbst erzählt werden kann. Wer zudem auch auf den Fortbestand eines inneren Selbst verweist, geht oft von einer Realität und Persistenz eines inneren „Ich" im Sinne einer Entität aus, sei diese nun materiell oder immateriell beschaffen. Entität steht dabei für ein in der Welt existierendes Objekt, das spezifische Eigenschaften hat. Ist man aber bezüglich der Existenzannahme einer solcher vom Organismus zu unterscheidenden Entität mindestens zu einer agnostischen Position verpflichtet, muss die Frage, ob das heutige Selbst identisch ist mit dem früheren Selbst, neu gestellt werden. Es geht dann darum, ob jenes „ich", als das wir uns denkend empfinden, dasselbe „ich" ist wie ein Ich-Bewusstsein, das zu einem früheren oder späteren Zeitpunkt besteht.

Vielleicht wird man einwenden, dass diese Frage keine praktische Relevanz hat. Aber es gibt genügend Beispiele aus der psychiatrischen und neurologischen Literatur, welche notwendig eine Antwort auf diese Frage einfordern; multiple Persönlichkeiten, schwere Psychosen oder eben Demenzerkrankungen sind die meistdiskutierten Beispiele.[16] Formulierungen wie jene von Frau Müller zeigen auf, dass es hier um keine rein dem Fachphilosophen ersichtliche Fragestellung geht. Wichtiger noch: sowohl Recht wie Moral kennen zukunftsbezogene Verpflichtungen und retrospektive Verantwortung. Wenn eine Person A den Eltern eines gerade Neugeborenen verspricht, dass sie bei Erreichen der Volljährigkeit dessen Führerschein bezahlen wird, so muss der achtzehn Jahr später bestehenden Mensch A das ebenso alte Versprechen als seines erkennen können. Dafür muss er sich aber nicht nur auf der Ebene des Organismus, sondern auch auf der Ebene des Bewusstseins als mit sich identisch ansehen können. Dasselbe gilt retrospektiv für die Zuschreibung für vergangene Handlungen. Auch hier muss man Jahre später Handlungen als die Seinen anerkennen können. Sieht eine Person frühere Handlungen nicht als die Seinen, so ergibt es wenig Sinn, Reue, Schuldgefühle oder Bedauern einzufordern. Wenn man zum Beispiel sagt, man bedauere etwas, obwohl man keinerlei Einsicht hat, dass man *selbst* die Handlung begangen hat, kann nicht ernsthaft von Bedauern gesprochen werden.

Dieselbigkeit der Person.) Nach Feststellung dessen fragt es sich, worin die Dieselbigkeit der Person besteht? Ich verstehe darunter ein denkendes, vernünftiges Wesen mit Verstand und Überlegung, was sich als sich selbst und als dasselbe denkende Wesen zu verschiedenen Zeiten und Orten auffassen kann, indem dies nur durch das Selbstbewusstsein geschieht, was vom Denken nicht zu trennen ist, und wie mir scheint, ihm wesentlich ist; da unmöglich Jemand auffassen kann, ohne zu bemerken, dass er auffasst, und da man beim Sehen, Hören, Riechen, Schmecken, Fühlen, Nachdenken oder Wollen weiß, dass man es thut."

16 Vgl. etwa: DeGrazia; Matthews; Oppenheimer; Hope.

Um eine Antwort auf die in diesem Sinne gestellte Frage nach der personalen Identität zu geben, muss man zunächst ausführen, auf welche Methoden man bei der Antwort nicht zurückgreifen darf. Der Verweis auf Intuitionen, wie jener auf den allgemeinen Sprachgebrauch, ist wenig hilfreich. Intuitionen geben Meinungen wider, die Philosophie aber sucht die richtige Position zu bestimmten Fragen zu ermitteln, d. h. nicht lediglich das, was für richtig gehalten wird.[17] Intuitionen wie allgemeiner Sprachgebrauch sind zudem von metaphysischen Voraussetzungen geprägt, so dass wir mehr erfahren, was früher als richtig betrachtet wurde, als dass man erfährt, was richtig ist. Zudem werden ontologische und personale Identität vortheoretisch kaum auseinander gehalten; und mitunter sind Intuitionen auch von der Haltung geleitet, dass etwas so und so sein sollte bzw. einfach nicht so oder so sein darf. Ebenso sind Gedankenexperimente mit Vorsicht zu betrachten. Sie helfen aus den eben genannten Gründen zum einen nicht, wenn sie einfach Intuitionen empor zu pumpen versuchen. Zum anderen muss stets geprüft werden, ob Gedankenexperimente nicht schon in ihrer Konstruktion ontologische Grundannahmen enthalten, die der eigenen ontologischen Hintergrundstheorie widersprechen.[18] Wenn etwa von der Transplantation von Hirnhälften in zwei verschiedene Organismen gesprochen wird und dabei eine mögliche Verdoppelung des inneren Selbst diskutiert wird, so hat dies mit dem heutigem Wissen der Neurologie und Hirnphysiologie äußerst wenig zu tun, aber sehr viel mit der Vorstellung einer eigenständigen Entität Seele, die ja nicht notwendig immateriell zu denken ist. Gedankenexperimente können sinnvoll sein, aber sehr oft sind sie es eben auch nicht.

Wie kann man positiv ansetzen? Die Frage nach der personalen Identität ist im oben skizzierten Sinne die Frage, wie die Beziehung zwischen den zu einem Zeitpunkt t_0 bestehenden und durch ein sie vereinendes Ich-Bewusstsein gekennzeichneten mentalen Vorstellungen in Bezug zu denen zu einem früheren Zeitpunkt t_{-1} oder späteren Zeitpunkt t_{+1} bestehenden und ebenfalls durch ein vereinendes Ich-Bewusstsein gekennzeichneten mentalen Vorstellungen ist. Nimmt man Fragen möglicher multipler Persönlichkeiten oder geistige Fingerübungen etwa zum Beamen à la Star Trek hinzu, kann sich auch die Frage stellen, ob es zu einem Zeitpunkt zwei durch ein vereinendes Ich-Bewusstsein gekennzeichnete mentale Vorstellungen gibt, die als dieselben zu bezeichnen sind. Die Frage, ob es sich bei solchen „Systemen“ oder „Bündeln“ mentaler Vorstellungen um dasselbe „Selbst“ handelt, kann nicht von Dritten beantwortet werden. Denn wie will man sicheres Wissen über diese mental erlebten Bewusstseinsinhalte einer anderen Person erlangen? Man kann ferner nicht auf die Persistenz einer Entität, einer mentalen Substanz, verweisen. Denn wir müssen uns positiver Existenzbehauptungen über eine solche Entität ent-

---

17 Inwagen betont, dass Intuitionen mitunter Tendenzen sind, bestimmte Auffassungen attraktiv oder in sonst irgendeiner Weise emotional anziehend zu finden. Letztlich sind Intuitionen auch für ihn einfach Überzeugungen, die unterschiedliche Wurzeln haben und sehr leicht in die Irre führen. Vgl. Inwagen, Materialism, 149.

18 Vgl. hierzu allgemein: Inwagen, Materialism. Für eine kritische Diskussion von Gedankenexperimenten im Kontext der Diskussion der personalen Identität sei weiterhin verwiesen auf Wilkes, Real People.

halten. Die Persistenz eines Organismus schließlich ist irrelevant, denn es geht um personale, nicht um ontologische Identität. Es bleibt damit nur, dass die Beziehung zwischen zwei durch ein vereinendes Ich-Bewusstsein gekennzeichneten mentalen Vorstellungen selbst wieder in Vorstellungen begründet liegen muss. Eine zum Zeitpunkt t_0 bestehende Person muss sich als mit der zum Zeitpunkt t_{-1} oder t_{+1} bestehenden Person als identisch erfahren. Das Bewusstsein, mit einer früheren Person identisch zu sein, gibt den Ausschlag, dass man von derselben Person sprechen kann.[19]

Auf die Frage, warum eine nach einem k.o. oder tiefer Bewusstlosigkeit aufwachende Person die Vorstellung hat, dieselbe Person zu sein wie vorher, wird wohl jeder antworten: In der Regel besteht für einen selbst kein Zweifel daran, da man sich an die Zeit zuvor erinnert und andere „kausale" Beziehungen zwischen Vorstellungen bestehen (ein jetziger Eindruck löst einen Eindruck aus früherer Zeit wach; ein Bild lässt einen erinnern, man schämt sich früherer Handlungen usw.).[20] Die Beziehungen, um die es hier geht, bestehen rein in der Vorstellung; und jene eben von mir in Anführungszeichen gesetzte „Kausalität" bezieht sich darauf, dass eine Perzeption gegenwärtig Wirkungen auf andere Perzeptionen hat, worin immer diese Wirkmechanismen liegen. Ähnliche „kausale" Beziehungen lassen uns auch nicht zweifeln, dass wir selbst künftig existieren. Der Gedanke, morgen einen wichtigen Termin zu haben, bereitet schon jetzt Sorgen; die Vorstellung, dass auf Grund von Risikofaktoren ein Herzinfarkt denkbar ist, löst Furcht aus. Die Vorstellung, künftig selbst zu leiden, ist in unserer Vorstellung klar von jener unterschieden, dass ein nahe stehender Mensch künftig leidet. Wir sehen uns so als Subjekte, die über die Zeit bestehen.

Streng genommen handelt es hier nicht um Identität. Dies sieht man, wenn man das Problem der Intransitivität in den Blick nimmt. Bei Identität ist zu erwarten: Wenn A mit B identisch ist und C mit B, so ist C mit A identisch. Aber genau diese Transitivität ist für die Frage der personalen Identität nicht gegeben, wenn die obige Antwort korrekt ist. Nehmen wir folgendes Beispiel:[21] Ein erfolgreicher Doktorand erinnert sich noch, im Gymnasium als Fünftklässler in einer wichtigen Prüfung abgeschrieben zu haben, als Professor erinnert er sich noch an seine Zeit als erfolgreicher Doktorand, aber nicht mehr daran, als Sextaner betrogen zu haben. Wenn nicht nur die Erinnerung, sondern auch andere „kausale" Beziehungen den Ausschlag geben, könnte nach obigen Kriterien weiterhin personale Identität vorliegen. Nehmen wir also zudem an, dass kein Sinneseindruck und keine sonstige Perzeption dem Professor bewusst werden lässt, je dieser spezifische Sextaner gewesen zu sein.

---

19 So verstehe ich auch Locke, wenn er sagt, das „Selbstbewusstsein macht die Dieselbigkeit der Person aus." Locke, Versuch, §10. Vgl. zu vertieften und differenzierten Diskussion der Locke'schen Position: Strawson, Locke on Personal Identity.

20 Wenn ich eben bereits von Erinnerungen und anderen kausalen Beziehungen sprach, heißt das, dass ich nicht einfach eine Erinnerungstheorie vertrete. Sich zu erinnern, dass man etwas getan hat, ist nur eine Weise, durch die sich ein späteres Selbst als mit einem früheren identisch ansieht.

21 Im Folgenden entmilitarisiere ich das klassische Beispiel von Thomas Reid und rede statt vom General vom Professor und statt vom Auspeitschen vom Abschreiben.

Bilder von Schulfreunden, Örtlichkeiten und Lehrer, ja Aufnahmen von ihm selbst,[22] sagen ihm ebenso nichts wie er auch sonst keinen Bezug zu dieser Lebensphase hat. Ist der obige Argumentationsabriss korrekt, so ist sich der Professor subjektiv gewiss, dass er derselbe ist wie der erfolgreiche Doktorand, und der Doktorand ist sich sicher, dass er derselbe ist wie der Fünftklässler. Aber der Professor hat keine Möglichkeit zu sagen, dass dieser Sextaner er selbst war. Das Vorliegen der über den Organismus bestehenden ontologischen Identität wird ihm Indiz genug sein, dass er es wohl gewesen ist. Aber es gibt keine Möglichkeit, die Frage zu beantworten, ob er derselbe ist wie der Sextaner. Er kann dessen Tat damit – zumindest zu diesem Zeitpunk – nicht als die seinen begreifen und kann sie in einem ernsthaften Sinne weder bedauern noch bereuen.

Man mag daher fragen, ob man diesen Gebrauch des Begriffs Identität überhaupt zulassen sollte. Es besteht schließlich ein Unterschied zwischen real bestehender Identität und der Idee, derselbe zu sein wie zu einem früheren Zeitpunkt. Zwischen dem heutigen, früheren und künftigen Selbst muss nach obiger Argumentation keine echte Verbindung bestehen, ja, wenn man Phasen der Bewusstlosigkeit und des Tiefschlafs nimmt, so gibt es keine Kontinuität. Vielmehr entsteht das Empfinden einer solchen Verbindung zu einem früheren oder künftigen Selbst durch die momentane Tätigkeit des Bewusstseins, vor allem durch unterschiedliche Formen der Erinnerung und durch Antizipation. Gebraucht man Identität in einem angemessenen Sinne, kann diese allein auf Ebene des individuellen Organismus bestehen. Das, was man personale Identität nennt, bezieht sich auf die mentale Vorstellung der Identität. Der Fortbestand über die Zeit ist auf der hier diskutierten Ebene des Ich-Bewusstseins eine reine Imagination. Man könnte auch von einem Konstrukt sprechen.

Der Aspekt einer Fiktion wird noch durch Folgendes unterstrichen: Für das Bewusstsein, mit dem Ich einer früheren Zeit identisch zu sein, spielt es keine Rolle, ob es sich um falsche Erinnerungen handelt oder echte. Wenn wir Antizipation in den Blick nehmen, ist für die Frage, ob man sich mit dem künftigen Ich als identisch ansieht, irrelevant, welche Plausibilität das Zukunftsszenario hat. Vielleicht werden die künftigen Ereignisse, auf die man sich freut oder die man fürchtet, nie Wirklichkeit. In diesem Fall wäre jenes Selbst, das man in Zukunft sein könnte, reine Fiktion. Dass Personen die Unplausibilität künftiger Szenarien oder die Falschheit von (oder Fehler innerhalb) Erinnerungen erkennen können, ändert nichts daran, dass auch diese Beziehungen personale Identität konstituieren. Das Bestehen von solchen Verbindungen ist hinreichendes wie notwendiges Kriterium für das Vorliegen dessen, was man personale Identität nennt.

Wenden wir dies auf unsere beiden Fälle an, so sah sich Frau Rossi beim Verfassen ihrer Patientenverfügung als dieselbe an, welche einmal „nur dahinvegetieren“

---

22 Dieser Einschub dient der Vereinfachung, ist aber nicht notwendig. Ist die bisherige Argumentation korrekt, so ist es zumindest theoretisch möglich, dass eine Person den eigenen Organismus erkennt, ohne dass irgendwelche jener Verbindungen zwischen Vorstellungen bestehen, die für das Vorliegen personaler Identität relevant sind.

könnte. Ob sie am Ende ihres Lebens in der Lage war, sich als jene Frau zu erkennen, welche diese Patientenverfügung schrieb, darf angesichts ihrer weit fortgeschrittenen Altersdemenz bezweifelt werden. Auf Grund dieser Intransitivität kann man aber nicht so einfach sagen, die Patientenverfügung sei auf Grund der fehlenden personalen Identität nicht mehr gültig. Denn je nachdem, ob wir die frühere oder heutige Frau Rossi betrachten, ist personale Identität einmal vorhanden, einmal zu negieren. Wir könnten natürlich sagen, dass nur die Erinnerungen zählen. Nur müssten wir ein Argument haben, das diese Beschränkung rechtfertigt. Dabei ist zudem zu bedenken, dass die praktische Relevanz der Vorstellung, über die Zeit dieselbe zu sein, ja nicht nur vergangene Taten betrifft, sondern auch darin liegt, dass Personen für die Zukunft planen und Entscheidungen für ihr künftiges Leben treffen. Es muss wohl eingestanden sein, dass die Antwort auf die Frage der personalen Identität keineswegs den Ausschlag gibt, wenn es gilt, die Gültigkeit früherer Willensbekundungen und von Patientenverfügungen zu prüfen.

Nehmen wir das Beispiel mit Frau Schmidt in den Blick, liegt personale Identität vor. Als sie in das Haupthaus zog und dort Herrn Müller kennen lernte, schien sie sich etlicher Details aus der Zeit vor ihrer Demenz bewusst, und ihr Lebenspartner weckte offenbar weiterhin gewisse Perzeptionen. Sie nannte ihn auch weiterhin „meinen Mann". Die Frage ist nur, ob die hier bestehende Identität irgendeine moralische Relevanz hat. Um diese klären zu können, müssen wir zunächst die beiden andern Aspekte betrachten, die vortheoretisch einem inneren Selbst zugeschrieben werden: das moralische Akteurseins und die Persönlichkeit.

Ad 6) Moralischer Akteur?

Es gehört zu den tief verankerten Vorstellungen über uns selbst, dass wir Urheber von Handlungen sind. Das Konzept des moralischen Akteurs ist eng mit der Idee verbunden, dass wir gewisse Handlungen bzw. Handlungsfolgen moralisch verantworten, diese also uns selbst zuzurechnen sind. Das „Selbst", um das es hier geht, ist nicht der Organismus, sondern es geht um bewusste mentale Entscheidungen, also um das personale Ich. Auch in einer kurzen Argumentationsskizze wie dieser fehlt der Platz, auf die mit dieser Idee verbundenen Fragen einzugehen. Mit Blick auf die zu lösenden konkreten Fragen bezüglich Willenserklärungen ist es aber unverzichtbar darauf einzugehen, welches kognitive Vermögen vorhanden sein muss, um einen Menschen oder ein anderes Wesen als moralischen Akteur bezeichnen zu können.

Zu diesen Vermögen gehört die Fähigkeit, sich über die Zeit hinweg als identisch begreifen, also sich frühere Taten selbst zuzurechnen und eine Vorstellung davon zu haben, was das eigene Tun oder Unterlassen in Zukunft bewirkt. Zudem bedarf es eines reflexiven Selbstbewusstseins. Denn ohne dieses könnten eigene Handlungen nicht überdacht und einem selbst zugerechnet werden. Die innere Vorstellung personaler Identität ist somit notwendige Bedingung moralischen Akteurseins. Zudem bedarf es, um moralisch handeln zu können und moralische Verpflichtungen einzugehen, unter anderem noch dessen, was oben als Fähigkeit zur Willensbildung beschrieben wurde. Um moralischer Akteur sein zu können, müssen Vor- und Nachteile von Optionen gewichtet und abgewogen werden und eine rationale Vorzugswahl getroffen werden können. Zudem müssen Akteure schließlich auch fähig sein, getroffene Entscheidungen in die Praxis umzusetzen. Sie müssen moralisch vorsätzlich handeln können.[23]

Nimmt man all dies, so sind Menschen mit einer weit fortgeschrittenen Alzheimer-Demenz keine moralischen Akteure. Sie verlieren im Laufe ihrer Erkrankung die Fähigkeit, Emotionen in dem Sinne zu kontrollieren, wie es Willensbildung und Wille verlangt. Zudem verlieren sie die Fähigkeit, zukünftige Ereignisse abzuschätzen. Damit können ihnen weder Handlungen noch Handlungsfolgen zugerechnet werden, und es wäre auch unsinnig, sie für begangene Taten moralisch zu tadeln. Sobald die Krankheit sich auf den Frontallappen ausbreitet, verlieren sie auch das Vermögen, abstrakte Begriffe und Ideen zu verstehen. Moralisch bedeutsame Konzepte wie das des „Versprechens" oder der „Lüge" sind ihnen intellektuell nicht zugänglich. Dann ist es unangemessen, ihr Tun moralisch zu kritisieren, ihnen moralische Vorwürfe zu machen oder mit ihnen über die Richtigkeit ihres Tuns diskutieren zu wollen. In der Spätphase ihrer Erkrankungen sind Alzheimer-Patienten keine moralischen Akteure; und dies gilt auch für andere Menschen mit einer voll ausgebildeten Demenz.[24]

Ad 7) Ein Charakter, eine Persönlichkeit?

Persönlichkeitszüge und Charaktereigenschaften zeichnen sich – wobei ich im Folgenden nicht weiter zwischen diesen beiden Begriffen differenziere – durch eine gewisse Stabilität über die Zeit aus. Auch sie sind Veränderungen unterworfen, aber sie wechseln nicht von Tag zu Tag, sondern zeichnen einen Menschen über beträchtliche Phasen seines Lebens aus. Eine Charaktereigenschaft wie Großzügigkeit ist etwas ganz anderes als an einzelnen Tagen spendenfreudig zu sein. Dass Menschen – und vielleicht nicht nur Menschen – einen individuellen Charakter und eine individuelle Persönlichkeit haben, wird so gut wie nie bestritten, und es ist wohl angesichts unserer Kenntnisse vom Menschen auch kaum möglich, daran zu zweifeln.

Wie gesagt beziehen sich viele Formulierungen, jemand sei nicht mehr er selbst, auf Charakter und Persönlichkeit. Aber es geht nicht nur um diese. Nehmen wir ein anderes Zitat, bei dem eine Person davon spricht, als „ich selbst" erkennbar zu sein: Der an Krebs erkranke Atheist Christopher Hitchens antwortete in einem Interview der *Atlantic Monthly*, als er auf ein etwaiges „Gott sei mir gnädig" auf dem Sterbebett angesprochen wurde:

---

23 Das Bündel dieser mentalen Fähigkeiten macht das aus, was Locke als Person bezeichnet, ein Begriff, der für ihn synonym zu jenem des moralischen Akteurs ist, sich aber nicht auf den Organismus, sondern auf mentale Phänomene bezieht.

24 Dass nur solche Menschen als moralische Akteure betrachtet werden dürfen, die über gewisse intellektuelle Fähigkeiten verfügen, darf nicht in dem Sinne missverstanden werden, dass nur jene Menschen moralisch zu berücksichtigen sind, die über diese Fähigkeiten verfügen. Moralische Normen sollen uns dann schützen, wenn wir uns nicht selbst helfen können. Und letzteres trifft ohne Zweifel zu, wenn wir eine fortgeschrittene Demenz haben. Zudem soll damit auch nicht gesagt sein, dass Gefühle und Emotionen moralisch keine Rolle spielen und Moral eine rein intellektuelle Angelegenheit wäre. Es wäre nur falsch, moralisches Urteilen allein auf eine emotionale Reaktion zurückzuführen, ja auch falsch, ihnen die zentrale Rolle zuzusprechen.

> „Das Wesen, das sich so äußern würde, wäre eine phantasierende, von Grauen erfüllte Person, deren Gehirn vom Krebs in Mitleidenschaft gezogen worden ist. Ich kann nicht garantieren, dass solch ein Wesen nicht eine solche lächerliche Bemerkung machen würde, aber niemand, der als ich selbst erkennbar wäre, würde jemals eine solche Bemerkung machen.“[25]

Hier geht es aber nicht nur um Persönlichkeit und Charakter, vielmehr geht es um das, was ich oben als evaluatives Selbstverständnis bezeichnet habe.

Ein Problem besteht allerdings darin, wie sich dieses Konzept eines zeitlich sehr stabilen evaluativen Selbstverständnisses mit der Einsicht verbinden lässt, dass unser Ich-Bewusstsein eben nicht persistent besteht.[26] Wenn es kein inneres Selbst als Entität gibt, dürfen die stabilen Merkmale des Charakters, der Persönlichkeit und des evaluativen Selbstverständnisses nicht als Eigenschaften eines inneren Selbst aufgefasst werden. Aber es wäre irreführend, hier von Eigenschaften des Organismus allein zu sprechen. Wir haben weniger Probleme mit der Persönlichkeit. Diese bezieht sich zwar immer auch auf das, was Menschen bewusst aus sich gemacht haben, also, welche Schwächen sie hingenommen oder bekämpft, welche Stärken sie ausgebaut haben, welche Entscheidungen und Entschlüsse sie gefasst haben. Aber es könnten sich hier einfach stabile Merkmale des Organismus gebildet haben. Die Wechselwirkungen zwischen Ich-Bewusstsein und Organismus können hier nicht interessieren. Für diesen Kontext ist allein relevant, dass Menschen trotz eines diskontinuierlich bestehenden Ich-Bewusstseins gewisse Eigenschaften über längere Zeit hinweg besitzen. Das evaluative Selbstverständnis stellt größere Probleme. Nicht nur bei langfristigem Leid, wie es Hitchens antizipiert, ist es nicht erkennbar, auch bei Betrunkenheit oder kurzfristigem Schmerz haben wir Schwierigkeit, dessen Existenz zu erkennen. Wir haben hier letztlich bewusste Vorstellungen vor uns, die nur vorhanden sind, sofern Personen urteilsfähig sind.

Damit haben wir alle Punkte zusammen, um zu klären, ob fehlende personale Identität einen Einwand gegen die Gültigkeit von Patientenverfügungen ist, sofern sich diese auf Phasen fortgeschrittener Demenz erstrecken. Zudem können wir nun prüfen, ob das Argument „Das hätte sie früher nicht gewollt“ den Ausschlag geben kann, wenn es um die Betreuung von Menschen mit Demenz geht.

4. *Odysseus-Verträge und der Verweis auf den mutmaßlichen Willen*

Das im Zusammenhang des „mutmaßlichen Willens“ und der Patientenverfügung übliche Verständnis von Willen hat starke historische Wurzeln, aber das heißt natürlich nicht, dass man den Begriff aus diesem Grunde gebrauchen sollte. Der Umstand, dass sich eine Auffassung so und so entwickelt und gegenüber anderen Auf-

---

25 Hitchens talks to Goldblog about Cancer and God, Atlantic Monthly, 4. August 2010, Deutsche Übersetzung nach: Soll man für den Atheisten beten?, TagesAnzeiger vom 21.8.2010.

26 Vgl. hierzu auch: Pitson, Hume's Philosophy, 83–85, der die Vereinbarkeit der – wie er sagt – Charakteridentität mit einem Humeschen Konzept der Personalen Identität prüft, das ja auch die hier vorgetragene Auffassung prägt.

fassungen durchgesetzt hat, sagt noch nichts über deren Geltung. Ob man den Begriff Willen gebrauchen sollte, ist eine Frage der philosophischen Psychologie, die hier nicht in nötiger Tiefe diskutiert werden kann, aber doch kurz gestreift werden muss. Im Kontext dieses Aufsatzes ist von Interesse, wie eine Person sich gegenüber künftigen Entwicklungen verhält. Auf einen Begriff wie Willen ist man dann angewiesen, wenn es nicht möglich ist, alle hier auftretenden mentale Akte unter andere, klarer definierte Begriffe zu bringen. Angesichts der Komplexität der vorliegenden Phänomene ist nicht ausreichend, allein mit den Begriffen „Wünsche" (*desires*) und „Erwartungen" (*beliefs*) zu arbeiten. Es bedarf zudem mindestens des Begriffs der Intention.

Intentionen sind dadurch gekennzeichnet, dass sie direkt darauf ausgerichtet sind, eine Handlung bzw. ein Handlungsergebnis herbeizuführen oder ein bestimmtes Verhalten bewusst zu unterlassen.[27] Dieses kontrollierende, planende Element fehlt sowohl beim Wunsch wie bei der Erwartung. Zudem zeichnen sich Intentionen durch eine gewisse Stabilität aus, die Erwartungen und Wünsche durchaus enthalten können, aber eben nicht notwendigerweise. Wir haben hier mindestens ein drittes psychisches Phänomen, und dieser Begriff der Intention umfasst auch das, was traditionell als Wille bezeichnet wird.

Personen können auf Grund von rationalen Überlegungen Intentionen ausbilden, das heißt, sie können zukünftige Entwicklungen abschätzen und auf Grund ihres Wissens Vorzugsentscheidungen treffen und vor diesem Hintergrund Intentionen bilden. Dies ist es, was traditionell Willensbildung genannt wird. Die Frage ist nur, ob es moralisch relevant ist, auf welche Art Intentionen gebildet werden. Wenn Moral, so die von mir vertretene Theorie, Verhaltenserwartungen definiert, deren Institutionalisierung in einer sozialen Moral im Interesse eines jeden ist,[28] so gilt das Folgende: Es ist keineswegs im Interesse jedes A, anderen Personen das allgemeine Recht einzuräumen, stellvertretend für A Entscheidungen in Fragen zu treffen, die allein A selbst betreffen, also keine Rechte eines anderen berühren. Vielmehr ist es im Interesse jedes einzelnen, dass alle anderen das Recht jedes einzelnen achten, gemäß eigener Lebensziele zu leben. Um das für sie Beste wählen zu können, muss jede Person eigene Gewichtungen vornehmen dürfen, was für sie wünschenswert ist und welche Begierden und Wünsche sie realisiert. Denn niemand kann von außen beurteilen, worin die Freude und worin das Leid einer Person besteht. Sicherlich muss jeder einzelne damit rechnen, dass er sich mitunter täuschen kann. Aber täuschen können sich auch jene, die stellvertretend Entscheidungen treffen würden. Da Personen so nicht das Recht erhalten, für andere entscheiden zu dürfen, bleibt dem einzelnen das Recht, bei Fragen, die keine Rechte anderer berühren, sondern nur sie selbst angehen, das letzte und ausschlaggebende Wort zu haben. Auf der anderen

---

27 Es fehlt hier natürlich der Raum, auf die allgemeine philosophische Definition der Intention einzugehen. Die obige grobe Bestimmung ist an die vertiefte Auseinandersetzung von Bratman, Intention, Plans and Practical Reason, angelehnt. Für eine Synthese der empirisch-psychologischen Forschung zur Intention und die von Bratman angeregte philosophische Diskussion sei auf Holton, Willing, Wanting, Waiting verwiesen.

28 Vgl. etwa: Rippe, Ethik in der Wirtschaft. Kap. 3 und 4, sowie Rippe, Ethik im außerhumanen Bereich, Kap. 10 und 11.

Seite haben Personen kein Interesse daran, auch in jenen Phasen ihres Lebens das letzte und ausschlaggebende Wort zu haben, in denen sie die Folgen ihres Handelns nicht verstehen und abschätzen können oder von inneren oder äußeren Zwängen geleitet werden. Müssten andere hier prinzipiell der Freiheit des Einzelnen Vorrang zugestehen, wären langfristige Vorhaben des Einzelnen durch Entscheidungen gefährdet, die sie in Phasen der Urteilsunfähigkeit treffen. Ein Student, der mühsam Geld für die Promotion gespart hat, dürfte dann nicht daran gehindert werden, dass er in einem psychotischen Schub alles Geld abhebt und Fünfzig-Euro Scheine in der Fußgängerzone verteilt. Auch für Phasen der Urteilsunfähigkeit mag es gelten, dass es besser für einen selbst ist, das zu tun, was man möchte. Aber hier lassen sich Eingriffe moralisch rechtfertigen, sofern die nicht-urteilsfähige Person sich selbst schädigen könnte. Urteilsunfähigen Menschen wird so zu Recht nicht das letzte und ausschlaggebende Wort zuerkannt. Die Grenze, wann einem Einzelnen das letzte Wort zukommt und wann nicht, wird damit durch das formale Kriterium der Urteilsfähigkeit gezogen.

Was ist aber zu tun, wenn eine Person zum Zeitpunkt t_1, in dem sie nicht-urteilsfähig ist, etwas anderes möchte, als sie zum Zeitpunkt t_0 urteilsfähig wollte und einforderte? Hier müssen mehrere Fälle unterschieden werden. Joe, der den Willen seiner Bekannten zu achten hat, auch wenn sie nicht-urteilsfähig etwas anderes möchte, ist ein Beispiel dieser Kategorie. Hier ist ausschlaggebend, dass Joe davon ausgehen muss, dass seine Bekannte ihre Forderung wiederholen würde, wenn sie wieder urteilsfähig ist. Die Bekannte hat weiterhin die Intention, nicht mit ihm zu schlafen, auch wenn sie im Zustand kurzfristiger Urteilsunfähigkeit jene Kontrolle über sich verliert, welche Intentionen normalerweise kennzeichnen.

Auch die klassische Fesselung des Odysseus, der den Vorsatz hatte, die Sirenen zu hören, gehört in diese Kategorie. Die Sage wird so erzählt, dass der Mannschaft klar ist, dass Odysseus später wieder urteilsfähig ist, und begrüßt, dass seine Intention, die Sirenen zu hören, verwirklicht wurde.

Für den hiesigen Kontext sind jene Fälle von größerem Interesse, in welchen ein Mensch irreversibel handlungsunfähig wird, also kein moralische Akteur mehr ist. Während die Frage, ob Urteilsfähigkeit vorliegt, von der Komplexität der spezifischen Situation abhängt, geht es hier um den allgemeinen Verlust der Fähigkeit, moralisch zu agieren. Betrachtet man den Konflikt zwischen früheren urteilsfähigen Willen und heutigen Vorlieben von Menschen, so sind zwei Fallkategorien zu unterscheiden:

- Situationen, in denen Angehörige oder Pflegende einfordern, dass ein Pflegeheimbewohner früher etwas anderes gewollt hätte. Zu dieser ersten Fallgruppe gehören Frau Schmidt, aber auch das Beispiel vom nackten Mann. Auch dort legte die Pflegende ihrer Entscheidung den Gedanke zugrunde, dass der Bewohner so etwas früher nicht gewollt hätte.
- Situationen, in denen die Betroffenen zu einem früheren Zeitpunkt mündlich und schriftlich festhielten, was zu Zeiten irreversibler Urteilsunfähigkeit getan oder unterlassen werden soll. Zu dieser zweiten Fallkategorie gehört die beim Heimeintritt ausgesprochene Forderung des Vegetariers, die Pflegenden sollten

darauf achten, dass er auch zu Zeiten seiner Urteilsunfähigkeit kein Fleisch isst. Dass Frau Rossis Fall in diese Kategorie gehört, muss kaum gesagt werden. Diese Kategorie ist vornehmlich im Blick, wenn man in der bioethischen Diskussion von Odysseus-Verträgen[29] spricht, obwohl die Sage, wie gesehen, eigentlich einen anders gelagerten Fall schildert.

Nehmen wir zunächst den Verweis auf den früheren Willen. Sofern ein irreversibler Verlust der Handlungsfähigkeit vorliegt, bestehen nur zwei Optionen. Entweder ist die Betroffene so zu behandeln, wie es unter Einbezug ihrer derzeitigen Bedürfnisse und Vorlieben am besten für sie ist, oder aber es ist gemäß ihrem früheren Willen zu handeln. Die Möglichkeit, hier auf den mutmaßlichen Willen zu verweisen, haben wir nicht. Da sich Überzeugungen und Intentionen trotz einer gewissen Stabilität verändern, ist bei der Abklärung des mutmaßlichen Willens stets zu fragen, was die Person derzeit wollen würde, wäre sie urteilsfähig. Es werden Mutmaßungen über den aktuellen Willen angestellt. Eine im oben beschriebenen Sinne irreversibel nicht-handlungsfähige Person wird aber nie wieder einen eigenen Willen bilden können. Damit kann man aber auch keine Mutmaßungen anstellen, was sie will. Man kann nur auf frühere Wertüberzeugungen rekurrieren und vor diesem Hintergrund eine stellvertretende Willensbildung vornehmen, um frühere Entscheide zu rekonstruieren. Warum sollte man aber gemäß einer Entscheidung handeln, welche die Person früher getroffen hätte, und nicht nach dem, was sie jetzt möchte?

Der Grund ist im Allgemeinen, dass es im Interesse jedes einzelnen ist, seine zukunftsbezogenen Intentionen wie etwa langfristige Pläne und Vorhaben zu verwirklichen. Ein solches Interesse an einer vorhergehenden Willensbildung besteht sogar dann, wenn sicher ist, dass Personen auch künftig fähig sind, in der konkreten Handlungssituation eine Wahl zu treffen. Die vorgängige Bildung von Intentionen entlastet davor, in jedem einzelnen Moment Entscheidungen treffen zu müssen. Personen, die sich überlegen, welche Entscheidung sie treffen, schwanken ferner gerade in dieser Phase, was sie tun sollen; womit vorausgehende Intentionsbildung also höhere Handlungssicherheit bringt; es mag schließlich später an Zeit mangeln, man mag emotional erregt sein oder abgelenkt sein.[30] Noch mehr ist es im Interesse jedes Einzelnen, dass Entscheidungen in Phasen fehlender Urteilsfähigkeit nicht langfristige Vorhaben und Ziele vernichten. Bei reversibler Urteilsunfähigkeit – sei diese kurz- oder wie beim Wachkoma langfristig – kann man sagen, dass frühere Intentionen, Überzeugungen und Charakterzüge wieder aktuell bestehen, sofern die Person das Bewusstsein gewinnt. Aber dies gilt bei irreversiblem Verlust der Handlungsfähigkeit gerade nicht. Denn hier bestehen keine zukunftsbezogenen Intentionen mehr. Jene Charakterzüge, Wertüberzeugungen und zukunftsbezogenen Intentionen, welche die Person früher hatte, sind dem Betroffenen nicht mehr bewusst, und er ist nicht mehr in der Lage, sie in jenem Sinne zu verarbeiten, wie es eine Willensbildung verlangt. Wir können auch nicht sagen, dass es potentielle oder latente Intentionen sind – diese Intentionen bestehen schlichtweg nicht mehr. Es liegen aber

29 Vgl. hierzu Radoilska: Autonomy and Ulysses arrangements.
30 Vgl. hierzu Holton: Willing, Wanting, Waiting, 3–9.

oft kurzfristige Intentionen des demenzkranken Menschen vor wie etwa die Absicht, jetzt etwas zu essen. Genau diese müssen aber beachtet werden. Denn es ist im Interesse jedes Einzelnen, dass Andere seine aktuellen und nicht seine früheren Intentionen und Vorhaben respektieren. Diese bestimmen schließlich sein Tun und Unterlassen, nicht Pläne und Wünsche, die er längst aufgegeben und vergessen hat. Nehmen wir an, jemand hätte bis vor zwei Jahren Comic Books gesammelt, dann aber dieses langjährige Hobby mehr und mehr aufgegeben und dann gänzlich aus dem Auge verloren. In diesem Falle handelten Angehörigen nicht in seinem Interesse, wenn sie ihm Comic Books schenken. Die früheren Pläne und Vorhaben, eine Comicsammlung aufzubauen, sind schlicht verschwunden. Nur seine aktuellen Intentionen haben Gewicht; und nur wenn die geschenkten Comics alte Intentionen neu belebt, haben die Angehörigen dem früheren Sammler einen Gefallen getan. Können aber alte Intentionen nicht neu gebildet werden, ist es nicht im Interesse des Einzelnen, wenn man zu deren Verwirklichung beiträgt.[31] Genau dies ist aber sehr oft der Fall, wenn Menschen die Handlungsfähigkeit verloren haben. Bei komplexen Intentionen, etwa jenen, bestimmte Wünsche und Bedürfnisse zu kontrollieren, ist dies sogar immer so; wie bei jenen, die sich nicht auf die unmittelbare Gegenwart beziehen. Für den Fall des irreversiblen Verlusts der Handlungsfähigkeit, zählt auf Grund dieser Argumentation nur das, was die Menschen mit Demenz jetzt aktuell wünschen, bedürfen und gerade jetzt tun möchten und nicht das, was sie früher gewollt hätten.

Nehmen wir Frau Schmidt, so kontrollierte sie ihr Leben lang gewisse Bedürfnisse und Wünsche, um andere Ziele und Wünsche verwirklichen zu können. Im Laufe ihrer fortschreitenden Demenz verschwindet diese Intention freilich. Zur Zeit der Falldiskussion im Heim hat Frau Schmidt nicht die Intention, Wünsche nach Nähe und Zärtlichkeit zu kontrollieren, vielmehr hat sie ein Bedürfnis danach. Stimmt die obige Argumentation, haben die Pflegenden allein zu berücksichtigen, was sie jetzt möchte. Analog gilt für das Beispiel vom Pflegeheimbewohner, der nachts nackt durch die Gänge läuft, dass er sich jetzt eben nicht schämt. Dass die Pflegende zu wissen meint, dass er früher nicht so gesehen werden wollte, darf nicht ins Spiel gebracht werden. Natürlich spielen hier andere Aspekte eine Rolle, wenn es um die richtige pflegerische Entscheidung geht, etwa die Frage, wie sein Verhalten auf andere Bewohnerinnen und Bewohner eines Heims wirkt, ob sie gleichgültig sind, neugierig, vielleicht aber auch aggressiv reagieren, oder jene Frage, ob sein Verhalten ihn selbst gefährdet, also Sturzgefahr oder die Gefahr der Unterkühlung in sich birgt. Ein Wunsch, nicht nackt gesehen zu werden, ist aber nur dann relevant, wenn er aktuell besteht. Dass er früher etwas anderes gewollt hätte, ist genauso irrelevant wie alle anderen vergangenen Intentionen eines (lebenden) Menschen. Auch die Frau, die früher auf ihre Erscheinung großen Wert legte, darf in einer späten Phase ihrer Demenz so auftreten, wie sie es jetzt will. Die Pflegenden irrten sich, wenn sie sich

---

31 Ich blende hier bewusst das Thema postmortaler Interessen aus. Ob und wenn ja, aus welchem Grund Willenserklärungen Verstorbener zu respektieren sind, ist ein Thema für sich.

nach dem früheren Willen dieser Frau auszurichten suchten. Auch bei diesem Beispiel müssten Auswirkungen auf andere Bewohnerinnen und Bewohner sowie Fragen der individuellen Lebensqualität beantwortet werden. Aber das, was die Frau früher gewünscht und gewollt hat, darf keine Rolle spielen.

Wie sieht es aber aus, wenn die Person mündlich oder schriftlich festhielt, was andere zu tun haben, sollte sie irreversibel handlungsunfähig sein? Oben hatte ich darauf verwiesen, dass hier wie bei Verträgen und Versprechen zugleich Selbstbindungen vorliegen. Auf Grund dieser dürfte man bei Patientenverfügungen nicht von Indizien für einen mutmaßlichen Willen sprechen, sondern hätte sie als tatsächlichen Willen zu akzeptieren. Ferner hatte ich oben dafür argumentiert, dass der Verweis auf personale Identität nicht ausreicht, um gegen den Fortbestand dieser Selbstbindung zu argumentieren. Von Seiten des Verfassers der Patientenverfügung besteht insofern personale Identität, dass er für sich selbst in der Situation einer voll entwickelten Demenz antezipiert. Hat der Demenzkranke Erinnerungen an sein früheres Selbst oder bestehen andere „kausale" Beziehungen, so ist auch hier personale Identität gegeben. Allerdings habe ich noch nichts darüber gesagt, ob personale Identität notwendige oder hinreichende Bedingung für das Fortbestehen von Selbstbindungen ist. Das hier einschlägige Argument hatte ich oben bereits vorgebracht. Die Diskussion um eine personale Identität statt einer ontologischen Identität hat nicht zuletzt einen praktischen Hintergrund. Einsicht in moralische Fehler und damit verbunden interne moralische Sanktionen wie Schuld und Reue sind ebenso auf das Vorliegen von personaler Identität angewiesen wie Versprechen und anderes auf zukünftiges Handeln bezogenes moralisches Handeln.[32] Es geht darum, dass man sich das von einem *selbst* begangene Tun und *selbst* verursachte Handlungsfolgen zu einem späteren Zeitpunkt *selbst* zurechnet und man sich *selbst* verpflichtet sieht, ein Versprechen zu erfüllen, das man *selbst* gegeben hat. Wenn man diese Fragen nimmt, ist personale Identität im oben beschriebenen Sinne nur eine notwendige Bedingung. Wenn man die beiden in Relation gesetzten Zeitpunkte t_1 und t_2 nennt, müssen zu beiden Zeitpunkten t_1 und t_2 moralische Akteure bestehen. Denn nur moralische Akteure sind in der Lage, sich selbst ein Tun oder Unterlassen zuzurechnen oder künftige Verpflichtungen einzugehen. Geht es um retrospektive und prospektive Verantwortung, hat man allein von moralischen Akteuren zu sprechen, oder in Lockes Begrifflichkeit allein von Personen. Wir können hier spezifisch von einer „moralischen Identität" sprechen.[33]

Welche Konsequenzen hat dies für Selbstbindungen? Auch eine Selbstbindung besteht nur dann fort, wenn zwei notwendige Bedingungen erfüllt sind, welche zusammen eine hinreichende Bedingung bilden. Es muss personale Identität bestehen sowie moralische Identität. Verliert eine Person irreversibel ihre Handlungsfähig-

---

32 Die Bedeutung einer Theorie der moralischen Verantwortung bei Entwicklung der spezifischen Fragestellung der personalen Identität wird in Strawson, Locke on Personal Identity herausgearbeitet. Vgl. insbesondere 157–161.

33 Strawson führt für diesen Fragenkomplex diesen zusätzlichen Begriff „moral identiy" ein, vgl. a. a. O., XIII, 78f. Wenn man die allgemeine Diskussion um personale Identität betrachtet, ist dieser Begriff durchaus nützlich.

keit, so kann man nicht mehr sagen, ihre früheren Versprechen hätten für sie irgendwelche Bedeutung, und es ist auch nicht möglich, sie daran zu erinnern. Ist sie aber weiterhin moralischer Akteur, können andere sie auffordern, die von hier ausgesprochenen Versprechen einzuhalten. Dasselbe gilt für Verträge. Verdeutlichen wir diesen Punkt am Beispiel des Ehepaars Müllers. An vielen Tagen weiß Alois Müller, wer gemeint ist, wenn ihm gesagt wird „Ihre Frau ist da." Vielleicht hat er gewisse Emotionen, wenn er mit ihr zusammen ist. Aber dies heißt nicht, dass er damit verbindet, welche Verpflichtungen und Rechte mit dem Begriff „Ehefrau" verbunden sind und welche Verpflichtungen und Rechte sich daraus für ihn ableiten. Das juristische Konzept der Ehe ist ihm auf Grund seiner fortgeschrittenen Demenz nicht zugänglich, ebenso wenig hätte der Verweis auf moralische Pflichten innerhalb einer Partnerschaft keine Bedeutung für ihn. Für ihn spielen Begriffe wie „Ehe" und „verheiratet" keine Rolle, sofern wir sie in ihrem moralischen und juristischen Sinne nehmen. Ist eine Ehe immer auch eine Selbstbindung, so besteht diese bei Herrn Müller nicht mehr fort. Dies gilt aber auch für alle anderen Formen der Selbstbindungen, auch für Patientenverfügungen.

Man könnte einwenden, dass gewisse Selbstbindungen einfach stellvertretend von anderen ausgeübt würden, genauso wie Beistände und Vormünder finanzielle Angelegenheiten für Menschen mit fortgeschrittener Demenz regeln. Hat ein Mensch mit Demenz ein Mietshaus, würden die Mietverträge ja auch nicht rechtlich hinfällig, wenn der Eigentümer seine Handlungsfähigkeit verliert. Allerdings geht es nicht um die rechtliche Geltung von Verträgen, sondern nur um Selbstbindungen. So hatte ich eben bewusst nichts darüber gesagt, ob eine Ehe bei irreversibler Handlungsfähigkeit eines Partners rechtlich als nichtig zu betrachten sei. Es gibt gute Gründe, dass dies nicht der Fall sein sollte. Aber auch wenn die Ehe juristisch fortbesteht, so ist die irreversibel handlungsunfähige Person eben kein Subjekt irgendwelcher moralischer Verpflichtungen, und seine moralischen Rechte können nur stellvertretend durch Dritte eingefordert werden.

Es ist durchaus möglich, dass man Patientenverfügungen rechtlich auch dann als gültig betrachtet, wenn die verfügende Person irreversibel ihre Handlungsfähigkeit verloren hat. Aber eine solche Regelung ist aus zwei Gründen unsinnig: Patientenverfügungen haben erstens nur deshalb hohes moralisches und juridisches Gewicht, weil sie Selbstbindungen darstellen. Aber genau diese Selbstbindung setzt nicht nur personale Identität voraus, sondern auch, dass die unterschreibende Person weiterhin als moralischer Akteur zu betrachten ist. Fällt die Selbstbindung fort, sind Patientenverfügungen nur Niederschriften eines früheren Willens. Aber es ist, dies der zweite Grund, im Interesse eines jeden, dass aktuelle Wünsche, Bedürfnisse und Interessen zu beachten sind, nicht vergangene.

Unabhängig von der jeweils geltenden rechtlichen Regelung, ist also festzuhalten, dass nicht die Angehörige und der Anwalt von Frau Rossi in ihrem Interesse sprachen, sondern die behandelnden Ärzte. Denn auch bei Vorliegen einer Patientenverfügung ist aus moralischer Sicht einzig relevant, was Frau Rossi jetzt möchte. Ihr Essen anzubieten ist moralisch gutzuheißen.

Ein Beispiel wäre noch offen, der Vegetarier, der in einer späten Phase seiner Demenz Fleisch essen möchte. Geht es nur um den Bewohner selbst, müsste die Antwort hier analog beantwortet werden, dass die frühere Intention und die Selbstbindung aktuell nicht mehr bestehen. Auch bei der expliziten Aufforderung bei Heimeintritt müsste man sagen, dass sie nur solange zu beachten ist, wie der betreffende Bewohner als moralischer Akteur zu betrachten ist. Allerdings haben wir zum einen zu beachten, dass Pflegende hier eventuell selbst Versprechen machten und sich moralisch selbst banden. Zudem müsste man prüfen, ob hier nicht Rechte anderer auf dem Spiel stehen, jener der Tiere. Zumindest für den zweiten Aspekt gibt es eine einfache und schnelle Antwort. Wenn es solche Rechte von Tieren gibt, wäre es falsch, nur dem Vegetarier fleischfreie Nahrung zu geben. Dann dürfte niemand Fleisch essen oder serviert bekommen.

5. *Ein letzter Blick auf die Beispiele*

Im Fall Rossi wurden nie rechtliche Schritte eingeleitet. Noch während die Diskussionen zwischen Familie Rossi und ihrem Anwalt auf der einen Seite und den Ärzten auf der anderen Seite liefen, starb Frau Rossi. Die Institution, welche die Patientenverfügung ausgestellt hatte und welche Frau Rossi auch auf eigene Kosten den Anwalt zur Verfügung stellte, wäre bereit gewesen, vor Gericht zu ziehen und das Verfahren durch alle Instanzen zu ziehen. Denn ein Musterprozess hätte eine gewisse Rechtssicherheit hergestellt, die Organisation bot auch an, dass sie weiterhin die anwaltlichen Kosten tragen würde. Aber die Familie hatte keine Kraft für eine vielleicht langjährige gerichtliche Auseinandersetzung. Sie fürchtete zwar für mögliche spätere Betroffene und hätten gerne für diese gekämpft. Aber die stärkere Regung war, endlich einen Schlussstrich zu ziehen.

Ganz ohne Folgen blieb die Auseinandersetzung jedoch nicht. Die Patientenverfügungen dieser Institution wurden soweit ergänzt, dass die Ausstellenden fortan Stellung zu nehmen hatten, ob ihr Wille auch dann durchgesetzt werden solle, wenn ihr Verhalten als Demenzkranke andeuten würde, dass sie etwas anderes wünschen. Die betreffende Institution sieht sich hier juristisch auf der sicheren Seite. Ob dem so ist, müssten Schweizer Gerichte entscheiden. Die moralische Frage habe ich oben zu beantworten versucht.

Wie ging es mit Frau Schmidt und Herrn Müller weiter? Nach etlichen Teamsitzungen berief das betreffende Pflegeheim eine interne Ethikkommission ein, in der Heimleitung, Pflegeleitung, Pflegende aus der betroffenen Station und ein Arzt teilnahmen. Ziel war zunächst, den Standpunkt des Pflegeheims selbst zu ermitteln. Weitere Gespräche mit der Ehefrau und dem Lebenspartner sollten später erfolgen. Da der Fall das Heim in zwei Lager gespalten hatte, wurde ein externer Sitzungsleiter herangezogen.

Die Richtlinien dieses Heims sehen vor, dass alle Entscheidungen im Konsens getroffen werden müssen. Dies schien zunächst schwierig. Allerdings stellte sich bald heraus, dass niemand die Ansicht vertrat, der mutmaßliche Wille spiele stets die entscheidende Rolle. Auch die Minderheit betonte, dass den Veränderungen Rechnung zu tragen sei, welche die Erkrankung verursache. Jene Frau, welche zivilisiert sein wollte, existierte so nicht mehr. Das Hauptaugenmerk habe den aktuellen Wünschen zu gelten. Ein Konsens war so schneller gefunden als gedacht. Eine Verlegung von Frau Schmidt oder Herrn Müller wurde abgelehnt, das Schloss sollte montiert und die Angehörigen darüber informiert werden. Wäre der Lebenspartner mit der Entscheidung nicht einverstanden, sollte ihm nahegelegt werden, sich zu überlegen, ob er eine andere Pflegeeinrichtung findet, deren Pflegephilosophie ihm genehmer wäre. Denn alle Betreuenden waren nunmehr strikt dagegen, die beiden zu trennen. Der Lebenspartner beharrte aber keineswegs auf seiner Position. Er dankte dem Heim, dass sie seine Bedenken so ernst genommen hätten, betonte aber auch, dass sich seine Partnerin verändert habe, und dass es sicher richtig sei, dies in der Pflege zu berücksichtigt. Nachdem alles so gründlich geklärt worden war und auch eine Ethikkommission darüber beraten habe, könne er mit der neuen Situation leben. Das tat er im Folgenden auch, besuchte seine Lebenspartnerin regelmäßig und verlor im Gespräch mit Pflegenden nie wieder ein Wort über die alte Diskussion. Frau Müllers Einverständnis lag ja schon vor, sie betonte nur noch einmal, man solle aufpassen, dass alles einvernehmlich geschehe.

Der inzwischen als zentral genannte Punkt, die Frage nach der Reversibilität der Urteilsunfähigkeit, wurde nicht diskutiert. Sowohl Alois Müller wie Frau Schmidt hatten aber eine Demenz in einer weit fortgeschrittenen Phase. Beide waren keine moralischen Akteure mehr.

Nach obigen Ausführungen zum einvernehmlichen Geschlechtsverkehr, dem Joe-Beispiel, mag man zusätzlich kritisieren wollen, dass hier beiden Freiheiten gegeben wurde. Wie hätten man bei Frau Müller und Frau Schmidt wissen können, dass beide einvernehmlich Sex haben könnten? Einvernehmen setzt zwar nicht Handlungsfähigkeit, aber doch eine gewisse Urteilsfähigkeit voraus. Darf letztere aber verneint werden? Sobald moralische Fragen und komplexe Vorstellungen zu Lebenszielen und Lebensplanung keine Rolle spielen, ist Sex selbst eine relativ unkomplizierte Angelegenheit. Menschen mit Demenz können in Bezug auf den Geschlechtsakt selbst durchaus urteilsfähig sein. Es wäre aber wiederum falsch, aus einem einvernehmlichen Verhalten des Urteilsunfähigen zu folgen, dass sexuelle Handlungen damit stets unproblematisch seien. Es sind Machtfaktoren zu beachten, und es ist möglich, dass die Betroffenen später auf einer Weise in ihren Gefühlen verletzt werden, die sie selbst nicht abschätzen können. Bestehen aber keine Machtunterschiede zwischen den Akteuren und bestehen auch sonst keine Gefahren für die Betroffenen, gibt es nichts, das gegen einvernehmliche intime Beziehungen zwischen Menschen mit Demenz spricht. Das Urteil der Verantwortlichen, dass Herr Müller und Frau Schmidt intim werden dürften, hatte genau dies berücksichtigt und grünes Licht gegeben.

Wenn man nun ein „Happy End" erwartet, muss ich enttäuschen. Die Beziehung der beiden entwickelte sich nicht „weiter", und das Schloss wurde nie gebraucht. Veränderungen zeigten sich aber in Herrn Müllers Verhalten. Immer häufiger kam es nun zu Pflegeverweigerungen. Die Beziehung zu Frau Schmidt schien den Pflegenden immer einseitiger; sie suchte Herrn Müllers Nähe, während er eher passiv war. Nach allgemeiner Ansicht der Pflegenden war er überfordert. Als die Pflegeverweigerungen immer massiver wurden und die Lebensqualität Herrn Müllers eindeutig zurückging, entschloss sich die Pflegedienstleitung, dass er in eine andere Station verlegt werden solle. Man wollte sehen, ob es ihm ohne Frau Schmidt besser ginge. Dies war auch der Fall. Die Pflegeverweigerungen gingen zurück, aber auch die kleinen Annäherungsversuche an Frauen fanden wieder statt. Und Frau Schmidt? Sie hatte keine weiteren Beziehungen zu Bewohnern des Pflegeheims, die irgendwie jener zu Herr Müller ähnelten.

Literatur

Aristoteles: De Anima.
Augustinus: De Civitate Dei.
Bratman, Michael E.: Intentions, Plans, and Practical Reason, New Edition, Cambridge 1999.
Dainton, Barry: The Self and the Phenomenal, in: Strawson, Galen (ed.): The Self?, London 2005, 1–25.
DeGrazia, David: Human Identity and Bioethics, Cambridge 2005.
Dworkin, Ronald: Life's Dominion, An Argument About Abortion, Euthanasia, and Individual Freedom, New York 1993.
Holton, Richard: Willing, Wanting, Waiting, Oxford 2009.
Hope, Tony: Personal Identity and Psychiatric Illness, in: Griffiths, A. Philips, Philosophy, Psychology and Psychiatry (Royal Insitute of Philosophy Supplement 37). Cambridge 1995, 131–143.
Hume, David: Traktat über die menschliche Natur, übersetzt von Theodor Lipps, Berlin 2004.
Inwagen, Peter van: Materialism and the psychological-continuity account of personal identity, in: ders, Ontology, Identity, and Modality, Essays in Metaphysics, 144–161.
Inwagen, Peter van: The Self: the Incredulous Stare Articulated, in: Strawson, Galen (ed.): The Self?, London 2005, 111–124.
Kant, Immanuel: Kritik der praktischen Vernunft, in: Kant, Immanuel, Akademie-Textausgabe, Bd. 5, Berlin 1971.
Kant, Immanuel: Metaphysik der Sitten (1797).in: Kant, Immanuel, Akademie-Textausgabe Bd. 6, Berlin 1968.
Locke, John: [An essay concerning human understanding] Versuch über den menschlichen Verstand, übersetzt und erläutert von Julius H. von Kirchmann, Bd. 1, Berlin 1872.
Matthews, Eric: Dementia and the Identity of Persons, in: Hughes, Julien C., Louw, Stephen J. & Sabat, Steven R. (eds.): Dementia, Mind, Meaning, and the Person, Oxford 2006, 163–178.
Oppenheimer, Catherine: I am, thou art, personal identity in dementia, in: Hughes, Julien C., Louw, Stephen J. & Sabat, Steven R. (eds.), Dementia, Mind, Meaning, and the Person, Oxford 2006, 193–204.
Pink, Thomas & Stone, Martin: The Will and Human Action: From Antiquity to the Present Day, London 2004.
Pitson, Anthony E.: Hume's Philosophy of Self, London u. a. 2002.
Platon: Gorgias.
Radoilska, Lubomira: Autonomy and Ulysses arrangements, in: dies. (ed.): Autonomy and Mental Disorder, Oxford 2012, 252–280.
Rippe, Klaus Peter: Ethik im außerhumanen Bereich, Paderborn 2008.
Rippe, Klaus Peter: Ethik in der Wirtschaft, Paderborn 2010.
Schweizerische Akademie der Medizinischen Wissenschaften: Patientenverfügungen, Medizinisch-ethische Richtlinien und Empfehlungen, Bern 2009.

Schweizerische Akademie der Medizinischen Wissenschaften: Recht der Patientinnen und Patienten auf Selbstbestimmung, Medizinisch-ethische Grundsätze, Bern 2005.
Strawson, Galen: The Evident Connexion, Hume on Personal Identity, Oxford 2011.
Strawson, Galen: Locke on Personal Identity, Consciousness and Concernment (Princeton Monographs in Philosophy), Princeton 2011.
Strawson, Galen: Selves, An Essay in Revisionary Metaphysics, Oxford 2009.
Wilkes, Kathleen: Real People. Personal Identity without Thought Experiments, Oxford 1988.

Physikalisches Wirklichkeitsverständnis

Walter Kosack

1. Prolog

Ich erinnere mich noch genau an meine erste Physikstunde in der siebten Klasse. Wir alle waren sehr gespannt auf den Physikunterricht. Allerdings war ich Schüler eines Jungeninternats, ob es Mädchen genauso gesehen hätten, steht auf einem anderen Blatt. Wir hatten das geläufige Sprichwort im Sinn: „Chemie ist, wenn es kracht und stinkt, Physik, wenn kein Versuch gelingt", und erwarteten eine Mischung aus Zauberei und Klamauk.

Unser Physiklehrer, der zugleich Chemie unterrichtete, machte dieser Erwartung ein rasches Ende. Er definierte zunächst einmal kurz die Bereiche der Physik und der Chemie: Chemie ist die Lehre von den Stoffen und ihren Veränderungen, und Physik ist die Lehre von den Körpern und den Kräften.

Natürlich verstanden wir jedes Wort, das er sagte – im umgangssprachlichen Sinn –, aber keiner von uns verstand die Bedeutung der Worte, wie sie in den beiden Disziplinen gebraucht werden: als wohldefinierte Begriffe, die in einer bestimmten Beziehung zu unserer Wirklichkeit standen, die uns damals völlig unbekannt war. Diese Beziehung, ich will sie hier zunächst „Messvorschrift" nennen, ist der entscheidende Zugang zum Verständnis eines physikalischen Objekts. Darum wird es im Folgenden gehen.

Es gelang unserem Lehrer – und die empirische Unterrichtsforschung legt nahe, dass er damit einem allgemeinen Trend folgte –, innerhalb von einem halben Jahr aus Begeisterung Frustration und Missvergnügen zu machen. Nicht, dass er ein schlechter Lehrer war; er war so gut oder schlecht wie die meisten. Was er tat, war nur, die naive Erwartung der Bubenschar mit der die Physik ausmachenden Denkmethode zu konfrontieren. Die Physik, die er vermittelte, ist eben nicht planloses „Herumexperimentieren". Vielmehr deduziert sie auf der Grundlage weniger wohldefinierter Begriffe mit axiomatischem Charakter ein System von Aussagen, das über weite Bereiche der erfahrbaren Wirklichkeit Aufschluss gibt.

Damals begann man den Physikunterricht mit der Newtonschen Mechanik, einem Musterbeispiel für ein axiomatisches System von Aussagen. Mag man heute auch didaktisch manches anders machen, um das Grundproblem kommt man nicht herum. Physik ist eine Theorie, die aus wenigen Grundaussagen eine Menge von abgeleiteten Aussagen folgert. Sie ist streng und diszipliniert im Denken und einer kritischen Prüfung der Aussagen an Beobachtungen der Wirklichkeit verpflichtet.

Dabei kommen in der Physik Phantasie, abwegiges Denken, irrationale Annahmen und abenteuerliche Gedankenkonstruktionen nicht nur vor, sie haben sogar eine ganz prominente Bedeutung. Im weiteren Verlauf werden wir noch mit dem Bohrschen Atommodell ein Beispiel dazu sehen. Dieses Abenteuerliche, Phantastische in der Physik ist auch für manche eine stetige Motivation, sich mit Astronomie, Science Fiction, Big Bang, Kosmologie und ähnlichen Domänen zu befassen, in denen unerhörte Dinge passieren und vieles, was uns unsere tägliche Erfahrung lehrt, auf den Kopf gestellt wird.

Carl Friedrich von Weizsäcker soll einmal gesagt haben, dass Galilei einen großen Schritt getan habe, als er die Welt beschrieb, wie wir sie NICHT sehen – geradezu im Widerspruch zur alltäglichen Erfahrung[1]. Galilei hat nämlich ganz verrückte Dinge behauptet, z. B. dass schwere und leichte Körper gleich schnell fallen, obwohl schon jedes Kind weiß, dass schwere Körper schneller fallen als leichte. Heute sind es andere verrückte Aussagen, welche die Physik attraktiv für Viele machen: Katzen, die tot und zugleich nicht-tot sind, das ganze Universum zusammengeballt auf die Größe eines Stecknadelkopfes, Zwillinge, die unterschiedlich altern und dergleichen mehr regen die Fantasie an und veranlassen zu abenteuerlichen Spekulationen. Auch hierzu liefert dieser Band Beispiele, die ich im Verlauf dieses Aufsatzes kurz streifen möchte.

Fantastisches, Irrationales, Unerklärliches, dem gesunden Menschenverstand Widersprechendes war und ist Bestandteil des physikalischen Weltbildes. Ebenso aber auch strenges Denken, logisches Folgern und die Unterwerfung aller noch so verrückten Gedanken unter den Richterspruch der beobachtbaren Wirklichkeit. Diese beiden gegensätzlichen Denkweisen passen gut zusammen in der Physik – es ist nur eine Frage des jeweiligen Ortes. Der Entwicklung von Ideen, und seien sie noch so abwegig, legt physikalisches Denken keine Grenzen auf, ja es fordert sie sogar. Allerdings folgt nach der Generierung der Idee ihre Prüfung hinsichtlich ihrer Bewährung in der Wirklichkeit und auf ihre Grenzen. Beide Aspekte, phantasievolles Vermuten und diszipliniertes Prüfen, finden sich im physikalischen Denken zu einem ungewöhnlich erfolgreichen System zusammen.

2. *Dinge und Objekte*

Ich beginne mit der Definition[2] meines im Prolog erwähnten Lehrers. Physik ist traditionell die Lehre[3] von den Körpern und den Kräften. Mit diesen beiden Begriffen bezeichnet man die Dinge, die von der Physik untersucht und beschrieben werden. Es ist zunächst scheinbar offensichtlich, dass es sich dabei um zwei unterschiedliche Kategorien handelt: Körper sind materiell, Kräfte dagegen immateriell. So sagt uns unsere Lebenserfahrung, und so sah es auch die klassische Physik.

---

1 Weizsäcker nach Steenblock, 120.

2 Das ist natürlich keine Definition im strengen Sinn. Dennoch hat mir mein Lehrer damals etwas mitgegeben, das ich noch heute, fast fünfzig Jahre später, zum Ausgangspunkt und zur strukturierenden Größe eines Fachartikels verwenden kann. Das ist nur wenigen meiner Lehrer gelungen.

3 Ich will hier keine Diskussion darüber führen, ob der Begriff „Lehre" angemessen ist oder nicht besser „Wissenschaft" dort stehen sollte. Die Stufung „Kunde", „Lehre" „Wissenschaft" ist uns aus der Schule bekannt (Wirtschaftskunde, Betriebswirtschaftslehre, Wirtschaftswissenschaft) und hat auch ihre theoretische Rechtfertigung, sie spielt hier aber keine signifikante Rolle.

2.1 Körper und Kräfte als Objekte der klassischen Physik

Das „Geschäftsmodell“ der Physik sieht vor, dass wir über die Eigenschaften von Dingen Aufschluss über ihr Verhalten gewinnen können. Das Ziel ist die Prognose, wie sich ein Ding unter diesen oder jenen Bedingungen verhalten wird. Daran waren die Menschen interessiert: an verlässlichen Prognosen darüber, was bei einer gegebenen Ausgangslage in Zukunft sein wird. Diese Prognosen basierten auf Regeln im Stil von „Wenn das (Ausgangbedingungen) und jenes (Antecedenzbedingungen) gilt, dann wird X eintreten“.

Aber auch die andere Richtung war interessant: die Erklärung. Aus einer gegebenen Lage wollte man zuverlässig darauf schließen können, worauf sie denn zurückzuführen sei. Die Regel wird dann zur Erklärung im Stil von „X ist eingetreten, weil das und jenes gilt“.

Prognose und Erklärung sind gewissermaßen dasselbe – jeweils von der anderen Richtung aus betrachtet. Historisch war das Interesse zuweilen auf die eine, zuweilen auf die andere Richtung konzentriert. In der Antike interessierte man sich mehr für die Erklärung, man wollte wissen, weshalb die Welt so ist, wie sie ist. Mit dem Aufkommen der Neuzeit wurde die Prognose interessanter – insbesondere als man mit Beginn der Industrialisierung damit begann, die Regeln, nach denen die Dinge sich zu verhalten scheinen, gezielt zu nutzen, um den natürlichen Verlauf der Dinge zum Vorteil der Menschen abzuwandeln[4].

Damit wurde das „Geschäftsmodell“ zum „Erfolgsmodell“. Physik lieferte Prognosen: Wenn das oder jenes der Fall ist, wird das oder jenes in Zukunft der Fall sein – oder war das oder jenes vorher der Fall. Die Regeln, die von der Physik aufgestellt wurden, leisteten beides. Sie gaben zutreffende Prognosen, und sie konnten als Erklärungen akzeptiert werden. Sie machten das Naturgeschehen „verstehbar“, weil die Natur scheinbar willig diesen Regeln folgte. Die große Zuverlässigkeit, mit der diese Regeln Zustände vorhersagen oder erklären konnten, hat dazu geführt, dass man sie mit dem Namen „Naturgesetze“ adelte und dadurch genaugenommen die Verhältnisse auf den Kopf stellte.

Scheinbar folgt die Natur diesen Naturgesetzen, und zwar viel treuer als der Autofahrer den Straßenverkehrsgesetzen, weil sie gar nicht anders kann, als ihnen blinden Gehorsam zu leisten – so meint mancher noch heute. Anders ausgedrückt: Dies oder jenes könne nicht sein, weil es gegen Naturgesetze verstoße[5]. Dabei ist es genau umgekehrt. Nicht die Natur folgt den von den Wissenschaftlern formulierten Naturgesetzen, sondern die Menschen versuchen das beobachtbare Naturgeschehen zu verstehen bzw. vorherzusagen, indem sie probeweise Regeln formulieren und auf deren Bewährung hoffen.

---

[4] Solche Beeinflussungen des natürlichen Ablaufs der Dinge als Magie (ein Regentanz beeinflusst das Wettergeschehen) oder Technik (in einem Verfahrensprozess wird Eisenerz zu Stahl) zu verstehen, ist eine reizvolle Überlegung (vgl. z. B. Gehlen 13f.).

[5] Wobei dann zu hoffen wäre, dass die Natur weiß, welche Gesetze gerade en vogue sind, und wie sie sich zu verhalten hat.

a) Körper

Auch der klassischen Physik war klar, dass das Ding selbst (falls überhaupt) nur indirekt über seine Eigenschaften erkennbar sei, und dass die Dinge der Wirklichkeit zu komplex seien, um sie in allen ihren Eigenschaften zu erfassen. Es hat sich als ausreichend erwiesen, nur ganz wenige Eigenschaften eines Dings in den Blick zu nehmen, um zutreffende Prognosen über sein Verhalten zu machen. Am Beispiel der klassischen Mechanik kann das verdeutlicht werden. Ein fallender Stein ist zweifellos ein Ding der Wirklichkeit. Die Physik benötigt aber nur ganz wenige seiner Eigenschaften, um zuverlässig vorhersagen zu können, wann er an welcher Stelle auf dem Boden auftreffen wird.

Die Physik stellt nun alle Eigenschaften des Steins zusammen, die für die Prognose benötigt werden. Dabei sind manche Eigenschaften völlig bedeutungslos, wie seine Farbe. Andere können im konkreten Fall einen geringen Einfluss haben, so dass man sie vernachlässigen kann, z. B. ob er sich beim Fallen um sich selbst dreht. Wieder andere haben weitreichendere Auswirkungen, wie zum Beispiel die geometrische Form, aber solche Eigenschaften können idealisiert werden. Der Stein könnte zum Beispiel zur Kugel idealisiert werden, wenn er einigermaßen rund ist, ohne die Prognose wesentlich zu beeinflussen. Zwei Eigenschaften eines Körpers jedoch sind unverzichtbar, seine Masse und sein Bewegungszustand, also der Ort, an dem er sich gerade befindet, seine Geschwindigkeit und seine Bewegungsrichtung.

Gleiches geschieht mit der Umgebung des Steins. Sie wird erfasst in Form derjenigen ihrer messbaren Eigenschaften, die Auswirkungen auf die Prognose haben. So ist es unerheblich, ob jemand den Stein beobachtet; es ist (meist) vernachlässigbar, ob irgendwo in der Nähe auch andere Steine fallen. Nicht vernachlässigbar sind aber Kräfte, die auf den Stein einwirken. Hierzu mehr im nächsten Abschnitt.

Worauf es ankommt, ist, dass die Physik aus dem Ding „Stein" ein „Objekt"[6] macht. Das in der Wirklichkeit vorkommende Ding wird reduziert auf ein Bündel von beobachtbaren Eigenschaften und diese wieder werden reduziert auf diejenigen, die gerade von Interesse sind. Das Ding wird aus der Mannigfaltigkeit der Wirkungszusammenhänge mit seiner Umgebung herausgelöst und diese Umgebung wird ebenfalls auf ein Bündel von messbaren Eigenschaften reduziert.

Mit diesen Bündeln von Eigenschaften arbeitet die Physik. Das ist das Charakteristikum eines physikalischen Objekts, es ist ein reduziertes, idealisiertes und aus seinem Zusammenhang herausgelöstes gedachtes Etwas, eben ein Objekt der Physik. Anstatt über Dinge spricht die Physik über wahrnehmbare (messbare) Eigenschaften; ein physikalisches Objekt ist ein Bündel von zusammen auftretenden wahrnehmbaren Eigenschaften.

Typisch für die Physik ist, wie man üblicherweise sagt, die Subjekt-Objekt[7]-Dichotomie, wobei man davon ausging, dass das Objekt (das Ding) nicht dadurch beein-

---

[6] Diese Unterscheidung zwischen Ding und Objekt ist nicht genormt. Ich übernehme sie aus Drieschner, 106–108.

[7] Der hier verwendete Objektbegriff meint das, was ich als Ding bezeichne. Ich habe in diesem Aufsatz den Objektbegriff verwendet, um Gegenstände der Physik (Objekte) von den Gegenständen der Wirklichkeit (Dingen) zu unterscheiden.

flusst werde, ob es von einem Menschen, dem Subjekt, wahrgenommen wird oder nicht.

Nun sind die Eigenschaften von Dingen oft gar nicht so offensichtlich. Sie können oft nicht mit der notwendigen Genauigkeit sinnlich erfasst werden, sondern müssen in einem Messverfahren ermittelt werden. Dabei sind gelegentlich große apparative Aufwendungen notwendig, mindestens aber benötigt man ein Messgerät und eine Messvorschrift.

Diese Tatsache hat immer wieder die Zweifel genährt, ob die Eigenschaften, die die Physik zu einem Objekt bündelt, denn auch wirklich das „Wesen" der Dinge erfasse. Goethe liefert dafür ein interessantes Beispiel, wenn er in seiner Farbenlehre gegen Newton „polemisiert" (so seine Kapitelüberschrift):

> „[Er] setzt dem Licht mancherlei Bedingungen entgegen: vorzüglich brechende Mittel, welche das Licht von seiner Bahn ablenken; aber diese nicht in einfacher Vorrichtung. Er gibt den brechenden Mitteln allerlei Formen, den Raum in dem er operiert, richtet er auf mannigfaltige Weise ein; er beschränkt das Licht durch kleine Öffnungen, durch winzige Spalten, und nachdem er es auf hunderterlei Art in die Enge gebracht, behauptet er, alle diese Bedingungen hätten keinen anderen Einfluss, als die Eigenschaften, die Fertigkeiten des Lichtes rege zu machen, so daß sein Inneres aufgeschlossen und sein Inhalt offenbart werde."[8]

Diese Beschreibung verdeutlicht Goethes Zweifel an der Auffassung, dass die Dinge der Natur auf dem Folterbett der Wissenschaft (Bacon) ihre „Geheimnisse" preisgäben.

b) Kräfte

In gleicher Weise behandelt die Physik auch ihre zweite Gegenstandskategorie, die Kräfte. Kräfte sind offenbar keine materiellen Dinge, aber sie haben messbare Auswirkungen auf materielle Dinge. Ob sie „da sind" oder nicht, ist nicht so offensichtlich wie beim materiellen Körper. Aber der Unterschied ist gar nicht so groß, wie es zunächst erscheint.

Ob irgendwo Kräfte wirken, kann man dadurch erfahren, dass geeignete Sensoren im Raum bewegt werden, die das Vorhandensein von Kräften durch die Veränderung ihrer Eigenschaften anzeigen. Jeder kennt dies im Zusammenhang mit dem Mobiltelefon. Wenn ich mich im geographischen Raum bewege und die Anzeige des Mobiltelefons betrachte, kann ich die die Stärke des Empfangs an jedem einzelnen Punkt erkennen.

Dieses Beispiel ist natürlich nur für Menschen der Gegenwart verständlich, in der Zeit der klassischen Physik gab es keine Mobiltelefone. Aber es verdeutlicht uns heutigen Menschen den Zusammenhang von Raum und Kraft in einem physikalischen Objekt, das Feld genannt wird.

Ein Raum ist im anschaulichen Denken ein Bereich, in dem sich Gegenstände befinden, z. B. ein Zimmer, in dem Stühle sind. So ein Raum hat eine bestimmte Länge, Breite und Höhe. In physikalischen Begriffen ist ein Raum ein Bereich, in

---

8 Goethe, 192.

dem Kräfte wirken. Diese Kräfte wirken auf geeignete Körper: Gewichtskräfte wirken auf schwere Körper, elektrische Kräfte auf elektrische Ladungen, magnetische Kräfte auf Magnetpole und dergleichen mehr. Dies nennt man in der klassischen Physik ein Feld. Es ist eine messbare Eigenschaft des Raumes, nämlich den Zustand eines geeigneten Körpers verändern zu können. Der Zustand des Körpers, welcher durch die Kräfte verändert wird, ist z. B. sein Bewegungszustand – er wird nach links oder rechts, oben oder unten gezerrt. Dementsprechend sind die Kräfte auch charakterisiert durch ihre Wirkung in die drei Dimensionen des Raumes und durch ihre Stärke. Ein Körper wird an einer bestimmten Raumposition z. B. stark nach links und leicht nach unten voran bewegt. Solche Aussagen können natürlich viel genauer formuliert werden mithilfe mathematischer Begriffe, und die Mathematik hilft auch, die unzählbar vielen Einzelpositionen, an denen Körper in einem Feld Kräfte erfahren können, hübsch übersichtlich zusammenzufassen.

Ob ein Feld da ist oder nicht, erfährt man erst durch das Einbringen eines Probekörpers. Und die Frage, ob es auch da sei, wenn man keinen Probekörper im Raum bewegt, ist nichts anderes als die Frage, ob ein Körper da ist oder nicht, wenn ihn niemand betrachtet.

Die klassische Physik entzieht sich dieser Fragestellung, indem sie die Beantwortung als irrelevant bezeichnet und einfach davon ausgeht, dass es die Felder, also die krafterfüllten Räume, ganz unabhängig davon gibt, ob sie jemand misst. Sollten sie nämlich verschwinden, wenn sie niemand misst, so wäre das ja gleichgültig, weil es niemand wahrnähme. Für die Physik ist dies also keine relevante Frage, wohl aber für die Philosophie.

Nun liegt so ein Feld nicht einfach da, es gibt darin Störungen, die als Wellen bezeichnet werden. Die Kraftwirkung ballt sich an manchen Stellen zusammen und diese Störung kann ihren Ort verändern, unterschiedliche Störungen können sich gegenseitig überlagern und dabei verstärken oder abschwächen. Daher hat man den Namen Welle gewählt: Wie eine Wasserwelle kann sich so eine Störung ausbreiten, und das geschieht mit einer für das Feld charakteristischen Geschwindigkeit.

Man erkennt nun leicht die Parallele zu materiellen Körpern. Die Physik arbeitet nicht direkt mit den Dingen, sondern mit den Eigenschaftsbündeln der Dinge, den Objekten. Das ist bei den Kräften und bei den Körpern genau gleich.

Auch der Unterschied wird deutlich. Das physikalische Objekt der materiellen Dinge ist eine Reduktion und Abstraktion der Dinge und steht mit diesen in einem Analogieverhältnis. Ein Ding hat viele Eigenschaften, die zwar im Prinzip alle erfasst werden könnten, aber die Physik betrachtet in ihrem Objekt nur diejenigen, die für die Prognose von Interesse sind und vernachlässigt alle anderen.

Bei Feldern ist das anders. Hier kennt die Physik alle Eigenschaften und muss nichts vernachlässigen. Es gibt auch nichts, von dem das Feld eine Abstraktion oder Vereinfachung wäre. Felder sind keine Dinge, sondern physikalische Objekte.

Der Punkt, auf den es mir hier ankommt, ist, zu verdeutlichen, dass bei den Dingen der klassischen Physik ein Zusammenhang zwischen unserer nicht-physikalischen Sicht und der Sicht der Physik besteht. Die Objekte, die die Physik aus den Dingen macht, können als Abstraktionen, Vereinfachungen und Idealisierung der

Dinge verstanden werden. Das kommt unserem Vorstellungsvermögen entgegen und macht die klassische Physik anschaulich.

Diese Reduktion der Dinge auf Objekte, die nur eine kleine Auswahl ihrer Eigenschaften haben, wurde und wird auch heute noch kritisiert. Die Wirklichkeit werde so nicht in ihrem Wesen erkannt, sondern auf Beobachtbares und Messbares reduziert. Dem kann man aus Sicht der Physik durchaus zustimmen.

Besonders pointiert wird der Unterschied zwischen den Objekten und den Dingen im Zusammenhang mit dem Schutz der Umwelt vorgetragen. Bacons Rede von der natura vexata, der Natur, die nur unter der Folter ihre Geheimnisse preisgibt, und noch ein weiteres Zitat von Goethe –

> „Geheimnisvoll am lichten Tag
> Lässt sich Natur des Schleiers nicht berauben,
> Und was sie deinem Geist nicht offenbaren mag,
> Das zwingst du ihr nicht ab mit Hebeln und mit Schrauben" –

werden gerne als Beleg dafür verwendet, dass der Blick der Physik auf die Wirklichkeit eingeschränkt sei.

Ich habe diese Ausführungen relativ lange an klassischen Begriffen der Physik entwickelt, weil dieses Verfahren anschaulicher ist und weniger fachspezifische Kenntnisse verlangt. Vor allem aber kann ich damit das Prinzip zeigen, auf das es mir ankommt: Was ein Objekt ist im Unterschied zu einem Ding. Der Übergang von der klassischen Physik zur modernen ist nämlich auch ein Übergang von der Betrachtung von Objekten, die irgendwie mit Dingen analogisierbar sind, zu einer Physik, die sich nur noch auf Objekte bezieht. Es ist, so versuche ich zu zeigen, gar nicht mehr möglich, Dinge auszumachen, die den Objekten entsprechen (für diese Behauptung werde ich einige Zeugen aufbieten).

3. Quanten und Felder als Objekte der gegenwärtigen Physik

In der Quantenfeldtheorie treffen wir zwar alte Bekannte wieder, einen davon aber in total unterschiedlicher Gestalt. Aus den Materieteilchen, die uns in der klassischen Physik als Abstraktion und Idealisierung eines Dings der Realität begegnete, wurden Quanten.

Quanten sind vollständig beschrieben durch die Eigenschaften, die sie haben, genauer gesagt, die sie haben müssen, um zutreffende Prognosen zu machen, ohne Rücksicht darauf, ob diesen Eigenschaften irgendwelche Dinge der Realität entsprechen.

Entscheidend ist jetzt nur noch die Stimmigkeit der Aussagen über die Eigenschaften eines Objekts zu einem gegebenen Zeitpunkt und das Zutreffen der Prognose über die Eigenschaften des Objekts zu einem anderen Zeitpunkt. An die Stelle einer vielfachen Äquivalenz zwischen Gedachtem (Objekt) und Wirklichkeit (Ding) ist eine nur noch eine punktuelle Verbindung getreten, nämlich das Eintreffen der Prognose. Das soll an einem simplen Beispiel aus der Frühzeit der Quantenphysik erläutert werden.

Bei der Frage, wie man sich ein Atom vorstelle, sind wir außer Stande, bestimmten Bildern entgehen wie etwa diesem[9]:

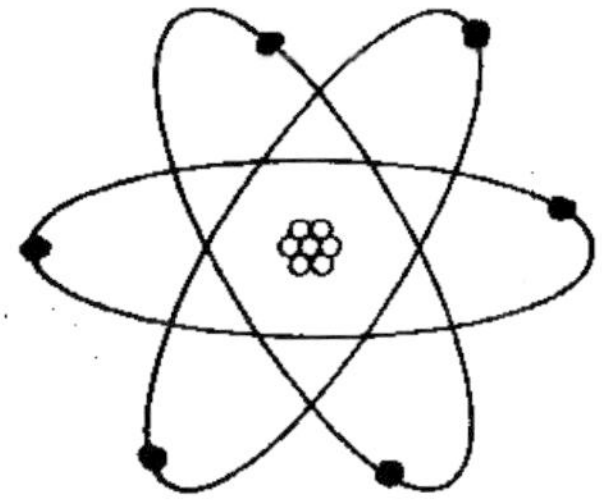

Dies ist die Abbildung eines Atoms im Bohr'schen Atommodell. Es zeigt die Bestandteile eines Atoms als Kügelchen. Elektronen bewegen sich auf Bahnen um den Kern des Atoms. Unverkennbar ist die Analogie mit den Planetenbahnen um die Sonne.

Diese Analogie ist zwar hilfreich zum Verständnis des Bohr'schen Atommodells, geht aber an dessen Qualität vorbei. Von Anfang an war Bohr nämlich klar, dass dieses Modell keine idealisierende, abstrahierende oder wie auch immer geartete Abbildung der Wirklichkeit sein könne. Bohr wusste auch, dass dieses Modell im Widerspruch zu den bisherigen Objekten der Physik (und natürlich auch zur Wirklichkeit) stand. Nach den bisherigen Regeln hätten die Elektronen in kurzer Zeit in den Atomkern stürzen müssen[10]. Doch dieses Modell erlaubte exakte Prognosen (der Wellen, die ein Wasserstoffatom bei Anregung abstrahlt). Das war sein Zweck, und dadurch legitimierte es sich.

Nun ist das Beispiel von Elektronenbahnen um ein (isoliertes) Wasserstoffatom nicht gerade der Gegenstand, an dem sich heute viele Spekulationen und Phantasien entzünden. Aber dennoch erscheint es mir als ein geeignetes Beispiel dafür, den Unterschied zwischen einem Quantenobjekt und einem Objekt der klassischen Physik zu erkennen. Waren die Objekte der klassischen Physik noch analogisierbar zu Dingen, so scheitert der Analogisierungsversuch jetzt kläglich, weil sich die Aussagen nicht in einen rationalen Zusammenhang bringen lassen, ohne zu Widersprüchen zu führen. In der klassischen Physik unterschieden sich Objekte und Dingen derart, dass die Objekte aus den Dingen entstanden durch Vereinfachungen, Weglassungen und Abstraktionen. Zwischen Objekt und Ding bestanden aber keine Unvereinbarkeiten und Widersprüche.

Das ist nach meinem Dafürhalten der eigentlich Clou des Übergangs zur Quanten-

---

9 Die Abbildung enthält im Übrigen grobe Fehler. Ich habe sie der Seite www.brinkmann-du.de/physik/elektrik_02_01.htm entnommen. Das Dokument nennt sich *Physik für Schüler, Lehrer und Eltern* und verweist auf weitere Publikationen, die – ob das wohl ein Witz ist? – im Informationslücke Verlag erschienen sind.

10 Bohr legte zudem fest, dass sich die Elektronen nur auf ausgesuchten Bahnen bewegen dürfen, alle anderen Bahnen waren „verboten“. Natürlich hat Bohr dafür gute Gründe, es handelte sich nicht etwa um eine blanke Spekulation auf eine zutreffende Prognose. Sein Verbot befand sich vielmehr im Einklang mit der von Plank kurz zuvor formulierten Theorie über die Quantelung von Energie.

physik: die klassische Analogisierbarkeit von Objekt und Ding musste aufgegeben werden. War es bisher immer möglich, unsere tägliche Erfahrung in einen Zusammenhang mit den Objekten zu stellen, mit denen die Physik arbeitet, so ist das nunmehr nicht mehr möglich, ohne sich in unerklärliche oder widersprüchliche Situationen zu begeben. Meiner Ansicht nach resultieren viele Diskussionen um die moderne Physik und ihre Konsequenzen darin, dass diese zentrale Aussage nicht ernst genommen wird. Es wird immer wieder versucht, die Objekte der modernen Physik mit Dingen der alltäglichen Wirklichkeit in Verbindung zu bringen, und dabei entstehen dann Aussagen, die nichts mehr mit dem zu tun haben, was man über die Objekte der Physik aussagen kann.

Darum taugen auch die Objekte der modernen Physik nicht mehr als Erklärung – zumindest nicht mehr als Erklärung im Sinne rationalen Verstehens, wie sie z. B. Schnädelbach[11] auffasst – sie taugen nur noch zur Prognose. Prognose und Erklärung, in der klassischen Physik noch Zwillinge, sind nun voneinander getrennt. Die Physik musste sich zwischen ihnen entscheiden, und die Entscheidung fiel zugunsten der Prognose aus[12]. Mit dieser Entscheidung war die Physik ziemlich erfolgreich. Sie konnte auf diese Weise ihre Objekte zügig systematisieren und strukturieren.

Dabei ging zunächst der materielle Körper gewissermaßen verloren. Ich habe oben die Eigenschaften von Objekten der klassischen Physik am Beispiel zweier Kategorien gegenübergestellt: einerseits die Kategorie der Körper als materieller Dinge, andererseits die Kategorie der Kraft als Erscheinungsform eines immateriellen Dinges, eines Feldes. Ein Körper konnte beschrieben werden durch die Angabe der Stelle, durch seine Bewegungsrichtung und durch seine Schwere. Das Objekt war also ein Punkt (Ort) mit einem bestimmten Impuls (Masse und Bewegung). Die moderne Physik vereinigt nun diese beiden Kategorien, weil die bestimmende Größe von klassischen Körpern, die Masse, auch als Energie ausgedrückt werden kann. Sowohl Felder als auch Quanten sind Objekte, die die Eigenschaften Energie und Impuls haben.

Rückübersetzt in die klassische Physik der Alltagsbetrachtung ergeben sich dabei sonderliche Konsequenzen. Körper sind dann Wellenpakete – und nicht mehr lokal begrenzt. Und die von Feldern an bestimmten Orten gebildeten Überlagerungen („Wellenberge“) sind Körper. Immer aber sind sie Quanten. Manche haben eine (Ruhe)Masse, andere nicht. Außerdem stehen sie mit anderen Quanten in Wechsel-

---

11 Vgl. Schnädelbach, 90–92.

12 Meine Auffassung beruht auf der sogenannten Kopenhagener Interpretation der Quantenphysik. Dazu ist zu bemerken: Diese Interpretation wird zwar oft zitiert, doch ist sie nur schwer aus den Quellen zu erheben. Die Kopenhagener Interpretation wurde nirgendwo schriftlich niedergelegt, sondern muss aus einer Vielzahl von Einzelstellen rekonstruiert werden. Ich will dies mit Verweisen auf Heisenbergs Buch *Der Teil und das Ganze* tun. Dieses Buch ist nicht die Widergabe einzelner Reden oder Aufsätze Heisenbergs, sondern stellt in rekonstruierten Gesprächen mit anderen Physikern seiner Zeit in idealisierter Weise Positionen aus einer gewissen zeitlichen Distanz dar. Es schildert die Sicht Heisenbergs, auch wenn er in seinem Buch andere sprechen lässt. Vgl. z. B. a. a. O., 55 (zur Interpretation des Bohr'schen Atommodells); 108f. (mathematische Formulierungen haben keine Entsprechung in der Wirklichkeit); 147f. (Atome sind keine Dinge oder Gegenstände).

wirkung, selbst auf große Entfernung. Nur das Gravitationsfeld[13] konnte noch nicht in diese gemeinsame Struktur einbezogen werden.

Die Entwicklung auf dem Gebiet einer einheitlichen Beschreibung aller physikalischen Objekte schreitet rasch voran und wird von der interessierten Öffentlichkeit staunend begleitet und mit Milliarden von Steuergeldern finanziert. Es ist auch sehr erstaunlich, dass es Menschen gibt, die es verstehen, die abstrakten Objekte der Physik in anschauliche Dinge zu übersetzen und so der Öffentlichkeit Einblick in die faszinierende Welt der Physik zu ermöglichen. Die Öffentlichkeit nimmt daran lebhaft Anteil, populärwissenschaftliche Bücher über die Welt der Physiker haben oft hohe Auflagen – ich denke da an Klassiker wie das bereits erwähne Buch von Werner Heisenberg, oder auch die Bücher von Stephen Hawking und in neuerer Zeit von Josef Honerkamp[14].

Die Physik hat in den letzten Jahrhunderten viele Wissenschaften mit ihren Methoden und Ergebnissen beflügelt, mit guten Erfolgen! Es scheint daher unvermeidbar zu sein, dass die in der modernen Physik verwendeten Objekte und ihre Übersetzung in umgangssprachliche Dinge auch die Fantasie von Fachleuten in angrenzenden, ja sogar in ganz fernen Fachgebieten dazu anregen, auch ihre eigenen Themen unter der Perspektive der physikalischen Begriffe und Methoden zu betrachten. In diesem Zusammenhang möchte ich als Beispiel die Urobjekttheorie von Carl Friedrich von Weizsäcker erwähnen[15]. Dabei handelt es sich nicht mehr um Physik im eigentlichen Sinn, aber die Theorie regt zu Auseinandersetzungen in anderen Bereichen an. Ganz besonders attraktiv scheinen die Themenfelder zu sein, denen ich mich nun kurz zuwenden will.

4. *Quantenphysik und Wirklichkeit*

Zwei Eigenschaften der Quanten habe Berühmtheit erlangt, und sie zeigen die Besonderheiten dieser Objekte der Physik auf: Zum einen der indeterministische Charakter von Quanten (bekannt auch unter dem Begriff *Unschärferelation)*, zum anderen der Teilchen-Welle-Dualismus

4.1 Zum indeterministischen Charakter von Quanten

Der zentrale Gedanke ist hierbei, dass bei Quanten im Unterschied zu klassischen Teilchen der Ort und der Impuls nicht zum selben Zeitpunkt exakt bestimmt werden können. Je genauer der Ort gemessen wird, desto ungenauer wird der Impuls und *vice versa*. Das wird gelegentlich so interpretiert, dass der Messvorgang den

---

[13] Auf die Aufregung über den Nachweis eines neuen Teilchens im Sommer 2012 – von der Presse schnell als „Gottesteilchen" oder zumindest als Higgs Boson bezeichnet – kann ich hier nicht näher eingehen. Wenn es erhärten lassen sollte, dass das gefundene Teilchen ein Higgs Boson war, hätte man die Integration der Gravitation in das Standardmodell der Teilchenphysik aufgezeigt.

[14] Honerkamp, Entdeckung.

[15] Drieschner, 123–125.

Zustand des gemessenen Quants stört[16]. Andere Interpretationen sprechen nicht von einer Störung, sondern von einer Entscheidung mit Konsequenzen. Entscheidet sich der Messende, den Ort mit einer bestimmten Genauigkeit zu messen, so entscheidet er sich auch dafür, den Impuls mit der dazugehörigen statistischen Streuung zu messen. Wie auch immer man das interpretiert, der Messvorgang hat in jedem Falle Konsequenzen für das Messergebnis.

Es scheint nun attraktiv zu sein, aus diesem Indeterminismus der physikalischen Objekte *Quanten* auf einen prinzipiellen Indeterminismus auch anderer Dinge zu schließen.[17]

4.2 Zum Teilchen-Welle-Dualismus

Bei Quanten gibt es prinzipiell zwei Möglichkeiten, sie zu beschreiben, nämlich als Teilchen oder als Welle. Beschreiben heißt anzugeben, unter welchen Bedingungen Quanten in Messvorgängen als Teilchen oder Welle auftreten, je nachdem, welchen Messvorgang man verwendet.

Diese Erscheinung hat heftige Diskussionen darüber ausgelöst, was denn ein Quant nun wirklich sei, Teilchen oder Welle. Physikalisch besteht hier kein Problem, weil ein Quant ein Objekt ist und nicht ein wirkliches Ding. Es ist daher auch keine Frage, was es wirklich ist. Dennoch kann man sich kaum dem Bedürfnis entziehen, sich eine Vorstellung jenseits der physikalischen Objektvorstellung zu machen, obwohl das dann keine Physik mehr ist.

a) Beispiel 1:

In einem Zoo sei ein Lebewesen in einem Raum, der zwei Fenster hat. Wenn man es durch das eine Fenster betrachtet, so ist es ein Löwe, durch das andere Fenster betrachtet, ist es eine Rose.

Man erkennt das Problem, das dadurch entsteht, dass die Objekte der Physik sowohl als Teilchen als auch als Welle beschrieben werden können, je nachdem, welche Messung man durchführt. Im Beispiel sind die Fenster zwei unterschiedliche Messmethoden. Durch das eine Fenster betrachtet/die eine Messmethode angewendet, erscheint der Gegenstand als Löwe/Teilchen; durch das andere Fenster betrachtet/die andere Messmethode angewendet, erscheint es als Rose/Welle.

Hier stellt sich die Frage, ob sich die unterschiedliche Messapparatur nur auf unsere Wahrnehmung des Gegenstands auswirkt (das wäre der klassische Fall) oder ob sich der Gegenstand selbst verändert (das wären Spekulationen über die Interpretation der modernen Physik).

---

16 Schon Heisenberg wandte sich gegen diese Interpretation, vgl. Heisenberg, 123–125.

17 Weinhardt und Mogk berichten in diesem Band von solchen Überlegungen. Vgl. u. S. 209f., 239, 280–282.

b) Beispiel 2

Sie haben ein Konto bei der Bank *Anständig & Fair*[18] mit 10 000 Euro Guthaben. Sie entschließen sich, Geld abzuheben.

Nun können Sie am Schalter gefragt werden, ob Sie das Geld in Münzen oder in Scheinen wollen. Wenn Sie antworten: „Ich will es in Münzen!", bekommen Sie es in Münzen. Wenn Sie antworten: „Ich will es in Scheinen!", bekommen Sie es in Scheinen.

In diesem Beispiel entscheidet sich also im Moment der Auszahlung, in welcher Art und Weise Ihr Geld vorliegt. Solange es nicht ausbezahlt wird, ist auch nicht entschieden, ob es Schein oder Münze ist.

Die Beispiele sollen den Unterschied zwischen klassischer und moderner Physik klar machen. Im ersten Beispiel wird davon ausgegangen, dass es das Lebewesen/Quanten in Wirklichkeit gibt – und das ist eine kritische Annahme aus der Sicht der modernen Physik, weil Quanten im Unterschied zu Lebewesen keine Entsprechung in der Wirklichkeit haben. Wirklichkeit ist nur unsere Wahrnehmung.

Im zweiten Beispiel ist das Geld eine Buchgröße. Erst das Abheben macht sie zu einem Ding der Wirklichkeit.

Damit wird deutlich: Das Problem in Beispiel 1, ob ein Lebewesen ein Löwe oder eine Rose ist und ob wir mit unserer Wahrnehmung nur zwei Seiten ein und desselben Gegenstandes sehen, setzt voraus, dass es den Gegenstand überhaupt gibt.

Beispiel 2 zeigt, dass dieses Problem gar nicht existiert, wenn man davon ausgeht, dass Buchgeld nicht in einer bestimmten Form vorliegt. Es ist eine „virtuelle Größe", wenn man so will, ein „Objekt des Finanzwesens". Buchgeld ist kein Schaf oder eine Menge Silber, es ist auch nicht die Idealisierung eines Schafes, wie man eine Geldmünze etwa noch auffassen könnte.

So ist auch ein physikalisches (quantenmechanisches) Objekt weder ein Ding der Wirklichkeit noch eine Idealisierung eines Dings der Wirklichkeit.

Objekte der Physik sind keine Aussagen in der Form: „Weil dies oder jenes existiert, darum können wir Folgendes messen", sondern in der Form: „Wenn man dies und jenes tut (misst), wird Folgendes passieren (messbar sein)." Das ist nun für manche Fragen ein sehr unbefriedigendes Ergebnis.

Die Quantentheorie wurde erfunden, um Vorhersagen über beobachtbare Tatsachen aus der beobachtbaren Wirklichkeit zu prognostizieren. Dazu bedient sie sich der Quanten als physikalische Objekte. Versucht man, den umgekehrten Weg zu gehen, der in der klassischen Physik noch durchaus vertretbar war, nämlich die Quantentheorie als Erklärung zu verwenden, so erhält man eine Erklärung der Quantentheorie und nicht mehr eine Erklärung der Wirklichkeit. Der Analogieschluss zwischen dem physikalischen Objekt „Quant" und Dingen der Wirklichkeit ist nicht mehr sinnvoll.

[18] Es geht ja um Objekte der Physik, die es nicht in Wirklichkeit gibt. Ich habe darum auch einen passenden Banknamen gewählt.

5. *Weshalb dennoch Physik?*

Wenn Aussagen über physikalische Objekte mit Aussagen über die Wirklichkeit nur die oben beschriebene punktuelle Verbindung haben, was trägt dann Physik zur Erkenntnis der Wirklichkeit überhaupt bei? Ist sie dann nicht eine Spezialdomäne, die kaum zum Dialog mit den Wissenschaften beitragen kann, die sich die Aufklärung über die Wirklichkeit zum Ziel setzen?

Ich bin der Meinung, dass man das Kind nicht mit dem Bad ausschütten sollte. So will ich meine – zugegebenermaßen sehr restriktive – erkenntnistheoretische Auslegung der Quantenphysik nicht aufgefasst wissen.

Aus der Annahme, dass physikalische Objekte keine Entsprechung in der Wirklichkeit haben, sollte man nicht folgern, dass Physik nichts zur Erkenntnis der Wirklichkeit beiträgt. Für diese Leistung der Physik gibt es ganz pragmatische Belege, die nicht einfach ignoriert werden können. Zu erfolgreich ist die Physik mit ihren Prognosen in den Bereichen, die unser tägliches Leben betreffen. Dieses spielt sich nicht nur in den Dimensionen von makroskopischen Objekten von nicht allzu großer Ausdehnung und Geschwindigkeit ab. Die sogenannten Quanteneffekte spielen inzwischen auch schon in einigen technischen Objekten eine Rolle[19], und die mithilfe von physikalischen Objekten prognostizierten Zeiteffekte treten bei Satelliten messbar auf und müssen, um deren Funktion zu gewährleisten, berücksichtigt werden[20].

Über solche sehr pragmatischen Überlegungen hinaus erscheint mir die Befassung mit physikalischen Objekten – im Unterricht, aber nicht nur hier – auch aus den Gründen sinnvoll, aus denen wir uns hier in diesem Symposium befinden. In diesem interdisziplinäre Kreis vertrete ich hier die Didaktik und Schulpädagogik.

Wie auch immer man die Suche nach der Wirklichkeit bewerkstelligen will: Um sie seriös zu betreiben, muss man ein methodisches Repertoire zur Verfügung haben. Stringentes Denken, kreatives Schließen, kritisches Prüfen und die Bereitschaft, sich von faktischen Ereignissen wieder disziplinieren zu lassen, sind charakteristisch für Physik und – im Gegensatz zu vielen anderen Fächern – auch didaktisch gut aufbereitbar.

Der Zugang zu erkenntnistheoretischen Fragestellungen und Antwortmöglichkeiten über die Physik ist bestimmt nicht der einzige, aber ein besonders attraktiver Weg. Physikalische Fragestellungen und ihre Bearbeitung können spannend sein, wenn sie sich nicht in tumbem Formelausfüllen und im Nachmachen von Experimenten erschöpft. Hierzu ein Beispiel, das in enger Verbindung zu dem steht, was ich vorgetragen habe: das Denken in Modellen.

Das Denken in Modellen, ihre kritische Prüfung auf Stimmigkeit und Vorhersagekraft sowie die Bereitschaft, sie beim Auftreten von anomalen Daten zu überarbeiten oder auszuwechseln, ihre Aussagegrenzen zu erkennen und gegebenenfalls der bedarfsangemessene Wechsel zwischen Modellen, scheint mir elementar wichtig für

---

19 Vgl. Connell, Quantum ground state.

20 Vgl. Montag, Relativistische Effekte.

wissenschaftstheoretische Überlegungen zu sein. Es ist offensichtlich, dass sich dies nicht naturwüchsig von allein entwickelt und daher erlernt werden muss.

Modelle sind in der Physik allgegenwärtig. Sie sind von sehr einfachen bis zu sehr komplexen Verständnisniveaus ausformuliert. Anschließend an mystische, magische oder animistische Vorstellungen rücken einfache mechanische Modelle mit nachvollziehbaren Analogisierungen, Idealisierungen und Approximationen in den Vordergrund. Der Übergang zu Modellen im Sinne von theoretischen Konstrukten, die noch Analogien zur Wirklichkeit aufweisen, bildet den nächsten Schritt. Modelle, deren Elemente nur noch im Rahmen der Theorie definiert werden können, mögen die oberste Stufe bilden.

Dabei geht es nicht nur um die Modelle und den physikalischen Inhalt, es geht auch darum, dass das Modelldenken an sich geübt und verstanden wird. Wer in der Physik gelernt hat, dass Aussagen über die Wirklichkeit einen Geltungsbereich haben, dass sie logischen Anforderungen standhalten müssen und dass man sie je nach Problemstellung wechseln kann, weil sie keine unumstößlichen Wahrheiten verkünden, sondern Werkzeuge zur Problemlösung sind, ist meiner Ansicht nach auf einem guten Weg zu einer rationalen und kritischen Rekonstruktion der Welt.

6. *Epilog*

Symposien bewirken unter anderem, dass die Teilnehmer mit anderen Auffassungen konfrontiert werden und sie die eigene Auffassung im Spiegel der anderen kritisch reflektieren. Das ist nicht überraschend, und es ist auch gut so. Ich sehe dennoch einigermaßen fassungslos, wie sich aus einem wohldefinierten Begriffsgefüge (wenn man so haben will: einer Theorie) über Messvorgänge an Quanten geradezu eruptiv eine Vielzahl von ungezügelten Übertragungen eines einzigen Begriffs, der völlig aus seinem ihm Bedeutung gebenden Zusammenhang gerissen wird – der Indeterminierbarkeit im Rahmen quantenmechanischer Messtheorie – eine Menge von Spekulationen über makroskopische Objekte generiert wird. Der Beitrag von Mogk in diesem Band berichtet über ein besonders krasses Beispiel solcher ungezügelten Übertragungen.

Mogk[21]zitiert im vorliegenden Band Tune, der im Zusammenhang mit der Frage der leiblichen Auferstehung Christi die Quantentheorie bemüht:

> „Mit einer äußerst geringen Wahrscheinlichkeit kann auch ein verwester Mensch wieder lebendig werden, auch wenn das Phänomen der Entropie die Wahrscheinlichkeit unvorstellbar klein werden lässt. Doch prinzipiell auszuschließen ist dies wegen der von der Mehrheit der Physiker angenommenen grundsätzlichen Unbestimmtheit der Makrowelt nicht."

Ich will darauf hinweisen, dass die Aussage, dass sich mit einer (sehr geringen) Wahrscheinlichkeit alle Atome Christi wieder zu seinem Körper zusammenfinden

---

[21] Vgl. u. 239f.

könnten, keinesfalls den Rückgriff auf die Quantentheorie erfordert. Das von Tune erwähnte „Phänomen der Entropie" gehört zur klassischen Physik. Es ist also überflüssig, hier die Quantentheorie zu bemühen.

Sodann teilt Mogk ein Zitat von Tipler mit: „Die Zeit ist gekommen, die Theologie in der Physik aufgehen, den Himmel ebenso[22] wirklich werden zu lassen wie ein Elektron."[23] Nach der Kopenhagener Deutung der Quantentheorie ist ein Elektron aber gerade kein Ding der Wirklichkeit. Die Berechnungen Tiplers können über dieses grundsätzliche Missverständnis nicht hinweghelfen. Mogks Bewertungen von Tiplers Phantasmagorien kann ich nur zustimmen:

> „[...] bei Tipler bleibt oft in der Schwebe, was er nun bewiesen hat, was er nur vermutet, mal durchrechnet oder glaubt. Damit bleibt genau das, was man eigentlich durch eine ‚naturwissenschaftliche' Annäherung an die Auferstehung gewinnen wollte, nämlich harte Fakten, Beweise und experimentelle Überprüfung, also „hard science", auf der Strecke, und alles verschwimmt in hardly science."[24]

Schrödingers Katzenexperiment wird gemeinhin so verstanden, dass Quanteneffekte auch Auswirkungen auf makroskopische Objekte haben können[25]. Nichts spricht gegen spekulative Hypothesengenerierung! Was ich vermisse, ist die kritische Prüfung dieser Hypothesen. Das wird empirisch nicht immer möglich sein, aber kritische Fragen nach den Gültigkeitsbedingungen der verwendeten Begriffe und Objekte sollten schon gestellt werden. So ist es zum Beispiel höchst problematisch, sich ein makroskopisches Objekt mit Quanteneigenschaften vorzustellen, auch wenn es gelungen ist, eine Quantenmaschine zu fertigen, die makroskopisch ist und Quanteneigenschaften zeigt (aber unter welchen Bedingungen![26]). Meine Sorge ist, dass sich der Begriff „Indeterminierbarkeit" völlig von seinem Geltungsbereich losgelöst hat und zu einer Art Supererklärung für alle möglichen willkürlichen Gedankenspiele gerät. Ich befürchte, dass die Quantentheorie die Rolle einer immunisierenden Vorstellung übernehmen könnte (wer wird schon so rückständig sein, an den Aussagen der Quantentheorie zu zweifeln) und letztlich zur Verdunklung und Entwissenschaftlichung statt zur Aufklärung und Verwissenschaftlichung führt.

Kritische Prüfung auf die Zulässigkeit der Anwendung von Begriffen und Modellen, Abschätzung von empirisch zu erwartenden Folgen und letztlich Sparsamkeit in der Verwendung von Theorien scheinen mir dringend angebracht.

---

22 Tipler formuliert hier darüber hinaus zweideutig. Wenn der Himmel „ebenso wirklich" werden soll, wie das Elektron, dann könnte das auch bedeuten, dass er nicht wirklich ist, wie das Elektron. Diese Deutung kann aufgrund anderer Aussagen Tiplers jedoch ausgeschlossen werden.

23 Vgl. u. 241, Anm. 36.

24 Vgl. u. 247.

25 Vgl. die Beiträge von Weinhardt und Mogk in diesem Band, u. 239, 280–283.

26 Vgl. Anm. 19.

Literatur

Brinkmann, Rudolf: Das Atom (Bohrsches Atommodell), www.brinkmann-du.de/physik/elektrik_02_01.htm, Aufruf am 8. Jan. 2013.

Drieschner, Michael: Objekte der Naturwissenschaft, in: neue hefte für philosophie 1974, H. 6/7, 104–128.

Gehlen, Arnold: Die Seele im technischen Zeitalter. Sozialpsychologische Probleme in der industriellen Gesellschaft (Klostermann Rote Reihe 25), Frankfurt/M. 2007.

Goethe, Johann Wolfgang: Schriften zur Naturwissenschaft, Stuttgart 1977.

Heisenberg, Werner: Der Teil und das Ganze, München [5]1979.

Honerkamp, Josef: Die Entdeckung des Unvorstellbaren – Einblicke in die Physik und ihre Methode, Heidelberg 2010.

Montag, Horst: Zu relativistischen Effekten in der Satelliten und Raumgeodäsie. Sitzungsberichte der Leibniz-Sozietät 78/79(2005), 277–290 (http://leibnizsozietaet.de/wp-content/uploads/2012/11/30_montag.pdf, Aufruf am 1. März 2013).

O'Connell, Aaron D. et al.: Quantum ground state and single-phonon control of a mechanical resonator, in: nature 464 (2010), 697–703 (www.nature.com/nature/journal/v464/n7289/full/nature08967.html, Aufruf am 8. Jan. 2013).

Schnädelbach, Herbert: Zur Rehabilitierung des animal rationale. Vorträge und Abhandlungen, Bd. 2, 1992.

Steenblock, Volker: Arbeit am Logos. Austieg und Krise der wissenschaftlichen Vernunft, Münster u. a. 2000.

Weizsäcker, Carl Friedrich: Die Tragweite der Wissenschaft, Bd. 1: Schöpfung und Weltentstehung. Die Geschichte zweier Begriffe, Stuttgart 1974.

Das Verborgene in der Natur

Wissenschaft, Pseudowissenschaft, Obskurantismus? Über eine gefährlich dünne Grenzlinie für das Denken diesseits und jenseits der Einzelwissenschaften

Andreas Müller / Jochen Scheid

1. *Einführung, Hintergrund*

Der Gedanke einer „verborgenen Natur", mit unsichtbaren „Einflüssen", „Kräften" und „Feldern" spielt in der Geschichte des Naturbegriffes und der Naturwissenschaften eine nicht unwichtige und auf interessante Weise zweideutige Rolle, heutzutage in immer neuen Wellen verschiedener Spielarten von Esoterik allzu häufig in pseudo-wissenschaftlicher Form. Bei näherer Betrachtung aber kommt man nicht umhin, diesem Grundgedanken für mehrere Etappen und interessante Einzelentdeckungen u. a. in der Physik (Hauptquelle der Beispiele in diesem Beitrag) auch eine wissenschaftliche Bedeutung zumindest heuristischer und historischer Art zuerkennen zu müssen. Die Feststellung dieser Ambivalenz lässt sich für andere Naturwissenschaften verallgemeinern, und auch (mit gebotener Vorsicht) eine Parallele zur Theologie ziehen, so dass hier in der Tat eine dünne Grenzlinie ähnlicher Art diesseits und jenseits der Einzelwissenschaft vorzufinden ist.

„Gefährlich" dünn ist diese Grenzlinie zunächst unter einer allgemeinen wissenschaftstheoretischen Perspektive, dass nämlich in Bezug auf „das Verborgene in der Natur" nicht immer so leicht zu sagen ist, was auf der einen (Wissenschaft) und der anderen Seite (Pseudowissenschaft) anzusiedeln wäre, und dass es hierzu in der Tat eine aufschlussreiche und z. T. überraschende Geschichte von Irrtümer gibt, und zwar in beiden Richtungen.

In einer besonderen, und unseres Erachtens besonders wichtigen Hinsicht aber stellt diese Verwechslungsgefahr ein erhebliches (naturwissenschafts-)didaktisches Problem dar. Auf der einen Seite ist es zweifellos ein Ziel naturwissenschaftlicher Allgemeinbildung, kritisches Denken und Hinterfragen gegenüber Pseudowissenschaft aller Art zu fördern. Auf der anderen Seite darf aber auch kein Zerrbild der Naturwissenschaften und ihrer Entwicklung als einer rein rationalen Angelegenheit vermittelt werden, in der nur streng sachlich begründete Hypothesen und Theorien und deren logische und empirische Überprüfung einen Platz haben. Die Abgrenzung von Wissenschaft und Pseudowissenschaft wird so zu einem Gegenstand von naturwissenschaftlichem Unterricht, der interessant und wichtig, aber alles andere als trivial ist. Der Anspruch dabei ist, Pseudowissenschaft nicht mit Pseudowissenschaftsgeschichte und – theorie zu begegnen.

Der vorliegende Beitrag greift diese Problemlage auf und führt sie an einem (experimentellen) Beispiel aus (Abschnitt 2), der sog. Kirlian-Photographie (Hochspannungs-Photographie). Es wird behauptet, mit dieser Methode sei experimentell nachweisbar, dass Lebewesen von einem unsichtbaren „Energiekörper“ (Aura) umgeben seien, am augenfälligsten bei dem sog. Phantombild-Effekt. Um solche Behauptungen für eine kritische, experimentell fundierte Analyse im Physikunterricht zu erschließen, wurde ein einfacher Bausatz für Kirlian-Photographie und eine Serie von damit durchführbaren Versuchen entwickelt, einschließlich einer Version des Phantombild-Effektes. Im Sinne einer kritischen wissenschaftlichen Herangehensweise wird weiter gefragt, ob es eine zu der Existenz einer „Aura“ alternative Erklärung gibt, die mit bestehenden naturwissenschaftlichen Vorstellungen im Einklang ist. Eine solche Deutung wird vorgeschlagen und ihrerseits experimentell überprüft. Es stellt sich heraus, dass der Phantombild-Effekt eindeutig auf physikalische Fakten zurückgeführt und dadurch entmystifiziert werden kann.

Auf die etwas ausführlichere Darstellung des Beispiels ‚Kirlian-Photographie‘, welches das Kernstück dieser Arbeit darstellt, folgt eine Diskussion der epistemologischen, (fach-)didaktischen und pädagogische Aspekte im Sinne des oben skizzierten Rahmenthemas, für die weitere, nur kurz ausgeführte Beispiele herangezogen werden (Abschnitt 3). Die Arbeit schließt mit einer Zusammenfassung und einem Ausblick (Abschnitt 4) auf zwei Desiderate für (naturwissenschafts-)didaktische Forschung und Entwicklung zum Thema, und, mit Hinblick auf den Rahmen dieses Symposiums, eine mögliche interessante Perspektive für den Dialog zwischen Naturwissenschaften und Theologie.

2. *Fallbeispiel: Kirlian-Photographie, oder: Die Aura als Schulexperiment*[1]

Kirlian-Bilder sind elektrische Entladungsfiguren von der Art in Abb. 1. Physikalisch handelt es sich dabei um eine sog. Korona-Entladung,[2] d. h. eine Gasentladung bei Atmosphärendruck und mit schwachen Strömen, aber lokal hoher elektrischer Feldstärke. Eine solche Situation besteht regelmäßig, wenn es in einem Hochspannungsfeld Elektroden in Form von scharfen Spitzen, Kanten oder dünnen Drähten gibt, in deren Nähe die elektrische Feldstärke stark ansteigt („Spitzenwirkung“ oder „Spitzeneffekt“, wie beim Blitzableiter). Die Leuchterscheinungen treten auf, sobald die Feldstärke lokal zur Ionisation der Gasmoleküle ausreicht. Dann entstehen Gasionen und freie Elektronen, deren Rekombination zur Energieabgabe u. a. in Form von Licht führt. Die entstehenden Leuchterscheinungen haben charakteristische Farben (abhängig u. a. von der Gaszusammensetzung) und Formen (abhängig von der Geometrie), wie z. B. leuchtende Schichten und z. T. kronenartige Büschel (daher der Name „Korona“-Entladung).

---

1 Dieses Kapitel basiert in weiten Teilen auf einem Auszug aus der Examensarbeit von Jochen Scheid (vgl. Literatur).

2 Vgl. Meschede/Vogel/Gerthsen 8.3.3.

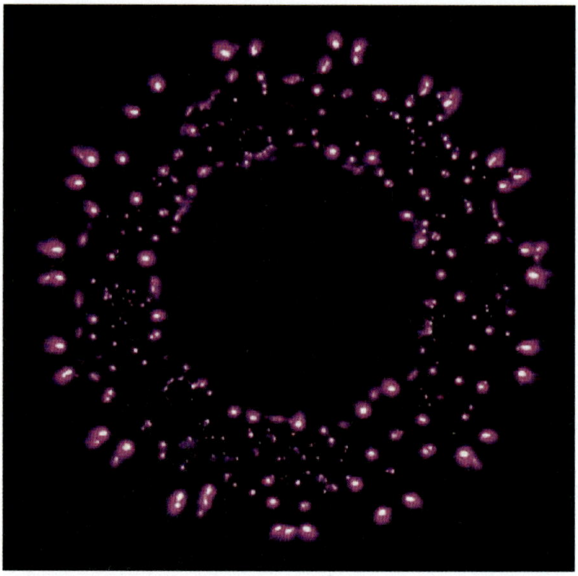

Abb. 1a/b: Kirlian-Figuren = Hochspannungs-Hochfrequenz-Entladungsfiguren (20 kV, 5 kHz). Oben (a) ein unbelebtes Objekt (vorderes Ritzel eines Fahrrades), unten (b) ein belebtes (Efeu-Blatt); Scheid.

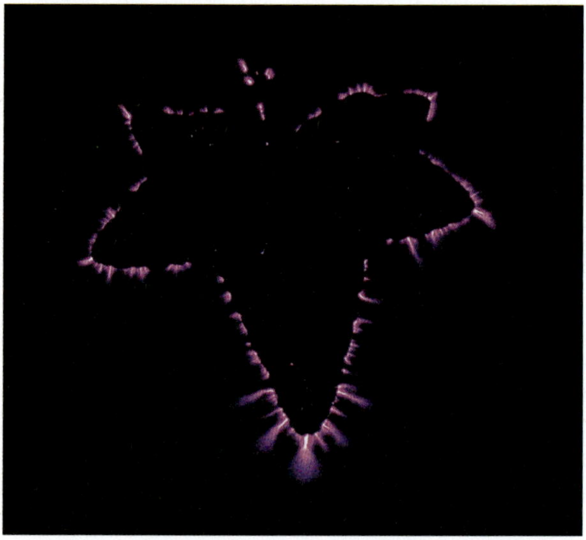

Bei Kirlian-Figuren handelt es sich speziell um Hochspannungs-Hochfrequenz-Entladungsfiguren. Daß Hoch*spannungen* zu sichtbaren Leuchterscheinungen mit charakteristischen Formen (Zickzack-Form, Verzweigungen) führen, ist vom Gewitter-Blitz her wohl vertraut und wurde gerade für den Fall der weniger vertrauten Korona-Entladung erläutert. Warum aber Hoch*frequenz*? Sie erlaubt hohe Spannungen und Spannungsüberschläge (analog zum Blitz), ohne dass damit auch hohe

Stromstärken (Transport großer Landungsmengen) verbunden wären, d. h. mit erheblich geringerem Gefährdungspotential.

Dies erlaubt erst Aufnahmen von Lebewesen und insbesondere Menschen mit dieser Methode. Sie wurden Grundlage der Behauptung, mit der Kirlian-Photographie sei experimentell nachweisbar, dass Lebewesen von einem unsichtbaren Energiekörper (Aura) umgeben waren (2.1), deren Diskussion Hauptgegenstand dieses Fallbeispieles ist (2.3.d).

2.1 Vor- und Entdeckungsgeschichte: Lichtenberg, Tesla, Kirlian

Abb. 2: „Lichtenberg-Figur" (Hochspannungs-Entladungsfigur) in einem Plexiglas-Block (Hickman: Plane Pair 2).

Georg Christoph Lichtenberg (1742–1799) war 1777 der erste Naturwissenschaftler, von dem eine Methode zur Visualisierung elektrischer Erscheinungen bekannt ist. Nach seinem Tode sind die nach ihm benannten „Lichtenbergfiguren" (Hochspannungs-Entladungsfiguren;[3] vgl. Abb. 2) jedoch zunächst in Vergessenheit geraten. Erst Ende 19./Anfang 20. Jahrhunderts, als die Physik sich zunehmend (nach Maxwell und Hertz) mit zeitabhängigen und insbesondere oszillatorischen Strömen und Feldern befasste, wurde von Nikola Tesla auf dieser Basis eine Methode zur Erzeugung von sehr hohen Spannungen erfunden (sog. Resonanzerregung durch eine spezielle Spulenkonfiguration). Er führte beeindruckende Versuche mit hochfre-

[3] Vgl. Gobrecht/Bergmann/Schaefer 608.

quenter Wechselspannung und den mit ihnen verbundenen Feldern vor. So brachte er drahtlos in fast 100 *m* Entfernung Glühlampen zum Leuchten und erzeugte meterlange Blitze. Obwohl Tesla ein hervorragender, vielleicht genial kreativer Wissenschaftler und Erfinder war, betrieb er doch zugleich eine intensive Mystifizierung um seine Experimente. Er behauptete z. B., mit seiner Methode der Resonanzanregung die Erde auseinandersprengen, Flugzeuge abstürzen lassen und mit fremden Planeten kommunizieren zu können. Wegen mangelnder Aufklärung über die Funktionsweise seiner Hochspannungsexperimente fanden einige Nachahmer sogar den Tod.

Jakow Narkewitsch-Todkow (1848–1904), ein russischer Ingenieur, entdeckte bei der Wiederholung von Teslas Versuchen Leuchterscheinungen, wenn er hochspannungsführende und masseführende Leitungen dicht beieinander verlegte. Er produzierte den Effekt bewusst, um ihn mit einer photoempfindlichen Schicht zu dokumentieren, und erzeugte somit die ersten Kirlianbilder im heutigen Sinne (s.u.). Als Fotoobjekte verwendete er Gegenstände und Pflanzen. Einsicht in die Photografien erhielt nur sein Freundeskreis. Semjon Davidowitsch Kirlian (1898–1978) erzeugte mit seinen Teslaspulen in den 30er Jahren dieselben Leuchterscheinungen wie Nerkawitsch-Todkow und begann sie systematisch zu untersuchen. Es entstanden nach z. T. massiven Rückschlägen bei Aufnahmeversuchen faszinierende Bilder von belebten und unbelebten Objekten. Wie bei Teslas Hochspannungsexperimenten kam es auch hier zu einer massiven Mystifizierung, die im wesentlichen auf zwei Gründen beruht: Zum einen auf einem erheblichen Bestand an „Urban Legends“ (Modernen Mythen), die sich um das Thema ranken, etwa, dass in der Sowjetunion weiter an der Kirlianmethode und an Teslageneratoren geforscht worden sei, vor allem um damit neue Waffen zu entwickeln (während zivile Forschungen lange Zeit verboten gewesen seien); die Ergebnisse seien Staatsgeheimnis; zum anderen auf dem Gedanken nichtmaterieller, geheimnisvoller Wirkungen, die mit Kirlian-Feldern und -Bildern verbunden sein sollen, z. B. die zentrale Vorstellung, dass Lebewesen zusätzlich zum physischen Körper eine Aura, d. h. eine Art „Energiekörper“ oder Kraftfeld seelisch-geistiger Art haben, welches durch die Kirlian-Bilder sichtbar gemacht werden soll. Das ist eine in der gedanklichen Tradition des Okkultismus (mehr hierzu in Abschnitt 3.1) alte und einflussreiche Vorstellung, z. B. bei Paracelsus:

> „The vital force is not enclosed in man, but radiates round him like a luminous sphere, and it may be made to act at a distance. In these semi-natural rays the imagination of man may produce healthy or morbid effects. It may poison the essence of life and cause diseases, or it may purify it after it has been made impure, and restore the health.“[4]

Die Sicht- und Nutzbarmachung der „Aura“ war ein Hauptanliegen in der Anfangszeit der Kirlian-Photografie. Sie wurde später in esoterischen Kreisen intensiv aufgegriffen, ebenso von der sog. Alternativ-Medizin. Es wurde zum Beispiel in den 80er Jahren des 20. Jahrhunderts versucht, Zusammenhänge zwischen den Kirlianaufnahmen von Fingern und Zehen und den Akupunktur-Meridianendpunkten zu

---

4 Vgl. Melton, Art.: Aura.

knüpfen, auf deren Grundlage eine Aussage über Organfunktionen und Störungen möglich sei; neben diagnostischen wurden auch therapeutische Funktionen der Kirlian-Methode behauptet.[5]

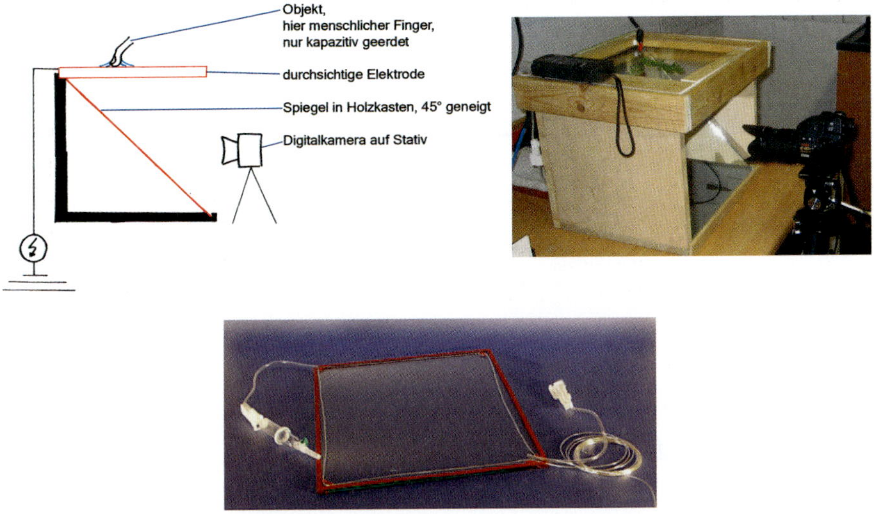

Abb. 3: Darstellungseinheit (Bildelektrode) mit transparente Elektrolytelektrode für konventionelle oder digitale Kameras. Oben links: Aufbau mit Kamera, Spiegel, transparentetr Elektrode und Untersuchungsobjekt (z.B. eine Fingerspitze); es ist nicht durch direkten Kontakt, sondern kapazitiv an die Hochspannung angekoppelt. Oben rechts: Aufnahme der Einheit; untere Abb.: Transparentelektrode.

Auch wenn die zugrundeliegende Physik (Abschnitt 2.1) zwar nicht unkompliziert, aber doch gut verstanden ist, hat die Kirlian-Photografie durch ihre Vor- und Entwicklungsgeschichte („Aura", „Urban Legends") ebenso wie durch die faszinierenden Bilder (vgl. etwa Abb. 1) bis heute für viele Menschen einen geheimnisvoll-übersinnlichen Touch. Dies war der Anlass für eine kritisch-rationale Annäherung an das Thema und für den Versuch der Entwicklung eines schultauglichen Experimentes dazu.[6] Diese werden in den folgenden Abschnitten behandelt.

2.2 Umsetzung als Schulexperiment

Wir beschränken uns in dem gegebenen Zusammenhang dieser Arbeit, in dem es nicht auf Einzelheiten der technischen Umsetzung[7] ankommt, auf solche Angaben, die die Grundelemente erkennen lassen, und vor allem darauf, dass das Experiment

---

5 Vgl. Mandel.

6 Vgl. die Arbeiten von Scheid und Kirsch.

7 Wer an genaueren technischen und experimentellen Angaben interessiert ist, kann sich gerne an die Autoren wenden.

in der Tat mit Mitteln aufgebaut und durchgeführt werden kann, die in einer Schule leicht zugänglich bzw. selbst herstellbar sind.

Eine Apparatur zur Aufnahme von Kirlian-Aufnahmen besteht aus zwei Hauptbestandteilen, einer Spannungsversorgungs-Einheit zur Erzeugung des Hochspannungs-Hochfrequenz-Signals, und einer Darstellungseinheit (Bildelektroden) zur Kontaktierung der Untersuchungsobjekte und gleichzeitigen Sichtbarmachung und Photographie der Leuchterscheinungen.

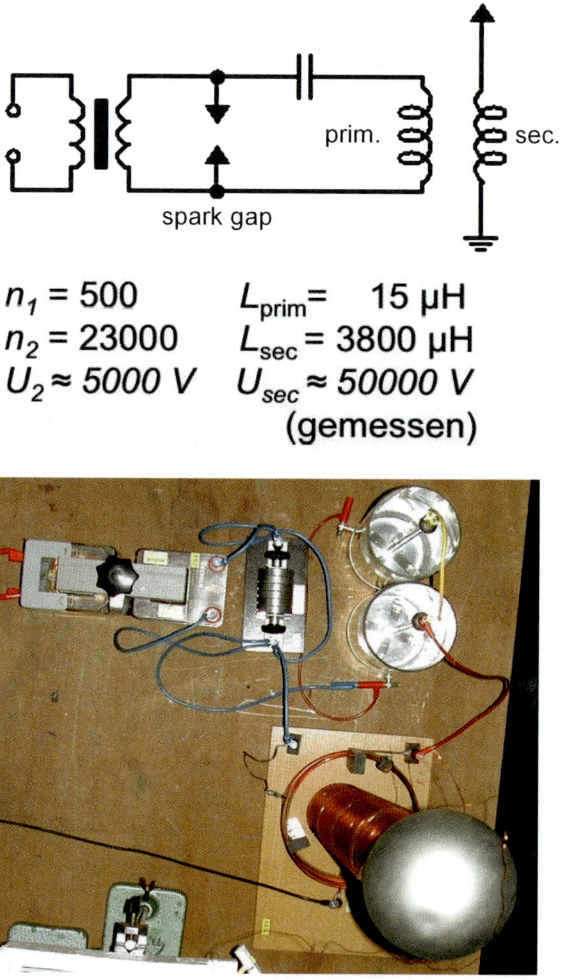

Abb. 4a/b: Hochspannungseinheit mit selbstgebautem Tesla-Transformator. Oben (a): Schaltplan (spark gap = Funkenstrecke; primary/secondary bezieht sich auf den zweiten Transformator mit den eigentlichen Tesla-Spulen). Unten (b): Aufnahme der Einheit von oben (man beachte ganz rechts oben die als „Leidener Flaschen“ ausgeführten Selbstbau-Kondensatoren für die Funkenstrecke, physikalisch begründet mit großer Hochspannungsfestigkeit und hohen Standzeiten).

Die Durchführbarkeit der Kirlian-Photographie mit Schulmitteln (entweder bei Lehrmittelfirmen erhältlich oder sogar durch Selbstbau), ein erklärtes Ziel der erwähnten Examensarbeit,[8] zum Zwecke einer experimentellen und kritisch-rationalen Behandlung im Unterricht, wurde für beide Hauptbestandteile der Apparatur erreicht:

1) Die Spannungsversorgungs-Einheit: Hier wurden zwei Bauformen entwickelt, eine High-Power-Einheit mit einem selbstgebauten Tesla-Transformator (unter Verwendung von käuflichen Tesla-Spulen), vgl. Abb. 4; und eine Low-Power-Einheit mit Elektronik zur Schwingungserzeugung und KFZ-Zündspule zur Hochspannungserzeugung.[9] Typische Betriebsparameter sind für den Teslatransformator 180 kHz/50 kV, für die KFZ-Zündspule mit Vorschaltelektronik 6 kHz/20 kV.

2) Bei der Darstellungseinheit (Bildelektroden) bestand die besondere Anforderung darin, eine flächenhafte und zugleich durchsichtige Elektrode zu schaffen, an die die Untersuchungsobjekte sicher (kapazitiv) einkoppeln können. Auch hier wurden zwei Bauformen entwickelt: eine transparente Elektrolytelektrode (eine flache Kammer aus Plexiglas, die über einen Schlauch mit Elektrolytlösung befüllt werden kann) für konventionelle oder digitale Kameras (vgl. Abb. 3), und eine Elektrodenplatte zur Direktbelichtung von Fotopapier, die mit dem elektronischen Zündspulen-Hochspannungsgerät zu einem Kompaktgerät für Kirlian-Photographie integriert wurde[10].

Die nachfolgend beschriebenen Versuche und Messungen der Arbeit wurden sämtlich mit den hier genannten Komponenten durchgeführt.

2.3 Untersuchungen und Beobachtungen allgemeiner Art

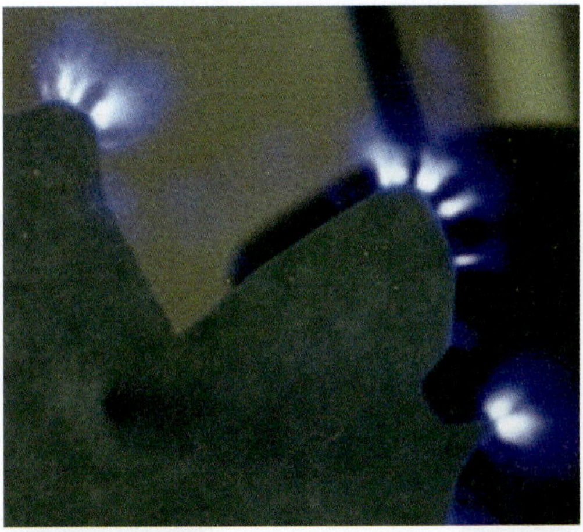

Abb. 5: „Spitzenwirkung“ (Ausschnitts-Vergrößerung von Abb. 9 links; s. u.)

Bei Scheid findet sich ein systematisches „Durchspielen“ relevanter physikalischen Faktoren (Kontaktierung, Spannung, Frequenz, Objektabstand, Leitwert u. a. Materialgrößen). Es diente vor allem dem qualitativen Zweck, zu zeigen, wieviel z. T. extreme Variation in der Phänomenologie der Kirlianbilder alleine durch physikali-

[8] Vgl. Scheid.

[9] Details bei Scheid, Kap. 4.1.

[10] Details ebd.

sche Faktoren zustande kommt, ohne dass außerphysikalische Faktoren bemüht werden müssen. Wir stellen hier drei Beispiele vor.

a) Spitzenwirkung

In Abb. 5 ist erkennbar, dass die Leuchterscheinungen um die Spitzen des Probeobjektes herum konzentriert sind. Dahinter steckt die sog. Spitzenwirkung[11], d. h. die Tatsache, dass die Feldstärke in der Nähe von Spitzen eines geladenen Objektes herum stark ansteigt ($E \propto 1/r$, wenn E die Feldstärke und r der lokale Krümmungsradius des Objektes sind); dieser Effekt ist auch die Grundlage für die Wirkungsweise eines Blitzableiters. Dasselbe ist in Abb. 1 erkennbar, d. h. dass bezüglich der Spitzenwirkung unbelebte Objekte (Fahrradritzel) und belebte Objekte (Efeublatt) von denselben Gesetzen regiert werden.[12]

b) Einfluß des Entladungsgases

Bei dem Vergleich einer Glüh- und Glimmlampe mit ihren unterschiedlichen Füllgasen (Abb. 6) erkennt man bei der Glühlampe blau-violette Leuchterscheinungen, die von den Befestigungsdrähten der Glühwendel ausgehen und ähnlich einer Plasmakugel in Richtung der Glaswand zeigen, bei der Glimmlampe ein orangefarbenes Leuchten, welches diffus den Innenraum der ganzen Lampe erhellt. Die *Farben* der Leuchterscheinungen sind – wie der Vergleich mit den Emissionslinien zeigt – konsistent mit Stickstoff als Hauptbestandteil der Befüllung bei einer normalen Glühlampe und Neon bei einer (rot leuchtenden) Glimmlampe. Die *Formen* der Leuchterscheinungen hängen – in nichttrivialer Weise, wie das zugrundeliegende elektrische Feld auch – von der Geometrie der Lampen ab (kleine Doppelglühwendel bei der Glühlampe, große spiralförmige Elektrode bei der Glimmlampe).

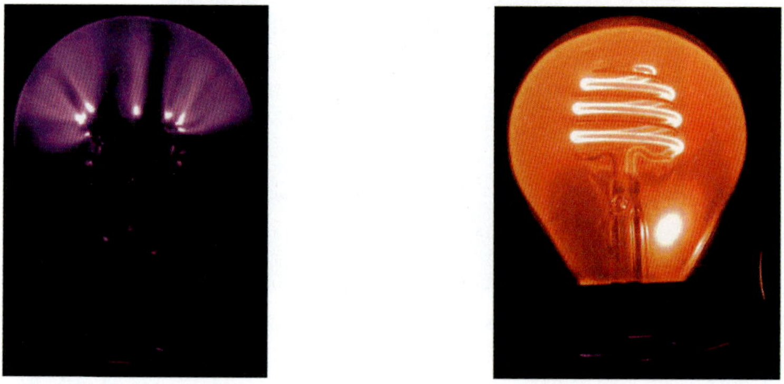

Abb. 6: Einfluss des Entladungsgases: Kirlianaufnahmen in a) einer 220 V 150 W Klarglas-Glühlampe und b) einer 220V Glimmlampe.

[11] Vgl. Meschede/Vogel/Gerthsen, 6.1.4.

[12] Der Effekt ist in Abb. 1 rechts z. T. weniger eindeutig ausgeprägt, weil stellenweise überlagert von dem variierenden Abstand der Probeobjekte von der Bildelektrode; es gilt aber auch hier durchwegs, dass die hellsten Stellen um Spitzen und die dunkelsten um Einbuchtungen (konkave Bereiche) herum konzentriert sind.

c) Einfluss der Erdung

Sollen menschliche Körperteile fotografiert werden, so ist aus Sicherheitsgründen grundsätzlich keine leitende Erdverbindung herzustellen, auch wenn die Leuchterscheinungen damit merklich stärker werden (eine kapazitive Erdung reicht aus). Für Demonstrationszwecke wurde aber dennoch einmal verglichen, welches Bild sich mit und ohne Erdung ergibt, vgl. Abb. 8 für einen Fuß (des einen Autors) als Untersuchungsobjekt. Es zeigt sich ein eklatanter Unterschied in der Sichtbarkeit der Entladungsfiguren. Was in der Gedankenwelt der Esoterik Unterschiede in Vitalität oder gar „Spiritualität" eines Menschen offenbaren soll, zeigt sich in der prosaischen Welt der Physik als durch den Unterschied zwischen „Erdung ja oder nein" bestimmt. Das ist natürlich kein Beweis, dass es mögliche „okkulte" Einflüsse nicht doch geben könnte, aber die physikalischen Einflüsse haben offenbar eine beherrschende Wirkung, stehen – naturwissenschaftlich gesehen – von der Plausibilität her im Vordergrund und müssten immer aufs Sorgfältigste ausgeschlossen werden, wenn man außerphysikalische Einflüsse belegen will. Der nächste Abschnitt setzt die Diskussion okkulte versus physikalische Einflüsse für ein besonders auffälliges und für Schüler wohl faszinierendes Beispiel fort.

Jedoch: Vorsicht! Den hier geschilderten Versuch nicht nachahmen! Bei Erdanschluss an falscher Stelle sehr gefährlich! Die hier dargestellten Versuche wurden unter Berücksichtigung besonderer Sicherheitsvorkehrungen durchgeführt.

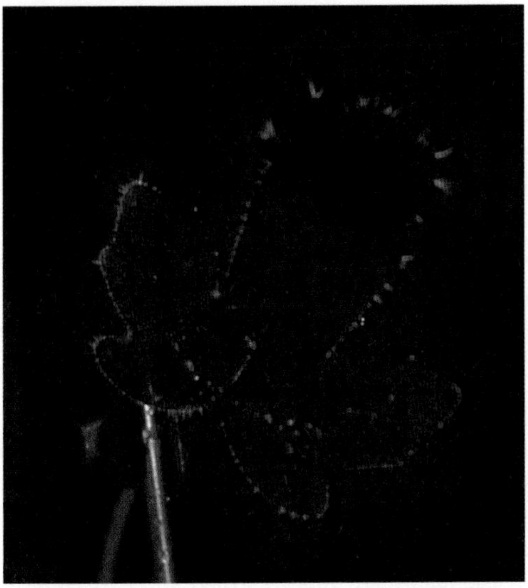

Abb. 7: Phantomblatt-Effekt: Die Kirlian-Leuchterscheinungen sind in dem beschnittenen Teil (oben) noch sichtbar.

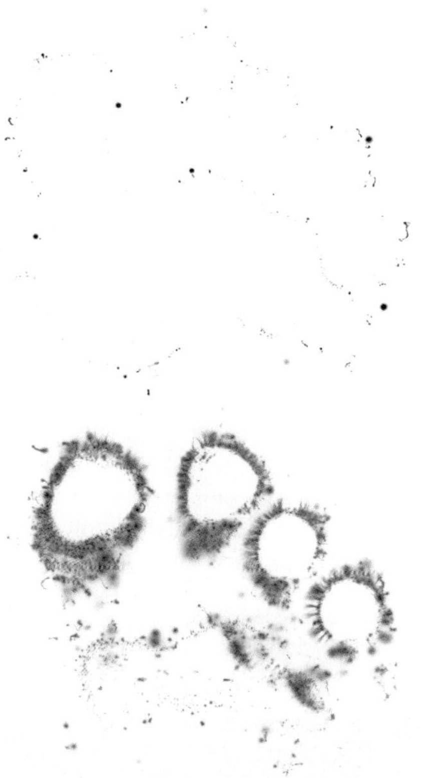

Abb. 8: Einfluss der Erdung des Untersuchungsobjektes. Kirlian-Photographie eines Fußes: ohne Erdung (oben) sind die Umrisse nur schwach gezeichnet zu erkennen, mit Erdung (unten) hingegen deutlich sichbar die Kirlian-Strahlenkränze der Zehen (mit Ausnahme des nur schwach aufliegenden kleinen Zehs).

d) Untersuchungen zum Phantomblatt-Effekt

Auf der Basis der oben beschriebenen Methoden wurde schließlich dem sog. Phantomblatt-Effekt nachgegangen, der als einer der augenfälligsten Belege für die Aura von Lebewesen angeführt wird. Er besteht darin, dass die ein Pflanzen-Blatt umgebenden Lichterscheinungen auch nach Abschneiden eines Teiles des Blattes für eine gewisse Zeit noch in dem beschnittenen Bereich zu sehen (und per Kirlian-Photographie zu dokumentieren) seien, zum Teil, indem sie recht genau die Kontur des ursprünglichen Blattes nachzeichnen (Abb. 7). Handelt es sich hier also um eine Persistenz der „Pflanzen-Aura"?

Es ist uns in der Tat gelungen, diesen Effekt im Experiment zu reproduzieren, allerdings nicht mit einem Pflanzenblatt. Unser Versuchsobjekt war ein mit Salzlösung getränktes Löschblatt (ca. 2 % NaCl), von dem eine Kirlianaufnahme zunächst in intaktem, dann in beschnittenem Zustand gemacht wurde. Die Ergebnisse (Abb. 9) zeigen den Phantombild-Effekt!

Es bestehen nun zwei Möglichkeiten: Entweder hat das „Lösch-Blatt" (inkl. Salzlösung) ebenso eine Aura wie ein Pflanzenblatt, oder es gibt eine dazu alternative

Erklärung, die mit bestehenden naturwissenschaftlichen Vorstellungen im Einklang steht. Eine solche mögliche Erklärung wäre, dass es sich um Elektrolytreste handelt, die durch die Blattkanten auf die Elektrode austreten und dort eine leitfähige Flüssigkeitsspur bilden, entlang der es zu Entladungsvorgängen kommt. Die Elektrolyt-Hypothese führt zu einer Reihe von Vorhersagen, die sämtlich bestätigt werden konnten:

(i) auch an der *neu* beschnittenen Blattkante gibt es Entladungserscheinungen (vgl. Abb. 9 unten);

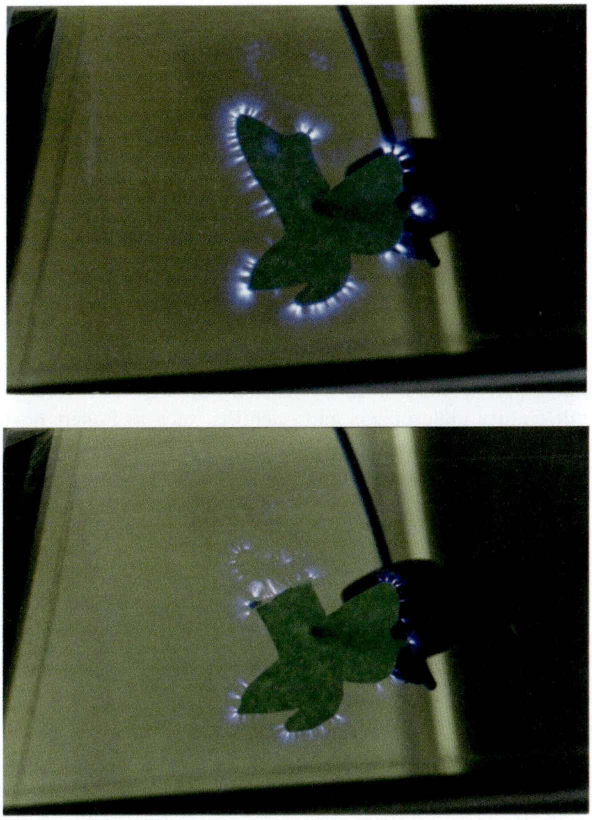

Abb. 9: Phantombild-Effekt mit „Lösch-Blatt"

(ii) das Phantom-Bild lässt sich durch Abwischen beseitigen;

(iii) das Phantom-Bild verschwindet durch Trocknung.

Zwischenbilanz dieses Abschnittes ist also, dass der Phantombild-Effekt in der Tat reproduzierbar ist (mit dem unbelebten System Löschblatt + Kochsalzlösung), es aber eine einfache und plausible Erklärung gibt, die ohne Postulierung einer „Aura" auskommt.

Der nächste Abschnitt befasst sich mit der Einbettung dieses Fallbeispiels in einen größeren gedanklichen Zusammenhang.

3. *Epistemologische, (fach-)didaktische und pädagogische Aspekte*

3.1 Das Demarkationsproblem, oder: „Die gefährlich dünne Grenzlinie"

Das Problem, das hier gemeint ist, ist das der „Demarkation" (oder Abgrenzung) von (Natur)Wissenschaft und Pseudowissenschaft. Es wurde intensiv von Popper behandelt (bei ihm ursprünglich auch in dem weiteren Sinne der Abgrenzung von Naturwissenschaft und anderen Wissenschaften, insbesondere der Mathematik).[13] Mittlerweile liegt eine sehr umfangreiche und detaillierte Diskussion vor allem in der Wissenschaftstheorie vor.[14]

Das Demarkationsproblem interessiert hier im Zusammenhang mit der Vorstellung der Aura, deren Grundidee in der langen Tradition von okkultistischen Denkweisen steht (von lat. occultus – verborgen, geheim, vgl. 2.3.c). Der Okkultismus nimmt an, dass es den Sinnen verborgener „Kräfte", „Prinzipien" und Strukturen gebe, die nur durch spezielles Wissen erkennbar und nutzbar werden können. Hierzu gehört eine weitverzweigte Begriffsgeschichte mit z. T. unerwarteten Auswirkungen und Querverbindungen:

> „Nicolaus Copernicus (1473–1543), Johannes Kepler (1571–1630), Giordano Bruno (1548–1600), Paracelsus (ca. 1493–1541), and Johannes Baptista van Helmont (1579–1644), were influenced by occultism. [...]Walter Pagel (1985) spent a lifetime describing the way occult and Neoplatonic ideas influenced developments in science and medicine in the early-modern period. The influence of alchemy on even the most apparently rational of seventeenth-century philosophers and scientists, such as Robert Boyle (1627–1691), John Locke (1632–1704), Gottfried Wilhelm Leibniz (1646–1716), and Isaac Newton (1642–1727), has been increasingly pointed out by scholars[...]".[15]

Es gilt darüber hinaus in der Wissenschaftsgeschichte heute als erwiesen, dass die (un- oder vorwissenschaftliche) Alchemie ein sehr große Bedeutung auf die Entwicklung der (wissenschaftlichen) Chemie hatte, insbesondere aufgrund der Entwicklung von Apparaten und Methoden, und das gleiche lässt sich für das Verhältnis von Astrologie und Astronomie sagen. Alchemie und Astrologie gehören zu der Gruppe der sog. „okkulten Wissenschaften", also der „Wissenschaften des Verborgenen", zusammen mit der Numerologie („Zahlenmystik") und anderen „Geheimlehren".[16] Es gibt eine Reihe von sehr amüsanten Beispielen, wie gedankliche Auswüchse zahlenmystischer Art nachhaltig ad absurdum geführt werden können.[17] Auf der anderen Seite zeigt auch hier ein Blick in die Geschichte, wie die verschiedenen Wissenschaften durchaus von solchem Gedankengut beeinflusst wurden, sowohl in der *Person* namhafter Protagonisten (und deren Überzeugungen), als auch in der Form der auf dieser Basis gefundenen *Resultate*. Ein frühes Beispiel sind Phythagoras und die pythagoräische Schule sowie die ihnen zugeschriebenen Entdeckungen (etwa die Zahlenverhältnisse bei den Harmonien der schwingenden Saite), und in

---

13 Vgl. Popper; Thornton.
14 Vgl. Hansson.
15 Vgl. Appelbaum.
16 Vgl. Ferngren.
17 Vgl. von Randow, 23–30; Hars.

der weiteren geschichtlichen Entwicklung deren erheblichen Einfluss auf Platon und dessen Philosophie, die ja bekanntermaßen ihrerseits Auswirkungen auf das naturwissenschaftliche Denken bis in die heutige Zeit haben. Ein modernes Beispiel sind kosmologische Spekulationen auf der Basis von Zahlen, wie sie etwa von Arthur Stanley Eddington und Paul Dirac angestellt wurden, im Allgemeinen ohne „magische" Komponente, aber mit einem ähnlichen Glauben an die Harmonie des Kosmos und die Zahl als Schlüssel dazu wie bei den Pythagoräern.

Wie der kurze Blick auf diese Beispiele zeigt, hatten die sog. „okkulten Wissenschaften" im Allgemeinen und mit der Basisannahme verborgener „Kräfte", „Prinzipien" oder Strukturen in der Natur im Besonderen (wie sie der Aura-Vorstellung zugrundeliegen) eine starke Auswirkung auf die Geschichte der Philosophie und der Naturwissenschaften (ob man will oder nicht). Dies ist heute keine sektiererische Behauptung mehr, sondern wird in großem Detail in der wissenschaftsgeschichtlichen Fachliteratur diskutiert, wie etwa der Blick in einige namhafte Referenzwerke zeigt.[18] In diesen Arbeiten und der dort angegebenen Literatur findet sich eine detaillierte Analyse des Themas, die hier nicht Gegenstand ist[19]. Vielmehr soll mit diesen Verweisen eine allgemeine Aussage belegt werden, die für diesen Beitrag wesentlich ist: dass nämlich die Rolle des „Verborgenen in der Natur" in der Begriffs- und Wissenschaftsgeschichte wesentlich ambivalenter ist, als es eine heutige, rein rationalistische Auffassung der „Logik der Forschung", d. h. der Entwicklung und der Gegenstände von Wissenschaft, vermuten lassen würde.

An einem ausgewählten Beispiel, das eine Verbindung zur Theologie herstellt und so eine mögliche gemeinsame Fragestellung für dieses Symposium erlaubt, soll dies noch etwas ausgeführt werden. Es handelt sich um den Einfluss der „okkulten Wissenschaften" auf Albertus Magnus, eine der herausragenden Figuren der Scholastik. Seine Bedeutung für die Theologie ist vielfach belegt und – alleine schon über seinen Schüler Thomas von Aquin – als außerordentlich hoch einzuschätzen.[20] Mehrere Besonderheiten sind unter der hier eingenommenen Perspektive von besonderem Interesse:[21]

(i) *Das Streben nach Vollständigkeit:* Gemeint ist damit die Vollständigkeit eines auf dem christlichen Glauben beruhenden Weltbildes; es ist dieser Aspekt von Art und Umfang seiner Arbeiten und deren Auswirkung auf die Entwicklung der Scholastik, die Albertus den Beinamen *doctor universalis* eingebracht haben.[22]

---

18 So etwa die bereits erwähnten Enzyklopädien *Encyclopedia of the scientific revolution* (Appelbaum), Kap. 23.F, und *The History of Science and Religion in the Western Tradition* (Ferngren), Teil X. Die *Cambridge History of Science* behandelt diese Verbindungen in eigenen Kapiteln sowohl in dem Band über Early Modern History (Bd. 3: Alchemy to „Chymistry", Kap. 21; Astrology, Kap. 23, und sogar „Magic", Kap. 22 [Porter]) als auch in dem dem Eighteenth Century gewidmeten Band (Bd. 4: Marginalized Practices, Kap. 21 [Park/Daston]).

19 Z. B. kann in dem beschränkten Raum auf die starken Einflüsse aus dem arabischen und persischen Denken überhaupt nicht eingegangen werden.

20 Vgl. Führer, Abschnitt 7.

21 Vgl. Evans, 134–136; Führer, Abschnitte 2, 4, 7.

22 Die Beschäftigung mit Albertus Magnus lässt mich als theologischen Nicht-Experten vermuten, dass dieser Glaube an die Möglichkeit eines solchen Weltbildes eine Wiederspiegelung des Glaubens an die Vollkommenheit und Allmacht Gottes sein könnte, die Garanten eine wohlgeordneten und intelligiblen Welt sind. Dies wiederum könnte, über das Thema dieses Symposiums (*Wirklichkeit diesseits*

(ii) *Das Interesse für naturwissenschaftliche Fragestellungen* im Allgemeinen, welches sich aus dem genannten Vollständigkeitsstreben ergibt. Wieder findet sich bei Albertus eine besondere Intensität und Qualität (die ihm in der katholischen Glaubenswelt den Titel des „Schutzpatrons der Naturwissenschaftler" eingebracht haben).

(iii) *Das Interesse für Mechanismen der Verursachung und kausalen Auswirkung* im Besonderen, wieder auf der Grundlage des Glaubens (in der bekannten Rezeption des Aristoteles durch die christliche Theologie: Gott als erster, unbewegter Beweger). Speziell in Bezug auf die Natur(wissenschaften) finden sich bei Albertus unter anderem zwei Gedanken, die im hier verfolgten Zusammenhang relevant sind: Zum einen der Gedanke einer „Fernwirkung" (*actio in distans*), d. h. eines immateriellen kausalen Agens, das Wirkungen auf und ggf. auch zwischen den (belebten und unbelebten) Gegenständen der Natur ohne direkten mechanischen Kontakt und überhaupt ohne sichtbaren Träger erlaubt. Zum anderen der Gedanke der Transmutation (Elementumwandlung), d. h. eines universellen Prinzips („Stein der Weisen"), das die Umwandlung von Stoffen (insbes. von unedlen Metallen in edle) regelt (und nutzen lässt).

Der Gedanke der Fernwirkung hat primär theologischen Ursprung (den Wunsch, die Wirkung von Gottes Allmacht zu erklären), war aber von Anfang an mit Überlegungen zu (irdischer) Gravitation und Magnetismus verwoben. In einer langwierigen und ziemlichen zähen Loslösung von dem theologischen Ursprung (die auch zu Zeiten Newtons nicht abgeschlossen war) entstand unter anderem hieraus der physikalische Feldbegriff der modernen Physik. Der Gedanke der Transmutation seinerseits rückt Albertus Magnus ganz nahe an die Alchimie. Auch wenn, wie man heute weiß, viele ihm zugeschriebene alchimistische Schriften von anderen Autoren stammen, ist doch die Verbindung von theologischem, alchimistischem und naturwissenschaftlichem (in heutigen Sinne) Gedankengut bei ihm als konkreter historischer Person und darüber hinaus als Repräsentant einer historischen Phase ganz deutlich und durch viele Arbeiten zweifelsfrei belegt.[23] Pearl Kibre schildert in ihrer Studie über *Albertus Magnus on Alchemy* ausführlich die Aufnahme antiken und vor allem arabischen Gedankengutes sowie deren zum Teil durchaus kritische Würdigung durch Albert. Sie schreibt:

> „The foregoing details regarding Albert's concern with alchemy provide convincing evidence of his interest in the subject. They also demonstrate Albert's belief in the possibility of the transmutation of metals, although he judged the process to be very difficult and beset with the errors and imitations of imposters."[24]

---

und jenseits der Grenzen der Einzelwissenschaften) hinaus einen weiteren interessanten Gegenstand für den Dialog Naturwissenschaften-Theologie liefern, in der Gedankenlinie „Kosmos-Vorstellung in der Antike – Universalitätsstreben in der Scholastik – prästabilierte Harmonie bei Leibniz – säkularisierte Form des Gedankens im französischen Enzyklopädismus"

23 Vgl. hierzu z. B. Evans, 136–138.

24 Kibre, 195.

In ähnlicher Weise kann eine interessierte, aber zugleich kritische Aufnahme durch Albertus für die Astrologie festgestellt werden, etwa in dem Werk *speculum astronomiae* (Mirror of the Science of the Stars, ca. 1260), das grundsätzlich der Verteidigung astrologischen Wissens aus christlicher Sicht diente, zugleich aber auch eine Unterscheidung zu treffen versuchte, welche Bestandteile der Astrologie mit dieser Sicht vereinbar seien und welche nicht.[25]

Anhand dieser Beispiele sollte erkennbar sein, dass eine enge Verbindung der (heute so genannten) okkulten Wissenschaften sowohl mit der Theologie als auch mit den Naturwissenschaften (wiederum im heutigen Sinne) besteht, und zwar bei Albertus Magnus sogar in derselben Person. Man trifft wieder auf die eingangs dieses Abschnittes thematisierte Ambivalenz des „Verborgenen" und „Okkulten" in der Begriffs- und Wissenschaftsgeschichte. Bei Albert dem Großen handelt es sich um einen exponierten Vertreter der Scholastik, doch die Beobachtungen an seiner Person lässt sich in gewissem Grad für die ganze Epoche verallgemeinern, wie ein Blick in *The History of Science and Religion in the Western Tradition* zeigt:

> „Perhaps no work better illustrates the assimilation of the occult sciences into scholastic philosophy than the Liber aggregationis (Book of Collections), attributed to Albertus Magnus but, in fact, composed by an unknown thirteenth-century scholastic. By far the most famous medieval book of ‚experimental' magic, the work was a compilation of ‚secrets' and ‚experiments' drawn from a variety of classical and medieval sources. The Liber aggregationis was essentially a treatise on employing the ‚secret' or marvelous virtues of plants, stones, and animals. The work is obviously indebted to the occult tradition leading back to the Hellenistic era."[26]

Auch wenn zu diesem Themenkomplex eine zum Teil labyrinthische Text- und Begriffsgeschichte konstatiert werden muss, so dürfte mit den ausgewählten Beispielen, und quasi in Personalunion konzentriert bei Albertus Magnus, die Fragestellung hinlänglich plausibel entwickelt worden sein, die das Hauptergebnis dieses Abschnittes bildet: Haben – okkultistischem Denken und den okkulten Wissenschaften gegenüber – (Natur-)Wissenschaft und Theologie (ausnahmsweise) ein gemeinsames Problem? Nämlich das der Demarkation, der Abgrenzung des wissenschaftlichen von pseudowissenschaftlichem Denken in der jeweiligen Disziplin? Wir greifen diese Frage in Schlussabschnitt wieder auf und wenden uns jetzt dem Demarkationsproblem unter einer speziellen Perspektive zu.

3.2 Denkfiguren kritischer Rationalität

Diese spezielle Perspektive ist die pädagogische Perspektive der Erziehung zu kritischem Denken, der Stärkung der Personen gegen die Verführungen von Seiten des Obskurantismus und des Sektierertums. Diese Perspektive führt zu der fachdidaktischen Fragestellung, wie diese Aufgabe konkret im Unterricht der einzelnen Fächer zu lösen sei. Die heutige Wissenschaftsgeschichte und Wissenschaftstheorie behan-

---

25 Vgl. Porter, 643–645.

26 Ferngren, 611.

delt das Demarkationsproblem weit akribischer[27] als es in dem hier gegebenen Rahmen möglich ist. Auf der anderen Seite bringt die pädagogische und fachdidaktische Perspektive zusätzliche Anforderungen praktischer Art in die Diskussion.

Im Folgenden werden in einer Art Steckbrief drei Denkfiguren kritischer und insbesonders wissenschaftlicher Rationalität behandelt, die zum einen aus der umfangreichen wissenschaftstheoretischen Diskussion wesentliche Charakteristika der Abgrenzung von Wissenschaft und Pseudo-Wissenschaft aufgreifen, und die zugleich motivierende Beispiele finden lassen, die eine konkrete Behandlung im Unterricht erlauben. Vor allem wird dabei Bezug auf das experimentelle Beispiel der Kirlian-Photographie aus den vorigen Abschnitt genommen.

a) Ockhams Rasiermesser (nach William of Ockham, 1287–1347)
Das Prinzip fordert: Entscheide zugunsten der Erklärung mit weniger Annahmen (Voraussetzungen). Es wird auch oft als das Prinzip der Sparsamkeit bezeichnet.
Der Gedanke ist zuerst in der Scholastik nachzuweisen, im Allgemeinen wird er William von Ockham zugeschrieben. Es finden sich bei ihm jedoch weniger explizite Formulierungen als in anderen, teilweise früheren Quellen, etwa bei Duns Scotus:
„*Frustra fit per plura quod potest fieri per pauciora*“[28] (Es ist unnütz, das mit Vielem zu tun, was mit Weniger getan werden kann); „*Pluralitas non est ponenda sine necessitate*“[29] (Vielheit ist nicht anzunehmen ohne Notwendigkeit).
Moderne Wiederaufnahmen und Formulierungen des Gedanken lauten: „Whenever possible, substitute constructions out of known entities for inferences to unknown entities“[30]; „Entities (causal agents, theories) are not to be multiplied without necessity“[31].
Bezöge man dieses Kriterium auf den Phantombild-Effekt bei der Kirlian-Photographie, wäre nach Ockhams Rasiermesser bei der Alternative „Aura vs. Elektrolyt“ die Aura (gegenüber der bestens etablierten Existenz von Elektrolytlösungen in Lebewesen) eine Zusatzannahme, die abzulehnen wäre. Die Annahme einer Aura als zusätzlicher Größe würde den Gesamtbestand gesicherten wissenschaftlichen Wissens extrem übersteigen. Diese Tatsache erlaubt eine Art intuitives Gradmaß für die Wahrscheinlichkeit, dass sie doch richtig sein könnte.

b) „Humes Rasiermesser“[32]
Das Prinzip fordert: Entscheide zugunsten der weniger „wunderbaren“ (überraschenden) Erklärung: „No testimony is sufficient to establish a miracle, unless [...] its falsehood would be more miraculous, than the fact, which it endeavors to establish.“[33] Beispielsweise könnte die Behauptung, ein UFO gesehen zu haben, eine einfache Lüge (Aufschneiderei) sein, auf eine Sinnes- oder Selbsttäuschung zurückgehen, oder eine inszenierte Fälschung (z. B. von Photographien) darstellen. Dies alles hat, mit Blick auf die Häufigkeit solchen menschlichen Verhaltens, nichts „Wunderbares“ an sich. Hingegen wäre eine wirkliche Sichtung höchst wunderbar. Im Sinne von Humes Prinzip ist der Sichtung von Ufos also mit größter Skepsis zu begegnen.

---

27 Vgl. Mahner, 515–517; Hanson, 1–3.
28 William of Ockham, nach Evans, 166.
29 Johannes Duns Scotus, Quaestiones metaphysicae VII, 12.30.
30 Russell, 160.
31 Craig, Art.: William of Ockham.
32 Die Bezeichnung „Hume's Rasiermesser“ wurde hier in Analogie zu „Ockham's Rasiermesser“ gewählt, und weil es ebenso scharf schneidet; sie ist in der Literatur aber nicht üblich.
33 Hume, Abschnitt X.

Humes Argument greift auch dann, wenn es *keine* einfache, gedanklich „sparsame" Alternative im Sinne von Ockhams Rasiermesser gibt. Man könnte sogar argumentieren, „UFOs" seien gerade eine solche sparsame Hypothese, da man mit *einer* Annahme (eben von UFOs) eine Erklärung für *viele* sonst unerklärliche Dinge finden könnte. Aber die Annahme von Lüge, Täuschung und Fälschung bei menschlichen Handlungen ist ebenfalls „sparsam" (im epistemischen Sinne, ethisch natürlich sehr weitreichend), und sie ist im Verhältnis zu UFOs sehr viel weniger „wunderbar".

c) Reproduzierbarkeit
Damit wird prinzipiell gefordert, dass wissenschaftlich haltbare Ursache-Wirkungs-Beziehungen auf reproduzierbaren Beobachtungen beruhen müssen. Die Forderung nach Reproduzierbarkeit ist eine der grundlegenden methodologischen Normen für alle Wissenschaften, die behaupten, ein Gesetzeswissen über ihren Gegenstandsbereich zu bilden. Insbesondere ist Reproduzierbarkeit eine unabdingbare Forderung an das Experiment in den Naturwissenschaften: Alle Experimente müssen sich jederzeit und überall von jedem sachkundigen Experimentator wiederholen lassen, so dass bei gleichen Anfangsbedingungen und Randbedingungen das Experiment stets gleich verläuft.[34] Im Sinne dieses Kriteriums liefert das Schulexperiment zur Kirlian-Photografie Einsicht über zwei Fälle von Phänomenen, die aus wissenschaftlicher Sicht beide keinen Raum für die beliebten esoterischen Interpretationen lassen: Es handelt sich dabei zum einen um den kontrollierten „deterministischen" Fall, mit reproduzierbarem und naturwissenschaftlich erklärbarem Zusammenhang zwischen dem beobachteten Effekt und dem jeweils variierten Faktor (vgl. 2.3 und 2.4), zum anderen um den unkontrollierbaren „chaotischen" Fall, mit uneindeutigen und nicht reproduzierbaren Konsequenzen des jeweils variierten Faktors. Raum für eine wissenschaftliche Grundlage für „Aura" gibt es im „deterministischen" Fall nicht, weil alles durch physikalische Faktoren bestimmt ist, im „chaotischen" Fall nicht, weil nichts, was man nachprüfen könnte, durch welche Faktoren auch immer bestimmt ist; ins Unbestimmte hineindeuten kann man natürlich viel, aber Wissenschaft wäre es nur, wenn es reproduzierbar wäre.

Der Grundgedanke bei diesen Beispielen ist, pseudo-wissenschaftliche und antirationalistische Motive und Strömungen als konkrete Themen im Unterricht explizit zu behandeln, idealerweise auf der Basis einer realen Erfahrung oder eines realen Phänomens, wie es z. B. im Schulexperiment der Fall ist (unser Beispiel: Kirlian-Photographie), oder anhand eines realen Berichtes in den Medien, die derlei Themen wegen des Sensationswertes allzu gerne behandeln. Für schulischen Unterricht sind Faktoren wie die Faszination, die z. B. von Kirlianbildern ausgeht, oder die fragwürdige Authentizität von Medienberichten[35] zu allen Arten von geheimnisvollen und unerklärbaren „Phänomenen" ein zusätzliches positives Element.

Die Darstellung der drei oben genannten speziellen Denkformen wird nun noch ergänzt durch einen Hinweis auf ein breit angelegtes Arbeitsprogramm, das den genannten Grundgedanken für die naturwissenschaftliche Schul- und Allgemeinbildung (im Sinne von *Public Understanding of Science*) in einer systematisch angelegten Analyse und Materialsammlung verfolgt. Es handelt sich um die im frankophonen Sprachraum gut bekannte und angesehene „Zététique" von Henri Broch (Université Nizza), d. h. um eine kritische Suche oder Untersuchung (gr. zêtêin = su-

[34] Vgl. Mittelstrass, Art.: Reproduzierbarkeit, 593.
[35] Vgl. Kuhn/Müller u. a.

chen) im Sinne einer rationalen Grundhaltung. Broch greift einen in der französischen (und deutschen) Sprache eingeführten, zwischenzeitlich verschwundenen Begriff auf[36] und steht im besten Sinne in der französischen Tradition der Aufklärung. Er hat einen der wenigen systematischen Ansätze entwickelt, in der bei der wissenschaftliche Debatte und Argumentation über para- und pseudowissenschaftliche Erscheinungen und Behauptungen explizit auch deren Integration in den Unterricht berücksichtigt wird. Man würde sich eine gleichartige Unternehmung im deutschsprachigen Raum wünschen.

> *In fact, men will fight for a superstition quite as quickly as for a*
> *living truth – often more so, since a superstition is so intangible*
> *you can not get at it to refute it, but truth*
> *is a point of view, and so is changeable.*
>
> Hypatia von Alexandria zugeschrieben[37]

4. *Zusamenfassung und Ausblick*

Wie der Abschnitt 3 hinlänglich klargemacht haben dürfte, besteht ein Hauptanliegen dieses Beitrages in der Förderung des kritischen wissenschaftlichen Denkens, insbesondere in dem praktischen Kontext schulischen Lernens. Für den Physikunterricht wurde zum Thema „Kirlian-Photographie aus physikalischer Sicht" eine experimentelle Einbettung für dieses Anliegen entwickelt. Zum einen verbindet sich mit Kirlianbildern eine umfangreiche Vorstellungswelt von sog. Esoterik und Pseudowissenschaft, die dringend einer Entgegnung auf der Basis nüchterner, klarer Untersuchungen bedarf. Zum anderen stellen diese Bilder in der Tat anspruchsvolle und visuell überaus ansprechende Physik dar, deren Grundlagen und Anwendungen in sich, ganz ohne Esoterik, faszinieren können. Insbesondere wurde im Sinne einer kritischen wissenschaftlichen Herangehensweise gefragt, ob es eine zu der Existenz einer „Aura" alternative Erklärung für den sog. „Phantombild-Effekt" gibt, die mit bestehenden naturwissenschaftlichen Vorstellungen im Einklang ist. Eine solche Deutung wurde vorgeschlagen und ihrerseits experimentell überprüft. Es stellt sich heraus, dass der Phantombild-Effekt eindeutig auf physikalische Fakten zurückgeführt und dadurch entmystifiziert werden kann. Man kann das Zwischenergebnis dieses Teils in einer Art Leitmotiv zusammenfassen: „*Faszination ja, Mystifizierung nein*".

Kritisches Denken betrifft aber auch sich selbst, d. h. Evidenz und Argumentation, die gegenüber – heute! – als pseudowissenschaftlich angesehenem Gedankengut vorgebracht wird. Hier zeigt ein kritischer Blick in die Geschichte von Naturwissenschaft und Theologie, dass die Dinge nicht immer so einfach lagen (und liegen), wie es in einer simplifizierenden Sicht im Nachhinein erscheinen mag. Der Gedanke

---

36 Vgl. Pierer/Löbe; Larousse.
37 Nach Jiménez-Aleixandre/Puig, Kap. 66.

einer „Aura“, der zentral für die außerwissenschaftlichen Vorstellungen zur Kirlian-Photographie ist, steht in der langen und einflussreichen Tradition der Annahme „okkulter“, „verborgener“ Kräfte und Wirkungsprinzipien in der Natur. In Abschnitt 3.1 wird zunächst belegt, dass die Rolle des „Verborgenen in der Natur“ in der Begriffs- und Wissenschaftsgeschichte wesentlich ambivalenter ist, und damit die Abgrenzung von wissenschaftlichem und pseudo-wissenschaftlichem Denken viel weniger eindeutig ausfällt, als eine heutige, rein rationalistische Auffassung der Entwicklung und Gegenstände von Wissenschaft im Sinne einer „Logik der Forschung“ vermuten lassen würde. Für eine Lösung dieses Demarkationsproblems, die den Maßstäben kritisch-rationalen Denkens selbst gerecht wird, bedarf es also einer genaueren Analyse. Von der umfangreichen Literatur, die zu diesem Gegenstand vorliegt, wurden drei „Denkfiguren“ kritischer Rationalität ausgewählt (Abschnitt 3.2), die vor allem für das hier verfolgte pädagogisch-didaktische Interesse einer Integration in den Unterricht geeignet erscheinen.

Einen Ausblick auf der Basis dieser Überlegungen richten wir in drei Richtungen (zwei Desiderata und eine Hypothese):

4.1 „Nature of Science“

In der Naturwissenschaftsdidaktik gehört das hier behandelte Thema in den Rahmen der Forschung zu und der Entwicklung von „Nature of Science (NOS)“, d. h. der Thematisierung erkenntnis- und wissenschaftstheoretischer Aspekte im naturwissenschaftlichen Unterricht. Dies ist zu verstehen als eigenständiger Gegenstand im Sinne naturwissenschaftlicher Allgemeinbildung, aber auch – durch Einsicht in die zugrunde liegende Schlussweise – als Grundlage eines verbesserten Verständnisses von konkreten wissenschaftlichen Aussagen und Ergebnissen überhaupt. Während solche Themen in der Naturwissenschaftsdidaktik durchaus auf hohem Niveau diskutiert werden[38] und ihr Wert und ihre Bedeutung kaum bestreitbar sind, wird doch z. B. das in der Wissenschaftstheorie sehr weit entwickelte und für „Nature-of-Science“ sicher zentrale Thema der „Demarkation“ und die zugehörige Literatur fast nirgends aufgegriffen.[39]

Im engen Zusammenhang hiermit (es geht in beiden Fällen um das Wesen wissenschaftlicher Evidenz) gilt eine ähnliche Beobachtung für den Konstruktivismus als erkenntnis- und wissenschaftstheoretische Gegenposition zum Realismus. Die immense wissenschaftstheoretische und wissenschaftsgeschichtliche Literatur hierzu, und die darin insbesondere in Bezug auf die Naturwissenschaften z. T. erbittert geführte Auseinandersetzung, wird sehr wenig aufgegriffen. Dies führt zu einem gewissen Paradox: Die Debatte ‚Realismus versus Konstruktivismus‘ (und andere Gegenpositionen) wird im Zusammenhang mit NOS kaum behandelt, obwohl es doch

[38] Vgl. Flick/Lederman; Girwidz/Häußler/Kircher, Kap. 1.2.3; Fraser/Tobin/McRobbie, Teil VII.

[39] Eine Ausnahme bildet zum Teil das Kapitel *Argumentation, Evidence Evaluation and Critical Thinking* von Jiménez-Aleixandre/Puig in dem Referenzwerk Fraser/Tobin/McRobbie, Kap. 66, auch hier jedoch ohne dass explizit der Begriff Demarkation erwähnt oder auf einschlägige Literatur verwiesen wird, die etwa bei Hansson verzeichnet ist.

genau um die Einbeziehung solcher wissenschaftstheoretischer Fragen in den naturwissenschaftlichen Unterricht geht, und obwohl genau diese Frage in der Wissenschaftstheorie und -geschichte eine sehr große Rolle spielt. Es scheint, als ob der Konstruktivismus in den Erziehungswissenschaften und der Didaktik der Naturwissenschaften (und anderer Fächer) weitgehend als „richtige“ erkenntnis-und wissenschaftstheoretische Position so fraglos ist, dass er noch nicht einmal mehr thematisiert werden muss – und dies nicht einmal in einem Zusammenhang (NOS), in dem es zum Kern der Sache gehören müsste.[40]

Es lassen sich noch weitere wichtige Themen dieser Art finden, bei denen die Diskussion und die Literatur der Wissenschaftsgeschichte und Wissenschaftstheorie in der NOS-Debatte zu eingeschränkt repräsentiert und rezipiert erscheint (wie etwa die Rolle der Mathematik für die Naturwissenschaften). Das sich ergebende Desiderat ist klar: Die fachdidaktische NOS-Diskussion wichtiger Themen muss stärker auf den Stand des Wissens in Wissenschaftstheorie und -geschichte aufbauen, als dies gegenwärtig der Fall ist.[41]

4.2 Fachdidaktische Empirie

Das zweite Desiderat ist einfach zu konstatieren: Es gibt zu dem Themenkomplex Demarkation, kritisch-wissenschaftliches Denken, „Nature-of-Science“ zu wenige quantitative Untersuchungen, insbesondere nicht zu fachdidaktischen Interventionen unter realistischen Rahmenbedingungen („Quasi-Experimente“). Lässt sich mit geeigneten Unterrichtsmaßnahmen Einsicht in die Demarkationsproblematik erreichen? In ihre Rolle im Gesamtzusammenhang der Natur der Naturwissenschaften? Wenn ja, unter welchen Voraussetzungen, bei welchen Schülern, in welchem Maß? Und ist solche Einsicht transferierbar auf neue Situationen, ggf. sogar auf eine allgemeine Kompetenz kritischen Denkens? Man hätte gerne Antworten auf diese Fragen, sowohl für die Unterrichtspraxis als auch für ein theoretisches Verständnis.

4.3 Parallelen zwischen Naturwissenschaft und Theologie?

Wir greifen die Frage aus dem Abschnitt über das Demarkationsproblem (Ende Abschnitt 3.1) auf: Haben, okkultistischem Denken und den okkulten Wissenschaften gegenüber, (Natur-)Wissenschaft und Theologie ein gemeinsames Problem? Oder anders gefragt, eingeengt auf die didaktische Perspektive, die diesen Beitrag durchzieht: Wie kann man, für die Ziele naturwissenschaftliche Bildung einerseits

---

40 Eine Ausnahme bildet auch hier wieder ein Kapitel in Fraser/Tobin/McRobbie, nämlich *Constructivism and Realism. Dueling Paradigms*“ (Staver, a. a. O., Kap. 67).

41 Um der Genauigkeit Genüge zu tun, ist festzustellen, dass es durchaus Arbeiten gibt, die z. B. das Demarkations- oder Realismus-Problem unter fachdidaktischer Perspektive behandeln, ganz wesentlich z. B. in der Zeitschrift *Science and Education*; vgl. insbesondere das Themenheft *Pseudoscience in Society and Schools* (Good/Slezak). Wenn wichtige Standardwerke wie Flick/Lederman und auch die veröffentlichten Instrumente zu epistemologischen Überzeugungen (vgl. z. B. Priemer) diese Themen nicht oder nur am Rande berühren, so kann man davon ausgehen, dass sie nicht zu einem Mainstream-Verständnis von NOS gehören. Hierauf bezieht sich das oben formulierte Desiderat.

und religiöser Bildung andererseits (die hier in einem ganz weiten Verständnis auch eine durchdachte, wohlbegründete Entscheidung für den Atheismus zulassen soll), eine klare Abgrenzung gegenüber Mystifizierung und Obskurantismus erreichen? Es ist dies eine ganz konkrete und praktische, im besten Sinne pädagogische Lesart des Demarkationsproblems. Sie versucht, in einer eigenen Weise, den Gedanken hinter dem Thema des Symposiums auszuführen. Dies soll, um den Beitrag abzuschließen, in Form einer pointierten Hypothese geschehen: Es scheint mir, dass naturwissenschaftliches Wissen und religiöser Glaube, der im Sinne eines Hauptanliegens der Theologie mit der Vernunft vereinbar zu denken versucht wird, als Denkformen einander näher sind, als Wissenschaft und Pseudowissenschaft, und ebenso als Religion und Pseudoreligion. Vielleicht kann diese Hypothese für die Spannung zwischen naturwissenschaftlichem Wissen und religiösem Glauben, für den Dialog Naturwissenschaft und Theologie ein fruchtbares Thema abgeben. Es scheint uns, als sei es der Wunsch nach Wahrheit, der beide verbindet.

Quellen

Appelbaum, Wilbur (Hg.): Encyclopedia of the scientific revolution. From Copernicus to Newton, London/New York 2000.

Broch, Henri: Zététique, http://webs.unice.fr/site/broch/zetetique.html, Zugriff am 21. Mai 2012.

Codex Palatinus germanicus 467: Alchemistische Sammelhandschrift (Neuburg/Donau, um 1550), Universitätsbibliothek Heidelberg, in: Heidelberger Historische Bestände – digital, http://digi.ub.uni-heidelberg.de/diglit/cpg467/0263, Zugriff am 30. Mai 2012.

Craig, Edward (Hg.): Routledge encyclopedia of philosophy, London 1998.

Evans, Gillian Rosemary: Fifty key medieval thinkers, London 2002.

Ferngren, Gary B. (Hg.): The history of science and religion in the western tradition. An encyclopedia, New York 2000.

Flick, Lawrence B./Norman G. Lederman (Hg.): Scientific inquiry and nature of science. Implications for teaching, learning and teacher education, Dordrecht 2006.

Fraser, Barry J. / Kenneth Tobin / Campbell J. McRobbie (Hg.): Second international handbook of science education, Dortrecht 2012.

Führer, Markus: Art.: Albert the Great, in: The Stanford encyclopedia of philosophy (Summer 2012 edition), http://plato.stanford.edu/archives/sum2012/entries/albert-great/.

Girwidz, Raimund/Peter Häußler/Ernst Kircher (Hg.): Physikdidaktik. Theorie und Praxis, Berlin 2009.

Gobrecht, Heinrich / Bergmann, Ludwig / Schaefer, Clemens: Lehrbuch der Experimentalphysik, Bd. 2: Elektrizität und Magnetismus, Berlin/New York [7]1987.

Good, Ron / Peter Slezak (Hg.): Pseudoscience in society and schools, Themenheft in: Science and education 20 (2011), 401–409.

Hansson, Sven Ove: Science and pseudo-science, in: The Stanford encyclopedia of philosophy (Fall 2008 edition), http://plato.stanford.edu/archives/fall2008/entries/pseudo-science/.

Hars, Florian: Radosophie, 2007, www.hars.de/misz/rado.html, Zugriff am 1. Juni 2012.

Hickman, Bert: Plane Pair 2, http://en.wikipedia.org/wiki/File:PlanePair2.jpg, 2005, Zugriff 14. Mai 2012 (copyright holder: www.teslamania.com)

Hume, David: An inquiry concerning human understanding, 1748.

Jiménez-Aleixandre, Maria Pilar/Blanca Puig: Argumentation, evidence evaluation and critical thinking,; in : Fraser/Tobin/McRobbie: Second international handbook of science education, Dortrecht 2012, Kap. 66.

Johannes Duns Scotus: Ordinatio, ca. 1300.

Kibre, Pearl: Albertus Magnus on Alchemy, in: James Athanasius Weisheipl: Albertus Magnus and the sciences. Commemorative essays, (Studies and texts 49), Toronto 1980, 187ff.

Kirsch, Wibke: Kirlianphotographie in der Praxis, Universität Landau, Institut für Physik 2006 (unveröffentlichte Examensarbeit).

Kuhn, Jochen / Andreas Müller u. a.: Authentische Problemstellungen im Rahmen von neuer Aufgabenkultur und Lehr-Lern-Forschung, Themenheft: Authentische Aufgaben im Physikunterricht, Naturwissenschaften im Unterricht. Physik 22 (Februar 2011).

Larousse: Grand Dictionnaire Universel, Paris 1876.

Mahner, Martin: Demarcating science from non-science, in: Dov Gabbay / Paul Thagard / John Woods (Hg.): Handbook of the philosophy of science. General philosophy of science – Focal issues, Amsterdam 2007, 515.

Mandel, Peter: Energetische Terminalpunkt-Diagnose, Bruchsal 1990.

Melton, J. Gordon (Hg.): Encyclopedia of occultism and parapsychology, Farmington Hills (MI) 2001.

Meschede, Dieter / Vogel, Helmut / Gerthsen, Christian: Physik. Mit 93 Tabellen, 105 durchgerechneten Beispielen und 1074 Aufgaben mit vollständigen Lösungen auf CD-ROM, Berlin u. a. [22]2004.

Mittelstrass, Jürgen (Hg.): Enzyklopädie Philosophie und Wissenschaftstheorie, 4 Bde., Stuttgart 1995.

Park, Katharine / Lorraine Daston: The Cambridge history of science, Vol. 3: Early modern science, Cambridge 2006.

Pierer, Heinrich August / Julius Löbe: Art.: Zetētik, in: Universal-Lexikon der Gegenwart und Vergangenheit, Bd. 19, Altenburg 1865[4], 584 (http://www.zeno.org/Pierer-1857/K/pierer-1857-019-0584, Zugriff am 24. Februar 2013).

Popper, Karl: Conjectures and refutations. The growth of scientific knowledge, New York 1962.

Porter, Roy: The Cambridge history of science, Vol. 4: Eighteenth-century science, Cambridge 2003.

Priemer, Burkhard: Deutschsprachige Verfahren der Erfassung von epistemologischen Überzeugungen, in: Zeitschrift für Didaktik der Naturwissenschaften Jg. 12 (2006), 159–172.

Randow, Gero von (Hg.): Mein paranormales Fahrrad und andere Anlässe zur Skepsis, entdeckt im ‚Sceptical Inquirer', Reinbek 1993.

Russell, Bertrand: Logical Atomism, 1924.

Scheid, Jochen: Kirlianfotografie aus physikalischer Sicht, Universität Landau, Institut für Physik 2002 (Unveröffentlichte Examensarbeit).

Staver, John R.: Constructivism and Realism. Dueling Paradigms, in: Fraser/Tobin/McRobbie, Kap. 67.

Thornton, Stephen: Art.: Karl Popper, in: The Stanford Encyclopedia of Philosophy (Winter 2011 edition), http://plato.stanford.edu/archives/win2011/entries/popper/.

White, Graham: Medieval Theories of Causation, in: The Stanford Encyclopedia of Philosophy (Fall 2009 edition), http://plato.stanford.edu/archives/fall2009/entries/causation-medieval/.

William of Ockham: Summa Totius Logicae, 1323.

Die Auferstehung Jesu Christi von den Toten

Neuere naturwissenschaftlich geprägte Erklärungsversuche aus theologischer Sicht

Rainer Mogk

„Das Wunder ist des Glaubens liebstes Kind" sagt bekanntlich schon Goethes Faust angesichts der Osterbotschaft, auf die er selbst nur antworten kann: „Was sucht ihr, mächtig und gelind, ihr Himmelstöne, mich am Staube? Klingt dort umher, wo weiche Menschen sind. Die Botschaft hör' ich wohl, allein mir fehlt der Glaube."[1]

Zum Kernbestand des christlichen Glaubens gehört die Botschaft, dass Jesus Christus von den Toten auferweckt ist. Damit wird nicht nur ein gewaltiges, alle Erfahrung sprengendes Wunder behauptet, sondern die Auferstehung Jesu Christi wurde auch als Vorwegnahme der endzeitlichen allgemeinen Totenauferweckung verstanden.

Aber wie soll heute davon gesprochen werden angesichts von sogenannten „hard sciences", damit nicht nur „weiche Menschen" einen Zugang zur Auferstehungsbotschaft und damit verbunden zur christlichen Zukunftshoffnung finden?

Gerade wenn nach der Wirklichkeit diesseits und jenseits der Grenzen der Einzelwissenschaft gefragt wird, sind wir bei der Auferstehung genau auf dieser Grenzlinie angelangt und es werden die Gefahren unreflektierter Grenzüberschreitungen ans Licht treten.

Zunächst sollen kurz zwei theologische Deutungsrichtungen der Auferstehung vorgestellt werden. Hierbei wird auch ein Versuch beschrieben, von Seiten der Theologie her moderne naturwissenschaftliche Erkenntnisse einzubeziehen.

Dann werden neuere naturwissenschaftliche Deutungen zur Totenauferstehung untersucht. Es geht dabei um das Wagnis, von der Naturwissenschaft her etwas zur Auferstehung zu sagen. Dabei konzentrieren wir uns auf die höchst provokanten und problematischen Thesen von Frank J. Tipler.

Schließlich sollen noch Folgerungen für den Dialog von Naturwissenschaften und Theologie in Bezug auf die Auferstehung gezogen werden.

1. *Zwei theologische Deutungsrichtungen der Auferstehung Jesu Christi*

Zweifellos bildet die Botschaft vom Tod und der Auferstehung Jesu Christi die Mitte des Neuen Testaments. „Gibt es keine Auferstehung der Toten, so ist auch Christus nicht auferstanden. Ist aber Christus nicht auferstanden, so ist unsre Predigt vergeblich, so ist auch euer Glaube vergeblich." (1. Kor. 15, 13f.). So verknüpft schon der

---

[1] Goethe, Faust, 31, Z. 762–765.

Apostel Paulus die allgemeine Totenauferstehung, die Auferstehung Christi und den christlichen Glauben insgesamt miteinander. Doch was ist da mit Jesus Christus geschehen bzw. wer hat hier was beobachtet?

1.1 Subjektive Deutungen der Auferstehung Jesu Christi

Der erste vorzustellende theologische Ansatz konzentriert sich auf das, was mit und an den Anhängern Jesu nach dessen Tod geschah, also was diese subjektiv erlebten. Historisch fassbar sei nicht das Osterereignis selbst, also das, was mit dem Leichnam Jesu angeblich Übermenschliches oder Wunderhaftes passiert sei, sondern nur der Osterglaube der Jünger[2]. Der tote Jesus ist demnach wie jeder andere Leichnam auch im Grab verwest. Worum es bei seiner Auferstehung geht, könne nur als Wirkung in Jesu Anhängern beschrieben werden. Dieser erste Ansatz kann durchaus unterschiedlich akzentuiert werden:

Gerd Lüdemann (geb. 1946) behauptet im Rückgriff auf David Friedrich Strauß (1808–1874) das „Faktum der körperlichen Nicht-Auferstehung Jesu"[3], das für ihn zugleich die Forderung nach Aufgabe des Christseins impliziert[4]. Den historischen Ausgangspunkt bilden die *per definitionem* subjektiven Visionen[5] des Auferstandenen, allen voran von Petrus und Paulus. Unter Zuhilfenahme von tiefenpsychologischen Einsichten deutet Lüdemann die Ostervision des Petrus als ein Stück missglückte Trauerarbeit, bei der sich Petrus den verlorenen geliebten Menschen, nämlich Jesus, bildhaft vergegenwärtigt. Der plötzliche Tod Jesu, die Schuldgefühle ihm gegenüber aufgrund seiner Verleugnung und die Abhängigkeit von ihm nach Aufgabe des Berufs begünstigten den Sprung des Petrus in die Wahnwelt der Wünsche.[6] Diese Visionen wirkten ansteckend, so dass es dann zu Massenvisionen kam.[7] Ähnlich kippte der unbewusste Christuskomplex bei Paulus, den er als Verfolger in Aggressionen gegen Christen auslebte, in Jenseitshalluzinationen um.[8] Aus den Visionen konstruierten die ältesten Christen eine körperliche Auferstehung Jesu von den Toten und das Leersein des Grabes[9].

Auch Rudolf Bultmann (1884–1976) deutet die Auferstehung subjektiv, das heißt auf das glaubende Subjekt hin bezogen. Die Auferstehung ist wie Gott überhaupt kein objektiv feststellbares Weltphänomen. Von Gottes Handeln lässt sich „nur so reden, daß zugleich von unserer Existenz geredet wird, die durch Gottes Handeln betroffen ist."[10] Die Verkündigung, das Kerygma selbst, ist eschatologisches Gesche-

[2] Vgl. Bultmann, Neues Testament, 51.
[3] Lüdemann, Auferweckung, 9.
[4] Vgl. a. a. O., 156.
[5] Vgl. Lüdemann, Karfreitag, 27f.
[6] Vgl. Lüdemann, Auferweckung, 140–142.
[7] Vgl. a. a. O., 151f.
[8] Vgl. a. a. O., 144–146.
[9] Vgl. a. a. O., 39, 85 u. 128f.
[10] Bultmann, Problem, 135.

hen, in dem Jesus Christus als das „je mich in meiner Existenz treffende Ereignis" präsent ist.[11] Für Bultmann erfolgt die Auferstehung ins Kerygma. Die Auferstehung Jesu ist Ausdruck für die Bedeutsamkeit seines Kreuzes[12].

> „Die Auferstehung ist also kein mythisches Ereignis, das die Bedeutung des Kreuzes glaubhaft machen könnte; sondern sie wird ebenso geglaubt wie die Bedeutung des Kreuzes. Ja, der Auferstehungsglaube ist nichts anderes als der Glaube an das Kreuz als Heilsereignis."[13]

Bultmann will anders als Lüdemann das Christsein gerade nicht aufgeben, sondern im Gegenteil den eigentlichen Sinn der Auferstehung freilegen. Im Glauben fixiert sich der Mensch nicht auf das Objektiv-Mythologische, sondern lässt sich vom Evangelium und damit von Gott berühren und verändern.

1.2 Objektive Deutungen der Auferstehung Jesu Christi

Andere Theologen betonen die Unaufgebbarkeit der *leiblichen* Auferweckung Jesu Christi und damit des leeren Grabes. Drei Positionen dieser objektiven Deutung der Auferstehung Jesu Christi sollen hier kurz skizziert werden.

Karl Barth (1886–1968) akzentuiert bei seiner Betonung der leiblichen Auferstehung Jesu Christi und – für ihn damit notwendig verbunden – des leeren Grabes Gottes Handeln, das im Glauben bejaht wird.[14] Als Gottes Tat entzieht sich dieses Geschehen für ihn *per se* historischen oder naturwissenschaftlichen Beweisen.[15]

So ist auch Gott selbst

> „als Schöpfer und Herr dieser unserer Welt und also in freier Verfügung gegenüber dem, was wir als die Regel des Geschehens in dieser Welt zu kennen meinen, *unmittelbar* das *Subjekt* dieses Geschehens"[16].

Gott hielt bei Jesus Christus das notwendige Schicksal des Vergehens auf und machte es rückgängig. Über das Stammeln und die Widersprüche im Neuen Testament angesichts eines solchen Ereignisses muss man sich nicht wundern. Jede Erklärung versagt gegenüber dem, was es zu erklären gäbe. So ist die Auferstehung kein Naturvorgang, sondern in ihr offenbart sich Jesus Christus selbst.[17] „Es ist das Ereignis der *Herausstellung* und *Emporhebung* des der Welt noch verborgenen Seins und

---

[11] A. a. O., 137.

[12] Vgl. Bultmann, Neues Testament, 47f.

[13] A. a. O., 50 (z. T. Hervorhebungen im Original).

[14] „Die Aussage ‚Christus ist auferstanden' impliziert freilich die Aussage: ‚Ein toter Mensch ist wieder lebendig geworden' samt die von seinem leer gefundenen Grab" (Barth, KD IV/2, 166). Vgl. ders.: KD III/2, 541–543.

[15] Die Bezeichnung „objektiv" im Sinne einer positiven Theologie mit dem Nachweis historischer Tatsachen aus Quellen lehnt Barth freilich ab, ebenso wie die liberale Deutung der Auferstehung als Visionen (vgl. Barth, Auferstehung, 78).

[16] Barth, Credo, 89.

[17] Vgl. a. a. O., 90; ders.: Auferstehung, 108 u. KD IV/2, 148f.

Werks Jesu Christi“[18]. Weil dieses Offenbarungsereignis Gottes Tat ist, hat es auch Wundercharakter, nicht umgekehrt. Also nicht das Wunderbare der Auferstehung macht sie zur Offenbarung. Denn jedes noch so große Wunder bleibt mehrdeutig. Freilich: „Gottes Offenbarung im Fleisch impliziert auch das Wunder.“[19] Doch die Anerkennung des Wunders allein ist noch nicht die Anerkennung der Offenbarung. Barth denkt konsequent vom offenbarenden Handeln Gottes und von seiner souveränen, „freien Verfügung“ her. Von dort erst schließt er auf das Wunder zurück, ohne dass ein objektives historisches Faktum gefunden werden könnte und das dann unerklärlich und undenkbar bleiben kann.[20]

Wolfhart Pannenberg (geb. 1928) argumentiert in zweifacher Weise mit der Denkfigur der Prolepse:

Zum einen bewahrheitet Gott erst im Ostergeschehen Jesu Anspruch, das heißt die Auferstehung Jesu enthüllt nicht nur einen verborgenen Sinn des Kreuzes, sondern erst durch das Ostergeschehen wird über Jesu vorösterliche Geschichte und seine Person in ihrem Verhältnis zu Gott endgültig entschieden.[21]

Zum zweiten bleibt die christliche Osterbotschaft bis zur allgemeinen Totenauferstehung bei der Wiederkunft Jesu Christi umstritten, weil die Eigenart dieses Ereignisses

> „das nur an dieser vergehenden Welt orientierte Verständnis von Wirklichkeit herausfordert, während die in der Auferstehung Jesu angebrochene neue Wirklichkeit in ihrer Allgemeinheit noch nicht definitiv erschienen ist.“[22]

Bei der Auferstehung geht es nicht um die Wiederbelebung eines Leichnams, sondern um eine Verwandlung in geschichtlicher Kontinuität, aber ohne substantielle oder strukturelle Kontinuität.[23] Gleichwohl impliziert für Pannenberg die Behauptung, dass der tote Jesus zu neuem Leben gekommen sei, den Anspruch auf Historizität. Historizität meint Tatsächlichkeit, also dass etwas in unserer Welt und Geschichte tatsächlich stattgefunden hat, nicht unstrittige Beweisbarkeit.[24] Und so versucht er, die Erscheinungen des Auferstandenen und die Auffindung des leeren Grabes historisch wahrscheinlich zu machen. Visionäre Erlebnisse müssen für ihn nicht zwangsläufig psychische Projektionen ohne gegenständlichen Bezug sein.[25] Den Ursprung der Auferstehungstradition bildet die Erscheinung des Auferstandenen aus der Verborgenheit des Himmels wie bei Paulus. Die Überlieferung vom

---

[18] Barth, KD IV/2, 163; vgl. ders.: KD IV/1, 340f. Auf Unterschiede zu Barths früher Auffassung im Römerbrief kann nicht eingegangen werden.

[19] Barth, KD IV/2, 165.

[20] Vgl. a. a. O., 166f. Barth nennt das leere Grab eine „zu *bejahende* Legende“ (ders.: KD III/2, 544). „Es beruht auf einem Aberglauben, daß nur das ‚historisch‘ Feststellbare wirklich in der Zeit geschehen sein könne. Es könnte Ereignisse geben, die viel sicherer wirklich in der Zeit geschehen sind als alles, was die ‚Historiker‘ als solche feststellen können“ (KD III/2, 535).

[21] Vgl. Pannenberg, STh 2, 385–387; ders.: Grundzüge[4], 62–64 und auch a. a. O.,[6] 418f.

[22] Pannenberg, STh 2, 404. „Die christliche Botschaft von der Auferstehung Jesu bedarf zu ihrer endgültigen Bewahrheitung des Ereignisses der eschatologischen Totenauferstehung“ (a. a. O., 392).

[23] Vgl. Pannenberg, Grundzüge, 72.

[24] Vgl. Pannenberg, STh 2, 402–404 u. ders., Grundzüge[4] 96f., und auch a. a. O.,[6] 417.

[25] Vgl. Pannenberg, STh 2, 396.

leeren Grab hat zwar auch legendarischen Charakter, enthält aber historisch relevante Erinnerungen wegen der Frauen als Zeugen und der Ortsdifferenz zu den Erscheinungen in Galiläa. Aber vor allem hätte sich die Auferstehungsbotschaft in Jerusalem nicht verbreiten können, wenn das Grab nicht tatsächlich leer gewesen wäre.[26]

Pannenberg verwahrt sich außerdem gegen die dogmatische Vorentscheidung, dass es eine Totenauferstehung von vorneherein nicht geben könnte. Dazu lehnt er ab, dass – wie Ernst Troeltsch (1865–1923) gefordert hatte[27] – alles historisch Behauptete analog oder gleichartig mit sonst bekanntem Geschehen sein müsste. Das Wirklichkeitsverständnis ist im Fluss.[28] Pannenberg verwahrt sich gegen die physikalische Unmöglichkeit der Auferstehung, denn immer sei nur ein Teil der Naturgesetze bekannt, die Irreversibilität betreffe nur das Weltgeschehen als Ganzes, und jedes Einzelgeschehen sei nicht restlos determiniert. Überhaupt können Naturgesetze nur das Wahrscheinlichkeitsmaß für Einzelereignisse bestimmen, denn ihre Geltung selbst ist kontingent.[29]

Außerdem ist für ihn eine allgemeinere Argumentation für die Plausibilität der Erwartung einer künftigen Totenauferstehung erforderlich. Auf naturwissenschaftlicher Ebene nimmt er noch nicht bekannte physikalische Gesetze an, die wir erst in der endzeitlichen allgemeinen Totenauferweckung verstehen werden. Bis dahin können wir nur gleichnishaft von diesem Vorgang reden und ihn nicht physikalisch beschreiben.[30]

Einen konkreten, wenn auch nur skizzenhaften Versuch, moderne Physik und die Auferstehung Jesu von theologischer Seite aus zu verbinden, unternimmt der US-amerikanische Altkirchengeschichtler und Studentenpfarrer Anders S. Tune (geb. 1957). Er will mit Hilfe der Quantentheorie die Möglichkeit der Auferstehung Jesu als physikalisches Ereignis zeigen. Das begreift er als neue Möglichkeit gegenüber dem Newtonschen Determinismus.

Dazu beruft er sich auf Max Born (1882–1970) und die Kopenhagener Deutung der Quantenmechanik, in der die Bewegung der Quantenpartikel als Wahrscheinlichkeitswelle interpretiert wird. Sie basiert auf Heisenbergs Unschärferelation und Bohrs Komplementaritätsprinzip. Photonen können nicht gleichzeitig als Welle und Teilchen beobachtet werden.[31]

Ohne auf physikalische Details eingehen zu können, sei die Problematik kurz anhand von Schrödingers Katze verdeutlicht: Bei diesem Gedankenexperiment geht es um den Übergang von der Unbestimmtheit in der Mikrowelt zu Ereignissen in der Makrowelt. Das Überleben einer Katze in einer verschlossenen Box wird über einen Geigerzähler an einen radioaktiven Zerfallsprozess gekoppelt. Ein in der Box befindliches Atom zerfällt mit einer bestimmten Wahrscheinlichkeit. Wenn es zer-

26 Vgl. a. a. O., 400f.
27 Vgl. Troeltsch, 731f.
28 Vgl. Pannenberg, STh 2, 405.
29 Vgl. Pannenberg, Grundzüge, 95f.; ders., STh 2, 88f.
30 Vgl. Pannenberg, STh 2, 393; STh 3, 577 u. ders., Grundzüge, 70.
31 Vgl. Tune, Quantum theory, 167f.

fällt, misst das der Geigerzähler und lässt die Katze vergiften. Doch bevor der Beobachter in die Box blickt, müsste die Katze nach der Kopenhagener Deutung sowohl tot als auch lebendig sein.

Auch Tune wagt nun den Übergang zur Makrowelt der Billardkugeln, Planeten und uns Menschen. Zwar erscheint uns die Makrowelt annähernd kausal bzw. deterministisch bestimmt, doch gibt es im Prinzip keine absolute Gewissheit für Ereignisse, denn die Makrowelt ist mit der Wahrscheinlichkeitswelle der Mikrowelt verknüpft.

Angewendet auf die Auferstehung Jesu heißt das: Ein toter menschlicher Körper wird zwar normalerweise nicht wieder lebendig. Doch in der Mikrowelt der Quantenzustände ist alles umkehrbar. Das bedeutet: Mit einer äußerst geringen Wahrscheinlichkeit kann auch ein verwester Mensch wieder lebendig werden, auch wenn das Phänomen der Entropie die Wahrscheinlichkeit unvorstellbar klein werden lässt. Doch prinzipiell auszuschließen ist dies wegen der von der Mehrheit der Physiker angenommenen grundsätzlichen Unbestimmtheit der Makrowelt nicht. So besteht immerhin eine gewisse Offenheit für Gottes Eingreifen. Gott bräuchte das nicht, und es beweist auch nicht, dass Gott in die Welt eingreift. Die Auferstehung Jesu ist also kein aberwitziger Glücksfall der Natur, sondern Gottes Tat, die von moderner Naturwissenschaft jedoch nicht ausgeschlossen werden kann.[32]

Die Auferstehung Jesu ist naturwissenschaftlich zwar extrem unwahrscheinlich, aber für Tune im Anschluss an Pannenberg historisch wahrscheinlich. Sie kann aber letztlich weder naturwissenschaftlich noch historisch bewiesen, sondern nur geglaubt werden.[33]

Zwei Punkte erscheinen uns an Tunes Überlegungen problematisch:

Erstens: Die quantenphysikalische Unbestimmtheit wird im Anschluss an die Mehrheitsmeinung von Physikern als grundsätzlicher Indeterminismus der Naturvorgänge interpretiert. Doch ist es nicht hilfreich, Gottes Eingreifen in die Natur in dieser indeterministischen Lücke zu platzieren.[34] Gottes Handeln muss nicht am Zufall ansetzen. Außerdem werden dann doch nur extrem unwahrscheinliche Ereignisse wie die Wiederbelebung eines Toten als grundsätzlich möglich behauptet. Jeder uns eigentlich irreversible erscheinende Zustand könnte also umgekehrt werden, was aber wegen der gegen Null gehenden Wahrscheinlichkeit nicht beobachtet wird.

Zweitens: Doch handelt es sich bei der Auferstehung Jesu um etwas anderes als die extrem unwahrscheinliche Umkehrung des Sterbeprozesses. Denn der auferstandene Jesus Christus wird nicht als wieder lebendiger und nochmal sterblicher Mensch geschildert.

---

32 Vgl. a. a. O., 169f.

33 Vgl. a. a. O., 172f.

34 Vgl. Wegter-McNelly, 353. Für Tune ist es mit dieser Lücke einfacher, obwohl Gott auch in einer determinierten Welt frei wäre (vgl. Tune, Resurrection, 189f.).

1.3 Ertrag der theologischen Deutungen hinsichtlich des Verhältnisses von Theologie und Naturwissenschaft

Bei Lüdemann findet die Berührung von Naturwissenschaft und Theologie nur im Bereich der Psychologie statt.

Für Bultmann und Barth beruht die Nachfrage, wie und ob die Auferstehung naturwissenschaftlich möglich sei, auf einem kategorialen Missverständnis dessen, was Auferstehung Jesu Christi als Offenbarung Gottes ist.

Pannenberg verwahrt sich gegen die physikalische Unmöglichkeit der Auferstehung Jesu und erwartet, dass mit der allgemeinen Totenauferweckung sich dieser Vorgang auch naturwissenschaftlich vollständig beschreiben lassen wird.

Tune schließlich findet durch den Indeterminismus der Kopenhagener Deutung der Quantenphysik eine Lücke für Gottes mögliches Handeln bei der Auferstehung Jesu.

Wenn überhaupt in theologischer Perspektive die Auferstehung Jesu ein auch naturwissenschaftlich beschreibbares Ereignis sein soll, wird höchstens eine naturwissenschaftliche Möglichkeit behauptet und nicht genauer angegeben, wie die Auferstehung naturwissenschaftlich geschehen sein könnte.

2. *Neuere naturwissenschaftliche Ansätze zur Auferstehung*

Sehen wir nun, wie aus naturwissenschaftlicher Sicht die Auferstehung erklärt wird: Zunächst ist festzustellen, dass sich der fachwissenschaftliche Dialog zwischen Theologie und Naturwissenschaften eher auf die Entstehung der Welt und gelegentlich auf Kosmologie oder auf anthropologische und medizinethische Probleme konzentriert und dass es fast gar keine ernstzunehmenden naturwissenschaftlich geprägten Beschreibungsversuche des Zentralwunders des Christentums gibt.[35]

Auch die im Folgenden vorgestellten Überlegungen beziehen sich stärker auf eine allgemeine Totenauferstehung und weniger speziell auf die Auferstehung Jesu. Sie orientieren sich an dem am weitesten gehenden Versuch des US-amerikanischen Physikers Frank J. Tipler (geb. 1947), der unter dem Titel *Die Physik der Unsterblichkeit. Moderne Kosmologie, Gott und die Auferstehung der Toten* (1994) mit großem Pathos, vielen Abschätzungen, unzähligen Diagrammen, Rechnungen und angeblichen Beweisen eine freihändige Überführung der Theologie in ein Teilgebiet der Physik bzw. der Kosmologie wagt.[36] Die klassischen Bestände der natürlichen Theologie, nämlich Gott, Freiheit und Unsterblichkeit werden physikalisch als notwendig dargelegt bzw. berechnet „wie die Eigenschaften des Elektrons".[37]

---

35 Vgl. Russel, 10.

36 „Hier stehe ich, ein Physiker, und kann nicht anders" (Tipler, Unsterblichkeit 16) oder „die Trennung zwischen Wissenschaft und Religion, zwischen Vernunft und Gefühl, ist überwunden" (a. a. O., 406). „Ich behaupte, daß sowohl die Philosophen als auch die Logiker unrecht haben: ich denke, man kann beweisen, daß das Universum notwendigerweise existiert" (a. a. O., 256). „Die Zeit ist gekommen, die Theologie in der Physik aufgehen, den Himmel ebenso wirklich werden zu lassen wie ein Elektron" (a. a. O., 19). Vgl. auch a. a. O., 404f., 26 u. 35.

37 Tipler, Unsterblichkeit 13. Wobei er einen persönlichen Gott vertritt (z. B. a. a. O., 394). Dabei kann man sich durchaus wundern über Verwandlungen von Gott, Engeln und Heiligem Geist in Physik.

2.1 Der Upload des Menschen auf die Festplatte

Die Expansion der digitalen Speicherkapazitäten und die rasante Verbreitung des Internets beflügelte in den letzten Jahrzehnten die Hoffnung auf Fortschritte bei der sogenannten Künstlichen Intelligenz. Angewandt auf unser Thema bedeutet das, dass ein postmortales Weiterleben auf digitalen Speichermedien für denkbar, wenn nicht sogar in naher Zukunft für möglich gehalten wird.

Was für uns eher nach Stoff für Science-Fiction-Blockbuster à la Hollywood klingt, hat doch den Reiz eines Gedankenexperiments, das uns mindestens einige Aspekte unseres Themas verdeutlichen kann. Die Möglichkeit einer Totenauferstehung in Form einer Computeremulation, das heißt einer perfekten Simulation auf einem Computer[38], fußt auf zwei Voraussetzungen:

Erstens muss der Mensch digitalisierbar sein. Wenn prinzipiell eine Übertragung eines Menschen auf ein anderes Speichermedium möglich sein sollte, müsste das Wesentliche des Menschseins als reine Information binär beschreibbar sein, um so an einem anderen Ort abgespeichert werden zu können. Damit kommt dem Körper des Menschen eine prinzipiell ersetzbare Funktion zu. Tipler bekennt sich ausdrücklich zu einem ontologischen Reduktionismus. Der Mensch ist für ihn eine Maschine. Genauer gesagt ist ein Lebewesen ein Gebilde, das Information codiert und durch natürliche Auslese bewahrt.[39] Tipler rechnet hoch, dass wir Menschen Maschinen mit endlich vielen Zuständen sind aufgrund der endlichen Speicherkapazität unseres Gehirns, die er mit ca. 10^{15} Informationsbits angibt. Aber nicht nur unser Gehirn ist begrenzt, sondern auch der Mensch als ein quantenmechanisches Objekt ist exakt durch ein Computerprogramm zu beschreiben, das 10^{45} Bits codieren können muss.[40]

Zweitens muss der Mensch auf diesen Rechner „passen". Der zukünftige intelligente Superrechner, der uns Menschen emulieren kann, braucht nicht nur unvorstellbar viel Speicherplatz, sondern muss bestimmte aus der Informatik bekannte Bedingungen erfüllen, damit Menschen auf ihm laufen können.[41] So ein Superrech-

---

„Es wäre sicher nicht unangemessen, eines der Superprogramme des universellen Geistes in der fernen Zukunft, das ein den Turing-Test (vgl. u. Anm. 58) meisterndes Unterprogramm enthält, als ‚Engel' zu bezeichnen" (a. a. O., 202) bzw. „Ich schlage also in der Tat vor, daß wir die universelle Wellenfunktion, die der Omegapunkt-Randbedingung unterliegt, mit dem Heiligen Geist gleichsetzen" (a. a. O., 233).

38 Vgl. Tipler, Unsterblichkeit, 63.

39 Vgl. Tipler, Unsterblichkeit, 357 u. 165. Diese Argumentation ist für Tipler durchaus umkehrbar, was zu skurrilen Überlegungen führt, insofern auch Autos Lebewesen sind, die sich in Fabriken fortpflanzen und deren „Rassen" gegeneinander kämpfen (vgl. a. a. O., 164).

40 Vgl. a. a. O., 357.

41 Diese Superrechner müssen mindestens sogenannte Turing-Maschinen sein, das heißt sie haben ein unendliches Speicherband mit unendlich vielen Feldern. In jedem dieser Felder kann genau ein Zeichen gespeichert werden. Die Turing-Maschine verfügt zudem über ein ihr Verhalten steuerndes Schaltwerk, also ein Programm, mit endlich vielen Zuständen. Außerdem besitzt sie einen programmgesteuerten Lese- und Schreibkopf, der auf dem endlosen Speicherband ein Feld nach links oder rechts rücken, ein Zeichen lesen, schreiben, löschen oder stehen lassen kann. Außerdem sollen diese Rechner auch im Sinne der Church-Turing-These alle intuitiv lösbaren Probleme lösen können. Schließlich sind diese Superrechner intelligent, weil sie den Turing-Test bestehen, also aufgrund ihrer Antworten von einem menschlichen Beobachter nicht von einer Maschine unterschieden werden

ner ist in der Lage alle Maschinen, auch uns Menschen mit endlichen Zuständen, zu emulieren, das heißt perfekt zu simulieren.[42]

Für die zukünftige Totenauferstehung im Computer ergeben sich für Tipler Folgerungen:

Der gigantische zukünftige Superrechner kann alles Gewesene auch aus sehr geringer erhaltener Information, wie zum Beispiel aus einer einzelnen DNA, rekonstruieren und dann simulieren. Dazu simuliert er alle $10^{10 \text{ hoch } 6}$ genetisch möglichen, unterschiedlichen Menschen mit samt deren $10^{10 \text{ hoch } 45}$ möglichen menschlichen Quantenzuständen, ja einfach alle möglichen sichtbaren Varianten unserer Welt. Dazu braucht es nach Tipler „bloß“ eine Rechnerkapazität von $10^{10 \text{ hoch } 123}$ Bits.[43] So laufen nicht nur alle Menschen auf diesem Computer, sondern es wird auch deren komplette Umwelt simuliert. Es werden also nicht nur die tatsächlich Gestorbenen auferweckt, sondern auch alle möglichen Menschen, die nie gelebt haben, was aber angesichts der von ihm vertretenen Vielweltenphysik kein Problem darstellt.[44] Mit der Vielweltenthese wird – kurzgesagt – das Problem mit Schrödingers Katze so gelöst, dass jede Möglichkeit eine neue Welt bildet.

Die Computerauferstehung bedeutet also, dass „einfach“ alle Quantenzustände aller Menschen samt Umwelt zu jedem Zeitpunkt nachgebildet werden.

Dann macht sich Tipler über den Auferstehungszustand im Gewand physikalischer Abschätzungen recht fantasievolle Gedanken:

Zum Beispiel können wir, wenn wir wollen, dank Superrechner auch ohne die lange Suche wie bei uns, Sex haben mit der schönsten Frau bzw. Mann, nicht nur die je gelebt hat, sondern die logisch möglich ist, also mit einem aus $10^{10 \text{ hoch } 6}$ möglichen Partnern. Die Wirkung dieser Begegnung wirkt noch 100 000-mal stärker als die mit der schönsten Frau der Welt.[45]

Goethes Faust konnte in ähnlichem Zusammenhang noch rufen: „Was seh ich? Welch ein himmlisch Bild zeigt sich in diesem Zauberspiegel! [...] Das schönste Bild von einem Weibe! Ist's möglich, ist das Weib so schön? [...] So etwas findet sich auf Erden?“[46] Tiplers Auferstandene können leider nicht mehr zwischen Himmel und Erde, zwischen Leben und Emulation unterscheiden, denn: „Die emulierten Menschen haben schlicht keine Möglichkeit zu sagen, daß sie ‚in Wirklichkeit‘ in einem Computer existieren, daß sie nur simuliert und nicht real sind.“[47] Denn: „Würde eine ‚Nachbildung‘ einer längst verstorbenen Person geschaffen, die mit dem Quantenzustand jener längst verstorbenen Person identisch ist, so *wäre* diese ‚Nachbildung‘ jene Person.“[48]

---

können. Nach Tiplers Vorstellung wird das Universum selbst das Speichermedium, bzw. genauer wandernde oder stehende Wellen (vgl. a. a. O., 194).

42 Vgl. a. a. O., 258f.

43 Vgl. a. a. O., 273–275., 293.

44 Vgl. a. a. O., 277. Damit wird aber die Geschichte, die ein Mensch erlebt, entwertet (vgl. Mutschler, 488f.).

45 Vgl. Tipler, Unsterblichkeit, 314f. Selbst unsere Haustiere könnten auferweckt werden, wenn wir das möchten (vgl. 308).

46 Goethe, 78, Z. 2429–2431.

47 Tipler, Unsterblichkeit, 258.

48 A. a. O., 290.

2.2 Die Omegapunktkosmologie

Das zweite Standbein der Tiplerschen Argumentation ist seine Kosmologie, die sogenannte Omegapunkttheorie. Dieser kosmologische Entwurf baut sich folgendermaßen auf:

Erstens: Tipler präsentiert ein kosmologisches Fortschrittsmodell. Er nimmt einen ewigen Fortschritt bis zur Erlösung mit steigendem Lebensstandard und der dauernden Zunahme von Intelligenz und Wissen an.[49] Das sogenannte *anthropische kosmologische Prinzip* setzt bei der Beobachtung an, dass wenn die Konstanten des Universums nur ein klein wenig anders wären, als sie es faktisch sind, kein intelligentes Leben möglich wäre. In seiner schärfsten Form besagt es, dass intelligentes Leben das ganze Universum durchdringen, beherrschen und nicht wieder verschwinden wird.[50]

Zu den kuriosen Zügen dieser Theorie zählt die Voraussage, dass etwa Mitte des 21. Jahrhunderts intelligente, sich selbst vervielfältigende ultraleichte Robotersonden uns helfen, das Weltall im Schneeballsystem vollständig zu erobern und mittels synthetischer Menschen mit Roboterammen zu kolonisieren.[51] Auf jeden Fall werden für Tipler die menschlichen Individuen und die Menschheit als Spezies aussterben, schon weil unsere Gehirne zu klein sind und weil es durch die Kontraktion des Universums für Menschen sicher zu heiß wird.[52]

Zweitens markiert der *Omegapunkt*[53] in frühestens 100 Milliarden Jahren als Endkollaps (*big crunch*) in Entsprechung zum Urknall (*big bang*) das Ende der Geschichte, weil die Gravitation nach der Expansionsphase zu einer Kontraktion führen wird. Die Zeit ist durch die Anfangs- und Endsingularität begrenzt, und dazwischen entwickelt sich das Universum ohne sich zu wiederholen.[54] Tipler glaubt also weder an eine ewige Ausdehnung noch an ein irgendwann erreichtes Gleichgewicht im Kosmos, sondern an einen Endpunkt, den Omegapunkt.

Drittens: Weil die Energie des Universums unbegrenzt ist, steht am Ende kein Wärmetod, also maximale Entropie, sondern möglicherweise „ewiges Leben" in Form von maximaler Informationsverarbeitung. Die Kontraktion erfolgt – und das nochmal verstärkt durch den Eingriff des Lebens – nicht gleichmäßig, sondern geschieht in verschiedenen Richtungen mit unterschiedlicher Geschwindigkeit.[55] So entstehen Temperaturunterschiede, mithin Energiequellen.

---

49 Vgl. Tipler, Unsterblichkeit, 140 u. 270.

50 „Wenn Leben überhaupt überdauern will, und sei es auf dem bloßen Existenzminimum, muß es zwangsläufig irgendwann in der Zukunft das gesamte Universum erobern" (a. a. O., 188). Kryptisch bleibt hingegen der Versuch, vom Beobachter des Universums auf die notwendige Existenz des Universums schließen zu können. Tipler meint: „Ein gegebenes Universum existiert notwendigerweise, wenn es immerfort, bis hin zum Omegapunkt, Beobachter hat" (a. a. O., 263). Daraus glaubt Tipler auch umgekehrt das Postulat ewigen Lebens beweisen zu können (vgl. a. a. O., 264f.).

51 Vgl. a. a. O., 72–74.

52 Vgl. a. a. O., 271, 298. Auch wird es vorher schon bei der maximalen Ausdehnung des Universums recht kalt.

53 Den Begriff übernimmt Tipler von Pierre Teilhard de Chardin (1881–1955; vgl. a. a. O., 153).

54 Vgl. a. a. O., 138.

55 Vgl. a. a. O., 95.

„Die verfügbare Energie divergiert gegen unendlich, wenn das Universum sich der Größe null, einer unendlichen Temperatur und einer unendlichen Dichte nähert. Paradoxerweise *muß* das Universum in endlicher Eigenzeit in einer Endsingularität enden, damit Leben in subjektiver Zeit unendlich überleben kann.“[56]

Im Omegapunkt sind dann also maximale Informationen gespeichert und jeder Raumzeitpunkt ist immanent und zugleich transzendent. Dabei geht dann Zeit in Ewigkeit über. Am Omegapunkt wird Leben allmächtig, allgegenwärtig und allwissend.[57] Diesen Omegapunkt identifiziert Tipler mit Gott, denn der Omegapunkt ist für ihn eine Person, „da ein Wesen mit Seiner Rechenkapazität ohne weiteres ein Unterprogramm entwickeln könnte, das den Turing-Test besteht und für Es spricht.“[58] Oder anders ausgedrückt:

„Wenn die Omegapunkt-Rahmenbedingung gilt, wird dieses alles bestimmende Feld letztendlich personal. Wir haben also ein alles durchdringendes physikalisches Feld, das allem Sein Sein verleiht, das allen lebenden Dingen Leben verleiht, und das selber von dem Letzten Leben erzeugt wird, das es definiert.“[59]

Der Omegapunkt erlebt die gesamte universelle Geschichte gleichzeitig.[60]

2.3 Die Auferstehung der Toten und die Auferstehung Jesu

Für die allgemeine Auferstehung der Toten bedeutet das: Weil im Omegapunkt alle Informationen gespeichert sind, kann Gott wie bei einer Computersimulation alles Gewesene wiederholen, allerdings ohne materielle Identität. Die Auferstehung der Toten ist damit zwar nicht zwingend physikalisch notwendig, aber doch angemessen im Verhältnis zum Wesen des Omegapunktes als des Schöpfers.[61] Tipler versucht also auf originelle Weise die Möglichkeit von ewigem Leben zu beschreiben.

„Die Omegapunkt-Theorie bietet die erste physikalische Auferstehungstheorie, die mit der christlichen Auferstehungslehre vollkommen übereinstimmt. Sie ist auch die erste Erlösungstheorie (Heilslehre), die durch die Vernunft begründet ist, nicht durch den Glauben.“[62]

Und doch ist alles für Tipler eine schöne, wahrscheinliche Theorie ohne experimentellen Beweis.[63]

Darüber hinaus hat der computersimulierte Auferstehungsleib drei übermenschliche Eigenschaften, die auch dem auferstandenen Jesus nach dem Lukasevangelium

---

56 A. a. O., 178.

57 Vgl. a. a. O., 198f.

58 A. a. O., 200. Im von Alan Turing (1912–1954) vorgeschlagenen Turing-Test kommuniziert ein Mensch schriftlich mit einem anderen Menschen oder mit einem Rechner. Sobald der Fragesteller nicht mehr sicher unterscheiden kann, welche Antworten vom Rechner und welche vom Menschen stammen, hat der Rechner den Turing-Test bestanden.

59 A. a. O., 232.

60 Vgl. a. a. O., 202.

61 Vgl. Pannenberg, Kosmologie, 96.

62 Tipler, Unsterblichkeit, 304.

63 Vgl. a. a. O., 369.

zukommen: Die Erscheinung kann willentlich leicht verändert werden. Er kann an einer Stelle verschwinden und an einer anderen auftauchen. Schließlich ist er so real wie alles andere in der Simulation: Er kann essen und trinken.[64] Trotzdem hat das für Tipler den Status von logischen Analysen und hat nichts mit Beobachtungen von Augenzeugen der Auferstehung Jesu oder einer Offenbarung zu tun. Die Übereinstimmungen mit Lukas sind bloße zufällige Koinzidenz.[65]

Die Zwei-Naturenlehre erklärt er so, dass ein menschliches Gehirn auf die Daten nahe am Omegapunkt zugreifen könnte. So eine Persönlichkeit wäre möglich, hält Tipler aber nicht für wahrscheinlich, auch nicht für nötig.[66]

> „Wäre Jesus wirklich von den Toten auferstanden (was ich nicht glaube), und wäre sein Auferstehungsleib wirklich ein Geistleib, dann bestünde kein Grund, die Möglichkeit zu verwerfen, daß sowohl sein Körper vor der Kreuzigung als auch sein Auferstehungsleib derart erhöht und tatsächlich mit einem unendlichen Bewußtsein integriert sei, wobei die Integration im Auferstehungsleib so vollkommen wie möglich wäre."[67]

Trotz dieser Nähe zur christlichen Theologie und der Möglichkeit einer allgemeinen „Totenauferweckung" am Ende versteht sich Tipler explizit nicht als Christ, weil er nicht an die Auferstehung Jesu glaubt, sondern höchstens an eine kollektive Halluzination damals.[68]

Später hat Tipler mit „Die Physik des Christentums. Ein naturwissenschaftliches Experiment" (2007) unter dem Einfluss Pannenbergs[69] seine skeptischen Vorbehalte gegen die Auferstehung Jesu aufgegeben und sogar versucht, die Auferstehung Jesu physikalisch zu erklären: Die Entmaterialisierung werde durch den elektroschwachen Quantentunneleffekt realisiert. Jesu Materie würde in Neutrinos umgewandelt und so unsichtbar und dann wieder erneut materialisiert. Die Wahrscheinlichkeit für einen solchen Zufallsvorgang ist zwar äußerst gering, doch wenn er für die Entwicklung zum Omegapunkt hin nötig ist, dann ist die Wahrscheinlichkeit 1.[70]

Doch inzwischen reißt Tipler alle Schranken der Disziplinen, aber auch die Grenzen jeder ernstzunehmenden Wissenschaft vollständig nieder. Begnügten sich frühere rationalistischen Theologen beispielsweise damit, den Seewandel Jesu physikalisch relativ simpel als Stehen auf einem dicken Holzbalken im Wasser zu erklären, schlägt Tipler einen Neutrinostrahl unter Jesu Füßen vor und rechnet die dazu nötige Energie aus.[71] Insgesamt gibt Tipler seinen originell zu nennenden kosmo-

---

64 Vgl. a. a. O., 300.

65 Vgl. a. a. O., 370–372.

66 Vgl. a. a. O., 380. Hier widerspricht ihm Pannenberg, der die Wiederherstellung der Gemeinschaft der Menschen mit Gott als Grund der Sendung des Sohnes angibt (vgl. Pannenberg, Kosmologie, 97).

67 Tipler, Unsterblichkeit, 381.

68 Vgl. a. a. O., 374.

69 „Pannenberg [,] brachte sicherlich 15 Jahre mit dem am Ende erfolgreichen Bemühen zu, einen amerikanischen Physiker (mich) davon zu überzeugen, der christliche Glaube [...] könne tatsächlich wahr sein und vielleicht sogar durch die Wissenschaft als wahr bewiesen werden" (Tipler, Christentum, 306f.).

70 Vgl. Tipler, Christentum, 282f. Details dazu, auch in Verbindung mit dem Turiner Grabtuch, vgl. a. a. O., 287f.

71 Vgl. a. a. O., 283. Zum Seewandel vgl. Karl Friedrich Bahrdt (1741–1792) nach Schweitzer, 82.

logischen Ansatz bei der Endsingularität[72] zwar nicht auf, will dann aber für einen Beweis der Auferstehung Jesu im Sinne der Entmaterialisierung mangels anderer Beweisstücke das Schweißtuch von Oviedo und das Turiner Grabtuch sogar in Verbindung mit der Gralslegende und den Steinen unter der Grabeskirche untersuchen.[73]

2.4 Theologische Würdigung

Erstens: Auf der einen Seite wagt Tipler einen großen kosmologischen Entwurf, der eine gewisse Konvergenz zum christlichen Glauben aufweist. Ja, er bemüht sich, Physik und Theologie anzunähern.

Unter den sehr wenigen Theologen, die Tipler nicht nur ablehnend rezipieren, ist Pannenberg hervorzuheben, von dem sich auch Tipler immer wieder angeregt sieht. Pannenberg kann die besondere Stellung des Menschen bei Tipler und dessen eschatologischen Gottesgedanken positiv würdigen, ohne dessen Überwindung der Menschheit durch höhere Entwicklungsformen zu teilen.[74] „Gott ist als letzte Zukunft des Universums sein Schöpfer, der auf dem Wege der Geschichte des Universums seine Geschöpfe in die Gemeinschaft mit ihm selber hineinzieht."[75] Diesen Kerngedanken Tiplers hält Pannenberg für biblisch, ebenso dessen Überlegungen zur Allgegenwart Gottes am Ende. Insoweit können Tiplers Überlegungen fruchtbar sein für die Theologie und für das Gespräch zwischen Theologie und Naturwissenschaften.

Zweitens: Natürlich könnten und müssten zahlreiche physikalische und philosophische Nachfragen an Tipler gestellt werden. So müsste beispielsweise diskutiert werden: Ist so ein Superrechner möglich?[76] Wie wahrscheinlich ist ein *big crunch*? Wie überzeugend ist die Viele-Welten-Theorie? Doch neben Einzelfragen liegt die Hauptschwierigkeit darin, dass Tiplers Theorie insgesamt weder durch Experiment noch durch Beobachtung zu verifizieren ist. Selbst bei Tipler bleibt oft in der Schwebe, was er nun bewiesen hat, was er nur vermutet, mal durchrechnet oder glaubt. Damit bleibt genau das, was man eigentlich durch eine „naturwissenschaftliche" Annäherung an die Auferstehung gewinnen wollte, nämlich harte Fakten, Beweise und experimentelle Überprüfung, also „hard science", auf der Strecke und alles verschwimmt in hardly science.

Drittens: Sein eigentlicher Anspruch, „Die Wissenschaft kann nun angesichts des

---

[72] Inzwischen hat er noch einen kosmologischen Gottesbeweis mit einer notwendigen Anfangssingularität als erste Ursache (vgl. Tipler, Christentum, 136) und Überlegungen zur Trinität als Anfangssingularität (Geist), Endsingularität (Vater) und „Singularität, welche die Vollendete Vergangenheit mit der Vollendeten Zukunft verbindet" (Sohn) hinzugefügt (a. a. O., 142).

[73] Von der Supernova von Bethlehem, über die Jungfrauengeburt eines XX-Chromosomen-Mannes bis zum Weinwunder bei der Hochzeit zu Kana will er Wunder physikalisch plausibel machen. Selbst Mariae (!) Himmelfahrt könnte für ihn mittels radiologischer Gesteinsuntersuchungen nachgewiesen werden. Hinzu kommen apokalyptische Szenarien und krude Prophezeiungen.

[74] Vgl. Pannenberg, STh 2, 186f., ders.: Kosmologie, 98 u. ders.: Breaking, 311.

[75] Pannenberg, Kosmologie, 94.

[76] Wo sollen die unfassbar vielen Informationen abgespeichert werden? Wie soll bei der hohen Endzustandstemperatur eine Informationsspeicherung möglich sein?

Todes *exakt* denselben Trost spenden wie einst die Religion",[77] kann in keiner Weise überzeugen.[78] Seine Identifizierung des Omegapunkts als eines physikalisch-kosmologischen Konstrukts mit einem liebenden Gott wirkt künstlich. Mit Kategorien wie „Trost" und „Liebe" verlässt er das Feld dessen, um was es in den Naturwissenschaften gehen kann. In seinem Wunsch, die Unsterblichkeit der Menschen in Konvergenz mit dem Christentum physikalisch plausibel oder sogar beweisbar zu machen, sprengt er die Grenzen des naturwissenschaftlich Aussagbaren. So entsteht ein Konglomerat aus Formeln, Fantasie und philosophischen Kurzschlüssen. Tipler treibt also eher Theologie im Gewande des Physikers und vor allem technik- und fortschrittsbegeisterte Spekulation anstelle von Naturwissenschaft.[79] Es ist erschreckend, wie wenig ihm die Problematik seiner unhaltbaren Übergriffe und Übersprünge in andere Bereiche jenseits von exakter Naturwissenschaft bewusst ist.

Viertens: Von theologischer Seite ist der anthropologische Reduktionismus und Naturalismus zu kritisieren.[80] Nach christlicher Anthropologie ist der Mensch mehr als eine binär beschreibbare und uploadbare Maschine. Sein Körper und die mit diesem Körper erlebte Geschichte hat konstitutive Bedeutung. Und so gründet insbesondere die christliche Auferstehungshoffnung in einer Neuschöpfung des ganzen Menschen durch Gott, aber nicht im Fortschritt bei Datenübertragung auf Computer, in Erfolgen künstlicher Intelligenz oder gar in der Besiedelung des Weltalls.[81] Auch verliert ja bei einer „natürlichen" Totenauferstehung die Auferstehung Jesu Christi an entscheidender Bedeutung.[82]

In *Physik des Christentums* erliegt Tipler gänzlich seinem naturalistischen Missverständnis, indem er die Auferstehung Jesu als unwahrscheinlichen, aber rein naturhaften Vorgang versteht und als ein sogar noch heute nachweisbares Ereignis mit neuesten physikalischen Begriffen zu erfassen sucht. So endet sein Ansatz in einer platten, fantastischen und nur spekulativen Physikalisierung von Bibelstellen, die höchstens noch Unterhaltungscharakter besitzt. Neueste Begriffe wie Sphaleron-Barygenese usw. können nicht darüber hinwegtäuschen, dass der dahinterstehende Grundgedanke relativ schlicht ist.

---

77 Tipler, Unsterblichkeit, 407.

78 Die Urteile der Rezensenten fallen entsprechend vernichtend aus, zum Beispiel: „This must be one of the most misleading books ever produced. [...] It is a masterpiece of pseudoscience. [...] What one would have assumed was just an undergraduate joke is here presented as if it were a serious theory" (Ellis, 115). Auch Pannenberg sieht bei Tipler „mehr Theologie als Physik" bzw. eine Approximation der Physik an Theologie, aber keine Aufhebung von Physik in Theologie (Pannenberg, Kosmologie, 95 u. 98).

79 Spüren anders als in früheren Jahrhunderten Theologen heutzutage stark, dass sie nicht in andere Fächer übergreifen sollen, stehen nun die Naturwissenschaften weiter oben in der akademischen Hackordnung und werden leichter „übergriffig" (vgl. Mutschler, 479f.).

80 Mutschler spricht von einer „gnosis of microchips" (Mutschler, 489).

81 Auch Pannenberg hält das anthropische Prinzip in seiner starken Form, wonach intelligentes Leben unsterblich sein muss, für problematisch (vgl. Pannenberg, STh 2, 94f.). Mutschler kritisiert das unethische Denken Tiplers, denn statt die drängenden ökologischen und ökonomischen Probleme der Gegenwart anzugehen, glaubt Tipler noch an den unbegrenzten technischen Fortschritt und will sogar ins Weltall vordringen (vgl. Mutschler, 485–485).

82 Vgl. Pannenberg, Appropriation, 255–257.

3. *Ertrag und Ausblick*

Erstens: Gerade im Scheitern der Tiplerschen Bemühungen kann die Theologie den Charakter der Auferstehung Jesu als eines Handelns Gottes erkennen, der nicht abzulösen ist von der darin enthaltenen Botschaft Gottes. Der Theologie wird in diesen Versuchen die theologische Eigenart der Auferstehung Jesu Christi im Gegensatz zur extrem unwahrscheinlichen Umkehrung des Todesprozesses oder zum Upload eines Menschen bewusster. Darum stellt die Theologie heraus, worum es bei der Auferstehung Jesu Christi geht: Die Auferstehung wird als Gottes Handeln an Jesus Christus verstanden, dem auf Seiten der Menschen Glauben entspricht. Solches Handeln Gottes kann nicht als natürliches oder gar notwendiges Geschehen ausgesagt werden, sondern als freie Tat Gottes im Gegenüber zur Welt. Es geht bei Jesus Christus und in der allgemeinen Totenauferstehung um eine neue Dimension von Leben und nicht um die unendliche Verlängerung unserer Existenz. Darum können naturwissenschaftliche Rekonstruktionsversuche der Auferstehung Jesu und der allgemeinen Totenauferweckung weder Möglichkeiten noch Beweise für Gottes Handeln schaffen. Solche Versuche sind eher Ausdruck der menschlichen Sehnsucht nach Überwindung des Todes, vielleicht auch einer gewissen Hybris, sich „wissend" dessen zu bemächtigen, was man nur glauben kann. Selbst im Neuen Testament behauptet keiner der Osterzeugen, die Auferstehung selbst gesehen oder miterlebt zu haben[83]. Es werden nur Begegnungen mit dem Auferstandenen geschildert. Es ist wie bei einem Meteoritenkrater. Man sieht einen Rand und versucht zu begreifen, dass hier etwas Großes eingeschlagen sein könnte.

Zweitens: So wichtig es ist, dass die Auferstehung Jesu als ein Tun Gottes und nicht als ein natürlich ablaufender Prozess ausgesagt wird, bleibt doch die Frage, was abgesehen vom Glauben oder den bloßen Visionen der Jünger mit Jesus Christus nach dessen Tod geschehen ist. Diese Frage ist wichtig, damit die Einheit der Wirklichkeit[84] nicht aufgegeben wird und die Theologie sich nicht auf bloße Behauptungen bzw. ins „Geheimkabinett und feste Burg der Transzendenz"[85] zurückzieht. Darin muss man Pannenberg Recht geben.

Drittens: Doch handelt es sich nach theologischem Verständnis bei der Auferstehung nicht um ein schier unglaublich wunderhaftes Einzelereignis, sondern, wie Pannenberg insistiert, um die punktuelle Vorwegnahme der endzeitlichen Totenauferweckung. Damit legt sich nahe, dass die Auferstehung Jesu Christi vom Ende der Zeit her verstanden werden soll. Ob theologische und physikalische Kosmologie konvergieren können, diese Frage stellt ja Tiplers Omegapunkttheorie. Es scheint also naheliegend, beim Ende der Welt anzusetzen und dann erst nach der Auferstehung Jesu in naturwissenschaftlicher Hinsicht zu fragen.

Viertens: So stellt Tiplers Omegapunkttheorie einen Versuch dar, einmal die christliche Gottesvorstellung physikalisch zu beschreiben im Sinne von: Wie müsste

---

83 Auch die Wachen am Grab werden wie tot (Mt 28,4).

84 Vgl. Pannenberg, Breaking, 312.

85 Ernst Bloch über Karl Barth (s. Bloch, 72).

das physikalisch aussehen, wenn Gott am Ende alles in allem sein soll? Darin hat die Omegapunkttheorie den Reiz eines Gedankenexperiments, das gewisse mögliche Konvergenzen, aber auch wieder die Unterschiede zur Theologie hervortreten lässt. Vielleicht könnte diese Aufhebung allen Lebens in Gott auch ohne Computertechnologie gedacht werden. Mag sein, dass sich nach derzeitigem naturwissenschaftlichen Kenntnisstand noch wenig Berührungspunkte ergeben und auch das Ende des Universums in physikalischer Hinsicht spekulativ gerät. Das soll uns nicht daran hindern, weiter – auch gerade bei fortschreitendem Erkenntnisstand der Physik und Kosmologie – im Gespräch zu bleiben und eine eschatologische Übereinstimmung von Glauben und Wissen zu erhoffen. Bis dahin ist es auch Aufgabe der Theologie klarer zu benennen, was sie mit der Auferstehung Jesu und ihrer Bedeutung meint.

Literatur

Barth, Karl: Credo. Die Hauptprobleme der Dogmatik dargestellt im Anschluß an das Apostolische Glaubensbekenntnis. 16 Vorlesungen, gehalten an der Universität Utrecht im Februar und März 1935, Zürich 1939.

Barth, Karl: Die Auferstehung der Toten. Eine akademische Vorlesung über 1. Kor. 15, München 1924.

Barth, Karl: Die Kirchliche Dogmatik, Bd. I/1 – IV/Fragment, Zürich 1932–1967.

Bloch, Ernst: Atheismus im Christentum, Frankfurt 1968.

Bultmann, Rudolf: Neues Testament und Mythologie. Das Problem der Entmythologisierung der neutestamentlichen Verkündigung, in: Kerygma und Mythos. Ein theologisches Gespräch, hg. v. Hans Werner Bartsch, Hamburg 1948.

Bultmann, Rudolf: Zum Problem der Entmythologisierung, in: ders.: Glauben und Verstehen. Gesammelte Aufsätze, Bd 4, Tübingen [2]1967.

Ellis, George: Piety in sky, in: Nature 371, 1994, 115.

Goethe, Johann Wolfgang von: Faust. Eine Tragödie, in: ders.: Werke, Bd. 3: Dramatische Dichtungen I. Hamburger Ausgabe, München [16]1996.

Lüdemann, Gerd: Die Auferweckung Jesu von den Toten. Ursprung und Geschichte einer Selbsttäuschung, Lüneburg 2002.

Lüdemann, Gerd: Zwischen Karfreitag und Ostern, in: Osterglaube ohne Auferstehung? Diskussion mit Gerd Lüdemann, hg. v. Hansjürgen Verweyen (QD 155), Freiburg/Basel/Wien 1995.

Mutschler, Hans-Dieter: Frank Tipler's physical eschatology, in: Zygon 30, 1995, 488f.

Pannenberg, Wolfhart: Breaking a Taboo. Frank Tipler's the physics of immortality, in: Zygon 30, 1995, 311.

Pannenberg, Wolfhart: Eine moderne Kosmologie: Gott und die Auferstehung der Toten, in: ders.: Beiträge zur Systematischen Theologie, Bd. 2: Natur und Mensch – und die Zukunft der Schöpfung, Göttingen 2000.

Pannenberg, Wolfhart: Grundzüge der Christologie, Gütersloh [4]1972, [6]1982.

Pannenberg, Wolfhart: Systematische Theologie, Bd. 2, Göttingen 1991.

Pannenberg, Wolfhart: Theological appropriation of scientific understandings. Response to Hefner, Wicken, Eaves, and Tipler, Zygon 24, 1989, 255–257.

Russel, Robert John: Bodily resurrection, eschatology, and scientific cosmology: The mutual interaction of christian theology and science, in: Resurrection. Theological and scientific assessments, hg. v. Ted Peters u. a., Grand Rapids 2002.

Schweitzer, Albert: Geschichte der Leben-Jesu-Forschung (GTB 77), Bd. 1, München/Hamburg 1966.

Tipler, Frank J.: Die Physik der Unsterblichkeit. Moderne Kosmologie, Gott und die Auferstehung der Toten, München [4]1995.

Tipler, Frank J.: Die Physik des Christentums. Ein naturwissenschaftliches Experiment, München 2008.

Troeltsch, Ernst: Über historische und dogmatische Methode in der Theologie, in: ders.: Zur religiösen Lage, Religionsphilosophie und Ethik, Gesammelte Schriften, Bd. 2, Tübingen 1913.

Tune, Anders S.: Quantum theory and the resurrection of Jesus, in: Dialog. A Journal of Theology 43, 2004, 166–176.

Tune, Anders S.: Resurrection and science: A response to Kirk Wegter-McNelly, in: Dialog: A Journal of Theology 44, 2005, S. 189f.

Wegter-McNelly, Kirk: Response to Tune on Hume, quantum theory, and resurrection, in: Dialog: A Journal of Theology 43, 2004, 353.

Jenseits von Determinismus und epistemischem Indeterminismus

Quantenindeterminismus als ontologischer Rahmen für die theologische Lehre vom *unfreien* Willen

Birgitta Annette Weinhardt

Willensfreiheit wurde schon in der Antike zu einem heiß umstrittenen Thema[1] und ist auch heute wieder brandaktuell. Der Angriff auf die menschliche Freiheit seitens der Neurobiologie greift tief in unser von der Aufklärung geprägtes Menschenbild ein, und er verschärft die „dritte Kränkung", die schon Sigmund Freud der Menschheit zugefügt hatte[2]. Insbesondere die Pädagogik und das Rechtsverständnis werden schwierig, wenn Menschen keinen freien Willen haben. Wie kann ein willensunfreier Mensch zur Mündigkeit hin erzogen werden? Wie können Gesetzesübertreter bestraft werden, wenn sie doch keine Alternative zu ihrem devianten Verhalten hatten? Schließlich bricht auch in der christlichen Theologie die alte Frage wieder auf, in welchem Verhältnis Gottes Freiheit und die Freiheit des Menschen bei der Konstituierung des Gottesverhältnisses zueinander stehen: Entscheidet sich der freie Mensch zur Hinwendung zu und zum Glauben an Gott (und kann daher für seine Abwendung von Gott verantwortlich gemacht werden)? Oder ist der Glaube ein reines Geschenk Gottes an den Menschen, wie es besonders Paulus, Augustinus und, in ihren Spuren, die Reformatoren verstanden haben? Wie kann aber ein ungläubiger Mensch dann von Gott zur Verantwortung gezogen werden, wenn ihm der Zugang zu Gott von Gott selbst nicht ermöglicht wurde?

In dieser Studie will ich einen neuen Lösungsweg für das allgemein-gesellschaftliche und christlich-theologische Problem der Willensfreiheit vorstellen. Nach einer kurzen vorläufigen Begriffsklärung (1) beschreibe ich zuerst das theologische Problem der Willensfreiheit. Dazu wähle ich Martin Luther und seinen Interpreten Wilfried Härle (2). Anschließend kommt als Vertreter der aktuellen naturwissenschaftlichen Forschung der Neurobiologe Gerhard Roth zu Wort (3). Die systematische Philosophie, die wie die Theologie vor der Herausforderung steht, den Angriff auf die Willensfreiheit mit dem – scheinbaren oder objektiven – Bedürfnis nach Freiheit in Beziehung zu setzen, wird anhand des aporetischen Entwurfes von Bettina Walde berücksichtigt (4). In der Auseinandersetzung mit diesen Positionen soll schließlich ein alternativer Vorschlag skizziert werden, der die berechtigten Anliegen der Freiheitsverfechter *ohne* die Annahme von Willensfreiheit befriedigen können sollte.

---

[1] Vgl. Markschies, 1567.

[2] Vgl. Freud, 294f.

1. *Vorläufige Begriffsklärungen*

Intuitiv versteht man unter Willensfreiheit meist eine Fähigkeit, die (im Anschluss an eine Formulierung Schopenhauers) so beschrieben werden kann, dass der freie Mensch nicht nur *tun* könne, was er will, sondern auch *wollen* könne, was er will.[3] Nichts würde jemanden also in einer gegebenen Situation davon abhalten, auch anders wollen zu können als er gerade will. Ein solches vorwissenschaftliches, intuitives Verständnis von Willensfreiheit ist aber problematisch. Denn wenn ich in einer bestimmten Situation anders wollen könnte, als ich gerade will, wie komme ich dann zu der Auswahl meines endgültigen Willens? Wenn ich Gründe habe für eine bestimmte Willensrichtung, so legen diese Gründe meinen Willen fest, und wenn jemand oder etwas außer mir meine Gründe kennt, dann kann er oder es vorhersagen, was ich wollen und anschließend tun würde. Damit gibt sich ein intuitives Verständnis von Willensfreiheit zumeist nicht zufrieden. Wenn ich aber keine Gründe dafür habe, die meinen Willen in einer bestimmten Situation bestimmen, dann erscheint meine schließliche Entscheidung als grund-los, also als zufällig. Aber auch damit ist das intuitive Freiheitsverständnis nicht getroffen. Dieses befindet sich meist in einer Suchbewegung nach „etwas Drittem" zwischen notwendiger und zufälliger Willensbestimmung. Nach dem Satz vom zureichenden Grund ist ein solches „Drittes" aber nicht einmal denkmöglich. Wer die Intuition für so wichtig hält, dass Willensfreiheit postuliert werden muss, führt damit einen Begriff in das Denken ein, der nur negativ bestimmt ist: Willensfreiheit wäre dann die Abwesenheit sowohl von bestimmenden Gründen als auch von Zufall in der Willensentscheidung. Was positiv darunter zu verstehen sei, ist nicht in Sprache auszudrücken und nicht in Gedanken zu fassen – ein bloßes Wortetikett.[4] Auch aus einer Mischung von Zufall und Notwendigkeit etwas Drittes zu machen, nämlich Willensfreiheit, die etwas anderes wäre als eben eine Mischung aus Zufall und Notwendigkeit, ist noch niemandem gelungen. Schließlich hilft auch die Einschaltung von beliebig vielen zusätzlichen Ebenen beim Willensprozess nicht weiter. Denn nähme man an, der Wille sei sich seiner Gründe bewusst und seine Freiheit bestehe darin, zu wählen, welche Gründe sich durchsetzen dürfen, so muss er auch bei dieser Wahl durch Gründe bestimmt sein oder zufällig entscheiden. Auf diese Weise entsteht also allenfalls ein unendliches Regressproblem.

Aufgrund dieser Schwierigkeiten wird in der Philosophie der Begriff der Willensfreiheit zumeist zu dem der Handlungsfreiheit ermäßigt. Um es mit Schopenhauer

---

[3] „Du kannst *thun* was du *willst*: aber du kannst, in jedem gegebenen Augenblick deines Lebens, nur ein Bestimmtes *wollen* und schlechterdings nicht Anderes, als dieses Eine." Schopenhauer, 58–59. Hervorhebungen im Original. Daraus wurde später die bekannte Formulierung: „Der Mensch kann zwar tun, was er will, aber er kann nicht wollen, was er will."

[4] Oder, wie Martin Luther sagt, eine Sache *de solo titulo*: „Das freie Willensvermögen nach dem Sündenfall ist ein bloßer Name, und indem es tut, was in seinen Kräften steht, sündigt es tödlich"; Luther, Heidelberger Disputation, 47. „Das freie Willensvermögen nach dem Sündenfall ist eine Sache nur dem Namen nach, und solange es tut, was in seinen Kräften steht, sündigt es tödlich"; Luther, Assertio, 195. Die lateinische Formulierung ist jeweils identisch: „Liberum arbitrium post peccatum, res est de solo titulo, et dum facit, quod in se est, peccat mortaliter"; a. a. O., 46 u. 194; Kapitälchen in den deutschen Zitaten aufgehoben.

zu sagen: Unser intuitives Freiheitsverständnis ist dann schon erfüllt, wenn wir *tun* können, was wir wollen. Wir müssen dazu nicht auch noch *wollen* können, was wir wollen. Diese Auffassung nennt man Kompatibilismus. Kompatibel, miteinander verträglich, sind dann die Vorstellung einer deterministischen Welt und eines freien Willens, der nur insofern frei ist, als er die determinierte Willensentscheidung auch in Handlungen umsetzen kann. Man kann, etwa mit Geert Keil, den handlungsfreien Willen auch noch enger so bestimmen, dass man ihn als *bewusste*n Willen fasst, der so nahe wie möglich an den Zeitpunkt einer Entscheidung gerückt wird, dass er unbewusst-automatische Handlungsantriebe wie Neigungen oder Affekte überstimmen kann. Willensfreiheit wäre dann die Eigenschaft des Menschen, beim Entscheidungsprozess bewusst-rationale Gründe gegenüber unbewussten und emotionalen Handlungsimpulsen überwiegen zu lassen. Es ist also die Fähigkeit des mentalen Abwägens verschiedener Argumente beim Entscheidungsprozess, die in den philosophischen Konzeptionen eine tragende Rolle spielt.[5]

Der Kompatibilismus ist heute die meistvertretene philosophische Ansicht. Ein freier Wille ist hier derjenige, der nur durch solche Gründe bestimmt ist, die weder als äußerer Zwang (etwa Drohung) noch als innerer Zwang (etwa Psychose) aufgefasst werden können. Der kompatibilistische freie Wille arbeitet also tatsächlich deterministisch und widerspricht damit der vorwissenschaftlichen Intuition. Der Inkompatibilismus hingegen lehnt eine Koordinierung von Determinismus und Willensfreiheit ab und leugnet entweder die Existenz der Willensfreiheit (harte Deterministen[6]) oder die Wahrheit des Determinismus (Libertaristen). Bettina Walde beansprucht, eine Position zwischen Kompatibilismus und Libertarismus entwickelt zu haben. Doch bevor wir uns ihr zuwenden, soll zunächst die reformatorische Tradition und anschließend die neurobiologische Theoriebildung dargestellt werden.[7]

2. *Martin Luther und die theologische Bestreitung der Willensfreiheit*

Schon im Neuen Testament, der Ursprungsdokumentation des Christentums, finden wir bei Paulus die Auffassung, dass es nicht im Bereich menschlicher Freiheit liege, sich zum Glauben an Gott zu entscheiden oder diese Entscheidung anzubahnen.[8] Angesichts der traditionellen jüdisch-christlichen Auffassung, dass die Ungläu-

---

5 Vgl. Keil, Willensfreiheit, 3. Gegen ein solch rein rationalistisches Verständnis wendet sich Gerhard Roth. Vgl. dazu u. 266–268.

6 Die Position des „Harten Determinismus“ besteht in der Auffassung, dass Freiheit nur mit einem ontologischen Indeterminismus vereinbar wäre. Da die harten Deterministen aber von der Wahrheit des Determinismus ausgehen, gehen sie von einer menschlichen Unfreiheit aus. Der frühe Gerhard Roth vertrat einen solchen Standpunkt.

7 Ein ausführliches Kategorienschema der verschiedenen philosophischen Konzeptionen liefert Quante, Freiheiten, 11–37.

8 Zu Röm 7 bzw. 9 vgl. etwa Achtner 41–48, v.a. 48: „Insgesamt gesehen vertritt damit Paulus […] ganz klar die Anschauung der Unfreiheit des menschlichen Willens.“ Auch im Johannesevangelium gibt es Aussagen, die den paulinischen entsprechen, vgl a. a. O., 40.

bigen dereinst mit der Hölle bestraft werden, sieht sich Paulus mit dem Vorwurf konfrontiert, dass er einen ungerechten Gott verkündige. Denn wie könne Gott diejenigen, denen er das Glauben-Können verweigere, wegen ihres Unglaubens bestrafen? Angesichts dieser Problematik verwundert es nicht, dass die Lehre vom unfreien Willen in der frühen Kirche bald verdrängt wurde. Erst Augustinus (354–430) stellte sie wieder auf den Leuchter, gestaltete sie dabei allerdings auch zur Prädestinationslehre aus, was bei Paulus gerade nicht der Fall war.[9] Nach Augustinus hat Gott schon vor der Erschaffung der Welt entschieden, bestimmten Menschen die Fähigkeit des Glaubenkönnens zu schenken, den anderen hingegen nicht. Die Gläubigen werden im jüngsten Gericht mit dem Paradies belohnt, die Ungläubigen in der Hölle bestraft, jene zum Ruhm der Barmherzigkeit Gottes, diese zur Veranschaulichung seiner Gerechtigkeit. Die Prädestinationslehre erschien den Generationen nach Augustinus zurecht als unterchristlich, so dass auch sie wieder aus dem kirchlichen Bewusstsein verschwand, und damit auch die Auffassung von der menschlichen Willensunfreiheit in Sachen des Glaubens. Erst die Reformatoren sind den paulinischen und augustinischen Spuren wieder gefolgt.

Auch in der berühmten Debatte zwischen Martin Luther und Erasmus von Rotterdam geht es um eine Verhältnisbestimmung von göttlicher Gnade und menschlichem Wahlvermögen. Die beiden Kontrahenten haben dabei unterschiedliche Vorstellungen, was die Freiheit des menschlichen Willens betrifft. Luther betont, dass es alleine in Gottes Händen liege, ob der Mensch das ewige Heil erlange oder nicht. Er definiert in diesem Kontext die Willensfreiheit als eine alleinige Eigenschaft Gottes.[10] Dahinter steht die Einsicht, dass nur mit einer Willensunfreiheit des Menschen das Sola-Gratia-Prinzip aufrechterhalten werden kann. Denn der zentrale Gedanke der reformatorischen Theologie ist, „daß alles, was Gott als Schöpfer und als Erlöser in Jesus Christus der Menschheit zugewandt hat, ein bedingungsloses göttliches Geschenk ist.“[11]

Erasmus hingegen versteht unter dem freien Willensvermögen etwas anderes und definiert dies folgendermaßen:

> „Weiters fassen wir an dieser Stelle den freien Willen als eine Kraft des menschlichen Wollens auf, durch die sich der Mensch dem zuwenden, was zum ewigen Heil führt, oder sich davon abkehren könnte.“[12]

Erasmus möchte dem menschlichen Wahlvermögen also etwas zusprechen. Doch was bezweckt er damit? Die Antwort auf diese Frage gibt er am Ende von „De libero arbitrio“:

---

9 Bei Paulus finden sich zwar Elemente der späteren Prädestinationslehre, aber nicht das ausgeführte System mit der supralapsarischen Prädestination zur Hölle. Vgl. etwa Römer 8–11.

10 „Gott hat mit Gewissheit den Gedemütigten, das heißt, den völlig Verzweifelten seine Gnade zugesagt. Der Mensch kann aber erst dann vollständig gedemütigt werden, wenn er weiß, dass sein Heil gänzlich außerhalb seiner eigenen Kräfte, Absichten, Bemühungen und seines eigenen Willens, seiner Werke liegt und ganz und gar von der Entscheidung, der Absicht, vom Willen und Werk eines anderen abhängt, nämlich Gottes allein.“ Luther, Willensvermögen, 285, 24.

11 Jüngel, 115.

12 Erasmus, 37.

„Damit es etwas gibt, was den Gottlosen mit Recht angerechnet wird, die sich freiwillig der Gnade Gottes versagt haben, damit der Vorwurf der Grausamkeit und Ungerechtigkeit von Gott abgewendet werde, damit von uns die Verzweiflung abgewendet werde […], damit wir zum Bemühen angespornt werden.“[13]

Erasmus befürchtet, dass Luthers Position eine Verschärfung der Theodizeeproblematik mit sich bringe. Daneben sieht er die gesellschaftliche Ordnung und die Ethik in Gefahr, wenn alles aus reiner Notwendigkeit geschehe und Menschen somit nicht mehr in der Lage seien, eine Entscheidung darüber zu treffen, wie sie sich verhalten sollten. Diese Einwände von Erasmus haben durchaus ihre Berechtigung und sollten bei der Entwicklung eines aktuellen Ansatzes berücksichtigt werden.

Die aktuelle Forschung versucht der Problematik, die Erasmus aufgezeigt hat, gerecht zu werden, indem sie der Frage nachgeht, welches Weltbild Luther seiner Position zugrunde legt. Auch die gegenwärtige Lutherforschung versucht, den Reformator in das Kategoriensystem von Determinismus und Indeterminismus einzuzeichnen. Vertritt er etwa eine deterministische oder gar fatalistische Weltsicht, wenn er die Unfreiheit des menschlichen Willens behauptet? Hier steht aber nicht die These eines allgemeinen ontologischen Determinismus im Hintergrund, sondern die eines theologischen Determinismus, nach welchem Gott von der Erschaffung der Welt an bis hin zum kommenden Gottesreich sämtliches Geschehen vorherbestimmt hätte. Dieser Frage geht auch der Heidelberger Dogmatiker Wilfried Härle nach.

Härle hält die Determinismusvorstellung mit der Theologie des Wittenberger Reformators für unvereinbar und versucht dies, anhand einer Analyse von drei *distinctiones* Luthers, zu begründen.

Zunächst unterscheide Luther die beiden Ebenen von *superiora* und *inferiora*. Während die *superiora* einen rein göttlichen Bereich darstellen, bezeichnen die *inferiora* die weltlichen Dinge. Im Gegensatz zu den *superiora*, in denen die Menschen kein freies Wahlvermögen haben, gestehe Luther im Bereich der *inferiora* den Menschen ein gewisses Maß an Freiheit zu. Innerhalb der *inferiora* befinde sich eine gebotsfreie Zone, die so genannten Adiaphora (etwa: gleichgültige Dinge), die Gott nicht durch die Offenbarung seines Willens geregelt habe. Hier könne der Mensch Entscheidungen nach seinem eigenen Ermessen treffen, beispielsweise welchen Beruf er ergreifen werde. Allerdings handle es sich bei dieser Art von Freiheit lediglich um „Gebotsfreiheit“, nicht jedoch um echte Wahlfreiheit.[14]

Zweitens differenziere Luther zwischen dem, was Gott ohne uns wirke und dem, was er mit dem Menschen zusammen wirke. „Gottes schöpferisches und neuschöpferisches Wirken, einschließlich der Erhaltung des Menschen als Kreatur und als neue Kreatur ist demnach alleine Gottes Werk.“[15] Diese göttliche „Alleinwirkung“, die ausschließlich in dem Bereich der *superiora* vorkomme, bezeichne Luther als *creatio* (Erschaffung). Auf der Ebene der *inferiora* sei der von Gott erschaffene und

---

13 Erasmus, 191.

14 Vgl. Härle, Unvereinbarkeit, 3–5.

15 A. a. O., 6.

erhaltene Mensch zur *cooperatio* (Mitwirkung) mit Gott aufgerufen. In den Bereich der *cooperatio* fallen Dinge wie z. B. predigen, sich den Armen zuwenden oder Angefochtene trösten.[16] An dieser Stelle tauche die Frage auf, ob das Kooperations-Modell durch das Wollen und Handeln Gottes bestimmt sei oder nicht, ob hier also ein nicht determinierter Bereich des menschlichen Wollens und Wirkens vorliege oder nicht. Diese Frage kann Härle klar entscheiden: Der Gedanke der *cooperatio* enthalte nicht den Dialog „zweier unabhängiger Partner, die jeweils etwas Eigenständiges beitragen, sondern auch in seiner cooperatio ist und wird der Mensch durch Gottes allmächtiges Wirken bestimmt."[17] Hier komme nun Luthers grundlegendes Verständnis der Allmacht Gottes als tatsächliche Allwirksamkeit ins Spiel. Denn keiner der genannten Bereiche sei von der Allwirksamkeit ausgeschlossen. Luther gehe davon aus, dass Gott in jedem geschöpflichen Akt machtvoll mitwirke, denn ohne diese Mitwirkung wäre der Mensch gar nicht im Stande zu handeln bzw. zu wirken. Härle schlussfolgert schließlich:

> „Der Glaube an die Allwirksamkeit Gottes, ‚mit der er machtvoll alles in allem tut', erlaubt es Luther nicht, die inferiora aus dem Bereich des göttlichen Wirkens herauszunehmen. [...] dieses (Mit-)Wirken Gottes [lässt] sich aber nicht (nur) als eine unbestimmte Lebensenergie oder Schöpferkraft denken [...], sondern [muss] als Gottes lenkendes Wirken verstanden werden [...]. Gott wirkt nicht nur im Menschen und mit dem Menschen in den inferiora, sondern gibt diesem Wirken auch die Richtung, die es faktisch nimmt, obwohl es nicht unter Gottes Gebot steht."[18]

Härle hält hier als Zwischenergebnis fest, dass weder die Unterscheidung von *superiora* und *inferiora*, noch die Unterscheidung von *creatio* und *cooperatio* die Annahme des theologischen Determinismus zurückweisen können. Dies sei erst mit der Einführung der dritten Unterscheidung möglich: der Unterscheidung zwischen Gottes Bewirken des Guten und der *Zulassung des Bösen*.

Die Wahl der Sünde und des Bösen, also der Abfall von Gott, gehören nach Luther nicht zu dem, was Gott wirke. Für Luther stehe dementsprechend fest: Gott ist nicht die Ursache der Sünde und des Bösen. Die Allwirksamkeit sei jedoch auch im Bereich der Zulassung der Sünde vorhanden. Dennoch gebe es im Bereich der *inferiora* zwischen *cooperatio* und der *Zulassung des Bösen* einen entscheidenden Unterschied: Während Gott bei der *cooperatio* den menschlichen Willen lenke, wohin er wolle, finde er den von ihm abgewandten Willen schon vor. Bei dieser dritten Unterscheidung ziehe Luther also nicht die Konsequenz, dass die Sünde etwas von Gott gewolltes und determiniertes sei.

Härle kommt zu dem Ergebnis, dass die Annahme, Luther vertrete einen theologischen Determinismus, an dieser Stelle zurückgewiesen werden könne. Nach Luther habe der Mensch also in Bezug auf die Sünde so etwas wie ein Wahlvermögen – aber nur in Bezug auf sie. Doch bemerkt Härle hier zu Recht, dass man in einer Situation,

---

16 Vgl. Luther, Willensvermögen, 573.

17 Härle, a. a. O., 6.

18 Härle, a. a. O., 5, mit Bezugnahme auf Luther 487.

die nur *eine* Auswahlmöglichkeit bietet, wohl kaum von einem Wahlvermögen sprechen könne.[19]

Im Gegensatz zu Härle nimmt der Tübinger Systematiker Friedrich Hermanni an, Luther vertrete einen theologischen Determinismus. Dies werde vor allem deutlich, wenn man die Annahme des Determinismus mit dem Satz vom zureichenden Grund verbinde. Denn nach Luther sei der Wille Gottes der zureichende Grund für sämtliche Ereignisse, also auch für die freien Entscheidungen des Menschen.[20] Auch Andreas Klein sieht in Luthers Theologie eine deterministische Grundlegung, betont dabei aber, dass Luther sich damit vor allem gegen ein libertarisches Freiheitsverständnis wende, das er bei Erasmus angelegt sehe.[21]

> „Jedenfalls ist unschwer zu sehen, daß Luthers soteriologisch motivierte These von der Unfreiheit bzw. Knechtschaft des Willens durchaus als anthropologische Bestimmung gelten und mit der These des Determinismus verkoppelt werden kann. Denn wenn jegliches Geschehen mit Notwendigkeit erfolgt, nämlich im Blick auf Gottes Allwirksamkeit, dann ist die behauptete Notwendigkeit gerade nicht nur im Blick auf Heil oder Unheil zu konstatieren, sondern ganz generell anthropologisch und kosmologisch grundlegend."[22]

Klein kommt dabei zu dem Ergebnis, dass Luthers Position am besten in einem kompatibilistischen Standpunkt aufgehe.[23]

Der Widerspruch zwischen Hermanni und Klein einerseits und Härle andererseits könnte so aufgelöst werden, dass man die Zeit vor und nach dem – von Luther als historisches Ereignis aufgefassten – Sündenfall unterscheidet. Die erste Sünde des Satans und der Ureltern könnte noch als freie Willensentscheidung gedacht werden. Satan ist „deserente Deo" böse geworden. Das kann übersetzt werden mit „*weil* Gott ihn verlassen hat" oder mit „*als* Gott ihn verlassen hat". Im ersten Fall wäre Gott auch Urheber der Ursünde; im zweiten Fall gäbe es vor Adams Fall keinen theologischen Determinismus.[24]

Härle entscheidet sich für die zweite Möglichkeit. Er sieht aber auch, dass Gott nach Luther vorherweiß, dass Satan und Adam sich von ihm abwenden werden, wenn er sie sich selbst überlasse.[25] Warum aber spricht sich Härle so vehement gegen den theologischen Determinismus aus? Die Antwort darauf kann man seiner Feststellung entnehmen: „Konsequent deterministisch zu leben, hieße: sich vollständig treiben zu lassen – noch genauer gesagt: sich als jemand zu verstehen, der vollständig getrieben wird."[26] Die Kategorie „Sinn" könne in solch einer Weltanschauung letztendlich nicht mehr sinnvoll gedacht werden. Härle bringt also eine deterministische Weltsicht mit fatalistischem Denken in Verbindung, dem er äußerst ablehnend gegenübersteht.[27]

---

19 Vgl. a. a. O., 9f.
20 Vgl. Hermanni, 176.
21 Vgl. Klein, 391.
22 Klein 392.
23 Vgl. ebd.
24 Vgl. Luther, Willensvermögen, 468, 4.
25 Vgl. Härle, a. a. O., 9f.
26 A. a. O., 1.
27 Vgl. ebd.

Das Thema, das Luther und Erasmus beschäftigte, hat bis heute an theologischer Aktualität nichts verloren, wie die bisherige Darstellung des dogmatischen Standpunktes von Härle und die abweichenden Beurteilungen von Hermanni und Klein gezeigt haben. Das *sola gratia* der Rechtfertigungslehre gilt für Paulus, die Reformatoren und die meisten zeitgenössischen evangelischen Systematiker als eine zentrale Grundaussage der Theologie im engeren Sinne und der theologischen Anthropologie.

Die Aufgabe der systematischen Theologie besteht darin, den Wahrheitsanspruch des christlichen Glaubens im Rahmen des zeitgenössischen Wahrheitsbewusstseins zu reflektieren und zu begründen. Es geht ihr nicht nur darum, die theologischen Traditionen einfach zu pflegen wie alte Bräuche. Daher ist es für die Dogmatikerin unerlässlich, sich mit der Biologie als geborenem Dialogpartner der theologischen Anthropologie kritisch auseinander zu setzen. Das Thema Willensfreiheit steht auch in der Neurobiologie seit der Entwicklung neuerer bildgebender Methoden im Fokus des Interesses. Selbstverständlich behandelt die Neurobiologie die Willensfreiheit in allgemeiner Weise und nicht aus dem spezifisch theologischen Blickwinkel. Aber das ist kein Argument für die Beschränkung der Theologie auf ihren eigenen Binnenraum.

Wir wenden uns im Folgenden dem Gesamtwerk Gerhard Roths zu, einem der führenden Neurobiologen der Gegenwart. Von ihm rühren sowohl einige der provokantesten Medienauftritte her, aber er hat auch eines der umfassendsten Œuvres vorgelegt und dabei Dialogangebote für einige Geisteswissenschaften gemacht, wenn auch nicht für die Theologie, so doch für die Philosophie, Erziehungs- und Rechtswissenschaft.

3. *Gerhard Roth: Willensunfreiheit und Persönlichkeitsentwicklung*

Im Gegensatz zu Erasmus und Härle zeigt Roth keine Angst vor einem Fatalismus im Rahmen des deterministischen Weltbildes. Er kommt auf neurobiologischem Weg zu einer Ablehnung der Willensfreiheit. Entscheidend sind dabei seine Einsichten und Systematisierungen in Bezug auf die Entwicklung der Persönlichkeit und der Handlungssteuerung.

Ich werde im Folgenden zunächst die Persönlichkeitsentwicklung nach Roth darstellen (3.1) und anschließend seine Theorie der Handlungssteuerung erläutern (3.2). Die neurobiologischen Zusammenhänge werden relativ ausführlich dargestellt, weil aus dieser Disziplin heraus die heutige Diskussion um die Willensfreiheit mit die stärksten (und medienwirksamsten) Impulse empfängt. Anschließend werden die Konsequenzen skizziert und kritisiert, die Roth aus seinem Persönlichkeits- und Handlungsmodell in Bezug zur Freiheitsfrage zieht (3.3).

3.1 Das Vier-Ebenen-Modell der Persönlichkeit

Ausgangspunkt des Vier-Ebenen-Modells ist die Überlegung, wo die verschiedenen Eigenschaften einer Person im Gehirn verortet sind. Als Kernaussage seines Modells betrachtet Roth die Tatsache, dass die Persönlichkeit eines Menschen eine „multizentrale“ Leistung des Gehirns sei. Roth geht dabei von vier funktionellen Ebenen aus, die jeweils zu unterschiedlichen Zeitpunkten im menschlichen Entwicklungsprozess entstünden. Die unterschiedlichen Funktionsweisen dieser vier Ebenen charakterisiert er anhand dreier Dimensionen: 1. „unbewusst/bewusst“, 2. „emotional/rational“ und 3. „egoistisch/sozial“.[28] Eine der wichtigsten Erkenntnisse dieses Ansatzes ist, dass wichtige Anteile der individuellen Persönlichkeit bereits in früher Kindheit und damit unbewusst ausreifen, so dass ein wesentlicher Teil der Persönlichkeit der Selbsterkenntnis stets verschlossen bleibe.[29]

Das limbische System nimmt eine zentrale Stellung in Roths Persönlichkeitsmodell ein. Es setzt sich aus mehreren Strukturen[30] zusammen und ist an verschiedenen Leistungen, vor allem emotionaler Art, beteiligt. Entsprechend den unterschiedlichen Funktionsbereichen des limbischen Systems, untergliedert Roth drei limbische Ebenen der Persönlichkeit, denen eine vierte – als einzige nicht limbische – Ebene gegenüber steht. Diese verortet er in den assoziativen Arealen des Neocortexes.[31]

Wie Roth nun die unterschiedlichen Ebenen charakterisiert und deren Wechselverhältnis untereinander beschreibt, wollen wir im Folgenden genauer betrachten:

Als erste funktionelle Ebene beschreibt Roth die *„vegetativ-affektive-Ebene“*, die sich bereits ab der siebten Schwangerschaftswoche entwickle. Anatomisch ordnet Roth diese Ebene der limbischen Grundachse des Gehirns zu, die unter anderem aus dem Hypothalamus, der Hypophyse und dem Zentralkern der Amygdala gebildet werde. Die „vegetativ-affektive-Ebene“ gewährleiste wichtige Funktionen, die der Organismus zum Leben benötige. Roth zählt hierzu die „Kontrolle des Stoffwechsels, des Kreislauf-, Temperatur-, Verdauungs- und Hormonsystems, die Regelung von Nahrungs- und Flüssigkeitsaufnahme sowie die Steuerung des Schlaf-Wach-Rhythmus und der damit verbundenen Bewusstseinszustände“. Darüber hinaus sei sie für „spontan affektive Verhaltensweisen und Empfindungen zuständig wie das Angriffs- und Verteidigungsverhalten, Dominanz- und Paarungsverhalten, Flucht und Erstarren sowie Aggressivität und Wut.“ Neben den lebensermöglichenden Funktionen sei

---

[28] Vgl. Pauen/Roth, Freiheit, 106.

[29] Vgl. Roth, Persönlichkeit, 90.

[30] Zu den wichtigsten Zentren des limbischen Systems zählt Roth u. a. den Hypothalamus, die Hypophyse, den Thalamus, den Hippocampus, den Nucleus accumbens und die Amygdala. Diese Zentren arbeiten vollkommen unbewusst. Zu den Zentren, die am Bewusstsein beteiligt sind, zählt Roth den limbischen Cortex. Funktionell gehören zum limbischen Cortex der orbitofrontale Cortex, der anteriore cinguläre Cortex, der ventromediale Cortex und der insulären Cortex. Diese funktionellen Cortexareale befinden sich im Stirnlappen. Vgl. dazu a. a. O., 44, Abb. 5; 91, Abb. 8; 93.

[31] Im Gegensatz zum limbischen Cortex verteilen sich die assoziativen Areale des Neocortexes nicht nur auf den Stirnlappen, sondern auch auf den Frontal-, den Scheitel- und den Schläfenlappen. Funktionell ordnet Roth hierzu den präfrontalen Cortex, den hinteren parietalen Cortex, sowie das Broca- und Wernicke-Areal. Vgl. dazu a. a. O., 42f; 94f.

diese Ebene aber auch für das „grundlegende Temperament" eines Menschen und dessen „Triebstruktur" verantwortlich.[32]

Auch die zweite Ebene, die sich ebenfalls vorgeburtlich entwickle, bestehe aus Anteilen des limbischen Systems. Roth zählt zu ihr das mesolimbische System sowie Teile der Amygdala. Bei der Amygdala handle es sich um ein „funktional sehr heterogenes Gebilde"[33], das sich aus verschiedenen Teilbereichen zusammensetze. Wir haben gesehen, dass Roth den Zentralkern der Amygdala der ersten Ebene zuordnet. Auf der zweiten limbischen Ebene siedelt er nun drei weitere Teilbereiche der Amygdala an: den corticalen, medialen und basolateralen Kernbereich. Roth bezeichnet die zweite Ebene als *„Ebene der emotionalen Konditionierung"*. Im Gegensatz zur unteren Ebene gehe es hier nicht mehr primär um die „Sicherung der biologischen Existenz" durch angeborene Affekte, sondern um einen Bereich, in dem individuell emotionales Lernen stattfinde. Der Vorgang der emotionalen Konditionierung werde durch verschiedene neuronale Strukturen ermöglicht. Dabei spielten vor allem die genannten Teilbereiche der Amygdala und das mesolimbische System die entscheidende Rolle:

> „Die *basolaterale* Amygdala ist der Ort der erfahrungsgeleiteten, d. h. auf Konditionierung beruhenden Verknüpfung emotionaler, überwiegend negativer oder überraschender, aber auch positiver Ereignisse mit den angeborenen Grundgefühlen der Furcht, Angst, Abwehr und Überraschung. Hierzu gehört auch das Erkennen der Bedeutung von emotional-kommunikativen Signalen wie Mimik, Gestik, Sprachintonation und Körperhaltung. Die *mediale* und *corticale* Amygdala verarbeitet Geruchs- und Geschmackspräferenzen sowie soziale Geruchssignale, Pheromone genannt, die bei den individuellen Sympathien und Antipathien eine wichtige Rolle spielen. Diese Präferenzen sind teils genetisch bestimmt, teils erfahrungs- bzw. prägungsbedingt."[34]

Das mesolimbische System betrachtet Roth als „Interaktionspartner" bzw. als „gleichzeitigen Gegenspieler" der Amygdala:

> „Es dominiert bei der Registrierung und Verarbeitung natürlicher Belohnungsereignisse (‚das ist gut gelaufen' bzw. ‚das hat Spaß gemacht') und stellt über die Ausschüttung hirneigener lusterzeugender Stoffe (der sogenannten Opioide) das *zerebrale Belohnungssystem* dar. Dies bedeutet, dass alles, was Befriedigung, Lust und Freude in uns erzeugt, in direkter oder indirekter Weise an die Ausschüttung bestimmter Stoffe im Gehirn gebunden ist. Zum anderen ist das mesolimbische System das grundlegende Motivationssystem, das über die Ausschüttung des Neuromodulators Dopamin Belohnungen ‚in Aussicht stellt' und damit unser Verhalten motiviert [...]."[35]

Bei der emotionalen Konditionierung komme vor allem der basolateralen Amygdala die tragende Rolle zu, denn:

> „Sie ist der Ort der emotionalen Konditionierung; die basolaterale Amygdala erhält Erregungen aus dem visuellen, somatosensorischen und auditorischen System und gleichzeitig

---

32 Vgl. a. a. O., 90–92.
33 Vgl. Roth, Sicht, 156.
34 Roth, Bildung, 44. Hervorhebungen durch mich.
35 Roth, a. a. O., 44f.

Eingänge von denjenigen Systemen, die ‚gut' und ‚schlecht' melden, d. h. vom mesolimbischen System, vom Hypothalamus und von den Systemen, die mit Schmerzwahrnehmung zu tun haben (Zentrales Höhlengrau, insulärer Cortex)."[36]

Die Konditionierung werde schließlich durch eine „synaptische Paarung" stabilisiert:

„Diese Konditionierung stellt man sich so vor, dass die neuronale Repräsentation des Erlebnisses oder des Objekts und eines bestimmten emotionalen Zustands (Furcht, Freude bzw. Lust) über spezielle synaptische Kontakte so eng miteinander verbunden werden, dass sie regelmäßig zusammen auftreten. Manchmal, wenn ein Objekt oder ein Ereignis mit einem sehr starken emotionalen Erleben verbunden ist, kann eine feste ‚Assoziation' von Reiz und Emotion sofort erfolgen, aber in aller Regel bedarf es mehrerer solcher Erfahrungen, bis diese synaptische Paarung stabil wird. Diese Stabilität kann so groß werden, dass spätere gegenteilige Erfahrungen daran gar nichts oder nur über sehr lange Zeit hinweg etwas korrigieren."[37]

Zu der unbewussten Konditionierung in den ersten Monaten rechnet Roth vor allem die frühkindlichen Bindungserfahrungen. Die später ausgebildeten Beziehungsmuster seien stark von diesen emotionalen Konditionierungen abhängig.[38]

Roth betrachtet die erste und die zweite Ebene als die „unbewusste Grundlage unserer Persönlichkeit und des Selbst". Darunter versteht er „die Grundweisen der Interaktion" einer Person mit sich selbst und mit ihrer „unmittelbaren, persönlichen Umwelt". Roth charakterisiert diese zwei Ebenen als das Kleinkind ins uns, das stets die egoistisch-egozentrische Perspektive einnehme.[39]

Zu der dritten, oberen limbischen Ebene zählt Roth die *limbischen Areale der Großhirnrinde*. Der limbische Cortex setze sich aus dem orbitofrontalen, dem ventromedialen, dem anterioren cingulären und dem insulären Cortex zusammen. Der limbische Cortex sei ein stammesgeschichtlich älterer Teil der Großhirnrinde, der durch afferente und efferente Faserbahnen mit den subcorticalen limbischen Zentren in Verbindung stehe. Diese Faserverbindungen ermöglichten einerseits, dass Informationen aus der Amygdala und dem mesolimbischen System bewusst werden können. Darüber hinaus gewährleisteten die efferenten Faserverbindungen eine hemmende bzw. zügelnde Funktion gegenüber den egoistischen Antrieben.[40] Im Gegensatz zu den ersten beiden Ebenen, die ja auf lebensstiftende und egoistische Funktionen ausgerichtet seien, stelle die obere limbische Ebene eine Art soziale Instanz dar:

„Es geht bei den Funktionen des limbischen Cortex generell um soziales Lernen, Sozialverhalten, Einschätzung der Konsequenzen eigenen Verhaltens, ethische Überlegungen (orbitofrontaler und ventromedialer Cortex), um Aufmerksamkeitssteuerung, divergentes Denken, Risikoabschätzung, Belohnungserwartung (anteriorer cingulärer Cortex), um affektive Schmerz- und Verlustbewertung (insulärer Cortex) und allgemein um das bewusste Gefühlsleben. Die limbischen Cortexareale, besonders die rechtshemisphärischen,

[36] Roth, Sicht, 157.
[37] Roth, Persönlichkeit, 145f.
[38] Vgl. Roth, Bildung, 45.
[39] Vgl. Roth, Persönlichkeit, 92f.
[40] Vgl. Roth, Bildung, 45f.

> sind auch der Ort der emotionalen Gesichtserkennung [...] und in diesem Zusammenhang die Grundlage von *Empathie*."[41]

Im Unterschied zu den ersten beiden Ebenen entwickle sich die obere limbische Ebene erst nach der Geburt, gemeinsam mit dem Bewusstsein. Dies sei insofern auch erforderlich, da die obere limbische Ebene „eine zunehmend differenzierte Wahrnehmung und Verarbeitung komplexer sozialer Signale und Geschehnisse" ermögliche. Sowohl die Amygdala als auch das limbische System könnten diesen Komplexitätsgrad nicht bewältigen. Roth betrachtet das soziale Lernen als kontinuierlichen Prozess, der bis zum Erwachsenenalter anhalte. In der Pubertät gerate er jedoch in gewisse „Turbulenzen", die hormonell bedingt seien.[42]

Den drei limbischen Ebenen stellt Roth eine vierte gegenüber, die „rational-kommunikative Ebene". Roth charakterisiert sie als Sitz des „rationalen Ich, des Verstandes und der Intelligenz", die folgende Fähigkeiten hervorbringe:

> „Zum einen wird hier als Realitätssinn geprüft, was ‚Sache' ist, und zum anderen geht es um Problemlösen und zweckrationale Handlungsplanung. Schließlich ist dies die Ebene der Darstellung und Rechtfertigung des bewussten Ich vor sich selbst und vor den Anderen."[43]

Die kognitiv-kommunikative Ebene entwickle sich parallel zur oberen limbischen Ebene, allerdings wesentlich schneller. So komme es, dass bei Kindern und Jugendlichen die soziale Intelligenz den kognitiven Fähigkeiten in der Regel hinterherhinke. Aber auch im Erwachsenenalter könne man den Gegensatz der oberen limbischen Ebene und der kognitiv-kommunikativen Ebene in manchen Situationen noch deutlich wahrnehmen. Dies liege vor allem an den geringen Faserverbindungen zwischen diesen beiden Ebenen:

> [Die kognitiv-kommunikative] Ebene ist eng mit den sensorischen (d. h. visuellen, auditorischen und taktilen) Arealen und mit den motorischen Zentren der Großhirnrinde verbunden, hat aber nur wenige Verbindungen zu den genannten limbischen Zentren [...]. Das bedeutet, dass das obere Stirnhirn als Sitz von Intelligenz und Verstand und das untere Stirnhirn als Instanz für moralisch-ethische Kontrolle, Risikobewertung und Gefühlskontrolle kaum miteinander interagieren. Die unmittelbare Konsequenz dieser erstaunlichen Tatsache kennen wir alle, nämlich, dass vernünftige Ratschläge und Einsichten *allein* nicht in der Lage sind, Menschen nachhaltig zu beeinflussen. Wir können uns gegenüber einem Freund, der riskante Dinge tun will, den Mund ‚fusselig reden', er wird auf unsere rationalen Argumente so lange nicht hören, wie sie nicht mit emotional bewegenden Argumenten verbunden sind, z. B. mit Hinweisen auf die negativen Folgen der Handlung."[44]

An dieser Stelle wird bereits ein besonderes Anliegen Roths deutlich: Er möchte zeigen, dass der Verstand alleine nicht handlungswirksam werden kann, sondern hierzu stets das emotionale Einverständnis benötigt. Diese Anschauung wird bereits

---

41 Roth, Persönlichkeit, 93.
42 Vgl. Roth, Persönlichkeit, 97f.
43 Roth, Bildung, 47.
44 Ebd.

in dem Vier-Ebenen-Modell zugrunde gelegt, indem Roth die kognitiv-kommunikative Ebene als relativ unabhängig gegenüber den drei limbischen – für ihn sind dies die emotionalen Ebenen – betrachtet. Dass dies letztendlich auch Konsequenzen für die Handlungssteuerung hat, ist insofern nicht überraschend, da sein Handlungsmodell in engem Zusammenhang mit dem Vier-Ebenen-Modell steht.

3.2 Das Modell der Handlungssteuerung

Nach Roth haben bewusste Handlungsintentionen, also Handlungen, die wir als willentlich verursacht empfinden, stets mit Aktivität in der Großhirnrinde (Cortex) zu tun. Die bewusste Handlungsplanung geschehe im hinteren parietalen und im präfrontalen Cortex, wo zunächst der Wunsch nach einer bestimmten Tätigkeit entstehe. Der entscheidende Punkt ist für Roth hierbei die Tatsache, dass der parietale und präfrontale Cortex alleine keine Bewegung bzw. Handlung auslösen können. Hierzu müssten zusätzlich zwei Schleifen durchlaufen werden, die dorsale und die ventrale Schleife.

Die dorsale Schleife hänge mit der Aktivierung der Basalganglien zusammen. Bei den Basalganglien handelt es sich um eine größere Anzahl von Kerngebieten, die tief im Inneren des Großhirns liegen. Diese Kerngebiete gewähren vor allem den reibungslosen Ablauf der motorischen Leistungen, weswegen Roth die Basalganglien auch als „Handlungsgedächtnis" eines Menschen bezeichnet. Doch wie können die Basalganglien garantieren, dass in einer bestimmten Situation genau die entsprechende Bewegung herausgefiltert wird? Nach Roth liegt dies an einem komplizierten System von Hemmung und Enthemmung innerhalb der Basalganglien, das er folgendermaßen beschreibt:

> „Der gesamte Erregungsfluss durch die Basalganglien im Zusammenhang mit Handlungsplanung und Handlungssteuerung wird durch ein komplexes Wechselspiel zwischen erregenden und hemmenden Verbindungen bestimmt, bei denen allerding die Hemmung überwiegt. Es kommt nämlich bei der Bewegungssteuerung darauf an, aus einem riesigen Vorrat möglicher Alternativen einen ganz bestimmten Ablauf gezielt zu enthemmen und alle unerwünschten alternativen Bewegungen zu unterdrücken.
> Diese selektive Freigabe geschieht über den Neuromodulator Dopamin. Dopamin wird innerhalb der Basalganglien durch Neurone der Substantia nigra pars compacta produziert und über Faserverbindungen in das Corpus striatum ausgeschüttet. Dort bewirkt es die Aufhebung der Hemmung, die auf die geplante Bewegung einwirkt, so dass die motorischen thalamischen Umschaltkerne im Zusammenwirken mit dem prämotorischen und parietalen Cortex nunmehr den supplementärmotorischen, prämotorischen und motorischen Cortex so erregen können, dass die Bewegung ausgeführt werden kann. Ohne die Freischaltung der Basalganglien und der thalamischen Kerne können keine Willkürbewegungen ausgeführt werden, und diese Freischaltung wird durch die Ausschüttung von Dopamin durch die Substantia nigra bewirkt."[45]

Entscheidend ist laut Roth, dass die Basalganglien völlig unbewusst arbeiten und wir darauf keinen willentlichen Einfluss nehmen können. Entsprechend sei es für eine

---

[45] Roth, Sicht, 190.

Handlung nicht maßgeblich, ob wir sie gewollt haben, sondern dass die Basalganglien sie freigegeben haben. Roth stützt diese These mit dem Verweis auf Parkinson-Patienten. Das Charakteristische der Parkinsonschen Krankheit bestehe nämlich darin, dass die Patienten zwar eine bestimmte Handlung ausführen möchten, dies aber aufgrund eines Mangels an Dopamin in den Basalganglien nicht können. Da die Dopamin produzierenden Zellen bei dieser Erkrankung absterben, könne es nicht mehr zu dem Dopamin-Freischaltungssignal kommen.[46]

Doch wer veranlasst die Ausschüttung von Dopamin in den Basalganglien und verursacht damit letztendlich die Freischaltung? Laut Roth hat an dieser Stelle nun wieder das limbische System seinen großen Auftritt, und dieses Mal über die ventrale Schleife. Das limbische System, das laut Roth das emotionale Erfahrungsgedächtnis enthält, kontrolliere zunächst, ob die intendierte Handlung positive oder negative Konsequenzen für den Organismus nach sich ziehe. Es teile daraufhin über die ventrale Schleife dem Cortex mit, ob zu der geplanten Absicht positive Erfahrungen vorliegen oder nicht. Seien positive Vorerfahrungen vorhanden, springe die Erregung auf die dorsale Schleife über. In Roths Handlungsmodell ist also das limbische System der Initiator einer Handlung, indem es „über die ‚ventrale' Schleife teils direkt, teils indirekt auf die exekutiv-motorische ‚dorsale' Schleife ein[wirkt]."[47]

Roth beschreibt sein Modell der Handlungssteuerung entsprechend einer Wirkungskette, die vom limbischen System ausgeht. Die Amygdala und das mesolimbische System (beides Teile des limbischen Systems) wirken dabei auf die ventrale Schleife ein. Aus der Sicht des Handelnden bewirke dies ein Auftauchen von Wünschen, Intentionen oder Plänen im Bewusstsein. In der zweiten Phase finde ein rational-emotionales Abwägen dieser Wünsche statt, was durch einen kürzeren oder längeren Kreisprozess zwischen Cortex und subcorticalen limbischen Zentren auf neuronaler Ebene gekennzeichnet sei:

> „Hier nun setzt die oben geschilderte Interaktion zwischen Cortex und Basalganglien ein, die kurz vor dem intendierten Handlungsbeginn die *bewußten* Absichten mit den *unbewußten* Inhalten des limbischen Erfahrungsgedächtnisses abgleichen soll. Im positiven Fall beeinflußt dann das limbische System die dorsale Schleife, und es kommt zur Ausschüttung von Dopamin durch die Substantia nigra in das Striatum, was zu einer ‚Freischaltung' der dorsalen Schleife führt. Über die thalamischen Umschaltkerne wird dann der prämotorische und der supplementärmotorische Cortex so aktiviert, daß sich zusammen mit den vom präfrontalen Cortex kommenden Erregung *ein hinreichend hohes Bereitschaftspotential* aufbauen kann. Dies führt schließlich zur *Aktivierung des motorischen Cortex* und über die Pyramidenbahn zur *Initiierung einer Willkürbewegung.* Dem folgen die Ausführung der Handlung und schließlich die Bewertung der Konsequenzen der Handlung durch das limbische System."[48]

Anhand dieser neuronalen Abfolge entwickelt Roth drei Phasen der Handlungsvorbereitung:

---

[46] Vgl. a. a. O., 191.
[47] Pauen/Roth, Freiheit, 95.
[48] A. a. O., 96.

1. Das Auftauchen von Wünschen und Plänen im Bewusstsein. Auf der neuronalen Ebene entspreche dies einer Erregung der Großhirnrinde durch Amygdala und mesolimbisches System.
2. Bewusstes rational-emotionales Abwägen dieser Wünsche und Pläne, was auf der neuronalen Seite durch einen kürzeren oder längeren Kreisprozess zwischen Großhirnrinde und subcorticalem limbischen System gewährleistet werde.
3. Einleitung der Handlung und Bewertung der Handlungskonsequenzen.

Roths Anliegen ist es, bei seinem Modell der Handlungssteuerung den Stellenwert der emotionalen Faktoren zu betonen:

> „Das limbische System und damit emotionale Faktoren haben also das ‚erste Wort', nämlich beim Entstehen der Wünsche und Pläne, und das ‚letzte Wort' bei der Entscheidung darüber, ob das, was an Handlungsabsicht gereift ist, tatsächlich jetzt und so und nicht anders getan werden soll. Personale Motive spielen eine entscheidende Rolle in der zweiten Phase des Abwägens; indirekt sind sie zudem insofern wirksam, als die Emotionen hier als eine Art unbewußtes Erfahrungsgedächtnis wirken, in dem sich auch frühere Bewertungen bestimmter Handlungsoptionen wiederfinden."[49]

Die emotionalen Faktoren spielen sowohl in Roths Persönlichkeitsmodell als auch in seinem Modell zu Steuerung von Willkürhandlungen die Hauptrolle. Doch wie hängen diese beiden Modelle miteinander zusammen bzw. wie beeinflussen die Ebenen der Persönlichkeit die Steuerung der Willkürmotorik? Nach Roth ist für beide Modelle entscheidend, dass es kein oberstes Zentrum gebe, das alles kontrolliere, sondern beide Modelle stellten das Ergebnis eines heterarchisch organisierten Netzwerks dar. Es bestehe aus unterschiedlichen Zentren, die auf den verschieden Ebenen angesiedelt seien und sich fast über das gesamte Gehirn verteilten. Wie wir gesehen haben, ordnet Roth die Arbeit dieser Zentren den drei funktionalen Achsen „bewusst/ unbewusst", „rational/ emotional" und „individuell/ sozial" zu. Das bedeute letztendlich, dass es bewusste und unbewusste, rationale und emotionale Entscheidungen gebe im Rahmen rein individueller oder sozialer Ziele. Roth arbeitet anhand dieser funktionellen Achsen entsprechend drei verschiedene Entscheidungstypen heraus:

1. spontan-affektive Entscheidungen,
2. individuell-egoistische Entscheidungen und
3. emotional-sozial-rationale Entscheidungen.

Spontan-affektive Entscheidungen, so genannte „Bauchentscheidungen", seien durch starke unbewusste Anteile gekennzeichnet, da hier die untere limbische Ebene dominiere. Diese Art der Entscheidung trete vor allem in Situationen auf, in denen man unter starkem emotionalem Stress stehe, in denen man keine Gelegenheit habe, Handlungsalternativen zu reflektieren. Roth charakterisiert diesen Entscheidungstyp durch den „fight or flight" Reflex.

Bei den individuell-egoistischen Entscheidungen dominiere die zweite limbische Ebene. Diese Entscheidungen beruhten dementsprechend auf den emotionalen

---

[49] A. a. O., 97.

Konditionierungen. Sie könnten sowohl bewusst als auch unbewusst ablaufen und seien von starken Handlungsmotiven getrieben. Das Ziel dieser Art von Entscheidungen sei der unmittelbare Lustgewinn bzw. die unmittelbare Unlustvermeidung. Neben den spontan-affektiven Entscheidungen sei dieser Entscheidungstyp charakteristisch für kindliches Verhalten.

Bei den emotional-sozial-rationalen Entscheidungen sei schließlich die obere limbische Ebene in Wechselwirkung mit der kognitiv-rationalen Ebene am aktivsten.

> „Wir wägen bewußt oder zumindest halbbewußt die mittel- und längerfristigen Konsequenzen unseres Handelns für uns selbst und unsere engere soziale Umgebung (Familie, Freunde, Arbeitskollegen usw.) ab, daneben spielen in abnehmendem Maße die Konsequenzen für die entferntere soziale Umgebung (die Kommune, den Staat usw.) eine Rolle."[50]

Normen und Konventionen spielten bei dieser Art der Entscheidung also eine wichtige Rolle. An dieser Stelle betont Roth erneut, dass rationale Prozesse alleine nicht wirksam werden könnten. Die Betonung liegt hier aber auf dem „alleine". Denn dass rationale Überlegungen in die Entscheidung doch letztendlich mit eingehen, leugnet Roth nicht. Allerdings sei die Wirksamkeit der kognitiv-rationalen Prozesse nur gewährleistet, wenn diese an die obere limbische Ebene gekoppelt werden. Roth schlussfolgert daraus, dass

> „rationale Argumente in der Regel nur insoweit handlungswirksam werden, als ihre Befolgung individuell-emotional oder sozial-emotional gesehen wünschenswerte Konsequenzen hat bzw. negative Konsequenzen vermeidet. Jemand kann uns mit noch so klaren logisch-rationalen Argumenten zu überzeugen versuchen – wenn dabei nicht Vorstellungen in uns geweckt werden, die uns emotional anrühren und dadurch motivieren, dann werden wir unser Verhalten nicht an ihnen ausrichten.[51]

Wir haben schon oben darauf hingewiesen, dass Roth anhand seiner Ergebnisse das von der Aufklärung geprägte Menschenbild korrigieren möchte. Er hält es für einen schwerwiegenden Fehler, dass die große Bedeutung von Emotionen und unbewussten Handlungsmotiven in unseren theoretischen Vorstellungen über uns selbst kaum berücksichtigt werde. Nach wie vor dominiere die Auffassung, unsere Handlungen würden primär rational-kognitiv gesteuert.[52] Diese Annahme sei jedoch genauso verfehlt wie die Überzeugung, man könne spontan in seine Handlungsdispositionen eingreifen. Selbst wenn dies möglich wäre, wäre es nicht einmal von Vorteil. Denn die Loslösung der Handlungsentscheidung vom individuellen Erfahrungsgedächtnis brächte keine sinnvolle Erweiterung des eigenen Handlungsspielraumes. Im Gegenteil: Es wäre vielmehr zu erwarten, dass Handlungsweisen wiederholt werden, deren negativen Konsequenzen der Person bereits bekannt seien.

Ohne die These der Willensfreiheit gegen Roth verteidigen zu wollen, ist seine Argumentation doch an einem Punkt zu kritisieren. Denn ist es richtig, das limbi-

---

50 A. a. O., 106.
51 A. a. O., 108.
52 Vgl. a. a. O., 108.

sche System als ein rein emotionales zu betrachten? Hier scheint mir eine Schwachstelle in Roths Begrifflichkeit zu liegen. Denn in seinem Vier-Ebenen-Modell der Persönlichkeit charakterisiert er die obere limbische Ebene als den Ort der „ethischen Überlegungen", der „Aufmerksamkeitssteuerung", des „divergenten Denkens", „der Risikoerwartung" etc.[53]. Diese Fähigkeiten lassen sich eindeutig nicht mehr als rein emotional betrachten. Roth scheint dies jedoch bei seiner Schlussfolgerung vergessen zu haben. Natürlich möchte ich an dieser Stelle das limbischen System nicht als ein ausschließlich rationales deklarieren, sondern lediglich darauf hinweisen, dass es zu kurz greift, es als rein emotional zu betrachten. Es handelt sich hierbei wohl eher um ein „emotio – rationales System".

Mit der Rehabilitierung des Emotionsbegriffs richtet sich Roth gegen die antike Philosophie, die den Verstand bzw. die Vernunft von den „niederträchtigen" Gefühlen klar abgrenzte. Dieses Vorhaben ist insofern geglückt, als sich dieses gegensätzliche Denken, Ratio gegen Emotio, als nicht haltbar erwies. Eine klare Begrifflichkeit konnte Roth allerdings dennoch nicht entwickeln.[54] So scheint es auch verwirrend, wenn Roth an anderer Stelle sein Modell der Handlungssteuerung als ein „heterarchisch organisiertes Netzwerk" betrachtet.[55] Denn indem er eine Heterarchie der Entscheidungszentren behauptet, schließt er ja die Herrschaft *eines* Zentrums über die anderen aus. Auch hier richtet er sich wohl gegen die Annahme, der Verstand sei das oberste Steuerungszentrum. Indem er aber gleichzeitig den Vorrang emotionaler Faktoren im Entscheidungsprozess vor rationalen betont, scheint es sich bei der Heterarchie doch zumindest um eine Art von Zweiklassengesellschaft zu handeln.

Wie Roth nun die Erkenntnisse aus seinen beiden Modellen mit der Debatte um die Willensfreiheit verknüpft, betrachten wir im folgenden Abschnitt.

3.3 Konsequenzen für die Frage nach der Willensfreiheit

Roths anfängliche Aussagen lassen sich am besten als harter Determinismus interpretieren. Nach einem gemeinsamen Buchprojekt mit dem Philosophen Michael Pauen bekannte er sich jedoch ausdrücklich zum Kompatibilismus.[56]

---

[53] Vgl. Roth, Persönlichkeit, 93.

[54] Vgl. Roth, Aus Sicht des Gehirns, 167–175. Man beachte dabei besonders die Definition von Vernunft auf S. 168 als „die Fähigkeit zu mittel- und langfristiger Handlungsplanung aufgrund übergeordneter zweckrationaler und ethischer Prinzipien". Auf der neurobiologischen Ebene sei die Vernunft „eine Funktion [...] des orbitofrontalen und ventromedialen Cortex". Sowohl die Definition von Vernunft als auch die funktionelle neuroanatomische Zuordnung fallen mit der oberen limbischen Ebene (dem limbischen Cortex) zusammen. Vgl. dazu Roth, Persönlichkeit, 93. Bei seinem Modell der Handlungssteuerung lässt Roth die Vernunft dann aber außen vor bzw. subsumiert sie einfach unter den Emotionsbegriff und zeichnet nur noch den Gegensatz von *Verstand* und Gefühlen. Verstand fällt aber hier nicht mit der Vernunft zusammen, sondern steht für Fähigkeiten wie Problemlösungsvermögen, Erkennen von Symbolen, logisches Denken, Geometrie und Mathematik (vgl. a. a. O., 95).

[55] Vgl. 105.

[56] Vgl. hierzu Roths Stellungnahme in: Ders., Sicht, 197.

Für Roth ist vollkommen klar: „Die subjektiv empfundene Freiheit ist eine Illusion […].“[57] Er richtet sich also gegen ein libertares Freiheitsverständnis, das er als „verfehlte Vorstellung […] von absoluter Beliebigkeit“[58] betrachtet. Das libertare Freiheitsverständnis sei stets durch zwei subjektive Überzeugungen gekennzeichnet:

1. Das Gefühl der Urheberschaft (die Handlung wurde durch mich hervorgerufen).
2. Das Prinzip der alternativen Handlungsmöglichkeiten (ich hätte auch anders handeln können).[59]

Das Gefühl der Urheberschaft betrachtet Roth deswegen als problematisch, weil es im Gehirn kein oberstes Zentrum gebe, das wie ein Steuermann das gesamte Kommando über sämtliche Entscheidungen übernehme. Im Gegenteil: Das Gehirn sei ein „heterarchisch organisiertes Netzwerk“[60], bei dem die verschiedenen Hirnareale für unterschiedliche Aufgabenbereiche zuständig und dadurch auch gleichermaßen aktiv seien. Die Vorstellung von einem obersten Kontrollzentrum müsse also aufgegeben werden.[61]

Die Annahme des „Anders – Handeln – Könnens“ (Prinzip 2) lehnt Roth nicht nur wegen des – für ihn plausiblen – deterministischen Weltbildes als unhaltbar ab, sondern auch weil in seinem Modell dem menschlichen „Erfahrungsgedächtnis“ (limbisches System) die entscheidende Rolle zukommt. Da ein Mensch stets im Rahmen seiner individuellen Erfahrung handle, seien Entscheidungen immer durch diese Erfahrungen festgelegt.[62]

Nachdem wir nun einen jeweils ausführlicheren theologischen und neurobiologischen Entwurf zur Frage der Willensfreiheit kennen gelernt haben, wenden wir uns jetzt einer Philosophin zu, die versucht, aus dem kompatibilistischen Mainstream ihres Faches auszubrechen.

4. *Der epistemische Libertarismus nach Bettina Walde*

Auch die Philosophin Bettina Walde setzt sich mit einem deterministischen Weltbild auseinander. Wie Härle (und Erasmus) fürchtet auch sie den Fatalismus. Dennoch ist ihr Ausgangspunkt ein deterministisches Weltbild. Sie versucht auch gar nicht, dessen Falschheit zu beweisen, sondern entwickelt ein Modell von gefühlter Willensfreiheit, das der vorwissenschaftlichen Intuition Rechnung tragen soll. Ihre Position bezeichnet sie als epistemischen Indeterminismus, der auf folgende kurze Formel gebracht werden kann: Wir leben zwar in einer deterministischen Welt, so dass die gesamte Zukunft tatsächlich schon feststeht, aber da wir unsere eigene Zukunft nicht kennen, können wir uns getrost frei *fühlen*. Den Gegensatz zwischen begriffenem Determinismus und gefühlter Freiheit versucht sie dadurch zum Ver-

---

57 Roth in einem Interview der Zeit: http://www.zeit.de/campus/2008/02/interview-freier-wille
58 Pauen/Roth, Freiheit, 109.
59 Vgl. Roth, Sicht, 180f.
60 Pauen/Roth, Freiheit, 105.
61 Vgl. ebd.
62 Vgl. dazu Roth, Fühlen, 553.

schwinden zu bringen, dass sie in langen Ausführungen über Monismus, Dualismus, Epiphänomenalismus, Bereichsdeterminimus u. a. die Bedeutungen der Begriffe fast unmerklich verändert, so dass sie am Ende Konsequenzen erlauben, die den am Anfang gegebenen Definitionen direkt widersprechen.

Ihre zentrale These, die Existenz von Willensfreiheit, stützt Walde, indem sie verschiedene Theorieelemente miteinander verbindet, die sowohl aus kompatibilistischen als auch aus inkompatibilistischen Freiheitskonzepten stammen. Durch die neue Zusammenfügung der Argumente möchte sie die klassischen Einwände, die jeweils gegen diese beiden Konzeptionen vorgetragen werden, zurückweisen. Walde formuliert dabei drei Bedingungen, die für die Annahme von Willensfreiheit notwendig und hinreichend seien. Dabei legt sie Einsichten über das Leib-Seele-Problem zugrunde und differenziert außerdem zwischen einer ontologischen und einer epistemischen Lesart der Begriffe von Determinismus und Indeterminismus.[63] Im Folgenden betrachten wir die drei Bedingungen von Walde im Einzelnen.

Die erste Bedingung, die *Relevanzbedingung*, steht für die Einsicht, dass das Mentale in den Bereich des Physikalischen Eingang finden müsse. Diesen Gedanken verbindet Walde mit einer monistischen Position.

Für ein Modell von Willensfreiheit sei es grundlegend, dass das Mentale auch im Bereich des Physikalischen wirksam werden könne. Denn wenn ein Gedanke sich direkt auf die eigene Handlung und damit auf die physische Welt auswirken könne, sei damit die vorwissenschaftliche Intuition von Urheberschaft und Selbstbestimmung erfüllt. Sowohl Urheberschaft als auch Selbstbestimmung setzten voraus, dass die Person *selbst* mit den für sie charakteristischen Merkmalen auf irgendeine Weise in die physikalische Welt eingreife. Da Walde den Anspruch erhebt, ihr Modell müsse auch den neurobiologischen und kognitionswissenschaftlichen Einwänden standhalten können, spricht sie sich gegen eine dualistische Ausformulierung der Relevanzbedingung aus. Denn eine dualistische Sichtweise berge stets die Gefahr, dass die naturwissenschaftliche empirische Argumentationslinie dem Mentalen die kausale Relevanz abspreche[64], indem das Mentale als ein Epiphänomen betrachtet werden könne. Gedanken wären dann nur Ergebnisse von Hirnvorgängen und könnten ihrerseits nicht weiter wirksam werden.[65]

Doch kann der Epiphänomenalismus wirklich zurückgewiesen werden, indem man die dualistische Ontologie einfach gegen eine monistische austauscht? Walde versucht dies zu begründen, indem sie ihre Argumentation mit der klassischen Leib-Seele-Debatte verbindet und dazu folgende Alternativen diskutiert: Bei der ersten Alternative (A) gehe man von der Annahme aus, dass das Mentale nicht grundsätzlich an physische Faktoren gekoppelt sei. Diese Annahme gründe auf einem ontologischen Dualismus, also auf der Ansicht, dass es sich bei Geist und Gehirn um zwei unterschiedliche, voneinander getrennte Entitäten handle. Da derzeit keine Erklärung in Sicht sei, wie das Mentale, als getrennte und eigenständige Größe, auf das

63 Vgl. Walde, Willensfreiheit, 17.
64 Dass dies auch in einer monistischen Position möglich wäre, scheint Walde nicht klar zu sein.
65 Vgl. a. a. O., 138 f.

Physische einwirken könne, werde diese Möglichkeit in der Regel verworfen. Dementsprechend werde dem Geistigen die kausale Relevanz abgesprochen. Diesen Epiphänomenalismus lehnt Walde ab, da auf seiner Grundlage die *Relevanzbedingung* der Willensfreiheit nicht erfüllbar sei.

Bei der zweiten Alternative (B) müsse man davon ausgehen, dass zwischen Geist und Gehirn eine Interaktion stattfinde. Doch stelle sich hier die Frage, wie diese Verbindung zwischen Mentalem und Physischen aussehen könnte. Walde formuliert zwei Antwortmöglichkeiten auf diese Frage: Die erste (B_1) setze auf der naturalistischen Ebene ein. Bewusste Zustände werden dann durch physikalische Vorgänge erklärt. Die zweite Antwort (B_2) sei auch hier wieder eine Spielart des Dualismus. Sie gründe auf der hypothetischen Möglichkeit psycho-physischer Gesetze und erkläre das Zustandekommen einer Handlung durch die Annahme eines Akteurs, der nicht der physikalischen Ereigniskausalität unterliege. Dies sei aber mit einem physikalischen Weltbild nicht in Einklang zu bringen. Ziehe man aus dieser Erklärungsnot die Konsequenz, dem Mentalen die kausale Relevanz abzusprechen, folge daraus wieder der Epiphänomenalismus. Die Relevanzbedingung der Willensfreiheit könne somit nicht erfüllt werden.

Walde kommt infolgedessen (mit B_1) zu dem Ergebnis, dass bewusste, geistige Zustände naturalistisch aufgefasst werden sollten:

> „Man könnte beispielsweise annehmen, dass jedes Vorkommnis eines bewussten, mentalen Zustandes mit einem im weitesten Sinne physikalischen Zustand identisch ist. In diesem Fall kommt den bewussten, mentalen Zuständen bereits kraft ihrer Identität mit bestimmten physikalischen Zuständen eine kausale Rolle bei der Handlungsselektion und Handlungssteuerung zu – auch wenn diese unbewusst abläuft. Die epiphänomenalistischen Argumentationslinie hätte so keinen Ansatzpunkt mehr. Die Ausformulierung der Relevanzbedingung zur Monismusbedingung bringt demnach zwei Vorteile mit sich [...]: Zum einen erlaubt sie eine Erwiderung auf die epiphänomenalistische Argumentationslinie. Zum anderen ermöglicht sie es auch, mit der deterministischen Argumentationslinie umzugehen. Denn die Monismusbedingung ist mit dem Determinismus vereinbar – sie zieht den Indeterminismus nicht in jedem Fall nach sich wie es bei einem interaktionistischen, dualistischen Ansatz der Fall wäre."[66]

Doch hier liegt eine Unklarheit in Waldes Argumentation vor. Denn aus dem Monismus folgt keineswegs, dass das Mentale „kraft seiner Identität mit bestimmten physikalischen Zuständen" eine kausale Rolle für Handlungen zugeschrieben bekommen kann. Zum einen ist Mentales zumindest qualitativ nicht identisch mit Physikalischem, allenfalls könnte es sich um zwei gleichursprüngliche, aber verschiedene Aspekte der einen Wirklichkeit handeln (Panpsychismus). Zum zweiten kann, wie im Falle des dialektischen Materialismus, auch in monistischen Systemen das Mentale intrinsisch so an das Physikalische gekoppelt sein, dass es keine kausale Relevanz für die Handlung hat: „Das Sein bestimmt das Bewusstsein". Es kann durchaus Monismen geben, in denen die mentale Erscheinung des physikalischen Zustandes im Bewusstsein immer zeitverzögert auftritt, so dass die physikalische

[66] Walde, a. a. O., 141f.

Ebene das Handeln durchgängig bestimmt und die Gedanken lediglich ein Echo der neuronalen Vorgänge darstellen. Darauf weisen die einschlägigen Untersuchungen, auf die sich Walde selbst bezieht, auch durchaus hin[67].

Eine epiphänomenalismusartige Auffassung des Mentalen ist also durchaus auch auf einer monistischen Position möglich. Daher kann der Epiphänomenalismus durch den Übergang zum Monismus alleine nicht zurückgewiesen werden. Um den Epiphänomenalismus entschieden widerlegen zu können und damit die kausale Relevanz des Mentalen zu beweisen, müsste es ein plausibles top-down Modell geben. So ein Modell ist derzeit jedoch noch nicht in Sicht.[68]

Walde selbst scheint sich dessen bewusst zu sein, dass in ihrem Kapitel 10.1 die Zurückweisung des Epiphänomenalismus nicht schlüssig war. Denn in 10.3 und 10.4 reicht sie noch verschiedene Listen von monistischen Ansätzen nach, die zum Teil explizit, zum Teil implizit epiphänomenalistisch sind[69]. Eine Widerlegung dieser Positionen findet jedoch nicht statt, auch keine Begründung für ihre Option für nichtepiphänomenalistische Ansätze. Dafür beendet sie das Kapitel mit einer tabellarischen Übersicht, in welcher über die monistische Ontologie wieder geurteilt wird, sie erlaube „die Widerlegung der epiphänomenalistischen Argumentationslinie“[70].

Prüfen wir nun Waldes zweite Bedingung, die *Bedingung der geeigneten Determination*:

> „Freie Willensentscheidungen sind nicht nicht-determiniert, sondern auf bestimmte Weise determiniert.“[71]

Diese Bedingung übernimmt Walde aus den kompatibilistischen Ansätzen. Sie soll, gemeinsam mit der Relevanzbedingung als Monismusbedingung, das Zufallsproblem verhindern, mit denen sich inkompatibilistische Konzeptionen auseinanderzusetzen haben. Denn freie Entscheidungen seien nicht durch das Fehlen bestimmter Determinanten gekennzeichnet, sondern durch eine bestimmte Art der Determination. Bei dieser „bestimmten Art der Determination“ spiele das Konzept des „Be-

---

67 In ihrem Glossar weist Walde selbst darauf hin, dass es verschiedene Spielarten des Monismus gibt, etwa den dialektischen Materialismus. Vgl. a. a. O., 224: Es ist „zunächst offen, welcher Natur diese eine Kategorie von Entitäten ist, ob es sich also um im weitesten Sinne physikalische Entitäten handelt oder um neutrale Entitäten oder um geistige Entitäten wie in der Philosophie des deutschen Idealismus angenommen.“ Im oben dargestellten Zusammenhang hat Walde die „zunächst“ offene Frage nicht so geklärt, dass ihre Argumentation schlüssig wird. Es wäre dazu notwendig gewesen, die Plausibilität des Idealismus oder wenigstens des psychophysischen Parallelismus aufzuweisen. Vgl. dazu auch oben weiter im Text.

68 Die derzeitigen Emergenztheorien versuchen diesem Anliegen gerecht zu werden, haben jedoch noch nicht ausreichend zeigen können, wie das Mentale auf das Physische zurückwirken kann. Vgl. z. B. Clayton 2007.

69 In 10.3. stellt Walde den psycho-physischen Parallelismus vor, den monistischen Epiphänomenalismus und die Theorien der Typenidentität. Von diesen drei Positionen werden dann abgesetzt die behavioristischen Theorien, die Identitätstheorien und die funktionalistischen Theorien. Eine Zuordnung des ersten Tripletts zum zweiten findet nicht statt (a. a. O., 146–153). In 10.4 kommt die Autorin auf antimaterialistische Positionen zu sprechen und auf die physikalistischen Varianten des Apriori- und des Aposteriori-Physikalismus. Wie sie die Relevanzbedingung im Rahmen eines Apriori-Physikalismus wahren möchte, wird nicht erläutert (a. a. O., 153–155).

70 Walde, a. a. O., 155.

71 Walde, a. a. O., 157.

reichsdeterminismus“ im Unterschied zum „physikalischen Determinismus“ eine entscheidende Rolle. Wie sieht dieser Unterschied aus?

> „Während die Hypothese des physikalischen Determinismus eine Hypothese über den Zusammenhang zwischen den Ereignissen des Universums als Ganzes betrachtet darstellte, bezog sich der Bereichsdeterminismus jeweils auf deterministische Zusammenhänge in mehr oder weniger klar umgrenzten Gegenstandsbereichen (etwa der Psychologie) oder in einer bestimmten Beschreibungsperspektive oder epistemischen Zugangsweise. Diese Unterscheidung kommt nun zum Tragen – die Bedingung der geeigneten Determination ist gerade nicht im Sinne des physikalischen Determinismus zu interpretieren, sondern im Sinne des Bereichsdeterminismus.“[72]

An dieser Stelle geht Walde der Frage nach, ob mit dieser Lesart etwas für die Freiheitsthematik gewonnen werden könne. Den wichtigsten Punkt sieht sie darin, dass sich die verschiedenen Gegenstandbereiche einer vollständigen deterministischen Beschreibung im physikalischen Sinne entziehen können. Denn:

> „Eine deterministische Beschreibung im Sinne des Bereichsdeterminismus bezieht sich auf einen klar umgrenzten Gegenstandsbereich – das kann auch beinhalten, dass dort wo die Grenzen liegen bzw. wo ein Wechsel zu einem anderen Gegenstandsbereich stattfindet (oder wo auch nur die Beschreibungsebene hin zu einer feinkörnigeren Ebene gewechselt wird), sich *Lücken in dem deterministischen Gefüge* ergeben, wenn eben die Beschreibungsperspektive oder der Gegenstandsbereich erweitert werden oder sonst wie verändert werden.“[73]

Doch eignet sich das Konzept des „Bereichdeterminismus“ tatsächlich, wenn es um die Frage nach freien Entscheidungen und Handlungen geht? Es scheint so, als ermögliche dieses Konzept eher einen ersten Schritt der Verdrängung des deterministischen Weltbildes. Denn tatsächlich schreibt Walde, dass sich durch dieses Konzept „Lücken im deterministischen (!) Gefüge ergeben“, doch dies kann wohl kaum der Fall sein, wenn der physikalische Determinismus ernsthaft vorausgesetzt werden soll.[74] Wenn nämlich der physikalische Determinismus die Grundlage eines Modells darstellt, können sich auch durch einem „Bereichsdeterminismus“ keine ontischen Lücken ergeben. Als lückenhaft kann lediglich die *epistemische* Ebene betrachtet werden.

Betrachte man die Forderung, dass Entscheidungen und Handlungen auf eine bestimmte Art zustande kommen müssen, stehe man vor der Aufgabe, diese „geeignete Art“ plausibel zu durchdenken. In diesem Kontext bekomme das so genannte „Konsequenzargument“ ein entscheidendes Gewicht. Das Konsequenzargument besagt, dass

> „Personen keinerlei Kontrolle über Ereignisse haben, die vor ihrer Geburt liegen – vielmehr sind diese Ereignisse vollständig durch frühere Ereignisse determiniert. Die Ereignisse vor der Geburt einer Person bestimmen aber auch die Ereignisse, die nach der Ge-

---

72 Walde, a. a. O., 157.

73 Walde, a. a. O., 158. Hervorhebung durch mich.

74 Auch an diesem wichtigen Punkt scheint die Verfasserin keine bestimmte eigene Position gefunden zu haben. Vgl. a. a. O., 158.

burt der Person stattfinden. Zu diesen Ereignissen gehören auch die Entscheidungen und Handlungen der Person, und somit kann eine Person auch keine Kontrolle über ihre Entscheidungen und Handlungen haben."[75]

An dieser Stelle kommt Walde zu dem Schluss, dass die Bedingung der geeigneten Determination dem Konsequenzargument nicht standhalten könne. Denn schließlich könne eine Person ihre Wünsche und Ziele nicht aus dem Nichts entwickeln. Die geeignete Determination sei dennoch eine notwendige Bedingung der Willensfreiheit, da sie Willensentschlüsse von Zufallsereignissen abgrenzen könne. Für ein plausibles Modell von Willensfreiheit sei sie jedoch noch nicht hinreichend.

Erst die dritte Bedingung könne das Konsequenzargument zurückweisen und sei somit nicht nur eine notwendige Bedingung der Willensfreiheit, sondern auch eine hinreichende. Es handelt sich dabei um die *epistemische Offenheit der Zukunft*. Diese Bedingung gründet auf der vorwissenschaftlichen Intuition, man hätte alternative Entscheidungsmöglichkeiten.

„Freie Entscheidungen sind solche, von denen die Person glaubt, dass sie auch eine andere Entscheidung hätte treffen können. Voraussetzung ist der epistemische Indeterminismus aus der Perspektive der Person."[76]

Die dritte Bedingung gebe dem Prinzip der alternativen Möglichkeiten, das charakteristisch für inkompatibilistische Konzeptionen sei, eine neue Lesart: Die alternativen Entscheidungsmöglichkeiten werden nicht mehr ontologisch interpretiert, sondern rein epistemisch. Die Annahme, dass alternative Entscheidungsmöglichkeiten bei gleicher kausaler Vorgeschichte auch in einem ontologischen Sinne bestehen, sei hingegen nicht gültig.

Den epistemischen Indeterminismus begründet Walde so: Da Personen nicht allwissend sind und dementsprechend keine vollständigen Vorhersagen bezüglich ihrer Zukunft machen können, sei es für eine Person vorstellbar, sie könnte jeweils anders entscheiden und damit eine andere Zukunft herbeiführen, als es tatsächlich der Fall ist. Der epistemische Indeterminismus gründet also auf dem Argument der nicht vorhandenen Einsicht in die Zukunft, die trotz dieses Mangels doch jetzt schon feststehe. Diese bloß epistemische Offenheit der Zukunft soll das Konsequenzargument durchbrechen können. Wie stellt Walde sich das vor?

Zunächst erklärt sie, dass zwei Voraussetzungen eine Person befähigen, eine Entscheidung zu treffen:

Erstens, die Person muss glauben, dass es tatsächlich etwas zu entscheiden gebe.

Zweitens, die Person muss simulierte Zukunftsszenarien bewusst abwägen können.

Seien beide Gegebenheiten erfüllt, könnten Faktoren, die die Entscheidung bislang festgelegt hätten, durch eine bewusste Überlegung gewissermaßen überstimmt werden. Die Handlung ginge so letztendlich auf die Überlegung der Person zurück, die sich daher als Urheber der Handlung betrachten könne. Der Regress des Konsequenzarguments soll nach Walde dadurch gestoppt werden, dass die neuen Deter-

---

75 Walde, a. a. O., 172.

76 Walde, a. a. O., 197.

minanten, die die Handlung festlegen, interne sind, also solche, die sich daraus ergeben, dass die Person überhaupt über Alternativen reflektiert hat. Auf der personalen Beschreibungsebene sei also die Person selbst für ihre Entscheidung verantwortlich und nicht die Rahmenbedingungen des Universums zu jedem beliebigen Zeitpunkt vor ihrer Geburt und die Naturgesetze.

Es ist offensichtlich, dass damit das Konsequenzargument nicht wirklich ausgeräumt ist. Denn tatsächlich geht die Annahme, dass für den Handelnden die Zukunft epistemisch offen sei, auch auf den Zustand der Welt vor der Entscheidung und die Naturgesetze zurück. Sodann ist die epistemisch offene Zukunft genauso determiniert wie das bewusste Abwägen verschiedener Optionen mit der anschließenden „Überstimmung" bereits bestehender Determinanten. Das Ergebnis des Abwägungsprozesses stand also seit jeher fest und geht damit nicht auf die Person, sondern auf die Naturgesetze zurück. Doch diese Problematik scheint Walde nicht bewusst zu sein. Der Übergang von ihrer Ausgangshypothese des ontologischen Determinismus zu ihrer dritten Bedingung, der epistemischen Offenheit der Zukunft, scheint somit nicht plausibel. Eines der größeren Probleme sehe ich dabei darin, dass sie Argumente von der epistemischen Ebene einfach auf die ontologische überträgt. Dies wird besonders an der Stelle deutlich, an der sie ihr Modell zwischen konstruktivistischen und naturalistischen Freiheitskonzeptionen ansiedelt.

> „[...] die konstruktivistische Idee, dass Personen sich letztlich ihre Willensfreiheit entwerfen (anstatt dass sie sie naturgegeben vorfinden), [führt] letztlich dazu [...], dass Willensfreiheit auch im naturalistischen Sinne entsteht – die konstruktivistische Annahme zeigt also ganz handfeste Konsequenzen, die sich naturalistisch erfassen lassen."[77]

Mit diesem Zitat wird deutlich, dass auch Walde – genau wie Wilfried Härle – dem möglichen Fatalismus, der aus einer deterministischen Weltanschauung resultieren kann, ablehnend gegenüber steht. Im Gegensatz zu Härle, der sich gegen den theologischen Determinismus wendet, stellt Walde jedoch den ontologischen Determinismus nicht in Frage. Sie versucht, diesem Problem zu begegnen, indem sie ein Konzept von gefühlter Willensfreiheit konstruiert. Auch wenn es Personen geben mag, die mit einer solchen Rechtfertigung der Intuition vor dem Forum der Vernunft zufrieden sind, erscheint es mir angebracht, das Verhältnis von Handlungsentscheidung und Weltbild plausibler zu begründen.

5. *Willensunfreiheit im Rahmen des ontologischen Quantenindeterminismus – eine theologisch-anthropologische Skizze*

Die Theorieelemente, die ich in Anlehnung an und in Auseinandersetzung mit den bisher referierten Positionen aufnehmen will, sind diese:

Erstens, die menschliche Willens*un*freiheit in Bezug auf das rechtfertigende Handeln Gottes am Menschen ist beizubehalten. Die Rechtfertigung *sola gratia* erfordert

[77] Walde, a. a. O., 200.

als anthropologisches Korrelat die nichtkonstitutive Beteiligung des Menschen an der Gottesbeziehung. Zwar ist der Mensch im Glauben handelnd, fühlend und denkend auf Gott als sein Gegenüber bezogen, die Konstitution der Gottesbeziehung geschieht jedoch alleine durch Gott selbst. Der freie Wille wäre also, selbst wenn es ihn gäbe, nicht am Zustandekommen des Glaubens beteiligt.

Zweitens, der Satz vom zureichenden Grund und damit ein Axiom menschlichen Denkens erlaubt es nicht, zwischen Determination (auch durch Gründe) und Nicht-Determination (also Zufall) etwas Drittes zu denken, das echte Willensfreiheit im inkompatibilistischen Sinne wäre. Selbst wenn irgendein praktisches Bedürfnis uns dazu zwingen könnte, das Undenkbare zu postulieren, so hätte die postulierte Willensfreiheit für uns keinen anschaulichen Gehalt und wäre damit ein rein negativer Begriff: Willensfreiheit ist *für uns* nichts anderes als die Abwesenheit von Notwendigkeit und die Abwesenheit von Zufall und damit die Bestimmtheit des Willens durch Nichts. Der bloße Wunsch aber, eine vorwissenschaftliche Alltagsintuition reflexiv zu rechtfertigen, kann als hinreichender Grund für ein derartig transzendierendes Postulat nicht anerkannt werden.

Drittens, die konkreten Vorgänge der menschlichen Handlungssteuerung, soweit sie bisher untersucht werden können, gehen einher mit einem naturalistischen Weltbild. Der Dualismus von Leib und Seele, Geist und Materie ist nicht plausibilisierbar. Zwar besteht ein Gegensatz zwischen Gottes transzendenter Wirklichkeit und den Wirklichkeitsschichten, die uns im Alltagsleben oder experimentell zugänglich sind. Aber der Mensch in seiner leib-seelischen Ganzheit, soweit wir ihn empirisch und theologisch kennen, gehört ganz auf die Seite der Natur.

Um das Thema der Willens(un)freiheit einem neuen Diskurs zugänglich zu machen, gehe ich im Folgenden von der These aus, dass das naturalistische Weltbild kein deterministisches Weltbild ist. Es wird sich dann zeigen, dass durch die Kombination der anthropologischen These von der Willensunfreiheit mit einem ontologischen Indeterminismus das Fatalismusproblem entfällt, gegen das sich Härle und Walde wenden, außerdem auch andere Härten im Menschenbild. Man muss also nicht zu einer problematischen Gedankenoperation greifen, um das Interesse an Humanität und Verantwortung aufrecht zu erhalten. Die indeterministische Ontologie öffnet zunächst die Zukunft im Allgemeinen, und die zunächst zufällig offene Zukunft bekommt durch logische Analyse Relevanz für die Motivation handelnder Subjekte. Tatsächlich ermöglicht ein naturalistisches indeterministisches Weltbild eine naturalistische Möglichkeit für die Übernahme von Verantwortung auch ohne Willensfreiheit. Dadurch kann man den Kern eines humanen Selbstverständnisses rekonstruieren.

Nur um der Klarheit willen soll noch einmal betont werden, dass mittels des ontologischen Indeterminismus keinesfalls doch noch die Willensfreiheit durch die philosophische Hintertür eingeschmuggelt werden soll.

An dieser Stelle soll der ontologische Indeterminismus zunächst einmal begründet werden.

5.1 Quantentheorie und indeterministische Ontologie

Um den Indeterminismus in die Ontologie einzuführen, muss auf die Quantentheorie zurückgegriffen werden. Im Folgenden soll zuerst der quantenphysikalische Indeterminismus anschaulich gemacht werden. Anschließend wird gezeigt, dass der Quantenindeterminismus sich unter bestimmten Umständen auch in der Alltagswelt bemerkbar macht und damit den im Allgemeinen vorhandenden Determinismus der makroskopischen Dinge unterbrechen kann.

a) Quantenereignisse und klassisch-physikalische Ereignisse

Quantenvorgänge sind physikalische Vorgänge, die sich im subatomaren Bereich abspielen. Beim Übergang von der mit den Sinnen wahrnehmbaren Alltagswelt in die kleinmaßstäbige Welt der Atome und ihrer „Bestandteile" verändern sich die Zusammenhänge der beobachteten bzw. erschlossenen Objekte. Die Physik der alltäglichen Dinge – Steine, Bratpfannen, Planeten – ist deterministisch, die Physik der Quantenteilchen oder besser der Quantenvorgänge ist dies nicht[78].

Als Beispiel für indeterministische Quantenvorgänge kann die Bahn eines Lichtteilchens – eines Photons – dienen. Im Gegensatz zu einem makroskopischen Teilchen, etwa einem Fußball, der eine determinierte Bahn durchläuft, kann ein Photon dazu gebracht werden, sich indeterministisch zu verhalten. Inwiefern ist das Dasein eines Fußballes determiniert? Dadurch, dass jemand, der den Zustand des Fußballs (seinen Ort und seine Bewegung) zu einem beliebigen Zeitpunkt kennt, und außerdem die Kräfte, die auf ihn in der Zeit einwirken, ausrechnen kann, in welchem Zustand sich der Fußball zu jedem zukünftigen Zeitpunkt befinden wird. Wer also zum Beispiel weiß, mit welcher Kraft und in welcher Richtung ein Ball beim Elfmeter getreten wird, der kann genau bestimmen, an welcher Stelle der Torlinie er wann auftreffen wird. Der Ball kann nicht anders als an der genau bestimmbaren Stelle eintreffen.

Anders verhält es sich mit der Bahn eines Photons. Zunächst einmal ist das Photon gar kein Teilchen wie etwa ein Fußball. Es hat vielmehr die merkwürdige Eigenschaft, sich in manchen physikalischen Zusammenhängen als ein Teilchen aufzuführen, in anderen nicht (es verhält sich dann, als ob es eine Welle sei – wobei sich aber Welleneigenschaften und Teilcheneigenschaften in der Makrowelt gegenseitig ausschließen). Auf diesen Teilchen-Welle-Dualismus kann hier nicht näher eingegangen werden.

Ein Grundexperiment der Quantenphysik ist das Doppelspalt-Experiment. Dabei wird von einer Lichtquelle – einer Photonenkanone – ein oder mehrere Photonen ausgesendet. Die Photonen bewegen sich auf einen Schirm zu, der zwei sehr enge Spalte hat, durch welche die Photonen hindurchgehen können. Hinter diesem Schirm mit dem Doppelspalt befindet sich ein zweiter Schirm, der registrieren kann, an welcher Stelle ein Photon in der Form eines Lichtpunktes auftrifft.

Interessant sind die Varianten dieses Experimentes, bei dem einzelne Photonen

---

[78] Vgl. zum Folgenden: Bauberger, Welt, 141–149; Beck, Quantenprozesse 142–146; Börner, Universum, 151–156.

ausgesendet werden. Verzichtet man darauf, die Bahn der Einzelphotonen durch den zweiten Schirm nachzuweisen, so weiß man über den Ort des ausgesandten Photons ab dem Zeitpunkt der Emission nichts mehr. Aus anderen Experimenten weiß man, dass sich das Photon in diesem Fall nicht wie ein Teilchen verhält, sondern wie eine Welle – es breitet sich über den Raum in Bewegungsrichtung aus bis zum ersten Schirm, wird dort an den Spalten gebrochen und breitet sich danach wieder im Raum aus. Das bedeutet, dass es sich an keinem bestimmten Ort befindet, es ist vielmehr – nicht gerade überall, aber – verteilt über einen weiten Bereich des Raumes, wie etwa ein akustischer Ton.

Man kann das Photon aber dazu zwingen, sich als ein Teilchen zu verhalten. Dies geschieht etwa dadurch, dass man den zweiten Schirm in die Versuchsanordnung einführt. Das Photon wird sich dann an einer Stelle als Lichtpunkt zeigen. Zu diesem Zeitpunkt ist es keine Welle mehr, sondern es befindet sich an einem genau definierten Ort und zeigt die Eigenschaften eines Teilchens.

Dieser Teilaspekt der Doppelspalt-Experimentenreihe ist in zweifacher Hinsicht wichtig. Zum einen zeigt sich, dass Photonen sich durch die Wahl der Versuchsanordnung dazu bewegen lassen, sich entweder als Welle oder als Teilchen zu zeigen. Schon diese Eigenschaft des Lichtes ist philosophisch von hohem Interesse. Für unseren Zusammenhang ist aber eine zweite Eigenschaft von Lichtteilchen (Photonen) noch bedeutsamer. Das einzelne Photon trifft nämlich auf dem zweiten Schirm nicht an einem festgelegten Punkt auf. Es kann hier oder da auftreffen, nicht gerade an einer beliebigen Stelle, aber an sehr vielen Stellen mit einer bestimmten Wahrscheinlichkeit. Damit sind wir auf den Indeterminismus der Quantenwelt gestoßen: Lassen wir von der Photonenkanone immer wieder identische einzelne Photonen abschießen, so wird jedes Photon an einer anderen Stelle des zweiten Schirms auftreffen. Nach sehr vielen Einzelabschüssen wird es dann auch zu Häufungen kommen, und es werden sich auf dem zweiten Schirm Gebiete identifizieren lassen, in denen die Einzelphotonen häufiger eintreffen, andere, in denen die Photonen seltener eintreffen, und wieder andere, in denen sich niemals ein Photon einfindet. Es ist möglich, jedem Punkt auf dem zweiten Schirm einen Wahrscheinlichkeitswert zuzuordnen, nach welchem man das Eintreffen eines einzelnen Photons erwarten kann. Quantenindeterminismus bedeutet demgemäß (in verallgemeinerter Ausdrucksweise): Einzelne Quantenereignisse sind nicht völlig chaotisch, weil sie nicht völlig verschiedene Ausgänge haben; aber sie sind zufällig, weil sich für einzelne Ereignisse nur Wahrscheinlichkeiten für die Realisierung eines bestimmten Ausgangs angeben lassen. Bettina Walde bezeichnet dies als einen probabilistischen Determinismus[79], was jedoch eine unsinnige Bezeichnung darstellt. Denn wenn man bestimmte Ereignisse nur noch mit einer gewissen Wahrscheinlichkeit erwarten kann, liegen sie eben nicht mehr fest, bzw. sind nicht mehr determiniert. Dennoch sind Quantenereignisse als *ontologisch* indeterminierte Vorgänge nicht völlig regellos, sondern gehorchen statistischen Gesetzmäßigkeiten.

---

79 Walde, Fingerschnipsen, 148.

Einzelne Quantenereignisse sind also nicht determiniert, sondern zufällig innerhalb gewisser Rahmenwerte. Nun müsste als nächstes gezeigt werden, wie solche Ereignisse, die in kleinsten räumlichen Dimensionen stattfinden, sich im Alltagsbereich menschlicher Existenz bemerkbar machen können. Aber bevor wir uns dieser Frage zuwenden, müssen wir noch kurz auf die erkenntnistheoretische Diskussion des Quantenindeterminismus eingehen.

b) Alternative Quantentheorien ohne Zufall und Indeterminismus
Die Zufälligkeit von Quantenereignissen wurde nicht von allen Physikern akzeptiert. Hier wirkte vor allem Albert Einsteins Kritik an der jungen Quantentheorie nach. Zwar kann sein berühmtes Diktum „Der Alte [scl.: Gott] würfelt nicht" möglicherweise nicht in einem allgemein-deterministischen Sinne interpretiert werden.[80] Einsteins Schüler David Bohm versuchte jedoch, den Zufall aus der Quantenwelt zu eliminieren, indem er nach „verborgenen Parametern suchte". Diese bisher unbekannten Größen in den Formeln der Quantenmechanik sollten das Verhalten der Quantenteilchen dann doch bis ins Einzelne genau festlegen (determinieren). Solche *hidden variables* wurden aber bisher nicht gefunden, und es gibt sogar Erkenntnisse, die positiv darauf hinweisen, dass in der Quantentheorie verborgene Variablen ausgeschlossen werden können.[81]

Ein weiterer Versuch, den Indeterminismus der Quantenmechanik auszumerzen, bestand in der sog. *many worlds theory* von Hugh Everett. Er ging davon aus, dass bei jedem einzelnen Quantenereignis nicht nur *ein* möglicher Ausgang realisiert werde, sondern alle möglichen. Allerdings würden wir immer nur den einen möglichen Ausgang registrieren können, weil durch jedes Quantenereignis die Welt aufgespalten würde in zwei – oder mehr – Welten, die einander völlig gleich seien, mit Ausnahme des beobachteten Ausgangs des Quantenereignisses. Obwohl sich zeitweilig auch führende Physiker dieser Theorie anschlossen, gilt sie heute als eine eher exotische Ansicht.[82] Allerdings ist hierbei zu beachten, dass es in der kosmologischen

---

80 Vgl. Mühling, Einstein, 296–299.

81 Vgl. z. B.: Audretsch, 139: „Es gibt bisher keine Situation, in der die [...] alte Standard-Quantentheorie versagt hätte"; Ders., Zufall, 45f.: „In der Quantenphysik, so wie sie sich in der Standard-Quantentheorie zeigt, gibt es keinen Bereich, in dem die Quantenobjekte sich deterministisch verhalten. Sie zeigen stets Zufall einschließlich der festen Regeln für die relativen Häufigkeiten. Man kann daher den quantentheoretischen Zufall als nicht weiter rückführbaren, absoluten oder *genuinen Zufall* bezeichnen"; Polkinghorne, Quantentheorie, 68: „Wir werden an späterer Stelle noch sehen, dass eine deterministische Interpretation der Quantentheorie möglich ist, in der sich Wahrscheinlichkeiten als Folge unserer Unkenntnis von Details ergeben. Wir werden jedoch auch sehen, dass die Theorie, die auf diese Weise ihr Ziel erreicht, andere Eigenschaften hat, die sie für die Mehrheit der Physiker wenig attraktiv erscheinen lässt"; a. a. O., 84f.: „Man hätte vermuten können, dass eine deterministische und anschauliche Version der Quantentheorie [*scl.: diejenige von David Bohm*] große Anziehungskraft auf Physiker ausübt. Tatsächlich haben sich nur wenige Bohms Ideen zu Eigen gemacht [...]. Sie wirkt gekünstelt, und das macht sie unattraktiv [...]. Woher stammt [...] diese Gleichung? Die ehrliche Antwort müsste lauten, dass sie eigentlich aus der Luft gegriffen ist [...]. Sie stellt also nichts anderes als eine *ad hoc*-Strategie mit dem Ziel dar, empirisch akzeptable Antworten liefern zu können."

82 Vgl. Audretsch, Welt, 151: „Die Viele-Welten-Interpretation wird von Physikern zumeist abgelehnt"; Börner, Universum, 161; Polkinghorne, Quantentheorie, 82: „In letzter Zeit scheint die Zahl der Physiker, die der Viele-Welten-Theorie zuneigen, angewachsen zu sein. Für die meisten von uns ist sie nach wie vor ein metaphysischer Vorschlaghammer, mit dem man eine zugegebenermaßen harte Quantennuss zu knacken versucht."

Theoriebildung ebenfalls zu Hypothesen über die Existenz von vielen Universen gekommen ist. Diese kosmologischen Hypothesen haben aber keinen Zusammenhang mit Everetts Deutung der Quantentheorie.

Insofern gehe ich also mit der überwiegenden Mehrheit der Quantenphysiker davon aus, dass einzelne Quantenereignisse im ontologischen Sinne zufällig sind. Damit stellt sich nun die Frage nach der Reichweite des Quantenindeterminismus.

c) Die Reichweite des Quantenzufalls

Nach der Kopenhagener Deutung[83] der Quantentheorie verhalten sich Quanten (also etwa Photonen) so, dass sie sich je nach der Umgebung als Welle oder Teilchen zeigen. Jedes Quant wird durch eine Wellenfunktion beschrieben, die in völliger Determiniertheit die Wahrscheinlichkeit dafür beschreibt, dass sich zu einem bestimmten Zeitpunkt an einem bestimmten Ort im Gesamtsystem ein Quantenteilchen zeigen wird, wenn man dort eines messen wird. Verdeutlichen wir das anhand des Doppelspalt-Versuches: Wenn das einzelne Photon auf den ersten Schirm geschossen wird, geht es, analog einer Welle, durch die beiden Spalte hindurch und breitet sich danach ungestört über den ganzen Raum aus. Niemand sieht einen Lichtpunkt oder Lichtstrahl. Aus der Wellenfunktion lässt sich über die ganze Lebenszeit des Photons hinweg errechnen, mit welcher Wahrscheinlichkeit wir das Photon als Teilchen an einem bestimmten Ort antreffen würden, wenn wir es dort durch eine Messung nachweisen wollten. Wenn wir uns in Gedanken den zweiten Schirm vorstellen, der das Auftreffen von Photonen als Teilchen messen kann, können wir einen beliebigen Punkt X auf ihm auswählen und danach berechnen, mit welcher Wahrscheinlichkeit wir an ihm ein Photon als Teilchen messen könnten, wenn wir den zweiten Schirm auch tatsächlich in den Versuchsaufbau einbinden würden. Die Wahrscheinlichkeit dafür hätte einen Wert von unter 100% (denn es gibt verschiedene Punkte, an denen das Photon als Teilchen mit einer Wahrscheinlichkeit eintreffen könnte, die größer als Null ist).

Wenn wir nun den zweiten Schirm tatsächlich in die Versuchsapparatur einbauen, zwingen wir das Photon dazu, sich an einer Stelle des Schirms als Lichtteilchen zu zeigen. Egal, ob es der vorher ausgewählte Punkt X oder ein anderer Punkt Y ist, an dem der Lichtpunkt erscheint: Die Wahrscheinlichkeit, das Photon an den anderen Stellen zu finden, ist dadurch auf Null gesunken, indem es mit Gewissheit (100% Wahrscheinlichkeit) an Punkt X oder Y nachgewiesen wurde. Das Photon hat zu diesem Zeitpunkt seine Welleneigenschaft verloren, *irgendwo* auf dem Schirm angetroffen werden zu können. Man sagt: Die Wellenfunktion ist zusammengebrochen auf einen einzelnen distinkten und zufälligen Zahlenwert. Das bedeutet auch: Das zufällige Auftreffen an einem bestimmten Punkt ist erzwungen worden durch die Messvorrichtung. Hätte man das Photon nicht gemessen, wäre es nicht als zufälliges Quantenereignis aufgetreten.

Der Zufall entsteht im Experiment also durch die Messung. Nun ist die Frage, ob es auch sonst zufällige Quantenereignisse gibt, die ohne Messung mithilfe eines

[83] Vgl. dazu den Beitrag von Walter Kosack in diesem Band, o. 204, 210.

physikalischen Apparats auftreten, und die sich auch noch auf die Makrowelt menschlicher Lebensführung auswirken können. Um dieses Problem zu diskutieren, hat sich Erwin Schrödinger folgendes berühmte Gedankenexperiment ausgedacht:

Zunächst wird eine radioaktive Substanz in einen geschlossenen Behälter gebracht. Die Zerfallsprozesse der instabilen Atomkerne dieser radioaktiven Substanz unterliegen der Quantenmechanik, sind also im Einzelnen zufällig, gehorchen aber statistischen Wahrscheinlichkeiten. Die statistische Wahrscheinlichkeit für den atomaren Zerfall eines Atoms beträgt in Schrödingers Gedankenspiel 50% im Zeitraum von einer Stunde. Ein Geigerzähler registriert den Zerfall (falls er eintritt). Ein mit dem Geigerzähler verbundener Auslösemechanismus setzt bei der Registrierung eines Zerfalls tödlich giftigen Zyanwasserstoff frei. Dieser wird von einer Katze eingeatmet, die mit in den Behälter gesperrt wurde und die dabei stirbt. Wenn wir nach einer Stunde in den Behälter schauen, sollte die Katze mit einer Wahrscheinlichkeit von 50 % tot, von 50 % lebendig sein.

Was aber ist in dem Behälter, kurz bevor wir in ihn hineinschauen? Ist dann die radioaktive Substanz weder zerfallen noch nicht zerfallen, sondern in einem wellenförmigen Überlagerungszustand von zerfallen und noch nicht zerfallen? Ist dann auch die Katze weder tot noch lebendig, sondern in einem Überlagerungszustand von „tot und lebendig“? Wenn erst die Messung von Quantenvorgängen die Entscheidung darüber bringt, welcher mögliche Ausfall auch wirklich wird: Wer hat in diesem Versuchsaufbau gemessen? Es könnte der Geigerzähler als Messapparat die radioaktive Substanz dazu gezwungen haben, zerfallen oder nicht zerfallen zu sein. Dann wäre die Katze auch ohne die menschliche Inspektion des Behälters schon tot oder lebendig. Es könnte aber auch die Katze diejenige gewesen sein, die das Teilsystem von (radioaktive Substanz + Geigerzähler) dazu gezwungen hat, eine eindeutige Auswahl aus den möglichen Ereignissen zu treffen. Auch dann wäre die Katze schon tot oder lebendig, bevor ein Mensch in die Apparatur schaut. Oder es wäre doch erst der Versuchsleiter, der das System (radioaktive Substanz + Geigerzähler + Katze) dazu brachte, sich auf einen möglichen Ausgang festzulegen. Dann wäre die Katze tatsächlich bis zum Beobachtungszeitpunkt weder tot noch lebendig, sondern beides zusammen.

Das hier dargestellte Problem wird unter Physikern und Erkenntnistheoretikern lebhaft diskutiert. Jedoch zweifelt kaum jemand daran, dass die Katze in Schrödingers Experiment tatsächlich schon tot oder lebendig sein wird, bevor der Versuchsleiter nachschaut. Die Mehrzahl der Physiker geht davon aus, dass beim Zusammenwirken von Quantenereignissen mit vergleichsweise größeren Massen (etwa dem Versuchsapparat) das Gesamtsystem einen eindeutigen Wert annimmt, der von den Wahrscheinlichkeitswerten her möglich ist. Das ontologisch zufällige Zerfallen eines Atoms hat sich in diesem Gedankenexperiment also zu einem ebenfalls ontologisch zufälligen Sterben oder Überleben von Schrödingers Katze aufgeschaukelt. Das Aufschaukeln von Quantenzufällen in die größer dimensionierte Erfahrungswelt des Menschen findet auch *nicht* nur bei einer experimentellen Messung in einem artifiziellen Versuchsaufbau statt. Zufällige Zusammenbrüche der Wellenfunktion können sich überall dort einstellen, wo einzelne Quantenteilchen mit größeren, komplexen Strukturen interagieren.[84]

Damit sind wir an dem Punkt angekommen, über Schrödingers-Katze-ähnliche Phänomene nachzudenken, die den echten Quantenzufall in die menschliche Lebenswelt einführen können.

d) Quantenzufälle in menschlichen Lebenszusammenhängen

Natürlich könnte man Schrödingers Katzenexperiment im realen Leben mit Menschen durchführen. Dann würde ein echter Zufall über Leben und Tod entscheiden.

Ein anderes Beispiel mit größerer Lebensnähe stammt von dem englischen Philosophen John Dupré[85]: Ein Münzwurf ist grundsätzlich ein deterministischer Vorgang, der nur deswegen als Zufallsgenerator benutzt werden kann, weil der Werfer nicht die feinmotorische Geschicklichkeit hat, um die Münze zielgerichtet werfen zu können. Dupré nimmt dann weiter an, dass ein Luftzug bei einer bestimmten Stärke den Flug der Münze so beeinflussen kann (deterministisch!), dass sie anders fällt als ohne den Luftzug. Und nun könnte ein Quantenereignis, wie etwa Höhenstrahlung, ein einzelnes Luftmolekül zufällig so beeinflussen, dass der Luftzug insgesamt genau die Stärke bekommt, dass es zum Kippen der Münze zureicht. Dabei ist vorausgesetzt, dass die meisten Münzwürfe so „wuchtig" sind, dass Quantenzufälle keinen Einfluss auf das Ergebnis haben. Bei einer besonders instabilen deterministischen Flugbahn kann jedoch sehr wohl ein einzelner Quantenzufall über das Ergebnis, Kopf oder Zahl, entscheiden.

Die quantenindeterministische Ontologie setzt also voraus, dass sehr viele, vielleicht sogar die meisten Ereignisse in der Makrowelt deterministisch verlaufen, dass es aber einen gewissen, noch ungeklärten Prozentsatz von echten Zufallsereignissen gibt. Wem Duprés Beispiel bisher noch nicht existentiell genug ist, mag noch erfahren, dass sein Münzwerfer sein gesamtes Familienvermögen auf das Ergebnis gesetzt hat.

Ein noch weniger artifizielles Beispiel ist schließlich das Folgende: Jede Form von ionisierender Strahlung kann quantenzufällige Ereignisse z. B. im Zusammenspiel

---

84 Polkinghorne, Quantentheorie, 76f.: „Die ursprüngliche Kopenhagener Deutung ging nicht auf das Problem ein, wie determinierende Apparate aus einem undeterminierten Quantensubstrat hervorgehen konnten […]. Ich glaube, dass die Mehrzahl der heute arbeitenden Quantenphysiker sich zu einer Interpretation bekennen würde, die man als ‚Neue Kopenhagener Deutung' bezeichnen könnte. Nach dieser Deutung ermöglichen die Größe und Komplexität der makroskopischen Apparate es ihnen irgendwie, die determinierende Rolle zu übernehmen". Es geht hier um die Tatsache, dass die Experimentalapparatur, in welcher die undeterminierten Quantenobjekte ihre zufälligen und bestimmten Werte annehmen, selbst aus Quantenobjekten (Elementarteilchen, Atomen) bestehen. Die Apparatur ist determinierend, weil sie bestimmt, *dass* die einzelnen Quantenobjekte einen bestimmten Wert annehmen. Dieser Wert ist dann aber zufällig (im Rahmen der Wahrscheinlichkeitsfunktion, die dem Quantenobjekt zugeordnet ist); vgl. auch a. a. O., 80f.; Bauberger, Welt, 179f.; Audretsch, Welt, 142–144; von Weizsäcker, Zeit, 338: „Wir entgehen also nicht der Anerkennung objektiver Ereignisse, die nicht deterministisch aus der Schrödingergleichung folgen und die auch nicht durch einen menschlichen Beobachtungsakt erzeugt sind. Im obigen Fall entstehen sie zwar in einem von Menschen gebauten Apparat, aber ehe ein Mensch das Resultat betrachtet hat. Erkennen wir dies an, so haben wir keinen Grund, Ereignisse auf Beobachtungen zu beschränken. Im Grunde geschieht mit dieser Anerkennung nichts anderes als die Anerkennung des allgemeingültigen *Indeterminismus* der Quantentheorie."

85 Vgl. Dupré, Solution, 392f.

mit organischer Materie auslösen. So kann etwa Höhenstrahlung in einer lebenden Zelle zu Veränderungen der DNA führen, die schlimmstenfalls bösartiges Zellwachstum verursacht. Die Veränderung von Muttermalen zu Melanomen wäre ein Beispiel für einen solchen Vorgang. Das bedeutet ganz alltagspraktisch, dass nicht nur eine zu hohe Anzahl von Sonnenstunden auf ungeschützter Haut gefährlich werden, sondern dass rein quantenzufällig schon das erste Sonnenbad tödlich wirken kann.[86] Es gibt meines Wissens noch keine Untersuchung darüber, welche Quellen und Wahrscheinlichkeiten es für in die Alltagswelt hineinreichende Quantenzufälle gibt. Das hier angeführte, fast banale, wenn auch existentiell katastrophale Beispiel lässt aber damit rechnen, dass es noch einige weitere Einfallstore für den echten Zufall in die Makrowelt geben dürfte.[87]

Wenden wir uns nun der zweiten Frage zu.

5.2 Welche Konsequenzen hat der ontologische Indeterminismus für die Frage nach der Willensfreiheit?

Ein Grund für die Zurückhaltung der Philosophen, sich auf eine quantenindeterministische Ontologie zu beziehen, könnte darin liegen, dass einige Autoren versucht haben, auf höchst spekulative und völlig unhaltbare Weise die Willensfreiheit mit der Quantentheorie zu verknüpfen. Dazu gehören etwa John Eccles[88] und Frank Tipler[89]. Roger Penrose[90], der in diesem Zusammenhang ebenfalls genannt wird[91], hat nur vage Vermutungen über den Zusammenhang von Quantenphänomenen und Bewusstseinsvorgängen angestellt, die vor allem eine Kritik von Libets Versuchsdesign begründen sollten[92]. Diese Versuche überspringen die schon oben beschriebene Problematik,

---

86 Zu stochastischen Strahlenschäden vgl. Reiser/Kuhn/Debus, Radiologie, 57; Michalczak/Reinöhl-Kompa, 1–15 („Zusammenfassung der Ergebnisse").

87 Ein weiteres Gedankenexperiment mit einer photonengetriggerten Bombe stammt von Avshalom Elitzur und Lev Waidman. Roger Penrose entwickelt daraus einen nicht ganz ernst zu nehmenden, dafür aber friedfertigeren Vorschlag, wie man ohne Energieaufwand am Sabbat das elektrische Licht löschen könnte: Penrose, Shadows, 239f., 268–270.

88 Vgl. Eccles, Selbst, 79: „Der deterministische Einwand gegen den freien Willen ist jetzt dank der eingehenden Untersuchung durch Beck und mich […] widerlegt." In den Arbeiten, die Beck alleine veröffentlicht, untersucht er jedoch lediglich die Frage, ob es überhaupt quantenzufallsbeeinflusste Vorgänge im Gehirn gebe, und beantwortet sie mit einem vorsichtigen „möglicherweise". Die Frage nach der Willensfreiheit berührt er nicht. Vgl. Beck, Quantenprozesse. Eccles hingegen beurteilt seine Zusammenarbeit mit Beck im Jahr 1992 als „den Höhepunkt meiner lebenslangen Suche nach der wissenschaftlichen Erklärung des Dualismus". Eccles, Selbst, 216.

89 Frank Tipler, Physik, handelt das Thema Willensfreiheit sehr spekulativ und etwas oberflächlich ab. Er nimmt an, dass beim Entscheidungsprozess eine neuronale Struktur beteiligt sei, die unbewusste und quantenzufällige Impulse an die deterministischen bewussten Entscheidungszentren leite. Dabei sei es „stets die Bewußtseinsebene, die den tieferen Ebenen Befehle erteilt", 250. Jede gefällte Entscheidung sei daher „eine Kombination aus Zufall und Notwendigkeit", 251f. Willensfreiheit liegt nach Tipler dann vor, wenn sich ein Subjekt selbst frei fühlt und wenn es einen zufälligen Anteil bei der Entscheidungsfindung gibt, 253. „Ein Phasenübergang des menschlichen Gehirns" – und damit die Entscheidung eines Menschen –„wäre in diesem Fall völlig unvorhersagbar. In dieser Situation hätten wir einen ontologisch freien Willen", 248.

90 Auch Martin Heisenberg möchte offenbar mithilfe der Quantenphysik den Determinismus zurückweisen und meint, damit auch schon die Existenz von Willensfreiheit begründet zu haben. Vgl. Heisenberg, 37f.

91 Vgl. Tipler, Physik, a. a. O., 248; Hans-Dieter Mutschler, Physik, 254.

92 Vgl. Penrose, Shadows, 376, 385–388, 401.

dass eine Kombination von Zufall und Notwendigkeit keine dritte Kategorie Willensfreiheit begründet. Friedrich Beck hat das spekulative Problem, wie Quantenzufälle Willensfreiheit ermöglichen könnten, von der viel elementareren, anatomischen Frage getrennt, ob im Gehirn überhaupt quantenindeterministische Vorgänge stattfinden können. Es gelingt ihm dabei, einen biomolekularen Mechanismus zu postulieren, der die Impulsübertragung am synaptischen Spalt von Quantenzufällen abhängig macht. Ob ein solcher Mechanismus tatsächlich existiert, ist völlig offen[93], und wenn er existieren würde, würden Zufälle eben auch Willensentscheidungen verursachen, aber keine Willensfreiheit im inkompatibilistischen Sinne.

Ich gehe in dieser Studie *nicht* davon aus, dass auf Quantenzufällen im Gehirn echte Willensfreiheit zu begründen sei. Dennoch bildet die indeterministische naturalistische Ontologie ein wichtiges Theorieelement für die folgenden Überlegungen. Denn auch wenn sie keine Denkmöglichkeit für den Begriff der Willensfreiheit eröffnet, so öffnet sie doch die Zukunft. Ein durch Zufälle mitbestimmter Weltverlauf kann nicht nur aus Unkenntnis nicht vorhergesagt werden, sondern ist prinzipiell unvorhersagbar. Damit ist dem Interesse Bettina Waldes entsprochen, die den ontologischen Determinismus hinnimmt, ihn dann aber epistemisch zu überwinden versucht. Diese Anstrengung ist unnötig, weil die Zukunft nicht nur epistemisch, sondern ontisch offen ist.

Was nutzt aber die durch Zufälle ermöglichte Offenheit der Zukunft dem Menschen als denkendem und handelndem Subjekt?

5.3 Handlungsmotivation in einer indeterministischen Welt

Wenn die Zukunft offen ist, wissen wir, dass unsere zukünftigen Situationen noch nicht feststehen. Es besteht also kein Grund für fatalistisches Denken. Die Überzeugung „Die Zukunft der Welt ist offen" führt (bei mindestens einem Teil der Menschen)[94] zu einer anderen Handlungsmotivation als die Überzeugung „Die Zukunft der Welt steht jetzt schon im Einzelnen fest."

Nach Gerhard Roth kann es auch in einer deterministischen Welt zu Veränderungen menschlichen Verhaltens kommen, z. B. durch die therapeutische Behandlung von Straftätern. Seinem Konzept entsprechend kommt es dabei vor allem darauf an, die emotionalen Schichten des limbischen Systems anzusprechen. So können neue Konditionierungen entstehen, auch wenn Roth einer Veränderung der Persönlichkeit ansonsten eher skeptisch gegenübersteht.[95] Diese Art von Veränderung verändert aber nur das Individuum zwischen Zeitpunkt t_1 und t_2 und ist ihrerseits in einer deterministischen Ontologie selbst schon determiniert. Das Subjekt kann also in Zukunft anders werden als es in der Vergangenheit war. Seine Zukunft selbst ändert sich aber nicht.

93 Beck, Quantenprozesse, 152–159.

94 Die Formulierung „bei mindestens einem Teil der Menschen" ist deswegen gewählt, da Roths Erkenntnisse zur Handlungssteuerung zeigen, dass die Biographie eines Menschen ein so stark prägender Faktor ist, dass die automatische Wirksamkeit von theoretischen Annahmen nicht vorausgesetzt werden kann. Ob ontologische Prämissen handlungswirksam werden, hängt also davon ab, welchen Lebenslauf die Person bisher hinter sich hat. Vgl. Roth, Persönlichkeit, 103–105.

95 Vgl. dazu a. a. O., 225 u. 307; Roth, Fühlen, 553.

Roths anthropologisches Modell, demgemäß diachrone Veränderungen eines Subjektes nur durch Neudetermination bewirkt werden können, kann nun aber auch in einen ontologisch indeterministischen Rahmen herübergenommen werden. Dann verändert sich nicht nur das Subjekt zwischen Zustand t_1 und t_2 (jedoch so, dass Zustand t_2 jederzeit schon feststeht). Sondern es verändert sich das Subjekt (zwar auch nur durch neue Determinanten), doch ist noch offen, welche Determinanten sich einstellen und welche konkreten Veränderungen sie bewirken werden. Es steht also noch gar nicht fest, ob sich Zukunft t_2, t_2‘ oder t_2“ einstellen wird.

Man könnte der Meinung sein, dass dieser Unterschied zwischen Determinismus und Indeterminismus noch immer keine Relevanz für die Reflexion von Handlungsoptionen habe. Denn auch die jetzt noch nicht feststehenden zukünftigen Determinanten werden dem handelnden Subjekt in passiver Weise zufallen, so dass der Quantenindeterminismus auch als Spielart einer deterministischen Ontologie aufgefasst werden könnte. Der Unterschied zum herkömmlichen Determinismus läge lediglich darin, dass noch nicht alle Determinanten zu jeder Zeit schon festliegen. Mit jedem Zufallsereignis würde lediglich das volle Set aller Determinanten nach und nach vervollständigt. Handlungsrelevant könnten Quantenzufälle nur dann werden, wenn sie von Subjekten aktiv herbeigeführt und angeeignet werden könnten. Dies ist aber definitionsgemäß nicht der Fall.

Folgendes Gedankenexperiment zeigt jedoch, dass dieses Dilemma nicht gültig ist.

Nehmen wir an, eine Gruppe von Menschen habe in Roths deterministischem Weltbild eine Entscheidung zu treffen. Diese Menschen werden aufgrund ihrer genetischen, kulturellen und anderen Determinanten ihre Entscheidung treffen, die schon vor der Geburt jedes Gruppenmitglieds festgestanden hat (Konsequenzargument). Eine zweite Gruppe von Menschen unterscheidet sich von der ersten Gruppe durch nichts anderes, als dass sie in einer quantenindeterministischen Welt lebt. Ferner nehmen wir an, dass die in der deterministischen Welt lebende Gruppe erfährt, dass sie in einer deterministischen Welt lebt, während die andere Gruppe erfährt, dass ihre Welt quantenindeterministisch strukturiert ist. Die beiden Gruppen unterscheiden sich also nur dadurch, dass sie verschiedene wahre Überzeugungen von ihrer Welt haben. Schon aus rein logischen Gründen ist zu erwarten, dass diese Differenz zu unterschiedlichen Entscheidungen führen kann. Denn unterschiedliche Prämissen müssen zwar nicht, können aber zu verschiedenen Folgerungen führen.

Unabhängig von diesem allgemeinen logischen Argument können wir uns aber – mit Härle und Walde – vorstellen, dass in der deterministischen Welt ein Teil der Gruppe sehr wahrscheinlich fatalistisch werden wird. In der quantenindeterministischen Welt dagegen wird dies kaum der Fall sein. Der Fatalismus in der deterministischen Welt wird dazu führen, dass manche fatalistischen Gruppenmitglieder beim Entscheidungsprozess von Anfang an oder nach einer gewissen Diskussionsphase wohl keine Argumente mehr in die Debatte einbringen und abwägen. In der quantenindeterministischen Welt wird die Motivation zur weiteren Überlegungen konstant bleiben oder sogar zunehmen. Damit wird mindestens in einigen Fällen eine zielführendere Entscheidung, gemessen an den Interessen der Gruppe, stattfinden.

Auch wenn in beiden Gruppen die Argumentationsfindung der einzelnen Gruppenmitglieder deterministisch abläuft – wie Roth betont[96] –, besteht doch ein Unterschied. Dieser liegt darin, dass in der deterministischen Welt numerisch weniger Argumente zur Verfügung stehen könnten und dass die vorhandenen Argumente einer weniger intensiven Reflexion unterzogen werden.

In diesem Gedankenexperiment kommt der existenzielle Vorteil einer indeterministischen Ontologie in einem kollektiv-sozialen Umfeld zum Tragen, während Roths Überlegungen zur Entscheidungsfindung auf das Individuum fokussieren. Auch bei individuellen Reflexionen wird jedoch die unterschiedliche Ontologie, je nach Persönlichkeitstyp, einen Unterschied machen, der die Handlungssteuerung beeinflusst. Doch vermutlich muss der menschlichen Sozialität eine bedeutendere Rolle bei der Debatte um Willens(un)freiheit, Handlungssteuerung und Verantwortung zugesprochen werden als dies bisher der Fall ist.

Die ausführliche Ausarbeitung von ethischen und pädagogischen Konzepten auf der Grundlage einer Willensunfreiheit im Rahmen von Indeterminismus soll an anderer Stelle geschehen. Sie hat die hier entwickelte Einsicht als Ausgangspunkt: Wenn wir in einer indeterministischen Welt leben, und wenn wir wissen, dass wir in einer indeterministischen Welt leben, so werden wir in unfreier Weise (weil determiniert durch unser Wissen und unsere sonstige Biografie) möglicherweise anders handeln, als wenn wir von der Annahme ausgingen, dass die Welt deterministisch sei. Bezüglich des Verantwortungsbegriffes ergibt sich die Möglichkeit einer zweifachen Betrachtungsweise.

Zum einen kann der Begriff *Verantwortungsübernahme* definiert werden als die Bereitschaft eines Individuums, im Denkrahmen des hier vorgestellten Weltbildes die Bildung und Erhaltung einer humanen Gesellschaft als Zielvorstellung zu akzeptieren und diese handelnd zu verfolgen. Daraus resultiert die Selbstverpflichtung, diejenigen Kompetenzen zu entwickeln, die es ermöglichen, in der je unabsehbaren Zukunft jenen Zielen entsprechend zu agieren. Damit ist ein Motiv zur Bildungsarbeit gegeben. Außerdem wird das Individuum sich bereit erklären, bezüglich seines jeweiligen Handelns Rede und Antwort zu stehen und sich von den anderen Mitgliedern der Gesellschaft nach den gemeinsamen Zielen beurteilen zu lassen.

Zum anderen wird der Verantwortungsbegriff unter der Perspektive der Zuschreibung betrachtet. Unter *Verantwortungszuschreibung* verstehe ich die Haltung derjenigen Individuen, die zur Verantwortungsübernahme bereit sind, denjenigen Gesellschaftsmitgliedern gegenüber, welche sich dieser Übernahme entziehen. Denn auch wenn die Entscheidung für oder gegen die Verantwortungsübernahme nicht willensfrei erfolgt, kann ein Verstoß gegen die Ziele der humanen Gesellschaft nicht einfach auf sich beruhen bleiben. Es muss daher in einer derartigen Gesellschaft allen Mitgliedern bewusst sein

a) es existieren Regeln,
b) die Gesellschaft besteht auf die Einhaltung dieser Regeln, weil sie durch demokratische und hoffentlich möglichst plausible Weise zustande gekommen sind,

---

96 Vgl. Roth, Fühlen, 526.

c) ein Verstoß gegen diese Regeln macht den betreffenden Täter nicht zu einem subjektiv willensfreien Verbrecher, sondern zu einem objektiven Schädiger des gesellschaftlichen Zusammenlebens,
d) die Reaktion der Gesellschaft auf den Täter versteht sich nicht als Rache, sondern als Selbstschutz und als Einladung an den Täter, seine Einstellung zu ihr zu reflektieren und gegebenenfalls zu revidieren.

Selbstverständlich soll unter Punkt d) kein Äquivalent für den verabschiedeten Begriff der libertaren Willensfreiheit eingeschleust werden. An keiner Stelle des hier beschriebenen Zusammenhangs gibt es echte Handlungsalternativen (im Sinne des Alternativismus). Es steht weder in der Macht des Individuums noch in der der Gesellschaft, die erhoffte Denk- und Verhaltensrevision moraltechnisch zu erzeugen. Vielmehr steigt die Pflicht der humanen Gesellschaft, sich um die heranwachsende Generation zu sorgen. Dazu gehört zum Einen, die Wahl der gesellschaftlichen Regeln möglichst transparent und plausibel zu machen, um damit den Heranwachsenden eine innere (nicht willensfreie!) Zustimmung zu ihnen zu ermöglichen. Zum anderen darf sie abweichende Individuen nicht einfach als moralisch delinquent verachten, sondern muss sie als Menschen betrachten, die genetisch nachteilig ausgestattet und/oder unglücklich sozialisiert sind. Dadurch darf jedoch keineswegs die Opfer-Täter-Relation zu einer Opfer-Opfer-Relation eingeebnet werden.

Verantwortungszuschreibung bedeutet in diesem Zusammenhang, dass jedes Gesellschaftsmitglied *weiß*, dass und welche Regeln gelten, dass Regelverstöße geahndet werden und dass sie den Anderen Rede und Antwort für ihr Verhalten stehen müssen. Also *weiß* jeder, welches Verhalten ihm als Schuld zugeschrieben werden und welche Konsequenzen dies haben wird. Dieses Wissen bildet eine soziale Determinante für jedes Mitglied der Gesellschaft, mit welcher es sich auseinandersetzen sollte.

Nach diesen ersten Andeutungen zum Verantwortungsbegriff möchte ich mit einigen theologischen Ausblicken schließen. Denn eine quantenindeterministische Ontologie, die mit der Annahme eines unfreien Willens gekoppelt ist, hat zum einen auch für die Theologie Konsequenzen. Zum anderen erweitert die theologische Perspektive den sinnstiftenden Horizont dieses Weltbildes um ein beträchtliches Maß. Philosophisch betrachtet können Menschen im quantenindeterministischen Weltbild möglicherweise an ihrer Zukunft zum Guten in begrenztem Maße mitgestalten, in theologischer Perspektive hingegen ist die letzte Zukunft ohnehin eine gute Gestalt.

5.4 Theologie, Willensunfreiheit und Quantenindeterminismus

a) Zur Kosmologie

Mit einer Ontologie, die den Weltprozess bestimmt sieht durch eine Kombination von Zufall und Notwendigkeit, kann zwar der potenziell handlungslähmende Fatalismus zurückgewiesen werden. Damit ist aber keinerlei Fortschrittsoptimismus gegeben. Diese Erkenntnis muss bei der allgemeinen ethischen und pädagogischen Ausarbeitung des Konzeptes berücksichtigt werden. Der Einzelne und auch die

Gruppe sind nach wie vor nicht ihres Glückes Schmied. Um Glück zu haben, müssen sich zuerst begünstigende Wendungen einstellen – sei es durch Zufall, sei es durch Notwendigkeit; subjektiv erkennbar wird der Unterschied in der Regel nicht sein –, deren Impuls intelligent umgesetzt werden muss. Solche Wendungen lassen sich nicht gezielt herbeiführen. Daher kann auch ein intelligenter und aktiver Mensch in einer indeterministischen Welt letztlich scheitern. Dies ändert sich, wenn wir die Kosmologie unter theologischem Gesichtspunkt betrachten. Denn damit kommt eine weitere Konstante in den Blick. Nach christlicher Überzeugung hat die Welt ihren determinierten Ursprung in Gott und ihr prädestiniertes Ziel in Gottes Reich. Damit ist eine prinzipielle theologische Determinationslinie des Weltprozesses gegeben. Schon im Rahmen der traditionellen Eschatologie besteht die Hoffnung der Gläubigen, auch beim Scheitern ihres irdischen Lebens Anteil an der ewigen Seligkeit des Gottesreiches zu erhalten. Im Rahmen einer alternativen Eschatologie (vgl. unten) ist diese Hoffnung für alle Lebewesen möglich.

Dass der Weltprozess am Anfang und am Ziel determiniert ist, hebt den grundsätzlichen kosmologischen Indeterminismus nicht auf. Als Gleichnis für diesen Sachverhalt mag die Planung einer Urlaubsreise dienen: Es steht z. B. fest, dass eine Familie zu einem bestimmten Datum mit dem Auto nach Italien aufbricht und zu einem anderen bestimmten Datum wieder nach Hause reist. Die genaue Reiseroute wird sich von Tag zu Tag danach ergeben, welche Konsequenzen die Familie aus den jeweiligen Quartieren, dem Wetter und anderen Variablen zieht. Diese Variablen sind ihrerseits durch Zufall und Notwendigkeit bestimmt, ohne dass im Einzelnen erkannt werden kann, welcher der beiden Faktoren sich gerade auswirkt.

In Wirklichkeit ist der dogmatische Sachverhalt noch etwas komplexer. Der Weltprozess besteht nach christlicher Überzeugung nicht nur aus einem determinierten Anfangs- und Endpunkt einerseits und auf einem immanenten Zusammenspiel von Zufall und Notwendigkeit andererseits. Gott, der Befreier und Begleiter Israels, handelt vielmehr punktuell auch selbst in der Geschichte und greift damit bestimmend (determinierend) in den Weltprozess ein.

b) Zur Anthropologie

Wenn die Welt Gottes Schöpfung ist, muss die Tatsache, dass es sich um eine quantenindeterministische Welt handelt, theologische Relevanz haben. Diese liegt in der Bestimmung des Menschen. Als Geschöpf ist er nicht der Schöpfer seiner selbst, aber durch die Offenheit seiner individuellen Zukunft auch nicht Gottes Marionette. Der Indeterminismus eröffnet dem Menschen einen Entwicklungsraum, über dessen Gestaltung es sich lohnt zu reflektieren. Das Vertrauen der Christen auf die Teilhabe am Reich Gottes motiviert sie zu einer humanen Lebensführung (zumindest sollte sie das) auch dann, wenn sie innerweltlich nicht belohnt wird. Es soll nicht abgestritten werden, dass es auch atheistischen Humanismus geben kann und gibt („Ein Heiliger ohne Gott“[97]), und der christliche mag Manchem vielleicht sogar als einfa-

97 Camus, Pest, 167: „Kann man ohne Gott ein Heiliger sein, das ist das einzig wirkliche Problem, das ich heute kenne“ (Tarrous Rede am Ende von Kapitel 4).

cher erscheinen. Auf jeden Fall ermöglicht die christliche Kosmologie eine menschenfreundliche Anthropologie.

Es soll auch an dieser Stelle noch darauf hingewiesen werden, dass der Glaube an Gott nicht durch eine freie Willensentscheidung entsteht, sondern durch die Kombination von Zufall und (natürlicher, sozialer und göttlicher) Notwendigkeit in der individuellen Biographie.

c) Zur Hamartiologie

Wenn man von der Unfreiheit des menschlichen Willens ausgeht, zieht dies die Konsequenz nach sich, dass ein Mensch nie anders handeln konnte, als er faktisch gehandelt hat. Sünde sollte deswegen nicht in erster Linie als ein moralischer Begriff verstanden werden, sondern als ein spezifisch theologischer Terminus. So zeigt schon Röm 7 die Sünde als eine anthropologische Grundstruktur (und nicht als einzelne Tat), die der Mensch zwar unter Umständen erkennen kann, aber von sich aus niemals überwinden. Er bedarf dazu vielmehr der von Gott geschenkten Rechtfertigung im Glauben. Die Einsicht, dass Sünde kein primär moralischer, sondern ein spezifisch theologischer Begriff ist, wird in der gegenwärtigen evangelischen Dogmatik schon kräftig herausgearbeitet. So schlägt Christoph Gestrich[98] vor, Sünde als Selbstrechtfertigungsversuch des Menschen zu betrachten. Er plädiert dafür, sich bei der Sündenthematik wieder stärker auf Luther zu besinnen. Denn auch der Reformator fasse Sünde primär als Unglaube auf.

d) Zur Eschatologie

Wenn das eschatologische Heil, also die individuelle Teilnahme am determinierten Gottesreich, an den unfrei entstandenen Glauben gekoppelt wird, führt dies zum Problem der Theodizee, wie Erasmus gegenüber Luther völlig richtig bemerkt hat. Denn Gott würde dann die Ungläubigen mit einer ewigen Höllenstrafe belegen, die nur deswegen Ungläubige sind, weil Gott ihnen das Geschenk des Glaubens verwehrt hat. Um dieses unchristliche Gottesbild zu vermeiden, sollte, in Abweichung von Luther, die Allerlösung[99] ernsthaft bedacht werden. Allerlösung bedeutet, dass schlussendlich jeder Mensch Zugang zum Gottesreich erhalten wird. Individuelle Lebensläufe werden in diesem („Gerichts")prozess einer Beurteilung unterzogen, die auf reflexive Selbsterkenntnis zielt. Der Gedanke der Allerlösung ist also stets mit der Vorstellung von der „Hölle der Selbsterkenntnis" verbunden und stellt nicht, wie Bonhoeffer[100] befürchtete, eine Form von „billiger Gnade" dar.

Gott wird also am Zielpunkt des Weltprozesses den Willen aller Menschen gewonnen haben.

---

98 Vgl. Gestrich, 167–177.

99 Die Frage, ob Römer 11 ein biblischer Beleg für den Allerlösungsgedanken sei, wird in der wissenschaftlichen Debatte kontrovers diskutiert. Die umfassend und solide durchgeführte Untersuchung von Adam, Paulus, kommt zu einer eindeutig bejahenden Antwort auf diese Frage.

100 Vgl. Bonhoeffer, 41.

Literatur

Adam, Jens: Paulus und die Versöhnung aller. Eine Studie zum paulinischen Heilsuniversalismus, 2009.

Achtner, Wolfgang: Willensfreiheit in Theologie und Neurowissenschaften. Ein historisch-systematischer Wegweiser, 2010.

Audretsch, Jürgen: Alles Zufall? Einsichten aus der Physik, in: Zufall oder Fügung? Theologie und Naturwissenschaft im Gespräch (Herrenalber Forum 63), hg. v. Klaus Nagorni/Jürgen Audretsch, 2012, 24–47.

Audretsch, Jürgen: Die sonderbare Welt der Quanten. Eine Einführung, 2008.

Bauberger, Stefan: Was ist die Welt? Zur philosophischen Interpretation der Physik (Kon-Texte. Wissenschaften in philosophischer Perspektive), (2003) ^{3}2009.

Beck, Friedrich: Quantenprozesse im Gehirn – ein Tor zum Verständnis von Bewusstsein. Ein physikalischer Beitrag zur Steuerung neuronaler Prozesse, in: Der entthronte Mensch? Anfragen der Neurowissenschaften an unser Menschenbild, hg. v. Jan C. Schmidt/Lars Schuster, 2003, 138–162.

Börner, Gerhard: Das neue Bild des Universums. Quantentheorie, Kosmologie und ihre Bedeutung, 2009.

Bonhoeffer, Dietrich: Nachfolge (DBW 4), hg. v. Martin Kuske / Ilse Tödt ^{2}1994.

Camus, Albert: Die Pest, (rororo 380), 1950 [ND 1980].

Clayton, Philip: Die Frage nach der Freiheit. Biologie, Kultur und die Emergenz des Geistes in der Welt. Frankfurt Templeton Lectures 2006 (Religion, Theologie und Naturwissenschaft/Religion, Theology, and Natural Science Bd. 10), hg. v. Michael G. Parker / Thomas M. Schmidt, aus dem Englischen v. Erwin Fink, 2007.

Dupré, John: The Solution to the Problem of the Freedom of the Will, in: Noûs 30 (1996), Supplement: Philosophical Perspectives 10 (1996), 385–402.

Eccles, John C.: Wie das Selbst sein Gehirn steuert. Aus dem Englischen von Malte Heim, 1994.

Erasmus von Rotterdam: De libero arbitrio διατριβή sive collatio. Gespräch oder Unterredung über den freien Willen, in: ders., Ausgewählte Schriften. Ausgabe in acht Bänden lateinisch und deutsch, hg. v. Werner Welzig, Bd. 4, 1969, 1–195.

Freud, Sigmund: Vorlesungen zur Einführung in die Psychoanalyse, Gesammelte Werke, Bd. 11, 1917.

Gestrich, Christof: ‚Erbsünde' – das Verhängnis menschlicher Selbstrechtfertigung, in: Unheilvolles Erbe? Zur Theologie der Erbsünde (Quaestiones Disputatae Bd. 231), hg. v. Helmut Hoping / Michael Schulz, 2009, 167–177.

Härle, Wilfried: Die Unvereinbarkeit des Determinismus mit Luthers Theologie – unter Bezugnahme zur aktuellen neurobiologischen Diskussion, in: Prädestination und Willensfreiheit. Luther, Erasmus, Calvin und ihre Wirkungsgeschichte. Festschrift für Theodor Mahlmann zum 75. Geburtstag (Marburger Theologische Studien 99), hg. v. Wilfried Härle / Barbara Mahlmann-Bauer, 2009, 1–22.

Heisenberg, Martin: Freier Wille und Naturwissenschaft, in: Zur Freiheit des Willens. Streitgespräch in der Wissenschaftlichen Sitzung der Versammlung der Berlin-Brandenburgischen Akademie der Wissenschaften am 27. Juni 2003 (Berlin-Brandenburgische Akademie der Wissenschaften. Debatte, Heft 1), 2004, 35–45.

Hermanni, Friedrich: Luther oder Erasmus? Der Streit um die Freiheit des menschlichen Willens, in: Der freie und der unfreie Wille. Philosophische und theologische Perspektiven, hg. v. Friedrich Hermanni/Peter Koslowski, 2004, 165–187.

Jüngel, Eberhard: Art.: Rechtfertigung IV. Dogmatisch, in: RGG^{4}, 8, 111–117.

Keil, Geert: Willensfreiheit (Grundthemen Philosophie), 2007.

Klein, Andreas: Willensfreiheit auf dem Prüfstand. Ein anthropologischer Grundbegriff in Philosophie, Neurobiologie und Theologie, 2009.

Luther, Martin: Assertio omnium articulorum Martini Lutheri per bullam Leonis X. novissimam damnatorum/ Wahrheitsbekräftigung aller Artikel Martin Luthers, die von der jüngsten Bulle Leos X. verdammt worden sind (1520), in: Ders., Der Mensch vor Gott (Lateinisch-Deutsche Studienausgabe Bd. 1), unter Mitarbeit von Michael Beyer hg. u. eingeleitet v. Wilfried Härle, 2006, 71–217.

Luther, Martin: De servo arbitrio/ Vom unfreien Willensvermögen (1525), in: Ders., Der Mensch vor Gott (Lateinisch-Deutsche Studienausgabe Bd. 1), unter Mitarbeit von Michael Beyer hg. u. eingeleitet v. Wilfried Härle, 2006, 219–661.

Luther, Martin: Disputatio Heidelbergae habita/ Heidelberger Disputation (1518), in: Ders., Der Mensch vor Gott (Lateinisch-Deutsche Studienausgabe Bd. 1), unter Mitarbeit von Michael Beyer hg. u. eingeleitet v. Wilfried Härle, 2006, 35–69.

Markschies, Christoph: Art.: Willensfreiheit I. Begriffsgeschichtlich, in: RGG[4], 8, 1567f.

Michalczak, Herbert/Reinöhl-Kompa, Sabine, Molekulare und zelluläre Prozesse bei der Entstehung stochastischer Strahlenwirkungen. Klausurtagung der Strahlenschutzkommission, 13./14. Oktober 1994 (Veröffentlichungen der Strahlenschutzkommission 33), 1995.

Mühling, Markus: Einstein und die Religion. Das Wechselverhältnis zwischen religiös-weltanschaulichen Gehalten und naturwissenschaftlicher Theoriebildung Albert Einsteins in seiner Entwicklung (Religion, Theologie und Naturwissenschaft/Religion, Theology, and Natural Science 23), 2011.

Mutschler, Hans-Dieter: Physik und Religion. Perspektiven und Grenzen eines Dialogs, 2005.

Pauen, Michael/ Roth, Gerhard: Freiheit, Schuld und Verantwortung. Grundzüge einer naturalistischen Theorie der Willensfreiheit (edition unseld 12), 2008.

Penrose, Roger: Shadows of the Mind. A Search for the Missing Science of Conciousness, Oxford u. a. 1994.

Polkinghorne, John: Quantentheorie. Eine Einführung, 2006.

Quante, Michael: Philosophische Freiheiten. Eine systematische Landkarte zur Einleitung, in: Auf Freigang. Metaphysische und ethische Annäherungen an die menschliche Freiheit, hg. v. Mischer, Sibille / Quante, Michael / Suhm, Christian (Münsteraner Philosophische Schriften Bd. 11), 2003.

Reiser, Maximilian / Kuhn Fritz-Peter / Debus Jürgen: Radiologie (Duale Reihe), [2]2006.

Roth, Gerhard: Aus Sicht des Gehirns, vollständig überarbeitete Neuauflage, (2003) [2]2009.

Roth, Gerhard: Bildung braucht Persönlichkeit. Wie Lernen gelingt, 2011.

Roth, Gerhard: Fühlen, Denken, Handeln. Wie das Gehirn unser Verhalten steuert, neue, vollständig überarbeitete Ausgabe, (2001) [(2)]2003.

Roth, Gerhard: Niemand ist frei. Ein Gespräch mit dem Gehirnforscher Gerhard Roth über schwierige Entscheidungen, den freien Willen und warum Menschen ihr Verhalten nur schwer ändern können, Zeit online (www.zeit.de/campus/2008/02/interview-freier-wille, Abruf am 04.01.13)

Roth, Gerhard: Persönlichkeit, Entscheidung und Verhalten. Warum es so schwierig ist, sich und andere zu ändern, (2007) [5]2009.

Schopenhauer, Arthur: Preisschrift über die Freiheit des Willens, mit einer Einleitung, Bibliographie u. Register hg. v. Hans Ebeling (Philosophische Bibliothek 305), 1978.

Tipler, Frank: Die Physik der Unsterblichkeit. Moderne Kosmologie, Gott und die Auferstehung der Toten, 1994.

Walde, Bettina: Ein Fingerschnipsen ist noch keine Partnerwahl. Ein Gespräch, in: Hirnforschung und Willensfreiheit. Zur Deutung der neusten Experimente, hg. v. Christian Geyer, 2004, 148–152.

Walde, Bettina: Willensfreiheit und Hirnforschung. Das Freiheitsmodell des epistemischen Libertarismus, 2006.

Weizsäcker, Carl Friedrich von: Zeit und Wissen, 1992.

Personenregister

Begriffsregister

Die Autorinnen und Autoren

Ulf Dettmann, geboren 1967, 1987–1993 Studium der Philosophie, Psychologie, Soziologie und Mathematik in Heidelberg und Mannheim. 1998 Promotion. Seit 1999 ist er selbständiger Trainer und Personalberater. Außerdem ist er Lehrbeauftragter an der Dualen Hochschule Mannheim und der Graduate School of Business. Arbeitsschwerpunkte: Wirtschafts- und Unternehmensethik, Arbeits- und Organisationspsychologie. Wichtige Veröffentlichungen: *Der Radikale Konstruktivismus. Anspruch und Wirklichkeit einer Theorie*, 1999; *Mit Moral zum Erfolg. Vom Wert der Unternehmensethik für den Unternehmenserfolg*, 2005; *Ethik in der Altenpflege. Handbuch für die Zertifizierung*, 2005 (zus. m. C. Berner u. J. Kohlhof); *Ethik im Unternehmen. Leitfaden für die ethische Auditierung nachhaltigen Wirtschaftens*, 2006 (zus. m. C. Berner u. J. Kohlhof).

Dirk Evers, geboren 1962, Studium der Evangelischen Theologie in Münster, Tübingen und Madurai (Südindien), Promotion (1999) und Habilitation (2005) an der Evangelisch-theologischen Fakultät der Universität Tübingen, 2005–2010 Forschungs- und Studieninspektor am FORUM SCIENTIARUM der Universität Tübingen und Studienleiter am Karl-Heim-Haus, seit 2010 Professor für systematische Theologie (Dogmatik und Religionsphilosophie) an der Martin-Luther-Universität Halle-Wittenberg.

Julia Hoffmann, geboren 1983, Doktorandin und wissenschaftliche Mitarbeiterin am Institut für Katholische Theologie, PH Karlsruhe.

Thomas Junker, geboren 1957 in München; 1978 bis 1982 Studium der Pharmazie an der Universität Freiburg. Promotion 1989 in Geschichte der Naturwissenschaften an der Universität Marburg. 1992 bis 1995 Associate Editor im Charles Darwin Correspondence Project (Cambridge, England) und Post-doc bei Ernst Mayr am Department of the History of Science der Harvard University (Cambridge, Mass.). 1996 bis 2002 Forschung und Lehre zur Geschichte und Theorie der Biologie am Lehrstuhl für Ethik in der Biologie, Universität Tübingen. 2003 Habilitation für Geschichte der Naturwissenschaften. 2006 Heyne-Haus-Gastprofessor am Institut für Wissenschaftsgeschichte der Universität Göttingen. Seit 2006 apl. Professor an der Fakultät für Biologie der Universität Tübingen. Stellv. Vors. der AG Evolutionsbiologie im VBIO; Mitglied des wissenschaftlichen Beirats der Giordano-Bruno-Stiftung. Forschungsschwerpunkte: Geschichte der Biologie, der Evolutionstheorie und der Anthropologie. Zahlreiche Publikationen und Bücher: u. a. *Die Entdeckung der Evolution: Eine revolutionäre Theorie und ihre Geschichte* (mit U. Hoßfeld, 2001), *Geschichte der Biologie: Die Wissenschaft vom Leben* (2004), *Die Evolution des Menschen* (2006), *Der Darwin-Code: Die Evolution erklärt unser Leben* (mit S. Paul, 2009), *Die 101 wichtigsten Fragen: Evolution* (2011).

Walter Kosack, geboren 1951, Promotion in Technikdidaktik 1994; Habilitation mit der *Facultas docendi* in Schulpädagogik 1998 an der Universität Jena. Seit 2001 Professor für die Didaktik des Sachunterrichts an der PH Karlsruhe; im SS 2012 Wechsel zur Abteilung Technische Bildung daselbst.

Rainer Mogk, geboren 1967, Promotion zum Dr. theol. (1999) [im Fachgebiet Systematische Theologie] an der Evangelisch-theologischen Fakultät der Ludwig-Maximilians-Universität München, seit 2005 Pfarrer in Peißenberg, unterrichtet Theologie an der Fachakademie für Sozialpädagogik in Rottenbuch.

Andreas Müller, geboren 1959, Physikstudium und Promotion in Heidelberg (1990), Habilitation in Gießen (1996), seit 1999 Professor für Physik und ihre Didaktik in Landau, seit 2010 in Genf.

Bernd Pörksen, geboren 1969, Studium der Germanistik, Journalistik und Biologie in Hamburg, 1996/97 Volontariat, 1999 Promotion in Greifswald (*Die Konstruktion von Feindbildern. Zum Sprachgebrauch in neonazistischen Medien*), seit 2000 Dozent für Kommunikations- und Sprachwissenschaft ebd., seit 2002 Professor für Journalistik und Kommunikationswissenschaft an der Universität Hamburg, 2007 Habilitation ebd., seit 2008 Professor für Medienwissenschaft an der Universität Tübingen, 2009–2011 Gründungsbeauftragter und Geschäftsführender Direktor des Instituts für Medienwissenschaft ebd.

Klaus Peter Rippe, geboren 1959, Promotion zum Dr. phil. in Göttingen (1989) und Habilitation an der Philosophischen Fakultät der Universität Zürich (2004), seit 2008 Professor für Praktische Philosophie an der Pädagogischen Hochschule Karlsruhe.

Annette Scheible, geboren 1968, Dipl.päd., Doktorandin am Institut für Evangelische Theologie, PH Karlsruhe.

Jochen Scheid, 2004–2009 Realschullehrer für Physik und Biologie, 2009–2013 Promotion in Physikdidaktik zum Dr. phil. am DFG-Graduiertenkolleg UPGRADE, seit 2013 wissenschaftlicher Mitarbeiter am Institut für naturwissenschaftliche Bildung, AG Physikdidaktik, Universität Koblenz-Landau, Campus Landau.

Birgitta Annette Weinhardt, geboren 1983, Doktorandin; wissenschaftliche Angestellte am Institut für Evangelische Theologie, PH Karlsruhe.

Joachim Weinhardt, geboren 1959, Promotion (1994) und Habilitation (2002) an der Evangelisch-theologischen Fakultät der Universität Tübingen, seit 2003 Professor für Theologiegeschichte und Dogmatik an der PH Karlsruhe.